语言学概论

（增订本）

崔希亮 著

商务印书馆
The Commercial Press

图书在版编目(CIP)数据

语言学概论/崔希亮著. —增订本. —北京:商务印书馆,2023
（商务馆对外汉语专业本科系列教材）
ISBN 978-7-100-22230-3

Ⅰ.①语… Ⅱ.①崔… Ⅲ.①语言学—汉语—对外汉语教学—教材 Ⅳ.①H195.4

中国国家版本馆 CIP 数据核字(2023)第 056178 号

权利保留，侵权必究。

YǓYÁNXUÉ GÀILÙN

语言学概论

（增订本）

崔希亮　著

商　务　印　书　馆　出　版
（北京王府井大街36号　邮政编码100710）
商　务　印　书　馆　发　行
北京艺辉伊航图文有限公司印刷
ISBN 978-7-100-22230-3

2023年5月第1版　　开本 710×1000　1/16
2023年5月北京第1次印刷　印张 26½
定价：120.00元

内容简介

　　本教材因应汉语国际教育本科专业的教学目标和课程设置的实际需求而编写。语言学概论是汉语国际教育专业本科生的必修课程。本教材吸取当代语言学研究的最新成果，较为全面系统地介绍了语言学各个领域的知识和理论。全书除了引论之外，还包括语言和语言学、语言与社会、语言与认知、语音、语法、语义、词汇、言语行为、文字、语言的产生和发展、语言的类型和谱系等内容。在语言与认知、语言与社会文化这两部分，本书扩展了一些内容；在语义这一部分我们增加了语境意义和歧义分析；言语行为理论这一部分，我们重点讨论了语力、指示和距离、话语分析的内容。本教材力求深入浅出，在理念上既体现出学术性，又注重实用性，尽量用实际的例子来阐释理论问题。除了汉语国际教育专业的本科生之外，这本教材也可以为中文系、外语系本科生及相关专业的研究生和教师服务。

前　　言

对外汉语教学专业的设立已经有二十多年的历史了。早在1983年经教育部批准北京语言学院在外语系内就设置了对外汉语教学专业,以培养对外汉语教师为主要目标。不久,北京外国语学院、上海外国语学院和华东师范大学也相继开设了类似的专业。

此后几年,该专业一直踽踽独行,没有名目。直至1988年,教育部颁布《普通高等学校本科专业目录》和《普通高等学校本科专业设置规定》,在一级学科中国语言文学类(学科代码0501)下,设"对外汉语"(学科代码050103)二级学科,这一专业才正式确立。

当初,设置这一专业,是为招收第一语言为汉语的中国学生,培养目标是将来能从事对外汉语教学及中外文化交流等工作。故该专业特点是,根据对外汉语教学对教师知识结构和能力的要求设计课程和确定教学内容。在1989年"对外汉语教学专业会议"(苏州)上,进一步明确了这个培养目标,并规定专业课程应分为三类:外语类、语言类和文学文化类。1997年召开"深化对外汉语专业建设座谈会",会议认为,根据社会需要,培养目标可以适当拓宽,要培养一种复合型、外向型的人才,既要求具有汉语和外语的知识,又要求有中国文化的底蕴;既要求懂得外事政策和外交礼仪,又要求懂得教育规律和教学技巧。这一切只能靠本专业的独特的课程体系、有针对性的教材以及特定的教学方法才能完成。

近年来,世界风云变幻,中国和平崛起。随着汉语加快走向世界,对外汉语教学事业获得蓬勃发展。目前开设对外汉语专业的高等学校已有一百三十多所。大发展带来了丰富多彩，也伴随着不规范。对外汉语作为一个专业，既无统一的教学大纲，也无标准的课程设置，更无规范的教材。在业内对对外汉语教学的学科内涵，也还存在着不同的认识。目前，设立本专业的院校只能本着各自的理解，依据本单位的教学资源与教学条件设置课程，自编或选用一些现成的教材。

有鉴于此，在国家汉办的指导下，商务印书馆以其远见卓识，决定组织全国各高校对外汉语教学资深人士，跨校协商，通力合作，在初步制订专业课程大纲的基础上，编写一套对外汉语专业系列教材，以适应目前本专业对教材的迫切需求。

本教材以赵金铭、齐沪扬、范开泰、马箭飞为总主编，教材的编者经多次协商讨论，决定本着下列原则从事编写：

一、总结以往的经验，积成多年来对外汉语教学成果，以课程在教学计划中的地位、性质、任务和作用为依据，规定课程的基本内容，划定教学范围，确立教学要求。

二、密切关注语言学，特别是汉语语言学研究的最新进展，全面吸取汉语作为第二语言/外语教学研究的最新成果，着重体现语言规律、语言教学规律和语言学习规律。

三、教材的教学内容力求贯彻"基础宽厚，重点突出"的原则，注重基本理论、基本知识和基本技能，既要加强基础理论的教学，更要加强实践能力的培养。对课程的实践性教学环节应有明确、具体的要求，并有较强的可操作性。

四、教材要全面显示汉语作为第二语言/外语教学的性质、特点和规律，为加快汉语走向世界，为汉语国际推广，培养外向型、复合型的人才。

五、谨守本科系列教材的属性，注意教材容量与可能的课时量相协调，体现师范性，每一章、节之后，附有思考题或练习题。特别要注意知识的阶段性衔接，为本—硕连读奠定基础，留有空间。

基于上述考虑，我们对对外汉语专业的教学内容作了权衡与取舍。本着培养目标所要求的内涵，教材内容大致围绕着四个方面予以展开，即：基础知识、专业知识、教学技能和教师素质。我们把拟编的对外汉语专业本科系列教

材组成五大板块,共 22 册。每个板块所辖课程及教材主编如下:

一、语言学、应用语言学和汉语

  1. 现代汉语　　　　　　　　齐沪扬(上海师范大学)
  2. 古代汉语　　　　　　　　张　博(北京语言大学)
  3. 语言学概论　　　　　　　崔希亮(北京语言大学)
  4. 应用语言学导论　　　　　陈昌来(上海师范大学)
  5. 汉英语言对比概论　　　　潘文国(华东师范大学)

二、中国文学文化及跨文化交际

  6. 中国现当代文学　　　　　陈思和(复旦大学)
  7. 中国古代文学　　　　　　王澧华(上海师范大学)
  8. 中国文化通论　　　　　　陈光磊(复旦大学)
  9. 世界文化通论　　　　　　马树德(北京语言大学)
  10. 跨文化交际概论　　　　　吴为善(上海师范大学)

三、汉语教学理论、第二语言习得理论与实践

  11. 对外汉语教学导论　　　　周小兵(中山大学)
  12. 第二语言习得研究　　　　王建勤(北京语言大学)
  13. 对外汉语本体教学概论　　张旺熹(北京语言大学)
  14. 对外汉语教学课程论　　　孙德金(北京语言大学)
  15. 双语与双语教育概论　　　关辛秋(中央民族大学)
  16. 华文教学概论　　　　　　郭　熙(暨南大学)
  17. 世界汉语教育史　　　　　张西平(北京外国语大学)

四、对外汉语教材、教学法与测试评估

  18. 对外汉语教学法　　　　　吴勇毅(华东师范大学)
  19. 对外汉语教材通论　　　　李　泉(中国人民大学)
  20. 语言测试概论　　　　　　张　凯(北京语言大学)
  21. 对外汉语教学模式概论　　马箭飞(国家汉办)

五、现代教育技术在对外汉语教学中的应用

  22. 对外汉语教育技术概论　　郑艳群(北京语言大学)

本系列教材主要是为对外汉语专业本科生编写,也可供其他对外汉语教学工作者、研究者参考,同时也可以作为大专院校语言文学类专业的课外参考书。

　　目前,汉语国际推广正如火如荼,汉语作为第二语言/外语教学也面临着巨大的机遇与空前的挑战。我们愿顺应时代洪流,为汉语国际推广尽绵薄之力。大规模、跨地区、跨学校地组织人力进行系列教材的编写,尚属首次,限于水平,疏忽和不妥之处在所难免,敬祈专家、读者不吝指正。

赵金铭　齐沪扬
2007 年 6 月 5 日

目　　录

引言 ………………………………………………………………… 1
第一章　语言和语言学 ………………………………………… 15
　第一节　语言的本质 ………………………………………… 15
　第二节　组合关系和聚合关系 ……………………………… 29
　第三节　语言学的学科分类及其基本任务 ………………… 31
　第四节　语言学与其他学科的关系 ………………………… 35
第二章　语言与社会 …………………………………………… 42
　第一节　语言与社会文化 …………………………………… 42
　第二节　语言变异与语言变体 ……………………………… 52
第三章　语言与认知 …………………………………………… 69
　第一节　语言反映人类的认知 ……………………………… 69
　第二节　认知语言学的基本假说 …………………………… 74
　第三节　人类大脑的模块与机能 …………………………… 92
　第四节　语言能力的成长 …………………………………… 95
　第五节　语言习得 …………………………………………… 99
第四章　语音 …………………………………………………… 110
　第一节　语音研究的几个方面 ……………………………… 110
　第二节　语音的物理属性 …………………………………… 114
　第三节　语音的生理属性 …………………………………… 121
　第四节　语音的心理属性 …………………………………… 133

第五节　语音的感知 ……………………………………………… 137
　　第六节　音位的发现与归纳 ……………………………………… 141
　　第七节　音位的聚合和组合 ……………………………………… 148
第五章　语法 …………………………………………………………… 156
　　第一节　语法和语法学 …………………………………………… 156
　　第二节　语法形式和语法意义 …………………………………… 174
　　第三节　语法范畴和表达语法范畴的语法手段 ………………… 178
　　第四节　理论语法和教学语法 …………………………………… 193
第六章　语义 …………………………………………………………… 201
　　第一节　语言的意义 ……………………………………………… 201
　　第二节　语法的意义 ……………………………………………… 211
　　第三节　句法和语义的接口 ……………………………………… 218
　　第四节　语用的意义 ……………………………………………… 221
　　第五节　歧义 ……………………………………………………… 228
第七章　词汇 …………………………………………………………… 238
　　第一节　词和词汇 ………………………………………………… 238
　　第二节　词汇系统 ………………………………………………… 247
　　第三节　词义 ……………………………………………………… 256
第八章　言语行为 ……………………………………………………… 273
　　第一节　语力 ……………………………………………………… 273
　　第二节　指示和距离 ……………………………………………… 286
　　第三节　话语分析 ………………………………………………… 293
　　第四节　礼貌与互动 ……………………………………………… 297
　　第五节　语境 ……………………………………………………… 303
第九章　文字 …………………………………………………………… 311
　　第一节　文字的性质、功能和构成要素 ………………………… 311
　　第二节　文字与语言的关系 ……………………………………… 317
　　第三节　文字的起源和发展 ……………………………………… 319

  第四节　文字的类型…………………………………………326
  第五节　汉字与汉语国际教育………………………………330

第十章　语言的产生和发展……………………………………335
  第一节　语言的产生与演变…………………………………335
  第二节　语言符号系统的演变………………………………339
  第三节　语言要素的演变……………………………………346
  第四节　语言的分化和统一…………………………………368

第十一章　语言的类型和谱系…………………………………385
  第一节　世界语言概况………………………………………385
  第二节　语言的类型分类……………………………………387
  第三节　语言的谱系分类……………………………………393

增订本后记…………………………………………………………402
参考文献……………………………………………………………404

引 言

一、语言学的体和用

(一) 语言学的体

语言学是现代科学的一个重要组成部分。传统的语言学来源于人类学，是人类学的一个分支学科，它的人文性是显而易见的。19世纪末，语言学从人类学中独立出来，成为一门年轻的、有朝气有活力的学科，语言学渐渐地从一个纯粹人文性的学科演化为人文科学和自然科学交叉的学科。人类关注自己的语言有很长的历史了，但是对语言进行科学的研究是近百年来的事。中国历史上的语言研究主要是语文学的研究，包括音韵学、训诂学、词汇学和文字学，其主要目的是读经解经。我们把这样的研究称为"小学"，它们是中国语言学的前身。人类对自己的语言感兴趣主要是出于好奇：语言是怎么产生的？语言是如何传递信息的？语言与我们的文化、信仰是什么关系？为什么不同的人群使用的语言有差别？不同的语言之间有没有血缘关系？语言与心智的关系是怎样的？语言世界和我们的概念世界以及外部客观世界三者的关系是怎样的？孩子是怎样学会语言的？人类的语言行为有没有固定的模式？人类的语言和行为之间有什么关系？我们如何以言行事？言语行为如何受到社会规则的制约？语言的发展变化有什么规律和认知基础？世界上有多少种语言，这些语言从类型学上如何分类？这些疑问实际上可归纳为两个问题：(1) 语言是什么？(2) 语言是怎么运作的？这些问题一直困扰着我们，同时也引领着我们向更深处去探索，在探索的过程当中，不断发现新的风景、寻找答案并发现新问题。这正是这个学科不断向前发展的动力。与其他学科一样，语言学也有自己的本体论、认识论和方法论。也正像其他学科一样,语言学与其他学科也有着程度不同的交叉和借鉴关系。语言学中的语音学和物理学关系很密切,语义学和逻辑学关系很密切,语法学跟哲学、符号学甚至数学关系密切。语言学作为现代科学的组成部分跟认知科学和行为科学有着不可分割的关系。认知科学要研究人类的认知能力和认知过程,研究人脑的机制,而语言中的言语作品是一个可以直接观察的对象,它可以作为人脑机制的一个外化形态来进行研究。迄今为止,我们对于人脑的机制所知甚少,一个主要的原因是人脑的运行机制不可直接观察。近年来由于脑科学的发展和现代科学技术的发展,我们可以用仪器来观测人类大脑的活动,但是这种观察仍然是非常初步的。而人类的语言活动也是人类行为的一个重要组成部分,观察和研究人类的语言活动可以从一个侧面了解到人类行为的某些奥秘。认知科学、行为科学离不开现代心理学、生命科学、医学等实验科学,如神经语言学;也离不开哲学、法学、人类学、社会学、民族学这样的思辨性比较强的理论科学,如数理语言学、法律语言学、人类语言学、社会语言学、方言学等;同时也离不开计算机科学这样的应用性科学,如计算语言学、语料库语言学、语言工程学等。近年来新出现的互动语言学是把人类行为和语言研究结合起来。互动语言学的研究远远超越传统语言学的研究方法和范式,对人的言语行为进行多模态的研究。互动语言学分为话语分析(Discourse Analysis,简称 DA)和会话分析(Conversational Analysis,简称 CA)两种。他们不仅研究话语输出的内容,还要研究伴随着话语行为的交际者的表情、眼神、手势、身体动作等。

语言是人与人之间交流的工具,人们用语言来交流思想感情、交流信息。这个过程包含了三个阶段:编码—信号传输—解码(图 0—1)。

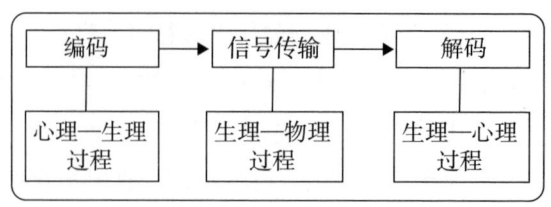

图 0—1 语言交际过程

编码是说话人把想要传达给听话人的信息用线性的语言符号表达出来,

这里涉及复杂的心理—生理过程。信号传输指声波从发音器官到空气中的传递,这里涉及生理—物理过程。解码就是把听到的语音信号解译为可以理解的意义,这里涉及复杂的生理—心理过程。不同的学科从各自的角度来研究语言的不同侧面,比如编码过程涉及我们的心理机制和生理机制。从心理机制这个层面上来看,我们要研究:人们的思想是如何产生的？思维是如何进行的？从生理机制这个层面上来看,我们要研究:人们是如何把非线性的思想转变为线性的语言符号的？发音器官是如何协调工作的？为什么有的人会部分失去语言能力(例如失语症)？言语错误是怎么发生的？有些儿童语言能力发展迟缓,是什么原因导致的？随着年龄的增长,我们的语言能力也会逐步衰退,又是什么原因导致的？有一些人的语言障碍,例如口吃、口齿不清、表达困难、说话没有逻辑、条理混乱等现象是如何产生的？等等。心理学家、生理学家都在研究这样的问题,当然语言学家也要关注这样的问题。语言信号的传输也涉及很多学科,从发音体的振动到共鸣腔的形状,从空气粒子的振动到声音在空气中的传送,声波的骨传导和空气传导,噪音干扰问题,羡余度问题,等等,通信科学家自然会关注这些问题。解码过程会涉及人类的听觉器官、大脑等生理机制,还会涉及记忆和注意力、认知图式等心理机制。如何正确地理解说话人的意思有很多条件,语言学家对这些条件的特征和作用感兴趣。一个人从出生到成年、壮年、老年,语言能力是在不断发展变化的。心理学家和语言学家会关注儿童语言能力的成长,也会关注老年人语言能力的保持。

现代科学的基本精神是它的实证性。能够直接观察的研究对象,我们用观测数据来证明某些假设,不能直接观察的研究对象,我们就用合理的演绎推理来证明某些假设。前者叫作归纳法,后者叫作演绎法。语言研究既采用归纳法,也采用演绎法。归纳法优点是直接,用事实说话,不足之处是可能会漏掉重要的事实,我们每天看到的太阳都是东升西落,这个现象我们已经观察了许多年,应该说是不可动摇的事实,但是我们无法确定明天或者后天它会不会变化,太阳是不是还会从东边升起到西边落下。还有一个问题,就是我们每天都看到的事实是真的吗？现在我们已经知道了,太阳是恒星,是不动的,是地球在自转和围绕着太阳公转,可见我们直接观察到的事实不一定就是真实的。

这就是有名的柏拉图问题。演绎法可以弥补归纳法的不足。如果 A 包含 B，B 包含 C 的话，我们可以推论：A 一定包含 C。这就是演绎法。

（二）语言学的用

1. 语言学与现代科技

语言学与现代科技也有密切的关系。比如语言信息处理技术、通信技术、临床医学的语言矫治技术、语言康复技术、语言教学技术、语料库技术、语音合成技术、语言识别和理解技术、语言翻译技术、语音输入技术、自动分词技术、词性自动标注技术、句法自动分析技术、语义分析技术、信息挖掘技术等，这些学科的研究对象都离不开语言。科学的进步可以把人类的认识水平提高到一个新的境界，而技术的发展会把科学研究的成果转化为能为人类服务的产品。在享受着现代化的通信工具（如智能手机、互联网）带给我们便利的同时，我们会不会想到这里面也凝聚着语言学家的智慧和心血？现在科学技术的前沿课题如人工智能和分子生物学都要关注语言问题。IT 产业也离不开语言工程，例如如何实现信息的产生、发射、传输、接收、获取、存储和显示等功能，没有语言学的参与是不可想象的。

2. 语言学与语言教学

语言学和语言教学是两个不同的学科领域。语言学研究的是语言结构的内在规律以及语言与心智、语言与社会、语言与外部世界的关系，属于"道"的范畴；而语言教学是利用语言研究的成果来教授学习者学习某一门具体的语言，属于"术"的范畴。语言教学可以粗略地分成两类[①]：第一语言教学（或者称为"母语教学"），如传统的语文教育；第二语言教学（或者称为"外语教学"）。两者不完全一样。语言教学要研究语言本体、教材、教学对象、教学环境、教学技术和教学法。语言本体是语言教学的根本，不研究语言本身，语言教学就不可能成功；教材是语言教学的辅助材料，好的教材可以使教学事半功倍；教学对象就是语言学习者，不同母语背景、文化背景、教育背景、宗教背景的学习者

[①] 继承语（Heritage Language）教学，很难说它是母语教学，也不能把它看作第二语言教学。因此我们也可以把语言教学分成三类：母语教学、第二语言教学和继承语教学。

学习语言的策略是不一样的,语言教学只有知己知彼,方能百战不殆;教学环境也是语言教学研究中的重要因素,语言教学应该适应不同的教学环境;教育技术的应用也是语言教学不能忽视的因素,尤其是远程教育和线上教学,必须依赖现代教育技术的平台;教学法是由不同的教学理念发展出来的教学手段,但法无定法,教师应该根据教学对象、教学环境的变化适时调整教学法。尽管不同类型的语言不适于使用相同的教学法,但是语言结构的研究、不同语言的对比研究、语言认知规律的研究肯定有益于语言教师更好地掌握教学规律,提高教学的单位效益。

3. 语言学与语文政策

世界上有不同的国家,每个国家的语言状况都不一样,如何制定适合本国国情的语言文字政策是一个重要课题。这个世界上有单一语言、单一民族的国家,例如日本和韩国,也有众多语言并存、多民族的国家,例如中国、俄罗斯和印度。在一个多民族、多语言并存的国家,如何处理语言问题是政府管理部门和语言学家应该关注的课题。这关乎民族的团结以及各民族的平等权利。举例来说,新加坡是一个只有570多万人口的城市国家,但是新加坡的官方语言除了英语之外,还有华语、马来语、淡米尔语,新加坡的广播、电视、报纸、学校教育、街道标识牌等都会四种语言并用。语言问题有时会成为社会或族群矛盾的爆发点。例如加拿大的英语和法语之争、比利时的法语和佛兰芒语之争,都与国家的语文政策有关。语文政策还涉及一个社会的语文生活,包括这个社会的语言规范和文字规范,例如正音的问题、词汇规范的问题、语法规范的问题、文字规范的问题、标准语与方言的问题、古语与现代语的问题、本土语言与外来语的问题、雅言和俗语的问题,等等。另外,一个国家还必须制定各种社会需要的标准集,例如日本的当用汉字,中国的简化字总表、信息处理用汉字字符集、汉语水平考试词汇等级大纲、国际中文教育语法等级大纲等,当然不同的标准是为不同的目的服务的。语言学与语文政策的关系还表现在很多方面:国家的双语教育问题、国家的外语教育问题、国家的语言能力问题、国家的语言安全问题、国家的语言资源问题、濒危语言的保护问题、语言文字工作与国家治理的关系问题、语言服务和语言产业的问题、国家的通用语言文字问题、国家的语言规划问题、社会语言生活和谐问题、国家通用语言与民族语言的关系问题、语言文字数字化的问题、语言文字与文化传承的关系问题、语言文字与消除贫困的关系(语言扶贫)问题,等等。我们都知道世界上的各种语言是存在着竞争关系的,此消彼长。因此世界上几大语言输出国都在强化自己的语言传播力量,研究语言传播策略,以期在世界语言竞争中占据有利地位。

4. 语言学与语言学习

语言是一种社会现象,语言在社会中产生,在社会中运用,在社会中变化。作为社会的人,一定要学会如何使用这个社会的语言。语言通常是在不知不觉中学会的,就好像我们在不知不觉中就学会了走路一样。语言学关于语言学习的理论有两种:(1)讨论儿童是怎么学会自己的母语的。这里有两个假说:一个假说认为儿童有一种先天的语言获得机制(Language Acquisition Device,简称LAD),而人类的近亲大猩猩无论如何也学不会人类的语言;另一个假说认为孩子生下来时是白板一块,通过后天的模仿和练习才学会了语言,所以在不同的环境下成长就会学会不同的语言。无论是先天说还是白板说,都不能解释为什么儿童学习语言的速度比成人要快得多这个事实,这始终是一个未解之谜。人们观察孩子学习语言的过程,惊讶地发现儿童学习语言与成人学习语言是很不一样的:学习动机不同(孩子学习语言是生存需要,而成年人学习语言的动机千差万别)、学习方式不同(孩子学习语言是自然获得的过程,而成年人学习语言通常不是自然获得的过程,成人的语言能力往往是通过有目的的学习获得的)、学习环境不同(孩子学习语言不是在教室里,而成年人学习语言通常是在教室里进行的,有专门的老师和教材,有专门设计的课程)、学习时间不同(孩子学习语言几乎是全天候的,而成年人学习语言不可能是全天候的,只能在特定的时间段里进行)。(2)讨论人们是怎样学会第二语言的。这里有各种各样的假说:有人认为第二语言学习有共同的规律,语言学家的任务就是去寻找人类第二语言学习的共同规律;有人认为不同母语背景的人在第二语言学习中有不同的规律,语言学家应该发现不同母语背景的人在学习第二语言时是如何受到母语影响的;还有人认为第二语言学习有一定的顺序,语言学家应该去发现这个顺序,然后利用这个发现来安排教学内容。研究第二语言习得的人相信人类语言存在着普遍语法(Universal Grammar),不同的语言之间的差别只是参数的差别。而研究认知语言学的人则认为不存在人类语言的普遍语法,每一种语言都有自己的特点,因此我们很难找到第二语言学习的普遍规律。语言学习研究涉及心理学和教育学,光靠语言学家无法解决全部问题。语言学习研究还涉及语言哲学问题,也就是说,我们如何认识语言决定了我们如何研究语言,如何解决语言学习中的问题。认识论决定方法论,而方法论的不同会得到不同的研究结果。语言学习与语言教学是相辅相成的关系,我们在讨论语言学习的时候,不能不考虑语言教学的问题。这里边既有语言教学法的问题,也有学习理论的问题。前者是教育学关注的问题,后者是心理学关注的问题。语言学比较关注语言要素的学习问题,例如语音学习、词汇学习、语法学习、语篇学习等,我们会比较关注这些学习策略和成绩之间的关系;语言学还比较关注不同语言能力的获得问题,比如口语表达能力、书面语表达能力、阅读理解能力、写作能力、翻译能力、文字认读和书写能力等,我们会比较关注这些能力获得的过程。语言学习研究还关注语言能力(Language Competence)和语言水平(Language Proficiency)的测试问题,如何准确地测定语言学习者的语言能力和语言水平,这是语言测量学(Language Testing)关注的问题,在这里语言学和教育测量学实现了学科交叉。

5. 语言学与辞书编纂

中国辞书编纂历史悠久,例如中国第一部词典《尔雅》,大约成书于春秋至秦期间。我们不知道作者是谁,但是《尔雅》对汉语名词的分类和解释可以被看作辞书的源头。这是一本汉语词汇工具书,里边收录了汉语的草木、虫鱼、宫室、器物、禽鸟、兽畜等名称的解释。要编好辞书,必须要进行语言研究。我们所使用的各种语言工具书都是语言研究的产品。语言研究除了理论兴趣以外还要为社会服务,辞书编纂就是一个很具体的应用实例。以词典的编纂为例,要编一部词典首先应该确立词典体例、设计检索方法,这是技术层面的问题。词条的确定、义项的分合、词义的诠释、词源的考证、词性的标注都需要语言学的支持。就汉语而言,词与词组的界限到现在还没有从理论上完全解决,因此哪些是词、哪些是词组有时还会有争议。词义的诠释也不是一件简单的事,比如"跳"这个词,曾经有词典释义为"双脚离开地面、身体向上的运动",应该说这个释义是不准确的,有人说"双脚离开地面、身体向上的运动"不是"跳",那是"上吊"。词源的考证更要有语言学的眼光和语言学的训练。比如"里"的原始意义是什么?"里外"的"里"跟"里正""乡里"的"里"有没有关系?如果没有关系,它们属于两个词;如果有关系,它们属于一个词的两个义项。"乡里"和"里程"中的"里"到底有没有关系?是什么关系?演变的过程是怎样的?如果没有训诂学,很多词语的原始意义我们都不会知道。比如"介绍"的原始意义是什么?什么是"介"?什么是"绍"?古代礼俗中"介绍"为迎宾礼官,后世的变化使得"介绍"一词失去了原来的意义。词性标注看似简单,但是如何给词分类不仅仅涉及原则和方法的问题,对语言单位的分割和定性也是语言学的一个基本任务,迄今为止我们还不能说我们已经很圆满地完成了这个任务,因此,汉语词典大多不标注词性,因为汉语的词性问题还没有彻底解决。可见辞书的编纂不能离开语言学的基础研究。

6. 日常生活中的语言学

我们每天都在使用语言,因此我们在日常生活中经常会遇到语言学问题。简单的如一个词的发音问题,复杂的如一句话的理解问题,我们都会遇到。

先举语音的例子:在汉语普通话里,有些词有异读现象。从 1957 年到 1962 年,普通话审音委员会分三次发表了《普通话异读词审音表初稿》,1963 年又把它们汇成一个总表,公布以后在社会上引起广泛重视,一些学者也对异读问题与审音问题进行过专门的讨论(张清常,1956;傅东华,1957;梁振仕,1961;王力,1965),确定了一些正音原则,这对普通话语音的规范化起到了积极作用。1985 年 12 月,重建后的普通话审音委员会在原来的基础上对《普通话异读词审音表初稿》做了一些修订,公布了《普通话异读词审音表》。该表共收异读字词 848 条,其中注明统读者 586 条,如"癌"旧读 yán,今统读 ái;"茅厕"的"厕"以前读 sì,今统读为 cè;"口吃"的"吃"以前审为 jī,今统读为 chī;"从容"的"从"以前审为 cōng,现在统读为 cóng;等等。这次修订向减少异读现象迈了一大步,但不可否认的是:虽然国家语委、国家教委、广电总局联合发出了关于《普通话异读词审音表初稿》的通知,但是在文教、新闻出版、大众传媒等领域,普通话字音异读的问题仍然在困扰着人们,教师、播音员、演员以及广大普通群众念错字音或左右彷徨的现象普遍存在,不同年龄层的人和不同文化程度的人对什么是正音会有不同的标准,同一个人在不同的场合也有不同的标准,比如说语文教师在把"呆板"念成今之正音 dāibǎn 时,他心里会觉得别扭;公共汽车售票员在报"西苑"站时,时而说 xīyuán,时而说 xīyuàn;当你听到有人把"玫瑰"念成 méiguī 时,可能会笑他咬文嚼字。这类现象在汉语作为第二语言教学中尤为突出。同一个汉字"室",老师甲念 shǐ,老师乙念 shì;同一个汉字"荨",老师念 qián,到了医生那里就成了 xún 或 xù;同一个汉字"吓",意思没变,在"吓唬"中读 xià,在"恫吓"中却读 hè;教材上"谁"注音是 shuí,而在日常生活中听到的却常常是 shéi。人们会提出许多个为什么。审音毕竟是少数专家的事,大多数人是不明所以的,一些教师也只是知其然而不知其所以然,因此学生往往得不到满意的答复。

再以语法为例:下面一些语言形式在结构上是不是相同?

  猪肉松 牛肉松 鱼肉松 儿童肉松

  烧柴 烧煤 烧鸡 烧心 烧包

显然,"儿童肉松"不同于"猪肉松""牛肉松""鱼肉松";"烧柴""烧煤"不同于"烧鸡",不同于"烧心",也不同于"烧包"。尽管两组词语在形式上看起来一模一样,第一组都是 N-N-N,第二组都是 V-N。又比如:

  烤白薯$_1$ 烤白薯$_2$

两者看起来完全一样,但其实不一样。我们看下面的句子:

  他是卖烤白薯$_1$的,每天的工作就是烤白薯$_2$。

"烤白薯$_1$"是名词性的,指涉的是一个事物(an object);"烤白薯$_2$"是谓词性的,指涉的是一种行为(an act),性质很不一样。在英语里我们用 baked sweet potato 和 to bake sweet potato 来区分。

句子的理解也是我们日常生活中经常遇到的问题。比如有这样一个句子:

  你要钱还是要命?

这个句子跟"你要茶还是要咖啡?"完全一样,但是在不同的语言环境中这个句子有不同的理解:

  抢劫者:你要钱还是要命?(含义:把钱给我,不然我要你的命!)
  母 亲:你要钱还是要命?(含义:别玩儿命赚钱,命比钱重要。)

如果理解错了就会给语言交际造成麻烦。如果一个咬文嚼字的人反问抢劫的人:"是你给我还是我给你?钱我有,您自己留着吧;命我也有,您也自己留着好了!"当然,现实生活中不会有这样的人,不过的确有因为对句子的歧义解码造成的笑话。例如:

  有一个人生活能力很差,事事都要依赖妈妈。有一天,他在切洋葱的时候,眼睛被刺激得直流泪。于是他给妈妈打电话,妈妈告诉他应该在水里切。他按照妈妈说的做了。第二天,妈妈打电话来问他怎么样。回答说:"这回不再流泪了,只是要不断地把头浮出水面来换气,真麻烦!"

本杰明·沃尔夫曾提出著名的"语言决定论假说"(即"萨丕尔-沃尔夫假说"),认为说不同语言的人的思维方式和宇宙图像是不同的,这个假说最近又开始受到重视,因为认知语言学用类型学的方法有可能证明这个假说是有道理的。语言和思维的关系一直是语言学家关注的问题,也是每一个社会成员都在关心的问题。因为我们每天都在思考,每天都在使用语言,因此我们有可能自己领悟到一些语言学家观察不到的东西,这是一件很有意思的事。

二、怎样学习语言学

(一)理论联系实际(贴近日常生活)

  任何学科的理论都来自实践经验,语言学也不例外。学习语言学也一定要理论联系实际。语言学的研究有从理论出发的,有从问题出发的。从理论出发的偏向于哲学,从问题出发的偏向于实证科学。语言学是实证科学,重视证据,因此语言学的理论大都是在语言事实的基础上建立起来的。如果只是教条地被动地学习一些空洞的理论,而不能在现实的语言生活中解决一些语言问题,那么这个理论就是没有用处的。

怎样才叫作理论联系实际呢？在日常生活中人人都要使用语言，但是有些语言现象人们感到疑惑，却又不知道应该怎么解释，比如说以"者"为声符的"堵"为什么读如 dǔ？以"复"为声符的"愎"（"刚愎自用"）为什么不念 fù 而念 bì？这是古今语音演变的结果。这就要学习语音演变的历史，了解语音演变的规律。又比如古代汉语的介词"于"后来被"在"取代了，句子的语序也发生了变化，古代汉语的"杀三苗于三危"今天要说成"在三危杀三苗"，这种变化的动因是什么？这种变化只是个别现象呢，还是有规律可循？再比如说今天我们经常用的一个语言形式"算了"，它的意义是不情愿地放弃或接受某种不愿意看到的选项，或者对他人实施劝阻。但是如果我们要问这个语言形式是怎么来的，恐怕很少有人能说清楚。"算"最初的意义是计算用的草棍儿，慢慢地演化出"数目"义，后来又演化出"计算"义，再演化出"谋划，算计"义。从这个意义又衍生出"谋害"义。"算了"表示"作罢，不再计较"义是什么时候产生的呢？这需要我们进行研究并发现其演变的路径和机制。任何理论都是要对看起来纷繁复杂的现象做出概括的解释，学习理论也是为了更好地解释现象。语言学从某种意义上说就是一种现象学。我们都知道客观世界的现象是无法一一列举的，但是我们可以用有限的概念来描写它们，用有限的范畴来对它们进行概括。那么我们所使用的概念是怎样建立起来的呢？人类所使用的概念是不是有普遍性？比如空间方位的概念（上下、左右、前后）是从我们的身体部位通过隐喻（metaphor）发展起来的，汉字"左右"本来的意思是我们的左手和右手，后来演变为表示方位的概念。语言类型学的研究表明，身体部位隐喻是空间范畴发展的基本路径，很多语言的空间概念都是这样发展起来的。

（二）理解为本（切忌死记硬背）

理解是学习任何一门科学的必由之路。语言学的理论也不例外。在学习过程中要注意了解理论产生的背景。比如我们将会学到音位的概念和归纳音位的原则，我们就要了解音位这个概念产生的背景，以及为什么要归纳音位。又比如我们要学到语言的历史演变，我们应该理解语言为什么会发生变化。

语言的变化在一个相对短的时间里不容易看得出来，但是一旦把语言放在一个历史的维度上去考量，我们就会发现许多我们并不是很清楚的事实；发展变化如果放在世界语言的大背景下去观察，就会发现语言要素的发展变化受到一些相同力量的牵引，这就是语言发展变化的普遍规律。这种发现是令人惊奇的。语言学理论有很多比较抽象的内容，解决起来比较困难，我们要结合实例来理解。我们会尽量深入浅出地把这些比较抽象的概念讲清楚，但是深入浅出本身就是一种挑战。避免死记硬背的一个路径就是多研究一些问题，多思考一些问题，在观察和解析具体问题的基础上来理解其背后的理论。

（三）勤读多思（保持好奇心）

无论学习什么东西最大的动力是好奇心，如果没有好奇心，就不会有打破砂锅问到底的热情。我们的身边充满了问题，很多问题都没有现成的答案。古人的人生理想"诚意正心、格物致知、修身齐家、治国平天下"中所说的"格物致知"就是要上穷天文、下究地理、中观人伦，什么都是学问。"一事不知，儒者之耻"，这话尽管说得有些极端，但是不妨作为我们学习过程中时时提醒自己的格言。学无止境，多读书勤思考可以帮助我们尽快地进入某种以研究为乐事的境界，用智慧来驾驭复杂现象，用细心来解决复杂问题。老子说"为学日益，为道日损"，这个道理说得非常透彻。学问是一点一点积累起来的，学得越多知识越多。这是求学的规律。理论正好相反，思考得越多，懂得的道理就越简单。这是求道的规律。勤读可以使自己的学问不断积累和增加；多思可以使我们懂得的理论越来越简明扼要。最后可以做到大道归一。

（四）开阔视野（拓展知识面）

学习语言学不能仅仅把目光盯在语言学上，还要注意学习相关学科，借鉴相关学科的研究方法、观察角度、研究手段。例如物理学、数学、统计学、哲学、心理学、生物学等都与语言学有密切的关系，在学习语言学的同时也广泛地涉猎其他学科的内容，到其他学科中汲取营养，这样才能开阔视野，别人解决问题时只有一种思路，我们可以有几种思路。语言学内部也有很多分支学科，它们彼此联系又相互独立。在学习中应该学会融会贯通。另外,学习语言学最好能多掌握几门外语,能够自如地在不同的语言系统中思考问题。当然这个要求有点高,不是谁都可以做到的,我们"取法乎上,仅得乎中"可也。

(五) 培养独立解决问题的能力(在实践中发现真问题)

在学习过程中我们会有很多疑问、很多问题,有些疑问或问题在学习中会慢慢地找到答案,有些疑问或问题是没有现成答案的,要自己去寻找答案,这就需要培养独立解决问题的能力。要想独立解决问题,首先要发现问题。对有些人来说,问题无处不在;对有些人来说,什么问题都看不到。古人说的"不愤不启,不悱不发"是有道理的,如果发现不了问题,也就不会有为什么,科学就不会进步。大家看到的都是一些普通平常的语言现象,有的人可以从平常中看出不平常来,这就需要修炼。多少年来很多人都看到过苹果从树上掉下来,只有牛顿发现了万有引力,这不是说牛顿有超乎常人的慧眼,只是因为牛顿喜欢问为什么,而且有解决问题的知识准备和手段。如何培养独立解决问题的能力呢?我们首先要找到问题。到哪里去找问题呢?第一,就是日常生活当中的问题。我们每天都在跟语言打交道,会遇到很多语言理解的问题。例如"不咸不淡"到底是贬义词语还是中性词语?如果我们说"这个菜不咸不淡,正合适",这里它就是中性的。如果我们说"他说的话,不咸不淡的,没什么味儿",这里它就是贬义的。我们怎么知道一个词什么时候是褒义的,什么时候是贬义的,什么时候是中性的?这就是问题。第二,就是在阅读前人时贤的著作或者论文的时候,他们所讨论的问题会启发我们思考。例如朱德熙先生在讨论歧义的问题时,举了一个例子:"咬死了猎人的狗。"这是一个歧义句。如果我们换一个词:"咬死了猎人的鸡。"我们会发现歧义消失了。这是为什么?第三,我们经常会跟人讨论语言问题,比方说有的人说话经常会有口头禅(比如"这个这个——""——的话呢")。为什么他要用口头禅?可不可以把口头禅戒掉?第四,在汉语作为第二语言教学中,经常会发现学习者的一些问题,这些问题可以作为我们的研究课题。比如一个学生说"老师我今天很关心",老师觉得很奇怪,问他:"你关心什么?"学生说:"老师我学过开心。开心是高兴的意思。那么关心是不是不高兴啊?"我们说"开心"和"关心"不是一对反义词。那我们就需要研究一下这两个词是如何产生的,如何发展变化的。第五,我们参加学术研讨会的时候,会发现很多研究课题,这些研究课题是别人曾经做过或者正在做的题目,我们也可以在这个基础上更进一步地进行思考和探索。

思考与练习

1. 语言学是一门什么样的学问?

2. 学习语言学有什么用处?

3. 怎样学习语言学?

4. 学习语言学为什么要理论联系实际?

5. 为什么说语言学是现代科学的一个组成部分?简述语言学与现代科学的关系。

6. 如何发现语言研究的问题?

第一章 语言和语言学

第一节 语言的本质

一、语言的多种定义

什么是语言？这是一个看似简单但却很难简单回答的问题。因为在什么是语言的问题上,语言学家和普罗大众会有不同的认识,语言学家内部也有不同的认识。可能有人会说,语言不就是说话吗？说话的确是跟语言有关系,可是说话只是人们利用语言进行的言语活动,说话本身不是语言。有人也可能会说,那么说出来的话或写出来的话就是语言了吧？我们说,说出来的话或写出来的话也不是语言,因为说出来的话或写出来的话只是人们利用语言进行言语活动所产生的言语作品。语言是什么？语言在什么地方？这是一个看起来容易、实际上很难回答的问题,也是一个有争议的问题。人们从不同的角度看到的是语言的不同侧面。我们试举几例：

语言是构成思想的工具。理智活动（它完全是精神的,是纯内心的,而且是无踪无迹地进行着的）通过语音物质化,使之能为人们所感知。（现代语言学之父洪堡特如是说）

语言是狭义的理性活动,因为语言是这种活动的外貌。（德国哲学家黑格尔如是说）

语言是思想的有声表达,它通过思维表现出思维的过程。（德国语言学家施莱赫尔如是说）

语言的本质就在于交际。（德国语言学家舒哈特如是说）

语言是以交流思想和感情为目的的人的活动。（丹麦语言学家叶斯柏森如是说）

语言是表达思想的符号体系……（瑞士语言学家索绪尔如是说）

我们可以从不同的角度给语言下定义，但是这些定义都只能反映语言的某些侧面，不能代表语言的全貌。这就如同"盲人摸象"一样，有人摸到的是象腿，有人摸到的是象牙，有人摸到的是象的身体。定义重要，但是定义很难。比如说"张三是什么？"这个问题会有不止一个答案。例如：

张三是人。

张三是中国人。

张三是男人。

张三是个名字。

张三是我们邻居。

张三是作曲家。

张三是现代人。

张三是君子。

……

语言跟我们每个人的生活息息相关，因此不同的学科都会关注什么是语言的问题。"横看成岭侧成峰，远近高低各不同。"站的立场不同，观察角度不同，得到的结果就会不同。哲学家眼中的语言和人类学家眼中的语言可能不完全一样。语言学家眼中的语言和心理学家眼中的语言也可能不完全一样。可以这样说，有100个人就可能有100种关于语言的定义。那么语言学家眼中的语言是什么样子的呢？

二、语言学家眼中的语言

语言学家在观察和研究语言的时候，会根据不同的属性特征来界定什么是语言。首先，语言是自成一体的符号系统，这是它的自然属性。其次，语言是人类社会交流的工具，这是它的社会属性。再次，我们在思考的时候离不开语言,因此,语言也具有心理属性。

(一) 自然属性

　　语言是一个符号系统,其内核是语义,物质外壳是语音。语义和语音的联系是任意的,约定俗成的。语言符号是可以分析为清晰的单位的,符号和符号之间可以组合,但是这种组合是有规则的。符号的组合是线性的,也就是说在输出的时候,符号是一个跟着一个出来的,不可能毫无规则、毫无秩序地统统出来。语言符号还具有生成性,有限的符号通过有限的规则组合以后可以生成无限的句子,表达无限的意思。任何一种语言的符号都是有限的,但是任何一种语言都可以表达无限多的意思。从理论上来说是这样,如果具体到某个人,那要看他有没有这样的能力来表达无限多的意思。语言的类型不同,在表达世界万事万物的时候可能会有差异,这是自然的。归纳起来说,语言这个符号系统具有以下几个特点:

　　1. **符号的任意性**。指的是符号的声音和意义之间的结合是由社会约定俗成的,是没有理据的,是不可论证的。比方说"人"在汉语普通话里为什么叫 rén,而不读什么别的,这完全是任意的,由社会全体成员约定俗成。也许有些词汇在造词的时候是有理据的,比如"猫"跟猫的叫声有关,"鸭"跟鸭的叫声有关,"布谷鸟"跟布谷鸟的叫声有关。但是我们似乎找不到猪、狗、牛、羊跟它们的叫声有什么关系。可以找到理据的例子比较少,绝大部分词的语音和意义的联系是找不到理据的。如果我们把视野转移到其他语言,例如英语,cat 和 duck 似乎找不到与汉语类似的这种理据。当然英语里有些词也可以找到跟任意性特点相左的例子,任何一种语言都可以找到跟任意性相左的例子,但数量是有限的。因此,语言符号任意性的特点是大家基本接受的看法。

　　2. **符号的线条性**。指的是语言符号在组合时只能一个跟着一个地出现,构成一个线性的序列。从音素的组合,到语素的组合、词的组合、句子的组合,任何一级语言单位在进入组合的时候都是线性排列的。我们是如何发现语言的线条性特征的呢?如果只是讨论语言符号本身,我们无法观察到它们的存在形态,也就是说,它们在我们的心理空间是如何存在的?是线性的还是层层叠叠堆积在一起的？我们不得而知。我们所能观察到的是语言符号的输出是线性的，一个跟着一个出来的。

3. **符号的系统性。**语言符号不是一堆杂乱无章的零件，它是有系统的。语言符号的系统性体现在以下几个方面：(1) 语言符号可以切分出清晰的单位，这些单位有大有小，比如音素、音节、语素、词、词组、句子等；(2) 这些语言单位是层次分明的，组织结构很清楚，可分析；(3) 语言符号通过组合关系和聚合关系实现为语言的运用，也就是说，语言符号是一个结构分明的层级装置，语言符号的运转是在一个系统内进行的；(4) 语言符号的组合是有规则的，这些规则控制着这个系统的运转。语言符号的基本单位是有限的，语言符号的组合规则也是有限的，但是语言符号可以用有限的基本单位和有限的规则生成无限的表达单位，表达无限的意思，这就是语言符号系统性特点的一个有力证明。假如语言符号不是这样一个完备的系统，它就无法有效地完成那么复杂的交际任务。

(二) 社会属性

语言是交际工具。交际是语言的第一职能，传递信息、表达思想感情离不开语言。当然传递信息、表达思想感情还有其他的工具，例如音乐、旗语、信号灯、烽火台。与其他的工具相比，语言最方便、最有效、最实用、容量最大。当然，假如真像科幻小说所写的那样，外星人通过心灵感应来交流传递信息和思想感情，那是比语言更高级的交际手段。我们所讨论的语言是人类的语言。我们知道人类的语言也有局限性，也有难以表达的思想和情感。很多人都有过这样的体验，我们感受到了某种刺激，但是很难用语言把它描述出来，比如说病人在针灸的时候会产生酸麻胀痛等感觉，但其中的细微差别往往难以言状。语言是全民的交际工具，不分性别、年龄、民族、社会阶层、文化程度，它一视同仁地为社会全体成员服务。语言是在社会中产生的，语言也是在社会中运用的，因此语言也会随着社会的变化而变化，随着社会的发展而发展。每一个社会都有自己的语言，同一个社会群体中的人们使用同一种语言进行交际。但是社会群体有大有小，在一个较大的社会群体中，语言可能会产生地域性变异或者阶层变异,前者叫作地域方言,后者叫作社会方言。语言是社会成员之间用来进行交际的工具,那么从某种意义上说,语言就是那个社会的折射,通过语言的研究可以透视社会心态或考察社会现象。反过来说,社会现象在语言系统中也会有所表现,社会现实对语言表达手段会有一定的影响。认知语言学就认为语言可以看作是人与外部世界互动的结果,外部世界包括人的世界(社会)和物理世界(自然),它们对我们的语言都会有直接的影响。我们在运用语言这个工具进行交际的时候,会注意分寸和距离。《礼记·曲礼》云:"夫礼者,自卑而尊人",在人际交往中使用谦敬语是保持社交距离的手段。在语言交际活动中,有很多场合必须使用敬称,例如面对帝王和地位尊贵的王公贵族、达官贵人,直接称呼其名是不礼貌的,所以要用变通的方式来称呼对方,例如陛下、殿下、阁下、麾下、足下、座下等。这是通过转喻的形式来间接地向对方表达敬意。这种转喻的方式在汉语庄雅语体中非常常见,例如令尊、令堂、尊驾、大驾、高足、桃李、椿萱、兰蕙、红杏、裙钗等,我们会选择与对方有关系的物来指称人,这样的转喻构词就是在两个相邻或相近的概念之间建立起心理通道,它们是人与社会、人与自然互动的结果。

(三) 心理属性

语言是思维的工具。我们在思考问题和进行推理判断的时候,必须要有所凭依。抽象的概念大多用隐喻或转喻的方式来表达,要理解这些隐喻或转喻必定有一个推理过程,这个推理过程是一个认知过程。而推理是在不断进化的;推理通常不是普遍性的,而是带有某种文化特征的;推理是隐喻性的和想象性的;推理过程是有情感因素参与的;推理是与我们的身体经验密切相关的(Lakoff G.& M. Johson,1999:1—3)。我们在表达思想、传递信息、进行推理判断的时候,会用到语言这个工具,反过来我们在理解和领会交际者的信息内容的时候也会用到语言这个工具。语言是人类进行理性思维离不开的工具,没有语言,人们的理性思维就很难进行下去。反过来说,如果离开了理性思维,人们的语言就会无所凭依,就会没有逻辑,应该说理性思维是语言存在和运行的基础。如果思维出了障碍,那么语言能力势必会受到相应的影响。

有一个命题叫作"语言离不开思维,思维也离不开语言",从某种意义上说这个命题是正确的。但是我们不能离开一定的条件来讨论这个命题。有没有不依赖语言而独立存在的思维？如果我们把思维分成不同的层次的话,我们就会发现有些层次的思维过程不一定有语言参与。很多人都有过那种"欲辨忘言"的体验,也就是说在思维的某个层次,语言是没有参与进来的。人们在一瞬间可以想到很多事情,这些事情可以是一团乱麻,没有层次,刹那间可以有千万个念头,如果我们要把这些念头表达出来,那就必须利用语言的线性特点,一点一点地把思想变成可以直接观察的言语。

三、人类语言和动物语言的区别

我们通常说语言是人类特有的交际工具,人类以外的动物不具备语言能力,也就是说,人类以外的动物没有可以跟人类语言相提并论的语言。这里面有一个困难,就是庄子所说的:"子非鱼,安知鱼之乐？"我们不是猫,不是狗,我们怎么知道猫和狗是不是有语言呢？所以这是一个不容易回答的问题,或者说"语言是人类特有的交际工具"是一个伪命题。有些动物学家在对动物行为和交际方式进行观察的时候得出结论,认为不同的动物的交际工具是不一样的。有人通过观察得出结论,大象可以接受人的耳朵听不到的低频语音,甚至认为大象有语言,而且其复杂程度不比人类的语言低。从现象上来看,人类以外的动物之间也有自己的交际手段,假如我们把这些交际手段也看作语言的话,我们则可以比较它们与人类语言的区别:(1)人类语言是一个复杂的层级系统,即用有限的单位组合成较大的单位,可以表达无穷的意思;而一般来说动物的语言则比较简单,往往只是一些简单的叫声,单位并不是十分清晰。(2)人类语言是一套十分有效的符号,可以表达复杂的思想和微妙的情感,一般来说动物的语言则十分有限。(3)人类语言的发达与人类大脑的发达是成正比的,人类思维的成熟决定了人类语言的成熟,而迄今为止我们还没有发现哪种动物的思维能力可以与人类比肩,因此也没有发现哪种动物有与人类相似的语言。我们观察到,蜜蜂是利用舞蹈姿势的变化来传达一些信息的,鸟类是利用声音来传达信息的,但是鸟类的声音并不是像人类语言那样由元音和辅音交替构成音节,再由若干个音节构成一个完整的表达单位。海洋里的鲸鱼和陆地上的大象都有自己的有声语言,但是我们现在对它们的语言了解得不多。狼嚎、虎啸、狮吼、猿啼、鸟鸣、犬吠都可以看作是这些动物的语言,但是从可分析性上来比较,它们都不像人类语言那样有边界清晰的单位以及单位之间有丰富的组合变化。

四、所指和能指

在讨论到语言符号的性质的时候,瑞士语言学家费尔迪南·德·索绪尔(1857—1913)提出了"所指"(signifié)和"能指"(signifiant)这一对概念。在他看来,语言符号连接的不是事物和名称,而是概念(concept)和音响形象(sound image),概念是一个抽象的心理实体,音响形象是与概念相联系的心理印迹。因此语言符号是一种一体两面的心理实体。符号中的概念即索绪尔所说的"所指",音响形象就是索绪尔所说的"能指"。这样既能说明它们彼此间的对立,又能说明它们与所从属的整体间的对立。当然索绪尔所提出的所指和能指这一对概念是比较抽象的,现在这对概念已经被广泛应用在不同的学科领域。我们看到文学批评也会使用所指和能指这一对概念。接下来索绪尔论证了符号的任意性原则,也就是说,他认为符号的所指和能指之间的关系是不可论证的。这个原则一直是语言学一个非常基本的原则。当然,也有当代的语言学研究者对这个原则提出质疑,因为词源学的研究表明语言中有证据说明在语言符号产生之初,有一些所指与能指之间的联系还是有理据的,是可以论证的。但是这不能动摇语言符号所指和能指之间约定俗成的原则,也正是从这个意义上说,语言是社会的,不是个体的。符号的所指和能指之间的结合是社会约定俗成的结果。如果说语言符号连接的是事物和事物的名称,这种说法一点也不抽象,比较容易理解。但是如果说语言符号连接的是所指和能指,连接的是概念和音响形象,理解起来难度还是比较大的。我们画一个三角形来看一下可能更加直观一些。

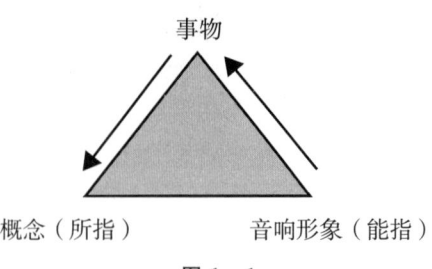

图1—1

这个三角形就代表一个语言符号,在这个三角形里,客观世界里的事物通过认知范畴化的过程抽象为概念,而每一个概念都连接着一个音响形象,每一个音响形象都指涉(denote)客观世界里某一事物。

五、符号的不变性与可变性

能指对于它所指涉的事物来说是任意性的,而对于使用它的语言社团来说则是强制性的。从这个意义上来说"语言是一种社会制度"①。所指和能指构成的符号就是一种社会契约,它是语言集团全体成员都同意的,同时也是全体社会成员都必须遵守的。举例来说,"马"是客观世界里的一个事物,这个事物抽象为"一种草食性动物"这个概念,在汉语里与之相联系的音响形象是mǎ,这种联系是全社会约定俗成的,任何社会成员都无权改变这种约定俗成,如果有人存心要这么做的话,那他一定会面临语言交流的失败。语言是前一个时代的遗产,任何个人都不能对任何一个词行使主权。语言的这种继承的特性使得语言符号具有相对的稳固性。但是,"穷则变,变则通,通则久"(《周易·系辞下传》),时间可以改变一切,这是亘古不变的真理,语言符号也不能例外,在时间的链条上,我们可以看到符号内部的所指和能指会发生关系的转移,概念和音响形象都有可能发生变化。语言符号的任意性决定了它与其他人文制度如法律、风俗习惯等的不同,在语言符号中我们找不到制度形成的自然基础。变化是在社会中发生的,而且是在不知不觉中发生的。正是根据语言符号的不变性和可变性这种辩证关系,索绪尔提出了"静态语言学"和

---

① 这个提法是美国语言学家辉特尼(1827—1894)提出来的,索绪尔对它表示了有限的赞同。参见辉特尼《语言的生命和成长——语言科学大纲》,参见 Willam Dwight Whitney(2017)。

"演化语言学"这样一组概念。更进一步,他提出了语言的共时态和历时态两个概念。

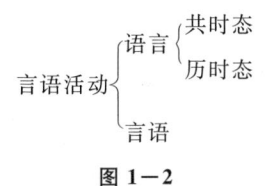

$$言语活动\begin{cases}语言\begin{cases}共时态\\历时态\end{cases}\\言语\end{cases}$$

图 1—2

这样就把语言学的研究对象确定为两个有机的部分(索绪尔,1980:141—143):共时语言学研究同一个集体意识中所感觉到的同时存在并构成系统的各项要素间的逻辑关系和心理关系;相反地,历时语言学则研究不是同一个集体意识所感觉到的各项相连续的要素间的关系,这些要素一个替代一个,彼此间不构成系统。换成通俗易懂的话来说就是共时语言学研究同一个时间平面的语言现象,历时语言学研究不同历史阶段不同时间平面的语言现象,并把它们联系起来,勾勒出其历史发展演变的路径。近些年发展起来的语法化理论就是在历时语言学的基础上产生的,除了要研究某一语言现象历史演变的路径之外,还要探讨其演变的机制和动因。

区分共时语言学与历时语言学可以使语言研究的对象更加明确,因为对于共时态的语言事实与对于历时态的语言事实应该采用不同的研究方法和研究策略。区分共时语言学与历时语言学也可以使研究对象变得相对单纯,不至于把历时的问题与共时的问题搅在一起。索绪尔一生的主要工作是从事印欧语历史比较的研究工作,但是在他的语言学思想里,共时语言学的问题占有相当重要的地位。索绪尔的主要语言学思想都反映在他对共时语言学的论述中。

六、先天论与后天论

人的语言能力是先天就有的,还是后天经过学习获得的?为什么儿童在短短的几年时间里就能掌握如此复杂的人类语言?人是怎么依靠有限的语法规则产出和理解无限的话语的?这是一个古老的柏拉图问题。千百年来人们一直在问这个问题,到今天也没有人能给出一个肯定的答案。索绪尔没有谈过这个问题,因此他对这个问题究竟是如何认识的我们无从得知。形式主义语言学认为语言是天赋的,乔姆斯基(Noam Chomsky)认为人的大脑里存在一个语言获得机制,而且他相信一定有一个全人类共同的普遍语法,这个语法肯定是简单的,否则无法解释不同的语言之间为什么可以互相翻译。形式主义语言学家认为人先天具有学习语言的能力和语言知识,人们的语言认知能力不同于其他的认知能力,这样才能够解释为什么儿童可以那么快学会并掌握语言,也能解释人为什么会听懂从未听过的句子。这就是普遍语法的观念,这种观念是建立在天赋论的基础上的。

功能主义语言学家认为根本没有证据证明天赋性假说,因此不承认语言是先天的能力。心理学家和哲学家也对天赋论提出质疑,1975年在法国巴黎附近的一次会议上,瑞士著名的心理学家皮亚杰(Jean Piaget)与乔姆斯基针对天赋论的问题展开过激烈的争论,但是谁也没有说服谁。索绪尔是结构主义语言学家,因此在他的学术思想里我们看不到他对这个根本问题的讨论。在结构主义时代,人们回避讨论这样的问题。但是在认知主义的时代,这个问题是无法回避的。虽然索绪尔没有讨论过这个问题,但是不等于这个问题不重要。索绪尔是社会心理学派的语言学家,他注重的是社会全体成员的约定,注重语言的社会传承性,而对于语言的基因性特征则完全不予理会。

对语言天赋性问题的认识代表了两种截然不同的语言观。与此相应的是形式主义语言学和功能主义语言学在研究目标、研究方法、研究范式等方面都有所不同。

七、关于语言观的问题讨论

语言观的问题是语言学研究中的根本问题。什么是语言?这个问题看似简单,实际上是语言学领域一个根本性的问题。这个问题不解决,语言学的研究对象就不能确定。对语言的认识不同,所采取的研究路径和研究方法也就不同。语言学不像别的学科,研究对象很明确,语言学的研究对象一直与别的学科有粘连。如果研究对象不确定的话,一切都无从谈起。索绪尔(1980:26)在讲到语言学的材料和任务时,开宗明义地说:"语言学的材料首先是由人类言语活动的一切表现构成的。"那么人类言语活动的表现应该包括哪些内容呢？当然首先就是语言本身，因为人类言语活动是建立在语言基础上的，没有语言什么都谈不上。所以还是应该首先回答"什么是语言"这个最根本的问题。迄今为止，各种语言学的著作和非语言学的著作对"语言"做过几十种界定，因为观察角度不同，"横看成岭侧成峰"。前面我们说过，对什么是语言进行界定可以有不同的视角，从语言的自然属性上说，语言是一套符号系统；从语言的社会属性上说，语言是社会的交际工具；从语言的心理属性上说，语言是思维的工具。索绪尔注意到了语言学研究对象的多面性，认为语言学与其他学科不同的地方在于它的研究对象的多重属性。如果把语言看成人类言语活动本身，那么语言学的研究对象就应该是动态的言语过程，言语行为的研究和互动语言学的研究是建立在这个认识基础上的；如果把语言看成静态的符号系统，那么语言研究的对象就应该是静态的语言现象，传统的结构主义语言学是建立在这个认识的基础上的。麻烦的是语言现象不纯粹是自然现象，它同时又是社会现象，它是在社会中形成并在社会中运用的。如何才能找到语言学完整的研究对象呢？因为我们无论从哪一方面去着手解决问题，"任何地方都找不着语言学的完整对象；处处都会碰到这样一种进退两难的窘境：要么只执着于每个问题的一个方面，冒着看不见上述二重性的危险；要么同时从几个方面去研究言语活动，这样，语言学的对象就是乱七八糟的一堆离奇古怪、彼此毫无联系的东西"（索绪尔，1980:29—30）。索绪尔（1980:30）很明确地提出，我们"一开始就站在语言的阵地上，把它当作言语活动的其他一切表现的准则"。索绪尔（1980:37）强调要把"语言"和"言语"分开，语言学的研究对象是语言本身。他说："语言这个对象在具体性上比之言语毫不逊色，这对于研究特别有利。"做这样的区分十分有利于语言学研究对象的确定，而且把言语活动的复杂性也揭示出来了。最近几年互动语言学的兴起，把语言研究的广度又向外拓展了很多。他们不仅研究言语，还研究言语活动以及与言语活动伴生的手势、表情、眼神等副语言现象。可见语言学家已经突破了索绪尔关于语言和言语的界定。

　　索绪尔把语言界定为符号系统，但是我们必须清楚，他认为这个符号系统主要是心理的(1980:37),"它们的所在地就在我们脑子里"。这种语言观对后来的语言学影响很大。存在于我们脑子里的语言是无法直接观察到的,对于我们无法直接观察的东西我们怎么研究呢?研究对象的特质决定了所采用的研究方法。乔姆斯基对于"语言能力"(competence)和"语言运用"(performance)[①]的区分,"内部语言"(I-language)和"外部语言"(E-language)的区分也可以看作是对索绪尔语言认识论的拷贝,尽管在许多基本问题的认识上二者是截然不同的。乔姆斯基指出,我们的语言研究只研究语言能力,而不研究语言运用。这与索绪尔的"就语言而研究语言和为语言而研究语言"的说法是一脉相承的。

语言观的不同决定了语言研究的取向、方法和范式不同。言语行为研究、语用学、话语分析、互动语言学,都不仅仅要研究语言能力,而且要研究语言的运用,不仅仅要研究内部语言,更要研究外部语言。因为外部语言是可以直接观察的。我们可以通过语言的运用和外部语言的表现来探索内部语言的运行机制。

八、语言和言语

索绪尔区分了两类不同性质的事物:语言和言语(langue and parole)。在他看来,语言是一种心理印象,而言语是语言的外在表现。我们大致可以这样理解:语言就是乔姆斯基所说的语言能力,言语就是乔姆斯基所说的语言运用,或者换句话说,语言是内部语言,言语是外部语言。区分"语言"和"言语"是索绪尔的重要贡献之一。在他看来,语言不是言语。语言学的研究对象是语言,不是言语。那么语言和言语的区别是什么呢?

第一,语言是内部的,言语是外部的;语言只存在于我们的心理空间,语言符号是抽象的;言语是我们对语言符号的运用,表现为言语活动,这种活动是具体的。第二,语言是社会的,言语是个人的;语言的存在方式是:$1+1+1+\cdots=1$(集体模型);言语的存在方式是:$1+1'+1''+1'''+\cdots=n$(个体模型);

---

① 应该翻译为"语言表现",这里从众译为"语言运用"。

语言是社会的，所以个人对语言是没有自主权的，个人必须受社会的制约，个人的语言必须遵守整个语言社团的规则；言语是个人的，个人可以决定什么时候说什么样的话，但是所有个体的言语活动加起来也不能等于语言。第三，语言是言语活动事实的规范，言语活动是语言的自然机能。第四，语言是主要的，言语是从属的和偶然的。第五，语言是同质的，言语活动是异质的；语言的内部具有同质的价值，变体的存在不影响整个语言的系统性和价值，而言语活动是因人因时因地而异的。

区分"语言"和"言语"并不是说语言和言语没有关系，正好相反，语言和言语的关系是不言而喻的，没有语言就不会有言语活动，语言只能通过言语活动表现出来。语言是一套符号加一些规则，而言语是利用这套语言符号和这些规则输出的作品。因此我们说出来的话、写出来的文章都只能看作言语作品，而不是语言本身，这种区分一般来说是比较难理解的。但是如果我们了解了索绪尔的语言观，他认为语言是抽象的心理符号，这种区分就很好理解了。

索绪尔区分"语言"和"言语"，同时也区别了"语言的语言学"和"言语的语言学"。这种区别对于语言研究来说是至关重要的。没有这种区别，语言研究的对象就不明确。在索绪尔（1980：31、37）看来，语言研究应该归结为符号学的范畴，"语言是一种社会制度"，这就指明了语言在人文事实中的地位。同时索绪尔（1980：37）又指出："有几个特点使它和政治、法律等其他制度不同。"语言是一种表达观念的符号系统，这使得它与社会生活中的其他符号系统有所不同。语言不是一种分类命名集。看不到语言的符号性质或者看不到语言与其他符号系统的区别都是错误的。

九、语言的三个组成部分：语音、语法、语义

语言是由三个组成部分构成的：语音、语法和语义。语音是语言的物质外壳，没有语音我们就无法直接观察语言。按照索绪尔的说法，语音是我们的心理音响形象，在言语活动中它们会以物理声音的形式表现出来。也就是说，语音是语言的外在表现形式。语音使得语言符号由完全抽象的系统变成可以直接感知的形式。语法是语言的组织规则。语言这个符号系统是一个有组织的

系统,而把这个系统组织起来的就是语法。语法也是看不见摸不着的,语言学家通过对言语作品的观察和分析才能了解到语言符号的组织规则,而这种观察和分析有的时候是片面的或者不准确的。语义是语言的内核,我们都知道语言符号是音义结合体,如果没有意义的话,符号的价值就不一样了,在语言的三个组成要素当中语义是根本。无论是语音也好、语法也好,都是为了表达一定的语义而存在的。如果我们从语言是社会的交际工具这个角度来说,语言的这三个组成部分具有不同的功能。我们来分解一个交际过程:

```
编码过程:说话人☺⇒语法规则集⇒听话人☺
         语义————语法————语音
解码过程:听话人☺⇐语法规则集⇐说话人☺
```

图1—3

从说话人的角度出发,他要把自己的思想传达给听话人,于是他就会根据语言中的语法规则对思想进行编码加工,把非线性的思想变成线性的语言,最后输出的是一串语音。当然这个过程经过了复杂的心理生理运动。也就是说,说话人在进行编码加工的时候,是把语义和语音符号匹配起来,并把语音符号变成线性的语符串输出给听话人,而听话人在接收到对方的语音信号之后,要把语音信号解析为语义内容。这样就完成了一个单向交际的过程。当然在实际的交际活动中,听话人要有反馈。说话人和听话人也会进行角色交换。

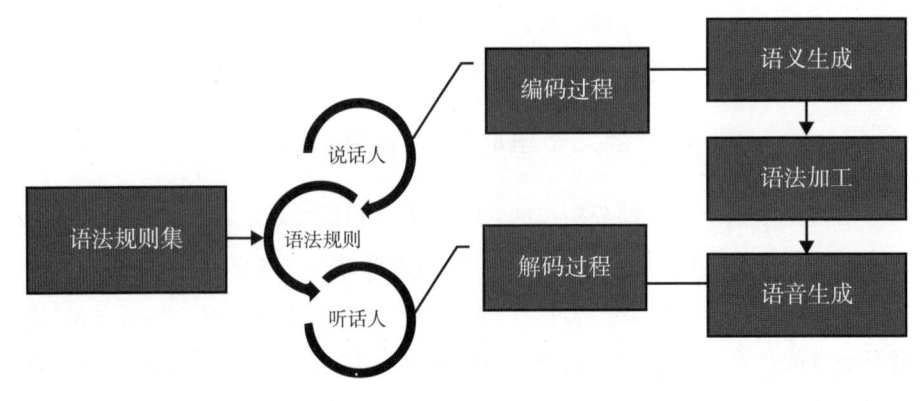

图1—4

对于听话人来说，他听到的是一串物理声音，他要根据自己的语言知识和世界知识把物理声音还原为意义，这样他才能理解说话人的思想。语音是信息传播的载体，空气是语音传播的媒介。说话人和听话人通过语音这个载体来了解彼此的思想，从而完成一个交际过程。由于交际双方具有共同的语义系统和共同的语法知识，因此交际双方才能互相理解。假如交际双方没有共同的语义系统和共同的语法知识，彼此的交际就很难成功。

第二节　组合关系和聚合关系

一、语言符号的工作原理：组合和替换

语言符号是一个分层装置，是一个完整的系统，那么这个系统究竟是如何运转的呢？也就是说语言符号的工作原理是什么呢？有那么多的符号，有那么多的层次，但是语言符号的工作原理很简单，就是组合和替换。每一个符号都不是孤立存在的，它都处于既能和别的符号组合又能被别的符号替换的关系中。例如汉语中的词这一级符号，"我""买""苹果"可以组合成一个更大的语言单位"我买苹果"，其中的任何一个符号都可以参与组合，与此同时，任何一个符号也都可以被别的符号替换。例如：

我—买—苹果	我—买—苹果	我—买—苹果
我—买—橘子	我—吃—苹果	他—买—苹果
我—买—菠萝	我—画—苹果	你—买—苹果
……	……	……

"我"可以被"他""你"替换，"买"可以被"吃""画"替换，"苹果"可以被"橘子""菠萝"替换。横着看，符号与符号之间具有组合关系；竖着看，符号与符号之间具有替换关系。语言符号通过组合构成语符串，形成一个一个的表达单位，当然这个组合是按照一定的规则进行的；语言符号通过替换能够使语符串中的任何一个链条都可以换下来重新组装成一个新的语符串，当然替换也是按照一定的规则进行的。语言符号的这种既可以组装又可以拆换的工作原理

就叫作语言的组合和聚合。每个语言符号都会因为自己能不能跟别的符号组合、能跟什么样的符号组合而具有自己的分布特征,或者叫作组合能力;每一个语言符号也都会因为自己跟别的一些符号具有相同的组合能力而自然聚合成一个整体。可以组合的符号彼此具有组合关系,同一个聚合体的符号彼此具有聚合关系。语言符号有了这样一个特点,有限的规则就可以控制无限多的组装和拆换,有限的符号就可以生成无限多的表达单位。这样,有限的音位[①]就可以生成数量更多的音节,有限的语素就可以生成数量多得多的词,有限的词就可以生成无限多的句子。一种语言中的音位通常只有几十个,音节会增加到几百个;一种语言中的语素通常只有几千个,而词通常会有几万个,句子则是无限多的。只有这样,语言才能用有限的材料表达无穷多的意思。语言符号的这种效能是如何实现的呢?组合关系和聚合关系是关键。

二、组合关系和聚合关系是语言符号的重要特性

语言符号与其他符号的不同之处在于语言符号可以通过组合和聚合产生无穷的变化。红绿灯和旗语也是符号系统,但是它们所能表达的意思很有限。红绿灯只有三个符号,而且不能组合使用,三个符号只代表三种意义,这三种意义是很明确的。旗语的组合也很有限,能够表达的意义也很受限制。因为红绿灯和旗语都是单层符号,就好像用实物来代表概念一样,实物总有穷尽的时候。语言符号不同,它可以用少量的基本符号按照一定的规则组合成更多的语言单位,从符号的经济性上来看,这个符号系统是相当好的,容量大,使用起来简便。因为每个人都有发音器官,用语音的变化来代表不同的意义是很方便的。因为符号具有组合能力,因此每个基本符号都可以重复使用,用组合的变化来代表更多的意义。例如"故""事"是两个符号,可以组合成"故事",也可以组合成"事故",代表不同的意义。它们也能与别的符号组合成新的符号,如:

故:故地、故都、故交、故人、故里、故书、故习、故乡、故园……
旧故、掌故、国故……

[①] 关于各类语言单位的概念,如音位、语素、词、句子等,我们以后会讲到。

事：事情、事物、事实、事件、事业、事理、事端、事由、事体……
人事、海事、婚事、国事、军事、民事、刑事、亲事、善事……

语言符号可以重复使用就意味着每个符号都可以以一当十甚至以一当百,充分发挥它的作用,实现整个系统的经济优化。语言符号系统中的规则可以复制,让符号组合可以递归性扩展。例如汉语普通话可以有这样的组合：

爸爸的朋友

根据相同的组合规则,我们可以造出更复杂的组合形式来：

爸爸的朋友的朋友

爸爸的朋友的朋友的朋友

爸爸的朋友的朋友的朋友的朋友

爸爸的朋友的朋友的朋友的朋友的朋友

爸爸的朋友的朋友的朋友的朋友的朋友的朋友

……

只不过我们的大脑机制在理解复杂结构时不像计算机那样迅速,假如结构层次过于复杂就会造成解码的障碍。

组合和聚合关系体现在语言的每一个层面。语音、语义、语法都不例外。语音分析使我们了解到语音可以有不同层次的语音单位。当我们听到某一个熟悉的语言中一串熟悉的音符时,我们可以分清语音单位之间的界限,对于陌生的语言,我们可能无法分清单位之间的界限。如果我们还具有一些分析能力,还可以在已经得到的语音单位的基础上分析出更小的语音单位。然后在这个语音系统里来观察这些语音单位,我们就会发现这些语音单位是一个很整齐对称的系统。这一点我们在下面的章节中会详细谈到。

第三节 语言学的学科分类及其基本任务

一、语言学的学科分类

我们在对语言学的分支学科进行分类时会遇到这样的困难：从不同的角

度分出来的类,彼此有交叉关系。在同一个维度上分类最好采用统一的参照标准。我们按照语言学的研究对象和目标,把语言学分成以下四对相互对应的学科,每一对适用同一个标准:

  个别语言学和普通语言学
  理论语言学和应用语言学
  共时语言学和历时语言学
  微观语言学和宏观语言学

  个别语言学与普通语言学是相对的。个别语言学以某一具体的语言作为研究对象,如果以汉语为研究对象就叫作汉语语言学,如果以英语为研究对象就叫作英语语言学,如果以法语为研究对象就叫作法语语言学,依此类推。普通语言学与此不同,它不以哪一个具体的语言为研究对象,而是以人类语言为研究对象,研究人类语言的普遍规律。个别语言学虽然研究的对象是某一具体的语言,但是由于人类语言具有许多共性,因此个别语言学的研究也要在普通语言学的理论指导下进行。个别语言学的深入研究可以为普通语言学的理论提供参数,普通语言学的理论是建立在个别语言学的基础上的。事实上没有个别语言学的研究,我们就无法研究普通语言学,因为普通语言学并不是空中楼阁。要了解人类语言的普遍规律,必须要了解一个一个具体的语言。

  语言研究有不同的目标,有面向理论的研究,有面向应用的研究。根据不同的研究目标,我们把语言学分为理论语言学和应用语言学。理论语言学和应用语言学是一对概念。理论语言学注重发现语言结构中的一般规律,注重语言符号内部的组织规则和运行机制,注重揭示语言发展变化的内在动因和外在动因,注重解释语言现象背后的各种因素,包括语言内部的因素和语言外部的因素。应用语言学是利用理论语言学已经取得的成果解决语言活动中的具体问题,譬如语言社会生活中的问题、古今语的问题、方言的问题、语言教育的问题、语言学习的问题、语言规范的问题、语言规划的问题、语言政策的问题、语言矫治和语言康复的问题、语言信息处理中的问题、语言通信的问题、语言能力测试问题、语言水平测试问题等。理论语言学有趣,它可以满足人类探索未知的好奇心;应用语言学有用,它可以解决人类生活中面临的具体问题。

理论语言学关注人类语言的普遍现象，关注语言与心智的关系，关注语言中的语义哲学问题，关注语言能力是什么以及我们是如何获得语言能力的；而应用语言学关注的是技术层面的问题，譬如语言教学法的问题、辞典编纂的问题、语言与社会的关系问题、方言与共同语的问题、语言规划中的标准集的问题、语言信息加工技术的问题等。普通语言学、语言哲学可以称作理论的语言学（theoretical linguistics），而计算语言学、神经语言学、语言教育学、法律语言学、语言工程学、语言医学等可以称作应用的语言学（applied linguistics）。理论语言学和应用语言学是一对概念，但是我们很难把理论和应用截然分开，理论是从应用当中来的，理论也要为应用服务。应用语言学当中也有很多理论问题，如果没有理论指导，应用语言学不可能走得很远。上文说过，语言学根据研究对象的不同可以区分为普通语言学和个别语言学，前者研究对象为人类语言的一般规律，后者研究对象为某一种具体的语言。普通语言学也好，个别语言学也好，都有理论和应用两个层面。

普通语言学又可以分为共时语言学（synchronic linguistics）和历时语言学（diachronic linguistics）。共时语言学研究的是语言在某一个共时平面上的状态，这个共时平面被看作是相对稳定的、静态的、均匀分布的系统，对正在发生的变化可以忽略不计。但是语言学家清楚地知道，每一个共时的语言现象都是历史发展的结果，因此共时平面的描写和分析也要考虑到历史的发展。历时语言学研究语言发展变化的轨迹以及发展变化的动因。历史轨迹是由无数个共时平面累积而成的，如果每一个共时平面的事实都清楚的话，那么描写历史变化的轨迹就是很容易的事了，可惜的是由于很多语言事实淹没在历史的烟尘里，后人很难看到它们的真实面貌，因此就需要语言学家运用智慧和技术手段来构拟这些发展脉络，并用合乎事物发展规律的理论模型来解释一些看起来像是例外的东西。

共时语言学与历时语言学的主要分别在于研究的着眼点不同。共时语言学着眼于语言在某一个历史平面上的系统，包括语音系统、语法系统和语义（词汇）系统。而历时语言学则着眼于语言系统内部的历史演变，包括语音的演变、语法的演变和语义（词汇）的演变。任何一个共时的平面都是历史发展的结果,因此,共时语言学背后往往有历时语言学的影子。历时语言学的研究也是为了解释共时系统中存在的现象,因此历时语言学与共时语言学既有区别又有联系。我们现在看到的某一个语言系统的面貌都是这个系统长期演变的结果,有时单纯地从共时的角度看,语言的系统性可能不是很整齐,如果了解语言历史演变的规律就很容易理解这种系统的缺位通常都是有原因的。透过历史我们可以看到语言演变的路径,从而发现语言发展变化的规律。在后面的章节里,我们会看到某一语言系统的音位系统在共时平面是有缺位的,但是通过历史的研究,我们可以了解这种缺位是可以解释的。

微观语言学与宏观语言学是一对概念。所谓微观与宏观的区别就在于研究的问题和研究的切入点有所不同。微观语言学研究语言中的具体问题,重视描写,通过细致入微的描写揭示某一具体语言内部的结构规律,比如语音的结构和系统、语法的范畴和手段、语义的系统等,具体一点说,比如研究汉语的辅音系统、元音系统、声调系统,例如在历史的演变过程中,浊音是如何变成清音的?入声在北方方言中是如何消失的?再比如说汉语的致使句、被动句是如何产生并发展变化的?德语名词的格范畴和性范畴是如何发展变化的?日语的敬语系统是如何发展变化的?等等。宏观语言学与此相反,它们的研究对象不是某一具体的语言,更不是某一具体语言中的具体现象。它们会把人类语言作为一个整体来研究,比方说世界语言的谱系关系、世界语言的类型分类、世界各语言之间的竞争、语言的活力和濒危语言的拯救,等等。其目标是建构人类语言的系统模型,通过建构人类语言的系统模型来阐释人类语言的工作机制,探求影响语言活力和语言竞争力的各种因素。微观语言学所做的工作通常都是原子主义的,而宏观语言学则特别注重系统性,注重语言与外部世界的关系。

二、语言学的基本任务

尽管语言学有不同的分支学科和不同的研究目的,我们还是可以概括出作为一般语言学的基本任务。再进一步说,尽管不同的分支学科都有自己的目标和任务,我们也还是可以从这些分支学科中概括出语言学最基本的任务:

1. 研究语言自身的结构和功能；
2. 研究语言的发展变化；
3. 研究语言在社会中的地位和作用；
4. 研究语言和认知的关系；
5. 研究语言在社会生活中的应用。

不管个别语言学还是普通语言学，不管微观语言学还是宏观语言学，不管历时语言学还是共时语言学，不管理论语言学还是应用语言学，大家都会研究语言自身的结构、研究语言各个组成部分的功能以及彼此之间的关系，研究语言的发展变化规律，寻找语言发展变化现象背后的动因，研究语言与社会的关系，研究语言在社会中的地位和作用，研究语言与认知的关系，研究语言科学与技术在社会生产劳动中的作用。总之，语言学的基本任务与语言的属性是分不开的，即把语言作为符号系统来研究、把语言作为社会的交际工具来研究和把语言作为思维的工具来研究。因此语言学的基本任务也可以概括为另外的三个方面：

第一个，研究语言符号本身；

第二个，研究语言与社会的关系；

第三个，研究语言与思维的关系。

第四节 语言学与其他学科的关系

一、语言学与认知科学

语言学是认知科学的一个重要组成部分。在认知科学的大背景下研究语言应该具有比较宏观的视野和更加技术化的操作。在语文学时代，语言研究完全属于人文科学的一部分，词源学、训诂学、音韵学、词汇学、文字学都不涉及认知科学的任何领域。语文学的任务也很清楚，就是读经解经。由于语言文字和语义的变化，后世的人读不懂前人的著作，因此需要有一门专门的学问来考释古人的词源意义、音韵分合和文字流变。现代语言学已经有了很大的变化,除了传统的就语言而研究语言和为了语言而研究语言的做法外,很多研究者都具有多重视野:人文科学的视野与自然科学的视野。语言学在学科交叉中产生了一些新的分支学科,如:

1. 心理语言学
2. 认知语言学
3. 神经语言学
4. 病理语言学

这四个分支学科有交叉关系,但又不完全相同。心理语言学研究语言与思维的关系,具体地说心理语言学主要研究语言理解、语言发生、语言能力的发展等问题。认知语言学研究语言与心智的关系,语言是一种心理符号,它以特定的方式与人类的心智和人类生存的外部环境处于一种共生的状态中,而心智和人类生存的外部环境都与人类的认知能力有关。认知语言学通过探究人与外部世界的互动来寻找语言内部的规律,探寻语言演化的机制和动因。神经语言学研究的是语言与大脑机制的关系,目前这一学科主要关注的焦点是大脑分区与语言机能之间的对应关系。病理语言学主要研究一些功能性语言障碍,如失语症、语言能力发展迟缓、口吃、语言理解障碍等问题,探讨这些语言障碍背后的病理学原因。心理语言学和神经语言学都是实验科学,它们的发展有赖于实验技术的进步,病理语言学是实践性科学,需要在临床经验的基础上进行研究。而认知语言学是经验科学,主要研究方法是内醒法和田野调查法。

二、语言学与信息科学

语言是人类的交际工具,从这个意义上说,语言是一套负载信息和传递信息的符号系统。语言是信息的载体,因此关于语言如何传递信息、不同语言的人们彼此之间如何利用语言来互相交流思想和信息、智能机器人如何能够与人类交换信息、人类在信息传递过程中如何最大限度地减少信源干扰、信道干扰、合理设置信息传递的冗余度、更有效地传递信息等一系列问题就给语言学家和信息工程师们提出了研究课题,于是就产生了一些新的研究领域:

1. 机器翻译技术
2. 人工智能技术
3. 语言信息处理技术
4. 电子词典编纂技术
5. 声音通信和文字通信技术
6. 语音—文字转换技术
7. 信息挖掘技术
8. 语料库与知识库技术

人类社会已经进入信息时代，各种媒体每天都会产生海量的信息。如何在海量的信息当中找到我们所需要的信息，就需要信息挖掘技术。有的时候这些海量信息是用不同的语言承载的，我们还需要把它们翻译成熟悉的语言。人工翻译的工作量和时间成本都是我们没法承担的，因此机器的智能翻译系统就非常重要了。而机器翻译不仅仅依赖语音分析、句法分析、语义分析这样的纯技术手段，还需要建立相应的电子资源，而这样的电子资源是建立在语料库和知识库的基础上的。我们今天已经在利用语言学与信息科学的研究成果，例如语音输入、语音转写、机器播报、自动翻译、自动分词、自动标注词性、人机互动等，随着信息社会的逐渐成熟，语言学与信息科学的结合也会日臻成熟。伴随着5G技术的成熟，智能机器人已经正式走入我们的生活，无人驾驶出租车已经上路。人与智能机器人之间的互动需要语言作为通信工具。在人工智能时代如何发挥语言信息载体和智能交互的作用，是语言学与信息科学结合的重要课题。

三、语言学与物理学

物理学是人类最古老的学科之一。它涉及物质世界最基本的结构、物质彼此之间的相互影响和物质运动的规律。物理学的思维方式和研究方法对语言学有很大的影响。所以在语言学家里边有一种物理学的钦羡（envy of physics）。可以这么说，物理学对自然科学的影响覆盖了自然科学的方方面面，而语言学作为人文科学和自然科学交叉的学科自然也不例外。在语言研究中我们会大量借用物理学的概念,例如运动、位移、力、频率、速度、矢量、势能、量能等,反过来物理学的新发现也要在语言学中建立新的概念系统,经典力学和量子力学的很多新概念都有语言学的功劳。物理学家所发现的物质世界要用语言来进行描述,常常会感到力不从心。因此高度抽象的语言哲学就有了用武之地。语言不仅仅是人类社会的交际工具,它也是一种自然现象。语言中的语音与其他物理声音之间有共同之处,因此完全可以从物理学的角度对语音进行声学分析。目前在应用语言学领域已经发展出比较成熟的分支学科:实验语音学。实验语音学就是利用物理学的方法和技术手段来解决语音分析中的问题,例如语音学中的音响分析、语音合成技术、声控技术、声音辨识技术等。

四、语言学与医学

语言还是一种生理现象,因此语言学与生理学、医学也有渊源关系。语言学家要研究人类的发音器官、听觉器官,语言学家要解释为什么同一个物理声音在不同的人听来就是不同的音,或者不同的物理声音在某些人那里听成相同的音;哪些区别是有意义的,哪些区别是没有意义的;为什么有些人丧失了部分语言能力;为什么有些人说话口吃;为什么有些人语言表达有障碍,等等。语言学与医学的交叉催生了以下一些研究领域:

1. 病理语言学(language pathology)
2. 语音矫治(speech therapy)
3. 失语症(aphasia)
4. 语言康复(speech rehabilitation)
5. 言语病理学(speech pathology)

病理语言学是一门交叉学科,涉及语言学、神经科学、脑科学、解剖学、心理学和工程学等不同的学科领域。尽管目前的研究还比较初步,但是从语言入手来探索语言疾病的成因,从而找到行之有效的治疗方法不失为一种新的途径。语言康复是一个前景广阔的新兴学科,也是交叉学科,是语言学与脑科学、医学结合的学科领域。目前有语言障碍的儿童、成人和老人数量巨大,但是有效的治疗方法还比较有限。语言学家应该与医学工作者和脑科学工作者密切合作,探讨语言康复的途径和相关技术。

五、语言学与教育学

有人认为人类的语言能力是先天的,有人认为人类的语言能力是后天的,不管怎么样,儿童学会母语、成人学会第二语言都有一个学习过程,无论是母语的习得还是第二语言的学习,人和人之间的个体差异也很明显,因此语言学与教育学也有不解之缘。语言教育学家要关心人们的语言发展过程,于是出现了儿童语言习得、第二语言习得这样的应用学科,相应地也就出现了语言学习理论的研究和教学理论的研究:

1. 儿童语言习得
2. 第二语言习得
3. 语言学习理论
4. 语言教学理论
5. 语言教学法

近年来,语言学习理论的研究有了长足的发展,儿童语言习得过程的研究、第二语言习得过程的研究已经为语言教育学提供了许多理论假说,也为揭示人类语言能力之谜奠定了实证的基础。

六、语言学与历史学、考古学、人类学、文学等人文科学

语言学源于人文科学,因此语言学与人文科学的传统学科关系密切。例如:

1. 语言考古学
2. 历史语言学
3. 语言地理学
4. 民族语言学
5. 文化语言学
6. 人类语言学
7. 语言风格学

8. 修辞学

利用语言学的研究成果进行历史研究、考古研究已经有很长的历史。例如我们可以通过研究北京话的形成过程从而揭示北京的移民历史,可以通过研究汉语和藏语的关系从而揭示汉民族与藏民族的渊源,可以通过方言底层的研究了解方言区原始居民的民族成分和迁徙轨迹从而印证一些民间传说的可靠程度,也可以根据语言类型分布发现语言与地理之间的关系。民族语言学研究语言和民族的关系。文化语言学则从语言入手来观察社会文化现象,或者从文化入手来解释某些语言问题。人类语言学从语言入手来研究人类的起源、人类的迁徙、人类的社会文化现象等。语言风格学从各种文本入手,研究不同文体的语言风格、不同民族的语言风格和不同作家的语言风格。修辞学是一门古老的学科,主要研究语言运用和语言表达技巧。换句话说,历史学、民族学、民俗学、人类学、语言风格学、文学、考古学、修辞学等学科领域都有语言学的渗透,语言学的应用领域已经远远超出了语言学本身。

七、语言学与哲学、法学、社会学等社会科学

语言学研究语言,而语言是人类社会的产物,因此语言学也要研究人类社会与语言的关系。从某种意义上说,语言学是一种哲学,语言学的认识论和方法论跟哲学的关系密不可分,因为语言学涉及我们怎么看待语言与人、语言与外部世界的关系。例如认知语言学所关注的语言与心智的问题,已经超出了传统语言学关注的范围。关于心智的研究有很多角度:心理学、语言学、符号学、逻辑学、人类学、哲学以及计算机科学。我们必须回答:什么是推理?我们的经验如何起作用?概念系统是什么以及它们是如何组织的?是不是所有的人都用同样的概念系统?如果是,这个系统是什么?如果不是,人类思维的共同方式是什么?关于这些问题有不同的答案,传统的看法与最新的研究有不同的回答。比如关于推理,传统的观点认为推理是抽象的,不能具体化的,而新的观点则认为推理有具体的基础。传统的观点认为推理是命题的朴实而又基本的客观上的真与伪,而新的观点则认为推理是以想象为中心的隐喻、转喻和心理意象。不管是传统的观点还是新的观点,都同意范畴化是唤起我们经

验发挥作用的主要方式。因此范畴化的问题是认知语言学的核心问题,也是哲学的基本问题。关于范畴化的问题,原型和基层范畴的理论有很重要的地位。传统的观点被称为客观主义范式(the objectivist paradigm)。他们认定理性的思维包括抽象符号和意义之间的运算,而意义客观地对应和注解外部世界,它独立于人的认知机制之外。而认知语言学的研究表明,人类的推理不是这样的:思维是具体的,思维是想象和抽象的结果,思维具有完型性,不是原子主义的,思维具有生态结构,概念结构可以用认知模型来刻画(Lakoff, 1987)。这样的问题已经是哲学问题。

语言会在使用中产生变异,变异的原因是社会的分化。不同阶级的人、不同性别的人、不同年龄层的人、不同社会集团的人在使用同一种语言的时候会带有自身的特点,这就是社会语言学研究的范围。关于语言与社会的关系我们会在下一章详细阐述。

法律是用语言的形式来表述的,对法律条文的解释也只能依赖语言来进行,于是法律科学也离不开语言学问题。此外,语言与艺术、语言与文化、语言与美学、语言与神秘科学等都有关系,这里不一一赘述了。

思考与练习

1. 从语言的自然属性、社会属性和心理属性三个方面谈谈语言的性质。
2. 人类语言和动物语言的根本区别是什么?
3. 什么是语言?什么是言语?两者之间的区别和联系是什么?
4. 如何理解语言的编码和解码过程?
5. 语言学的基本任务是什么?
6. 语言学有哪些主要的分支学科?它们各自的目标是什么?
7. 语言学与其他学科之间有哪些联系?请举例说明。
8. 语文学与语言学有什么区别?
9. 功能主义语言学与形式主义语言学最主要的分歧是什么?

第二章　语言与社会

第一节　语言与社会文化

一、语言和社会的关系

从社会属性上看,语言是人类最重要的交际工具,这也是语言的本质属性之一。语言是交际工具,而人类是这种交际工具的使用者,因此语言和人类社会的关系也就是工具和工具使用者之间的关系。但是这个工具使用者不是一个个体,而是一个群体,一个社团,我们把这个人类群体或者社团称作人类社会。人类社会是在长期的历史演进过程中发展起来的,因此每一个社会群体都带有历史的烙印,每一个社会群体所使用的语言也都带有历史的烙印。

人类创造工具是希望它能更好地为自己服务,所以,在人类发展的历史长河中曾经有过无数的发现和发明创造,比如火的发现使人类摆脱了寒冷,电灯的发明使人类摆脱了黑暗,各种机械的发明使人类摆脱了繁重的体力劳动……语言使人类走上了文明之路,使人类彼此之间有了交流和沟通的工具,语言使人类的文化遗产得以承传,因此我们不能不说语言是人类社会最伟大的发明。

(一) 语言与社会共生共存

语言是人类在与自然世界的抗争中、在彼此交往的过程中、在人与人的劳动协作中产生的,因此,它是人类社会产生和发展的重要前提。恩格斯在《劳动在从猿到人转变过程中的作用》一文中认为:"首先是劳动,然后是语言和劳动一起,成了两个最主要的推动力,在它们的影响下,猿的脑髓就逐渐地变成了人的脑髓。"这个论断里边显然包含了进化论的思想。人类社会的成长与语言的关系是显而易见的,如果没有语言,我们可能还在蒙昧中与大自然斗争;如果没有语言,我们就不会了解我们的历史,不会有科学技术的进步,不会有航天飞机,不会有互联网,不会有克隆技术;如果没有语言,人类的生活状态不会是今天这个样子。语言自产生之日起就一直在为人类社会服务:语言记录着人类社会的历史,语言传承着人类社会的文化,语言帮助人们进行创造,语言帮助人们进行思想和情感的交流。可以说我们的生活中一刻都离不开语言的参与。人类历史发展到今天,语言为人与人之间的有效沟通做出了巨大贡献,没有语言,人类社会的发展与进步都是不可想象的。因此,可以说,语言是人类社会产生、发展、进步的重要前提,人类社会是语言生存、发展的必要条件。

人类在漫长的历史演进过程中,除语言外还发明了各种各样的交际工具,如信号灯、旗语、文字、交通标志、数学符号、绘画、音乐、手势、表情等,这些交际工具在人类交往、交流中也起到了重要作用,但是和语言相比,它们不过是辅助工具,无法和语言相提并论。比如,一个人在交际中使用再多、再丰富的手势和表情,如果不通过语言做媒介也无法和对方进行很顺利的沟通,因为手势带有个人特点,单位不明晰,表达的意思比较含糊,能够表达的意思也很有限。而如果使用语言来实现这样的交际意图就要省事和有效得多了。聋哑人的手语之所以能达到交流的目的,是因为这种手语是经过语言加工的。

以我们目前所知道的,动物没有人类语言这样复杂的交际工具,动物也无法学会人类的语言,人与动物的重要区别之一就是人类有复杂的成系统的交际工具——语言。动物世界内部尽管也有一定的交际活动,但这种活动是有限的,其交际手段也是简单的、有限的,根本无法与人类语言相比。世界上一些科学家曾经做过种种实验,许多人也做过种种教动物学说话的努力,结果都证明动物是无法学会人类语言的。当然,我们不是鱼,无法知道鱼的语言;我们也不是鸟,无法知道鸟的语言;我们也不是兽,不知道兽类彼此之间有没有类似于与人类语言相似的交际工具。

人类社会是语言生存、发展的必要条件,一个人如果脱离社会,其语言能力就会逐渐丧失。语言与人类社会是相互依存、共同发展的,现在世界上任何一个人类社会形式无论大小都有自己的语言,例如英国人有英语、法国人有法语、德国人有德语、俄国人有俄语、西班牙人有西班牙语、日本人有日语、阿拉伯人有阿拉伯语。有些社会形式可能没有记录语言的文字,但作为社会交际工具的语言依然存在,例如中国的一些民族社群、美洲的一些印第安部落、非洲和大洋洲的一些土著,虽然没有记录本民族语言的书写符号系统,但是他们彼此之间进行交际的语言和我们的语言一样复杂和有效。也可以说,没有语言的社会是不存在的,没有语言的社会是不可想象的,语言伴随着人类社会的产生而产生,伴随着人类社会的发展而发展,也一定会伴随着人类社会的消亡而消亡。简言之,语言与人类社会共生共存。

(二) 从称谓变化看语言与社会的关系

　　人类社会所有成员共同创造语言和使用语言,语言也为所有的社会成员服务。虽然人类社会在历史的发展过程中存在着阶级,但是语言是没有阶级性的。尽管我们发现不同的阶级在语言运用上会有各自的某些特征,但是这只是语言系统在个别参数上的变异,不会影响语言的整个系统。我们以汉语称谓系统的变化为例来说明语言与社会的关系。称谓作为一个概念有两层含义:指称意义上的称谓是名词,陈述意义上的称谓是动词。作为名词,称谓即事物的名称,任何事物都要有一个名称才好指称。当然,事物在刚刚诞生的时候是无名的,是人赋予它们以名,也就是说,事物的称谓是人赋予的。但是它们不是哪一个人决定的,一个称谓形式必须能在一个社会集团中通用才算得上是一个合格的称谓。任何事物的名称都是约定俗成的。人与万物的关系是一种互动的(interactive)关系。在人类还没有认识它们之前,万物就已经存在了,对于人类来说它们是没有名称的,我们的祖先把这种情形叫作"混沌"。作为动词,称谓指的是人与事物的动态关系,它是一种行为,一种称呼行为。称是称说,今天我们叫"引称"或者"背称",呼是招呼,今天我们叫作"对称"或者"面称"。人们之所以赋予事物以名,是因为称说的时候方便。也就是说,名就是为了称说方便才存在的。但是在人类社会的语言交际过程中我们会发现问题不那么简单。有的事物虽然有名,却不是可以随便说的,在人类社会中成了禁忌(taboo),例如在汉语社会一些与性、死亡有关系的事物往往都是禁忌,要用委婉的方式来表达。禁忌和委婉的原因都源于社会规约和文化传统。称谓也一样,人类创造了称谓,同时也给称谓的使用设置了许多规矩。

自然的人生来是平等的,但是社会的人生来就有高低贵贱之分。为了区分这种高低贵贱,人们创造了尊称和谦称。对地位比自己高的人用尊称,称自己或自己一方的人用谦称。

人的高低贵贱是相对的,一个有阶级存在的社会会在许多方面体现出它的阶级性特征,如服饰的样式和颜色,车轿的马匹数或人数,房屋的高度和大小,等等。称谓也是其中的一种。例如处于社会等级最高级的皇帝必须有一个特殊的称谓("孤家""寡人""朕")以示其与平民百姓的不同。因此称谓不仅仅是一个人的个体特征的标记,它有时还是一个人社会地位的标志。社会地位是相对的,因此在不同的交际场景中应该有不同的称谓形式。关于这一点,古人早就有过论述:

> 九州之长入天子之国,曰牧。天子同姓,谓之叔父;异姓,谓之叔舅;于外曰侯,于其国曰君。其在东夷、北狄、西戎、南蛮,虽大,曰子。于内自称曰不谷,于外自称曰王老。庶方小侯入天子之国,曰某人,于外曰子,自称曰孤。(《礼记·曲礼下》)

在一个社会群体中,个人的身份和地位取决于以下一些因素:血统、职位、贫富、职业、性别。由此可见,称谓实际上不仅是个语言学问题,还是个社会学问题。问题的复杂性表现在人是社会性动物,社会赋予人许多外在的东西,称谓作为一种语言现象和社会现象必须放在社会的大背景中去考察。称谓不单单是纯粹的语言符号,每一个称谓形式都包含着丰富的文化内涵,打着清晰的社会烙印,它们从一个侧面反映了社会的生态环境和文化传统。社会是由一些共同的物质要素或文化要素而联系起来的人群组成的,这个由人组成的群落是个有机体,它是有生命的,在这个由人组成的有机体中,每个个体都有自己的位置(社会分工与社会地位)。为了指明每个人在社会中的位置,人们发明了各种称谓形式。

社会群落的变迁会使该群落中的每个个体标记受到影响。从这个意义上说,称谓的复杂性和变异恰好可以反映出一个社会群落的生态状况。例如"地主""富农"在1949年前后有不同的价值内涵,这是因为1949年前后中国的社会生态环境发生了巨大的变化(有人说是"天翻地覆",一点也不过分);又如"先生""小姐"这样的称谓形式在20世纪80年代发生了指认功能的变化,这种变化其实是一种循环,一种回归,但是20世纪60年代和80年代"先生""小姐"的功能性变异可以反映出中国社会从60年代到80年代的变化轨迹。到了21世纪,"小姐"这个称谓形式有了新的变化,它取得了特指意义,用来称呼那些从事色情服务的年轻女性,变成了一个十分敏感的称谓形式。我们检索北京语言大学BCC语料库,观察从1946年到2014年之间"小姐"使用频率的变化:

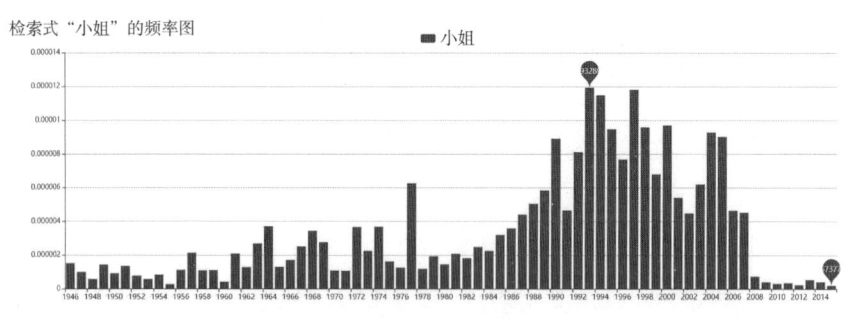

图 2—1

从这个图里我们可以看到这个词使用的峰值是1993年到1994年。在这一段时间里,中国社会究竟发生了什么样的变化?还有一个例子就是"同志"一词的发展变化,我们也可以通过北京语言大学BCC语料库观察到其使用频率的变化,而这种变化从一个侧面反映了社会的变化。

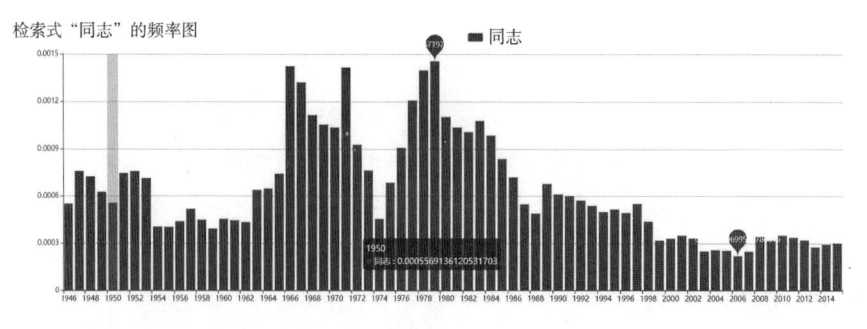

图 2—2

通过语言可以透视社会生态,这是一件很有意思的事。"生态"本来指生物的生活习性和生存状态。提到"生态"这个概念,我们会联想到自然的生态环境。而我们这里所说的"生态"指的是社会的生态环境。一个社会群落以什么样的面目出现,内部的组织结构如何,面临什么样的问题,等等,都可以从语言功能的变迁中得到反映。社会生态的面貌必然会反映在这个社会群落所使用的语言中。我们以汉语的称谓问题为例,一方面是为了说明汉语称谓的系统性和历时变化与社会发展变化有关,另一方面也是为了揭示语言与社会某些内在的、人文性的联系。这种内在的、人文性的联系是社会语言学的研究课题,它既可以为学习语言的人提供一个大的背景知识,又可以为使用这种语言的人提供一个了解自己、反观自省的机会。称谓与社会生态的关系我们可以概括为以下几个方面:

1. 称谓是社会的产物,它带着社会的遗传基因。一个社会的形态必定会在称谓系统上留下烙印。

2. 社会是称谓发育成长的温床,从称谓系统的发育成长过程中我们可以看到社会环境的变化。

3. 社会不是一个匀质的凝固不动的集合体,它在不断地变化,而且不是匀速变化,常常会产生突变。社会的突变会使得一种语言称谓系统失去平衡,但是语言系统本身会自动调节,以达到新的平衡。

4. 社会生态应该包括历史事件、地理环境、社会形态、民族状况、文化传统等许多内容,其中与称谓关系密切的历史事件包括改朝换代、统一与分裂、移民、军事占领、国际往来(通使和通商)等;地理环境包括行政地理环境和自然地理环境,行政地理又与历史上的分分合合分不开;民族状况包括民族迁徙、定居、杂居、通婚等,尤其是民族通婚,势必会在亲属称谓的问题上留下烙印;文化传统包括很多内容,其中有些内容对称谓有不可忽视的影响,如礼教传统、价值观念、文字、书籍、民风民俗等。

二、语言与民族、国家的关系

民族是什么?这一直是一个有争议的问题。目前国内学术界比较有共识的看法是：民族是人们在历史上形成的稳定的共同体，这个稳定的共同体具有共同语言、共同地域、共同经济生活以及共同文化特点上的共同心理素质这四个基本特征。民族不属于阶级范畴，它是在一定历史时期内存在的以共同的语言、地域、经济、文化等为标志的社会共同体。这是一般的定义，在现实社会中，同一个民族也可能使用不同的语言、居住于不同的地域、没有共同的经济生活，但是这只能是特例。民族不同于种族，种族这个概念在英语中对应不同的词汇：ethnic group、ethnogenesis、ethnos、race 或者 species。种族的概念是一个人类学的概念，某一种族是指在体质形态上具有某些共同遗传特征的人群。如尼格罗人种（黑种人）、蒙古人种（黄种人）、高加索人种（白种人）等。种族这个概念也牵涉某些文化或者政治范畴，诸如社会认同感以及民族主义等。种族应该理解为是一个具有共同遗传特征的模糊集合，或者是一个广义的家族。种族下面还可以分出不同的亚种。由此可见，种族涉及人类的起源以及人类繁衍的过程，但是种族跟语言不存在对应关系。同一种族的人不一定有共同的语言，不同种族的人也可以有相同的语言。

　　国家是阶级统治机构，也是一个历史范畴，它不是从来就有的，而是阶级矛盾发展到不可调和的地步的产物，因此，国家是有阶级性的。恩格斯在《家庭、私有制和国家的起源》中说：

　　　　国家是社会在一定发展阶段上的产物；国家是承认：这个社会陷入了不可解决的自我矛盾，分裂为不可调和的对立面而又无力摆脱这些对立面。而为了使这些对立面，这些经济利益互相冲突的阶级，不致在无谓的斗争中把自己和社会消灭，就需要有一种表面上凌驾于社会之上的力量，这种力量应当缓和冲突，把冲突保持在"秩序"的范围以内；这种从社会中产生但又自居于社会之上并且日益同社会脱离的力量，就是国家。

国家不以语言为标志，一个国家可以只有一种语言，也可以有多种语言。例如新加坡有四种官方语言、加拿大有两种官方语言。中国是个多民族的国家，中国境内使用的语言除了汉语以外还有很多。有的国家只有一种单一的语言，如日本、韩国，有的国家语言很多，如印度，法定的官方语言有 18 种，语言总数大约 400 种！其中 17％ 的印度人可以讲两种以上的语言。印度的语言主要分为两大语系:南方流行的达罗毗荼语系是印度的土著语,操达罗毗荼语系的人口约占18%;北方是印欧语系中的印度雅利安语(印地语),是中亚人迁往印度河和恒河流域过程中,吸收当地语言后形成的,讲印地语的人口在30%以上。除了这两大语系的语言之外,印度东北部还有属于汉藏语系的曼尼普尔语。

三、语言与文化的关系

什么是文化?学术界、知识界和大众各自有自己的理解,众说纷纭。有人把文化理解为"人文教化",有人把文化理解为人类生存和繁衍的模式,有人把文化理解为知识的总和,有人把文化理解为文明的样式,有人把文化理解为社会的风俗习惯,等等。《现代汉语词典》对"文化"的界定是这样的:

(1) 人类在社会历史发展过程中所创造的物质财富和精神财富的总和,特指精神财富,如文学、艺术、教育、科学等。

(2) 指运用文字的能力及一般知识;学习~|~水平。

(3) 考古学用语,指同一个历史时期的不依分布地点为转移的遗迹、遗物的综合体。同样的工具、用具,同样的制造技术等,是同一种文化的特征,如仰韶文化、龙山文化。

我们这里的"文化"概念采用的是第一个义项,"文化"指的是人类所创造的物质财富和精神财富的总和。这样来讨论语言与文化的关系就比较明确了。语言与文化的关系是相当密切的。概括地说,语言是文化的载体,人类在社会历史发展过程中所创造的物质财富和精神财富都离不开语言。因为人类在历史发展中创造的很多物质财富都只能通过语言去寻觅其踪影了,人类在历史发展中创造的精神财富更是通过语言得以流传。例如我们看到殷商时期的甲骨文可以了解到先民们的精神生活、他们的信仰和迷信、他们的生产生活和战争以及他们的风俗习惯、社会结构和典章制度。因为甲骨文是记录当时语言的符号。很多属于文化范畴的物质财富和精神财富都已经成了历史,这些已成历史的东西很多是由语言来记录并传诸后世的。比如许多民族都有自己的创世神话,这些创世神话在创制文字之前就是通过史诗的形式口耳相传保留至今的。

语言也不能脱离文化而独立存在,任何一种语言都是以那种语言所赖以生存的文化为基础的。正如美国人类学家萨丕尔(1985:186—187)所言:"语言的背后是有东西的。而且语言不能离开文化而存在。"认知语言学认为,语言的结构受制于认知主体与外部世界的互动,所以人的身体经验会影响到语言的结构、语言的编码和解码过程。文化与认知有着千丝万缕的关系,因为说到底语言不能脱离自己的文化语境,也不能脱离自己的认知模式。我们仍以语言中的称谓为例来说明语言与文化的关系。在不同的语言里,要完成相同的交际任务,所采用的语言手段和言语策略却可能大异其趣。比如同样是第二人称面称敬体,汉语采取的是语音的策略,把"你"[nǐ]变成"您"[nín],德语采用的是词汇策略,把第二人称 du 变成第三人称 Sie,在拼写的时候用首字母大写的方式来表达,日语采用的是词汇和语法双重策略,あなた(你)是不能随便用的,要在对方的称谓上采用敬语形式,比如在前面加上ご(表示尊敬,汉字写成"御"),称谓往往要连带衔头(title)一起说,同时,句子的动词要采用敬语形式,而英语则根本不改变代词的词形,采用助动词的策略来表达敬体。不同的语言系统有不同的交际准则,这种交际准则的背后是文化规则。同样是人称代词,阿拉伯语有 45 个,因为在阿拉伯语里,人称代词有数的变化:单数、双数、多数,每一个人称又有通称、阳性、阴性、在场、不在场五种变化,而在泰语中,人称代词没有数的变化,却有男女、尊卑的区别。在越南语中,人称代词又有新花样,人称形式要根据交际双方的关系和交际的场合来定,如女性对老师、哥哥姐姐、丈夫要自称 em(妹),对女老师要称 co(姑),对母亲要称 me(母),对爷爷要称 ong(翁),对奶奶要称 ba(婆),即用来自汉语的亲属称谓来充当人称代词的谦敬体形式。在学习汉语的时候,日本学生几乎从来不使用"你"或"您"这样的人称代词形式,而是用其他的称谓方式来代替,泰国学生和越南学生在选择人称代词时,总想找出一个相应的、符合身份的代词,而以英语为母语的人几乎从来不会用"您"这个词。这种种现象的背后都有文化的影子,语言使用者所处社会的文化规约会影响到语言形式的选择。

每个人都有一个名字。如果人也像其他事物一样只是有个名称,而且可以被所有的人称呼,那问题就单纯多了,人与人之间的交际也就省事多了。麻烦的是,虽然人人有名,却不是人人的名字都是可以随便呼唤的。中国人在说到尊长的时候要避免直接说出他们的名字,古代有"避讳制度":

  礼不讳嫌名。二名不偏讳。逮事父母,则讳王父母①;不逮事父母,则不讳王父母。君所无私讳,大夫之所有公讳。《诗》《书》不讳。临文不讳。庙中不讳。夫人之讳,虽质君之前,臣不讳也;妇讳不出门。大功、小功不讳。入境而问禁,入国而问俗,入门而问讳。(《礼记·曲礼上》)

  国君不名卿老、世妇,大夫不名世臣、侄、娣,士不名家相、长妾。君大夫之子,不敢自称曰余小子;大夫士之子,不敢自称曰嗣子某,不敢与世子同名。(《礼记·曲礼下》)

今天虽然没有明文规定要避讳,但是文化传承还在,对自己的父母、师长还是尽量避免直呼其名,否则就会被认为不敬或者失礼。"名讳"现象的存在,使得称谓现象变得错综复杂。一个人除了名之外还有字,如诸葛亮字孔明,岳飞字鹏举;有的人还有地望,如韩愈被称为韩荆州;有的人还有官称,如杜甫被称为杜工部,等等。除此之外,有的人还有绰号,如宋江绰号叫及时雨;死后还有谥称,如诸葛亮谥称"忠武"(人称"武侯"),岳飞谥称"武穆"(人称"岳武穆")。活着和死后有不同的称谓,这也是中国传统礼仪制度的一部分:

  祭王父曰皇祖考,王母曰皇祖妣。父曰皇考,母曰皇妣。夫曰皇辟。生曰父、曰母、曰妻,死曰考、曰妣、曰嫔。(《礼记·曲礼下》)

  妇称夫之父曰舅,称夫之母曰姑。姑舅在则曰君舅、君姑,没则曰先舅、先姑。(《尔雅·释亲》)

"礼"毫无疑问应该属于文化的范畴。中国是有几千年历史的文明古国,被称为礼义之邦。因此在中国文化的典籍中,关于礼仪制度的规定都非常详细和明确。毫无疑问,这是中国文化的一部分。中国文化对周边国家的影响非常深远,因此中国文化当中的这些礼仪制度也可以在汉字文化圈当中找到踪影。

---

① 王父母即祖父母。

第二节 语言变异与语言变体

一、语言变异与语言变体

　　语言变异(variation)指语言在不同的历史时期、不同的社会群体或不同地域中的变化和分化。语言是在社会的发展变化中产生的，它也会随着社会的发展变化而变化。语言的历史演变我们将在后边谈到，这里先举一个例子。我们都知道汉语有数千年的历史，并且与其他语言有过长期的、多次的接触，汉语的一些语言成分被借到其他语言中，汉语中也融入了其他语言的成分。从中国第一个朝代夏朝(约公元前22世纪末21世纪初—公元前17世纪初)一直到中国最后一个封建王朝清朝(1616—1911)，直至今天，在大约4000年的历史中汉语的通行范围越来越广，由中原地区向外扩展，东边融合百越，南边融合荆楚直抵岭表，西边融合了西戎，北边融合了北狄。从语言类型和谱系上看，与汉语有接触的语言包括了不同语言类型和不同语系的语言，南与南岛语系的诸语言接壤，北与阿尔泰语系满-通古斯语族和蒙古语族的几种语言接壤，西邻突厥语族，东南和西南与本属南亚语系的古代越语有渊源关系，也与属于南岛语系的语言有渊源关系。汉语的这种地理环境使汉语融入了各种不同语言的成分，有时很难考证某一个词究竟出于哪里。今天汉语的许多方言中还可以看到其他语言的底层残留，这就是语言的时间变体。我们从汉语的一些亲属称谓中可以看到它们在时间中的变化。比如我们经常使用的"爸爸"这样的亲属称谓，在先秦典籍中是见不到的，清人梁章钜引《正字通》(1996：17)考证说它们是夷语："八八，巴巴，爸：《正字通》：夷语称老者为八八或巴巴，后人加父作爸字。吴人称父曰爸。《广雅》：'爸，父也。'"因此我们可以说在现代汉语这个共时平面，称谓系统并不是一个匀质的、整齐的东西，古今同现、华夷共处是很平常的事情。也就是说，在现代汉语这个共时系统中，我们可以看到语言的时间变体(不同历史阶段的称谓形式)。称谓系统在时间的数轴上不断变化，任何一个共时平面所表现出来的系统性都既有历史的连续性，又有嬗变。古代汉语的称谓形式有的已经被淘汰了，有的沿用至今。有的在传承过程中所指已经有了变化。例如亲属称谓"哥"在现代汉语普通话中只用来指称"兄长"，是弟弟、妹妹对年长于自己的同胞男性家庭成员的称呼（今天我们如果仅仅从共时平面上看，当然有泛化现象，可以泛化到同堂兄弟间、中表兄弟间、姨表兄弟间幼对长的称呼，甚至泛化到异姓结拜兄弟间幼对长的称呼，后来干脆泛化为对陌生人的尊称），然考其来源，"哥"是由男子的尊称演变而来，既可以称呼父亲，又可以称呼兄长，也可以称呼非亲属。在中国历史上，曾经存在过这样一段时间：子称父为哥，母称子为哥，兄称弟为哥，父称子为哥，妻子称丈夫为哥……①这些都可以证明"时间可以改变一切"这个著名论断。我们也可以通过北京语言大学 BCC 语料库观察一下"父亲"这个概念称谓形式在不到 70 年的时间里由"爹"变为"爸"的过程。我们看到 1949 年之前，"爹"的使用频率是很高的。到了 1978 年，中国社会改革开放，社会面貌发生了很大变化，"爸"的使用频率明显提高。

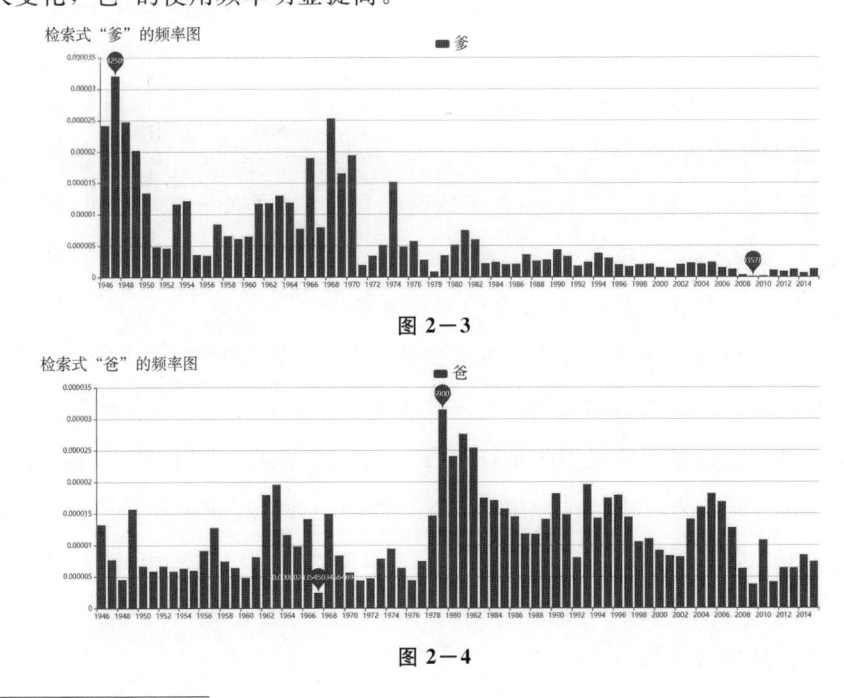

图 2—3

图 2—4

---

① 梁章钜《称谓录》(1996:11)在谈到"哥"这个称谓形式时引《旧唐书·王琚传》："玄宗泣曰：四哥仁孝。"称睿宗也。《棣王炎传》，"唯三哥辨其罪"，称玄宗也。又参见袁庭栋(1994)。

从这两个检索图可以看出"爹"和"爸"在几十年的时间里所发生的更迭,"爹"这个称谓形式正慢慢退出现代汉语的词汇系统,取而代之的是"爸"。外来的称谓形式"爹地"也曾经进入现代汉语词汇系统,但是并没有太强的生命力。社会的发展变化包括社会形态的变迁、社会角色的分工、社会群体的分化与融合、社会阶层的分化、社会群体彼此之间的接触等。社会形态的变迁包括社会形态的历史演变(如从奴隶社会到封建社会)、改朝换代(如从一个封建王朝到另一个封建王朝)、居住形态的变化(如从散居到群居、从乡村居住到城市居住)等。语言形式在不同历史阶段的变化、语言形式在不同人居环境中的变化都属于这一类。社会角色的分工指的是不同的性别(男女)、不同的职业(士工农商等)等。社会群体的分化指的是在社会变迁中一个大的社会群体分化为若干个小的社会群体(如战国时期大一统的中国分化为一些小的诸侯国),社会群体的融合指的是小的社会群体融合为一个比较大的社会群体(秦统一天下带来的是社会群体的融合)。社会阶层的分化指的是社会等级制度(如印度的种姓制度,不同阶级的人民彼此不能通婚)或者类似于阶级的等级分化(如贵族与平民、白领与蓝领、富人与穷人)。社会群体之间的接触指的是不同社会集团的人彼此之间的交流(如贵族与平民之间、富人与穷人之间、城与城之间、国与国之间)。以上提到的种种社会变化都会带来语言的变异。有时各种变异原因交织在一起,形成复杂的变异现象。

语言不仅仅会因社会原因而发生变化,它也会因地理的原因而发生变化。同一种语言在不同的地域可能会有一些差异,这些差异被认为是语言在不同地域的变异。语言变异可以表现在语音上,也可以表现在词汇上,还可以表现在语法上。语言在社会或地域中的变异导致同一种语言在语音、词汇、语法方面的差异,这种差异(或者说是变异的结果)称为语言变体(variety)。语言因社会原因而发生的变异叫作语言的社会变体,语言因地理原因而发生的变异叫作语言的地域变体。

影响语言社会变异的因素很多,如性别、年龄、职业、阶级、宗教信仰、受教育程度等,由这些因素导致的变异结果就叫作语言的性别变体、年龄变体、职业变体、阶级变体、宗教信仰变体、教育程度变体等。

语言的性别变体指不同性别之间的语言差异。如在英语中,女性使用 lovely、sweet、nice、darling、cute、charming 等形容词的频率远远高于男性;在日语中,女性更多地使用敬语,有一些表达方式在男性和女性两方存在着明显的区别。比如下面的对话意思相同,但是男性和女性之间差别明显:

男性之间:

男 A:ぼく(我)、いま中村君からおもしろい話を聞いたぜ。
男 B:ほう、そうかい(哦? 是吗?)。どんな話?
男 A:教えてやろうか(一般形式)。
男 B:うん(嗯)。
男 A:……君(第二人称疏远用法)に聞かせるのは、もったいないな。
男 B:いじわるだね。いいよ(语气词)。聞きたくなんかないよ(语气词)。
男 A:まあ、そう怒るな。教えてやるよ。あのね。
男 B:なんだ、早く言えよ。そんなにじらすものじゃないよ。

女性之间:

女 A:あたし(我)、いま中村さんからおもしろいお話を聞いたわよ。
女 B:あら、そう(啊,真的?)、どんなお話?
女 A:教えてあげましょうか(敬语形式)。
女 B:ええ(哎)。
女 A:……あなた(第二人称亲密用法)に聞かせるのは、もったいないな。
女 B:いじわるいね。いいわ(语气词)、聞きたくなんかないわよ(语气词)。
女 A:まあ、そう怒らないで。教えてあげるわよ。あのねェ……
女 B:なによ、早くおっしゃいな。そんなにじらすものじゃなくってよ。

上面两段对话意思完全一样,但是两个男人之间的对话和两个女人之间的对话有很多细微的区别(画线部分),表现在称谓形式不同、语气词用法不同、敬体形式选择不同等方面。在日语中,有一些用语是女性专用的,男性一般不用,反之亦然。汉语普通话性别之间的差异不是十分突出,但是也有一些例子。例如"女国音"的问题(俗称"咬舌子",指北京的年轻女性在发 j、q、x 的时候往往带有一点舌尖音色彩),个别词汇问题,如"人家"用于自称时只适用于女性或儿童,在使用的时候带有撒娇的感情色彩。

语言的年龄变体指的是不同年龄段的人群之间的语言差异。例如汉语吴方言的上海话,老年人对"烟"和"衣"、"简"和"既"两类字的读音分得很清楚,而年轻人已经不分。又如北京话中"文"字的声母读音,老年人读为[w]的比例很高,而年轻人读为[v]的比例很高。当然这种变异还跟性别和受教育程度相互关联:女性读为[v]的比例高于男性,受教育程度高的人群读为[v]的比例高于受教育程度低的人群。

语言的职业变体指的是不同行业之间的语言差异。应该说三百六十行,每一行都会有自己的行话,这种被称作行话的语言形式就是语言的职业变体。有些行话是行业之外的人不用甚至是听不懂的。例如"流通股""大盘""涨停板"对于证券行业的人来说每天都会用到,而对于不是股民的人来说就不甚了了。又比如"喷口儿"(发音吐字)、"开脸儿"(说书的对人物外形的描写)、"海青腿儿"(没有拜过师的艺人)、"空子"(外行)就是曲艺行的职业变体,圈外的人不一定听得明白。

语言的阶级变体指的是不同阶层的人群之间的语言差异。这里所说的阶级不是政治学意义上的阶级,而是指人类社会根据地位的高低、财富的多少、权力的大小、社交圈子的宽窄等因素形成的各个阶层。不同阶层的人在语言风格和语言运用上会有自己的特点,这种带有本阶级特色的语言变异就属于语言的阶级变体。例如十月革命之前的俄国,在贵族的沙龙里流行说法语或者在俄语中夹杂法语,这在普罗大众那里是没有的。当今中国已经消灭了政治学意义上的阶级,但是阶层依然存在,如白领和蓝领的分别,知识阶层与非知识阶层的分别,富裕阶层与贫困阶层的分别,城市原住居民与外来人口的区别,等等。

有些社会变体不单纯,可能同时包含几种不同的要素。例如"白领"和"蓝领"的分别,既包含了职业变体的成分,又包含了阶层变体的成分,也包含了年龄变体的成分。"白领"是舶来品,中国大陆原本没有这个阶层,因此也没有这个称谓。我们对北京语言大学 BCC 语料库进行历时检索,可以看到"白领"流行的时间段(2003—2005 年达到峰值):

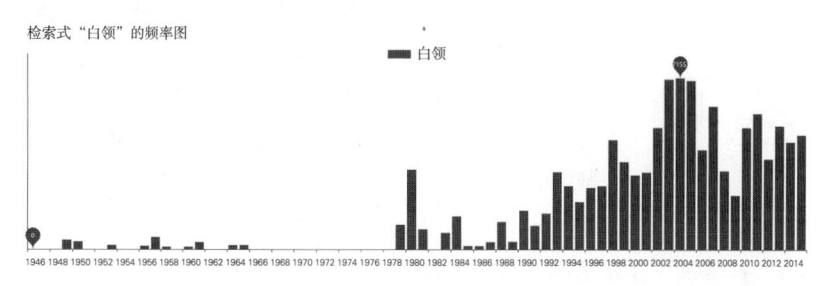

图 2-5

究竟什么样的工作属于白领,不同城市的人们的看法并不一致。根据零点市场调查公司 1999 年对中国 11 个城市 5673 名 18 岁居民所做的随机调查,大家对"白领"这个阶层的存在是认可的,尤其是在上海、厦门、广州这样的沿海城市认可的人数比例更高一些。下表是调查结果:

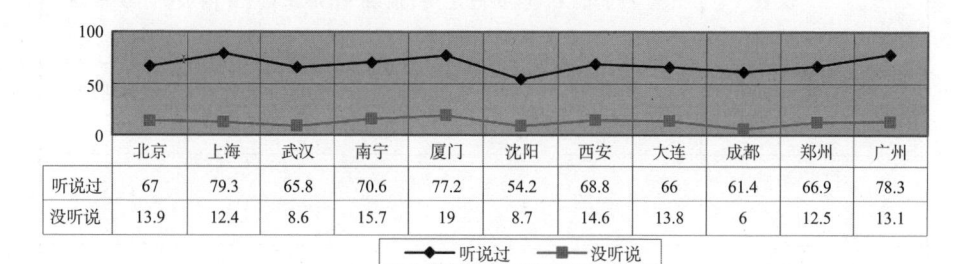

	北京	上海	武汉	南宁	厦门	沈阳	西安	大连	成都	郑州	广州
听说过	67	79.3	65.8	70.6	77.2	54.2	68.8	66	61.4	66.9	78.3
没听说	13.9	12.4	8.6	15.7	19	8.7	14.6	13.8	6	12.5	13.1

图 2-6

对于什么是白领阶层、哪些人属于白领阶层、白领阶层的人有什么特征等在认识上也有比较大的分歧,大多数人从职业的角度来界定白领的范围,还有很多人从受教育程度和文化修养的角度来界定白领的范围,也有的人是从收入水平的角度来界定。

表 2—1

序号	大类	典型描述
1	职业 53%	管理人员;国家公务员;办公室文员;三资企业职员;大公司职员;饭店服务员;秘书;高级宾馆、星级饭店的工作人员;民航空乘;会计师;医务工作者;律师;金融部门从业人员;从事商贸的文职人员;文艺界人士;新闻界人士;公安;交警;教员;脑力劳动者;不从事体力劳动者
2	修养水平 21.7%	有学历;有文化;大学毕业;有技术;懂外语;会电脑;有职称;高素质;修养好;能力强;思想境界高;有本事;有敬业精神;头脑灵活
3	收入 13.3%	收入高;有钱;富有;大款;有一定资本的人;经济达到某一水平;收入比平常人多出30%;有稳定收入
4	社会地位 2.5%	上层人士;中产阶级;工薪阶层;有身份;社会地位较高
5	背景 1.5%	有权有势的;靠权势升官的人;与政府官员靠得近的人;有关系的;有靠山;投机经营的人;有特权;不需要社会背景,靠自己实力的人
6	仪表 1.3%	领子很干净;衣冠楚楚;很讲究;形象好;穿西装;打领带;打扮入时的;有风度;大方
7	生活方式 1%	坐好车;有私车;拿手机;有房;中高档消费;出入娱乐场所;思想观念超前、生活时尚;吃喝不愁
8	年龄 0.3%	年轻的
9	性别 0.1%	职业女性;女强人
10	其他	稳重;运气;未婚;非党员;懂法;南方多,北方少;廉洁奉公的;循规蹈矩的;独立的、有尊严的;被人尊重;有个性;不怕苦

白领和蓝领之间的语言差异是很明显的,例如白领阶层的词汇系统中掺杂着许多蓝领阶层的人士所不能理解也几乎不会用到的成分。白领的工作场

合为办公室环境,接触外来事物、接触新鲜事物、接触现代化办公设备和网络技术的机会很多,因此在白领的词汇系统中,外来词语、技术性词语、网络语言的成分相当多。例如直接用外来语的词语 sorry(抱歉)、HUB(集线器)、IP address(IP 地址)、IT(互联网技术)、VIP(贵宾)、boss(老板)、CEO(执行总裁)、CFO(财务总监)等;还有一些与网络文化相关的词语,如网吧、网民、网恋、网龄、网友、潜水、灌水、菜鸟、电子名片、电子银行、3D 动画、美眉、恐龙、大虾、斑竹、帖子、楼上、楼下等。在互联网企业有些表达方式带有很突出的行业特点,被称为"互联网黑话"。例如:

<u>底层逻辑</u>是<u>打通信息屏障</u>,创建<u>行业新生态</u>。<u>顶层设计</u>是聚焦<u>用户感知赛道</u>,通过<u>差异化和颗粒度</u>达到<u>引爆点</u>。<u>交付价值</u>是在<u>垂直领域</u>采用<u>复用打法</u>,达成持久收益。<u>抽离透传归因分析</u>作为<u>抓手</u>为<u>产品赋能</u>,<u>体验度量</u>作为闭环的评判标准。

这一段话每个字我们都认识,每个词的意义我们也都知道,但是组合在一起之后,行业之外的人就是不懂得他在说什么。这就是语言的行业变体。

在不同的社会群落中,称谓会随着整个社会群落价值观念的潮起潮落而增值或者贬值。一个称谓形式的升值或者贬值可以看出社会气候的冷暖变化。比如"老板"这个称谓形式从 20 世纪 50 年代初开始贬值,新中国在对民族资本家进行改造的过程中,同时也改变了"老板"的社会地位,社会成员对"老板"这个称谓的体认从尊敬到轻蔑、憎恶,因为只有资本家或者小业主才被称为"老板",而资本家或小业主被认为是剥削者,是应该接受改造的,到了 20 世纪 60 年代干脆就成了被专政的对象,那个时候如果有谁被称作"老板",那绝不是对他表示尊敬。即使在上海这样的商业城市,民族资本家的改造也是很彻底的。如果说新中国成立前"老板"是一个社会评价比较高的称谓的话,那么到了 20 世纪 50—70 年代,它的社会评价已经跌到了低谷。这个称谓走出低谷是 20 世纪 80 年代以后的事,这当然跟改革开放、国家以经济建设为中心这样的社会大气候有关。

检索式"老板"的频率图

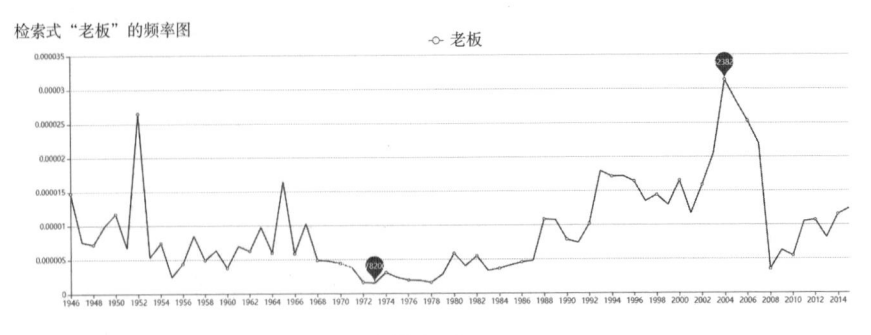

图 2—7

我们从 BCC 语料库中可以看到"老板"这个词从 1946 年到 2014 年的变化曲线。最低点在 1973 年,最高点在 2004 年。这个变化曲线虽然反映的只是使用频率的变化,但是由此我们可以看到整个社会对这个称谓形式的态度变化。从 2003 年到 2007 年被称作老板是一件很光荣的事,这个称谓形式会让人联想到财富和成功。社会也可能为一个旧有的称谓形式赋予新的价值。比如"大姐"这个亲属称谓,在中国共产党党内从延安时期开始渐渐地被赋予了新的含义。只有少数几位领导者的夫人被尊称为"大姐",如周恩来夫人邓颖超被尊称为"邓大姐"。再比如"先生"这个称谓形式,且不说它在历史上的变化,在今天通常是用来称呼男士的,但是少数德高望重的女士也可以称为某某先生,如"宋庆龄先生""何香凝先生"。

语言的地域变体表现为地域方言。不同地区的人群在地域上处于一个共同体中,因此在语言上会有一些共同的特征。这些有别于其他地域共同体的语言特征构成了语言的地域变体。语言的地域变体在语音、词汇和语法上的表现都很明显。以汉语方言为例,同一个概念在不同的方言中可能有不同的变体形式。汉语拥有众多的使用者,而这些人分布在中国的绝大部分地区和东南亚、北美部分地区,方言的差异比较大,词汇形式因地域而变。例如"母亲"就有"妈妈"(如北京)、"娘"(如济南)、"阿奶"(如温州)、"阿嬡"(如潮州)、"老母"(如广州)、"姆妈"(如扬州、苏州、长沙)、"妈爷"(如合肥)、"奶"(如建瓯)等不同的地域变体。

大家都知道北京话是北方方言的代表,我们引用一段北京话口语的材料,

外地人听起来会很吃力:

　　昨儿个<u>晚么晌儿</u>,没吃什么饭,就<u>垫</u>(阳平)巴了点儿凉菜,还挺<u>齁</u>(阴平),差点没变<u>雁么虎儿</u>!后来<u>挨屋里丘着</u>看电视呢,我爸手里<u>滴愣</u>(轻声)个东西开门问我:"嗳!我说,怎么老自个儿跟屋里猫着啊?帮我瞧一眼这个东西……"两句话完毕,突然有种倍儿强的亲切感。很多北京土话、土词我们这代已经不怎么说了,但是听了还是懂,还是觉得<u>特葛</u>。

　　于是我说:"爸,您<u>这</u>(zhèi)北京味儿也太浓了。"他答:"我<u>多咱</u>(轻声)说过啊?<u>好么央儿</u>的怎么想起说这些了?"

　　哈哈,我爸的回答是正常的,自己个儿也不觉得又冒出了两句,于是我只好故意挑逗开玩笑地回答:"<u>怎么茬儿</u>?!您还<u>甭</u>不承认,您这<u>片儿汤</u>话就没消停过!"

　　"嘿,这<u>小勾儿</u>(二声)的,跟我<u>递葛</u>是吧?<u>找挨揍言语一声儿</u>!"

　　"别介嘿,我就是<u>逗闷子</u>,<u>压根儿</u>也不敢跟您整这哩个儿<u>愣</u>(阴平)啊!"<u>末了儿</u>,跟我爸说明了我的用意,就是想逗他说多点土话。于是我爸就开始特意给我想哪些是土话,这<u>瞅不冷子</u>一想可<u>瞎了</u>,根本说不出来了。

　　我横<u>睃</u>(轻声)我爸一眼,说:"您<u>麻利儿</u>的!别<u>磨叽</u>!"

　　"这一到<u>啃节儿</u>上,还真想不出来了。"我爸不好意思地说。

　　"哎,您不用刻意想,多<u>白话</u>(轻声)两句就有了。"

　　"别<u>裹乱</u>,<u>踩咕</u>谁呢!"

　　我<u>张八儿</u>的催我爸快点。(网文《姆们的北京》,个别地方有修改)

上海话是吴方言的代表方言(以前苏州话是吴方言的代表方言,现在上海话的影响远远超过了苏州话),我们引用一段上海话的对话①,从中可以看出上海话的地域特色:

　　男:今朝雅到阿拉吃萨么什啊?
　　女:随便!

---

① 选自互联网方言集锦。

男：吃火锅伐？
女：弗来赛,吃火锅面孔高头要长痘痘呃！
男：各么阿拉吃川菜？
女：昨末子刚刚吃过川菜,今朝又吃……
男：各么阿拉吃海鲜起？呵呵……
女：海鲜弗好,吃了要肚皮卅呃！
男：各么弄刚吃萨？
女：随便！
男：阿拉现在做撒起奈??
女：才苦亦！
男：看电影好伐?? 老杜辰光么看电影了。
女：电影有啥好看呃,浪费辰光,看场电影一厄雅到才没了。
男：各么打保龄球,运动运动。
女：杜聂天厄打撒保龄球阿,伐吃列啊！
男：个么寻厄咖啡厅坐坐,吃点咖啡。
女：算了,雅到吃咖啡会得困伐着呃。
男：各么弄港组萨好奈？
女：才苦亦……

二、社会方言

　　社会方言(social dialect)是由语言的社会变异而形成的语言变体,它是由交际者年龄、性别、职业、阶层、宗教信仰、文化程度等社会因素造成的。社会方言是在全民共同语的基础上形成的异化形式。比如不同行业之间均有自己的行业用语,医生之间常用到"处方、X光、脑CT、造影"等行业术语,而语言学家则经常使用"音素、音位、语素、语言变体"等行业术语,医生和语言学家的社会特征是由他们所从事的职业带来的。

　　人类社会是由许多个大小不等的社群组成的,每个社群都有很多个体,他们都生活在一定的社会网络中,该网络成员因此也具有共同的社会特征,表现在语言上则构成了社会方言。所以,社会方言的形成主要取决于社会群体的分化。比如,我们通常说女性在交际时一般多使用委婉、含蓄的语句表达自己的意图,而男性则倾向于使用直接、命令型语句,这种现象在英语中存在,在日语中尤为突出,不同性别的人交际中使用的不同语言变体形式就是一种性别层面上的社会方言。社会方言中还有一些因社会、政治等因素形成的特殊的变体形式,这就是隐语和黑话,这些变体形式与使用者所从事的某些特殊行业或者特殊工作有关,比如曲波的小说《林海雪原》中描写了东北占山为王的土匪彼此之间所使用的黑话。隐语与黑话既有区别又有联系。首先,二者都具有隐蔽性的特点,不是圈内人很难知道或了解其暗码的含义;其次,二者都具有时间和空间的局限性,即在一定时间内和在一定的空间范围内该语码是有效的,过了一定时间或者换了一个空间范围就可能失去效用。隐蔽性是隐语和黑话的共同特点。隐语和黑话是有区别的,隐语是临时创造的,不成系统,交际者也没有社会角色上的限制,任何人都可以使用。例如"同性恋"是一种特殊的社会现象,很多人都不愿意在公开场合毫不隐讳地谈论这种现象,因此就创造出一些隐晦的词汇形式,这就是隐语。在古代汉语中称女性同性恋为"对食",男性同性恋为"断袖"或者"分桃",现代汉语同性恋被称为"同志""飘飘"或者"玻璃",有同性恋倾向的人被称作"弯的"。这些都是隐语。隐语通常是有来历的。据《汉书·外戚传》记载:"房(宫女名)与宫(宫女名)对食。"东汉人应劭解释说:"宫人自相与为夫妇名对食。"很显然,"对食"即当今所谓同性恋。"对食"作为同性恋的隐语千百年来一直在宫中流传。"断袖"出自汉哀帝与其幸臣董贤的故事。《汉书·佞幸传》记载,董贤"为人美丽自喜",哀帝很爱他。贤"常与上卧起"。一天昼寝,帝醒而贤未觉,帝"不欲动贤,乃断袖而起"。"分桃"说的是卫灵公与其男宠弥子瑕的事,弥子瑕与卫灵公游于园,"食桃而甘,不尽,以其半啖君"。黑话也是一种隐语形式,但是黑话与一般的隐语不同,首先,黑话是成系统的,且有规则,如土匪的"切口",其次,黑话的创造者和使用者不是一般的社会成员,他们属于黑社会集团或者秘密社团。有时我们把黑话称为"江湖语言"。

大学也是一个特殊的小社会,也会有自己的社会方言。例如"早恋"(早晨锻炼)、"特困生"(早晨第一节课就睡觉的学生)、"郁闷"(只是一种口头禅,不一定真的是心情不好)、"东东"(东西)、"花园"(周围坐满女生的座位)、"钓鱼"(男生追求女生)、"钓虾"(女生追求男生)、"偶像"(令人作呕的人)、"孔雀"(自作多情的人)等。

在网络这个虚拟社会中也存在着一种特殊的社会方言——网络语言。例如"聚会"(见面)、"拍砖"(提意见)、"顶"(支持)、"恐龙"(丑女人)、"青蛙"(丑男人)、"大虾"(大侠的谐音形式,指网络高手)、"稀饭"(喜欢)、"BT"(变态)、"3X"(Thanks)等。社会进入新媒体和自媒体时代以后,产生了很多新的语言形式。虚拟社会也是一个社会群体,在网络社会中还有不同的部落。这些小的社会群体有自己的语言变体形式。例如"你造吗"是"你知道吗"的连读音变,"酱紫"是"这样子"的合音,"表"是"不要"的合音,"有木有"是"有没有"的方言音变,"打酱油"和"吃瓜"被赋予了新的意义,"脑子瓦特了"是"脑子进水了"(上海话,瓦特是英语 water 的音译)、"么么哒"是亲吻动作。在网络社会,网民们还创造出了新的缩略语形式。例如"喜大普奔"是"喜闻乐见、大快人心、普天同庆、奔走相告"的缩略形式。新媒体语言的产生和传播与新媒体的传播方式有关。新媒体的传播与平面媒体不同:传播速度很快,传播面很广,发布者和受众可以互动,一些语言形式刚出现的时候大家觉得新奇,于是很快得到传播,但很快就会变成陈词滥调,语义磨损速度很快,于是就会发生变异,或者创造一些新的语言形式,这些语言形式包括新词、新的用法,或者旧词被赋予新的意义,还有不合常规的缩略语、短时流行的话语形式、字母词和数字词、一些表情态的语气词等。这些新媒体语言现象在传统平面媒体中很少见到,有一些只在某些圈子里使用,例如"圣母白莲花""玛丽苏"等。

三、地域方言

地域方言(regional dialect)指同一民族语言在不同地域的变体,这种变体是同一语言分化的结果。比如,汉语有七大地域方言:北方方言(也称"官话",代表方言为北京话)、吴方言(代表方言为苏州话,也有人建议改为上海话)、闽方言(分为闽南、闽东、闽北三个次方言,闽南次方言的代表方言为厦门话,闽东次方言的代表方言为福州话,闽北次方言的代表方言为建瓯话)、湘方言(分为两个次方言,新湘话的代表方言为长沙话,老湘话的代表方言为双峰话)、赣方言(代表方言为南昌话)、粤方言(又称"白话",代表方言为广州话)、客家方言(代表方言为梅州话),这七大方言是汉语的地域方言。

方言是语言的下位概念。一种语言可以分化成若干种方言,一种方言可以再分成若干个次方言,次方言可以继续分化,分为一些土语群,由此构成了地域方言的树型层次。如图 2—8 所示。

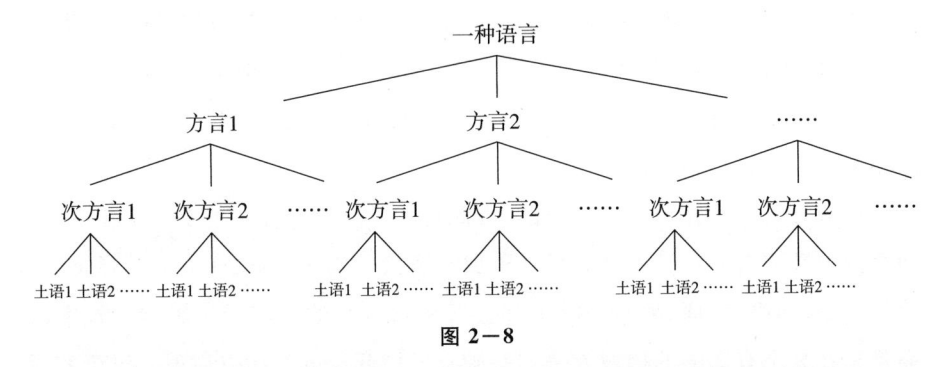

```
                          一种语言
             ┌──────────────┼──────────────┐
           方言1            方言2          ……
         ┌───┼───┐       ┌───┼───┐      ┌───┼───┐
       次方言1 次方言2 …… 次方言1 次方言2 …… 次方言1 次方言2 ……
       /\    /\         /\    /\         /\    /\
     土语1 土语2 土语1 土语2 … 土语1 土语2 土语1 土语2 … 土语1 土语2 土语1 土语2 …
```

图 2—8

地域方言是语言在地域上的不同分布,这种分布是有层次的。例如汉语的七大方言都可以分出一些次方言,次方言又可以分出一些土语群,不同土语之间按照家族相似性可以画出上面的谱系。相邻土语之间的相似性更多一些。其实土语下面还有更小的方言单位,称为方言片或者什么什么腔。例如汉语七大方言中通行地域最广的北方方言,下面分为东北华北次方言、西北次方言、西南次方言和江淮次方言。其中东北华北次方言又可以分出东北土语群、华北土语群,东北土语群又可以分为不同的方言片,华北土语群也可以分为许多方言片,依此类推。

方言的确立一般要同时参考以下几个前提条件:(1)方言是在同一民族语言内部发生的;(2)方言所依托的社会是一个统一的社会;(3)方言是与标准语相对而言的;(4)方言之间一定是有差异的,这种差异或大或小,大到彼此无法通话,小到只是某些语音、词汇或者语法现象有些微差异。

方言间的差异有大有小,因此,确定方言、次方言的标准也不同,划分出来的方言层次也不完全一致,目前汉语在划分方言时主要考虑的是语音特点,次方言的划分除考虑语音特点外,词汇、语法特点也逐渐受到重视。比如北方方言的代表北京官话,古全浊声母除了[z]之外今天全部清化,古塞音韵尾[-p][-t][-k]绝大部分地区已经消失;吴方言古全浊声母今天全部保留,古塞音韵尾[-p][-t][-k]合并为[-ʔ];而粤方言古全浊声母的发展变化和北京官话一样全部清辅音化,但古塞音韵尾[-p][-t][-k]却仍保存着。我们根据不同的参数画出一些同言线,比如在汉语中我们可以根据是否保留入声调类、是否保留全浊声母、是否有塞音韵尾等等划出方言与方言之间的界限。但是同言线有时会有交叉,因此方言的划界问题并不简单,有时需要人为地确定,除了参考同言线这个语言内部的因素外,还应该参考地理因素、社会因素、历史因素、行政区划因素等语言外因素。

地域方言也是在历史中形成的,因此地域方言也与社会的发展变化有关。社会的分裂或者融合对地域方言的形成有直接的影响。此外,人口的迁徙、民族的融合、通婚、通商、战争等因素都会对地域方言的形成产生影响。标准语通常是在某个有影响的地域方言的基础上发展起来的。比方说现代汉语的标准语就是在北方方言的基础上发展起来的,以北京音为标准音;现代意大利语的标准语就是在托斯卡纳方言的基础上发展起来的,以佛罗伦萨音为标准音;现代英语的标准语是在英格兰中部方言的基础上发展起来的,以伦敦音为标准音。

汉语的地域方言非常复杂,方言之间的远近亲疏关系也不一样。湘方言和赣方言之间的关系比较近,闽方言和粤方言之间的关系比较远。湘方言区的人与赣方言区的人在交流上不会存在很大的障碍,但是闽方言区和粤方言区的人在交流上却存在着很大的障碍。即使在闽方言内部,不同次方言区的人们之间在交流上也有很大的困难。方言特征经常被用来判断一个人家乡在何处,我们通过不同的口音大致可以了解一个人生活的地域背景。但是在对外汉语教学中,不同的口音往往会成为影响学生听力发展的障碍。因此在一定的阶段要特意安排学习者熟悉不同口音的"普通话",以增加学习者的适应能力和语言听辨能力。

四、双语或多语现象

双语现象(bilingualism)是一种社会现象,它是指一个社会存在并通行两种语言。有人也把一个存在并通行两种以上语言的社会叫作多语(multilingualism)社会。为方便称说,我们把两种以上语言并存的社会称作多语社会,把在一个社会团体中使用两种以上语言的现象称作多语现象。比如加拿大就是一个英语与法语并存的双语国家,瑞士是德语、意大利语、法语并存的多语国家,比利时是法语、佛兰芒语、德语并存的多语国家,新加坡是华语、英语、马来语和淡米尔语并存的多语国家。除了双语或多语国家,还有一些地区也存在着双语或者多语现象,比如中国的延边地区汉语和朝鲜语并存,西藏地区汉语和藏语并存,内蒙古地区汉语和蒙古语并存,这些地区都是双语社会。新疆维吾尔自治区伊犁哈萨克自治州察布查尔锡伯自治县汉语、维吾尔语、哈萨克语和锡伯语并存,成为多语社会。

双语社会的形成有比较复杂的背景,但是人民杂居是最重要的因素。因为有了人民的杂居才有了语言的接触,才有双语或者多语现象的存在。世界上许多双语或者多语国家都是殖民时代留下的结果,比如巴基斯坦通行英语和乌尔都语,因为巴基斯坦曾经是英国的殖民地。现在的巴基斯坦社会,政治、经济、教育、科学、新闻等社会公众领域使用英语,乌尔都语主要用于日常生活领域。

双语或者多语现象的存在就会导致不同语言之间的竞争。有些语言社团之间会为了维护自己母语的法律地位而发生冲突,例如,如何确定哪一种语言是官方语言、学校教育使用哪一种语言、新闻出版使用哪一种语言、街市指示牌使用哪一种语言等问题都会出现。有时双语社会会发生分裂,比如加拿大的魁北克省是以法语为主的地区,一直有人主张要把魁北克省从加拿大中独立出来。为了解决这一矛盾,有些国家确立了几种官方语言,从理论上说它们都有相同的法律地位,但是语言之间有一种自然的竞争力,总会有一些语言在双语或多语社会中渐渐地处于劣势,被另一种强势语言取代。如果两种语言势均力敌,在长期并存的过程中会互相渗透,导致部分融合或者完全融合。即便没有发生一种语言取代另一种语言的现象或者两种语言融合的现象,并存的两种语言或者多种语言在功能上也会有所区别。比如在新加坡,英语是使用领域最多的四种官方语言之一,虽然新加坡的人口结构70%为华人,但是在政治、经济、法律、文化、教育、新闻、出版等重要领域还是以英语为主,华语、马来语、淡米尔语主要用于日常生活和大众文化等领域,这是因为英语已经几乎成了全球通用语。随着中国国际地位的提升,汉语和中国文化的影响力也在不断上升,现在新加坡的华人家庭也开始意识到学好华语的重要意义。

双语或多语社会可大可小,大可以大到一个国家或一个地区,小可以小到一个家庭。世界上大多数国家都是多种语言并存的,比如摩洛哥,阿拉伯语、英语、法语、西班牙语、意大利语、希腊语并存,但是也有一些语言种类比较单纯的国家,如日本、韩国。移民国家大都是多语社会,比如美国,除了英语社会以外,还有西班牙语社会、华语社会、意大利语社会等。不同语言社会的人们生活在同一个政治、经济和文化共同体中不可能各自独立而没有接触,一旦出现了两个不同语言社会的人共同生活的局面,比如来自英语社会的儿童和来自西班牙语社会的儿童要在一所学校里读书,或者一对来自不同语言社会的情侣结成生活伴侣,或者来自不同语言社会的人在同一家公司工作,双语现象就会出现。一般情况下,双语现象是自然形成的,但是有时为了保护弱势语言,或者出于政治、经济、文化等因素考虑,政府会出台一些政策,在双语社会实行双语教育。

思考与练习

  1. 语言与社会的关系是怎样的?

  2. 语言与国家和民族的关系是怎样的?

  3. 举例说明语言与文化的关系。

  4. 称谓的发展变化与社会的发展变化有什么样的相关性?

  5. 什么是社会方言?什么是地域方言?

  6. 什么是双语现象?为什么会出现双语现象?

第三章 语言与认知

第一节 语言反映人类的认知

语言的认知研究可以追溯到很久以前,但是认知语言学的兴起却是最近几十年的事。语言的认知研究涉及的根本问题就是"语言是什么"以及"语言以什么样的方式和结构存在"。关于"语言是什么",不同的人有不同的看法,基本上可以区分为两大类:一类认为语言是一种客观现象,它独立于人的认识主体——心智之外,因此可以作为一个纯客观的研究对象来对待;另一类认为语言与人的心智有一种互相依存的关系,语言不是一种纯粹客观的现象,因此研究语言必须与语言所赖以存在的心智联系在一起。语言的认知研究就是一种语言学和心理学在理解人类概念结构方面的统合。人类的语言在结构上对应以下一些范畴:概念结构(the conceptual structure)、外部世界(the world)、知识系统(the knowledge system)。

概念结构是人类认知系统的基础,人类认识自身及世界离不开概念化的过程,而概念化的过程包含两个方面的能力:一是抽象能力,二是想象能力。儿童语言习得的证据可以说明这个过程确实是存在的。概念系统的外在表现形式就是语言,在人类语言发展进化的过程中,概念化是一个非常重要的认知过程,这一点也可以通过类型学的研究得到证明。世界上存在着不同的语言类型,但是无论哪一种语言类型,其概念化的过程都是相同的。概念有它自身的结构方式,但是概念的存在和发展与语言的存在和发展是一种共生关系。

外部世界表现为实体以及它们的属性。外部世界是独立于人的主观认识之外的,但是对外部世界的描写和刻画离不开人的概念系统。人们总是用自己所熟悉的概念去理解和认知外部世界的实体。语言的形式和意义通过概念结构与外部世界建立起一种映射关系。

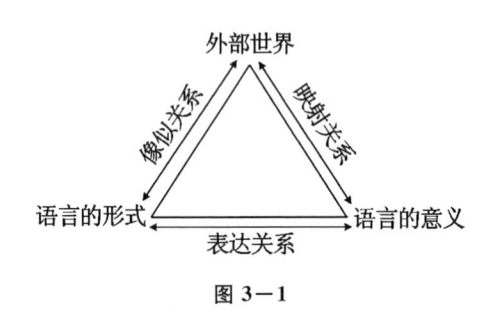

```
              外部世界
          像        映
           似        射
            关        关
             系        系
      语言的形式 ←――――→ 语言的意义
              表达关系
```

图 3—1

知识系统是人类认知经验之和。人类的知识系统涉及人类对外部世界的分类,涉及人类对外部世界实体的认识,涉及人类对实体属性的认识,以及实体与实体之间关系的认识。知识系统的表述离不开语言,而语言的表达和理解又必须依赖于知识系统的支持。基于心理学的语言认知研究从基本的认知系统的视野着手来研究语言,其中关于感知、记忆、注意和推理的研究都有很长的历史。这方面的研究都以实验室实验或仪器探查为手段。传统的实验技术手段都比较落后,随着现代科技的发展,基于心理实验和脑神经的研究已经取得了新的进展,例如大脑断层扫描及脑成像技术,可以为语言的感知提供直观的证据,但是它们所能解决的语言学问题还很有限。而基于语言学的研究主要关注以下一些问题:语言的形式类、语言中的意义、语言中形式和意义之间的操作。在这些问题中,范畴和范畴化问题是形式类研究的核心。认知语言学关注的基本问题是:范畴是如何展现人类心智的?也就是说,我们是如何对事物进行分类的?传统的关于范畴的理论是建立在共同属性的基础上的,这只是真相的一小部分。近年来的研究清楚地表明范畴化的问题远远比这个复杂。其中原型理论(prototype theory)发现人类的范畴化遵循一些基本的原则,这些原则已经大大超出了共同属性的范围。不仅如此,Langacker (1987)还提到两种范畴化的概念:一是基于原型的范畴化(categorization by prototypes),一是基于图式的范畴化(categorization by schema)。

基于原型的范畴化可以这样表述：一个类当中有一个最典型的成员，它就是这个类的原型。该类中的其他成员根据它们与原型的相似程度与原型具有相应的对应关系，这种相似程度是有层次的，有的成员与原型相似性多一些，有的成员与原型相似性少一些。比如"鸟"是一个范畴化了的概念，在这个范畴里有一些成员是典型成员，如麻雀、画眉、喜鹊等(有羽毛、有翅膀、会飞翔)，而鸡、鸭、鹅等成员典型性就要差一些，它们也有羽毛、有翅膀，但是已经失去了飞翔的能力，而企鹅和鸵鸟就更不典型了。这时我们就说麻雀类成员是"鸟"这个范畴的原型，鸡类成员是原型的外围成员，企鹅等成员则是范畴的边缘成员。

范畴化的理论在语言学中的应用可以解释很多现象。举例来说，现代汉语的介词"由"可以标引不同的语义角色：位移的起点、发展变化的源头、位移的路径、位移的经过点、判断的依据、致使结果、事件的使因或者缘由、活动事件的责任承担者或者发端者。这些语义角色以源头(起点)为原型。此外还有一些语义角色则属于另外的范畴。如图所示：

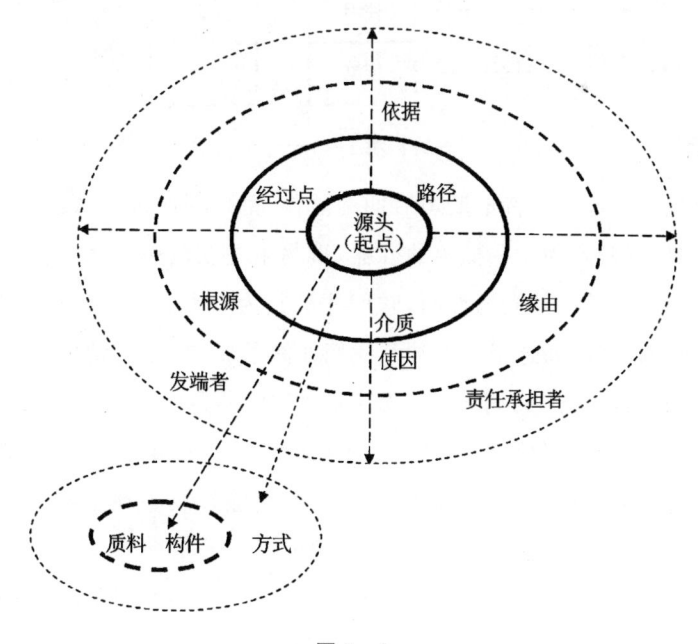

图 3—2

基于图式的范畴化理论与原型理论正好相反:图式是另外一个概念,一个图式可以涵盖该图式中的所有成员,图式是建立在所有成员的共同特征的基础上的,图式中的各个成员是不分层次的。根据图式理论,"鸟"的范畴化并没有什么典型成员,这个概念的形成是根据麻雀、画眉、喜鹊、鸡、鸭、鹅、企鹅、鸵鸟这些成员的共同特征抽绎出来的,各个成员的地位是平等的。上例中介词"由"所标引的各个语义角色可以找到它们之间的联系,但是角色之间是平列的:

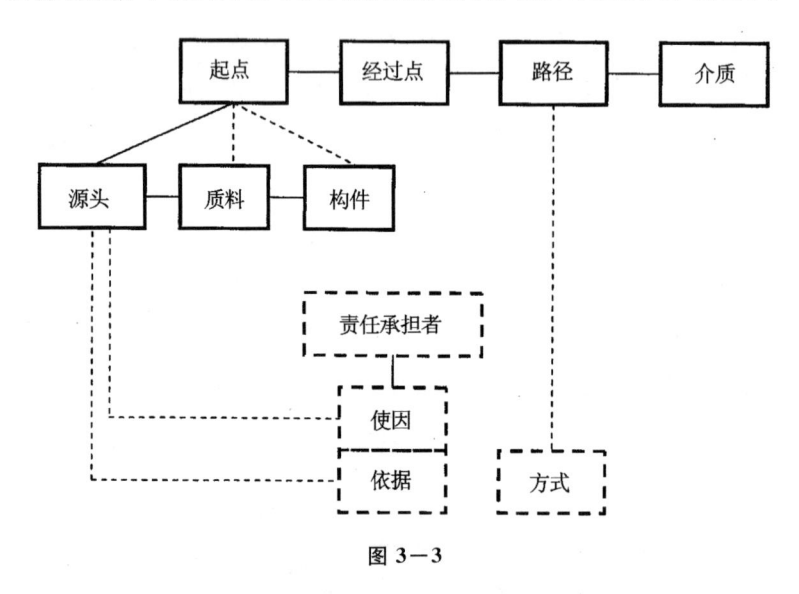

图 3—3

从亚里士多德到维特根斯坦后期的著作,范畴问题都被认为是没有什么问题的,它们被假定为一些抽象的容器,事物不是在范畴内就是在范畴外,当且仅当事物具有某些共同属性时,它们才被归为一类。认知语言学关心的是我们范畴化的过程,而这个问题涉及我们如何思维、如何活动以及是什么使我们成为人类的根本问题。事实上,无论是具体的还是抽象的事物,没有人能提供全部的范畴。范畴化是人类经验和想象的结果:一方面来源于感知、行为活动以及文化的交互作用,一方面来源于隐喻、转喻以及心理印象等认知途径。对范畴本身的认识将会改变我们对世界的理解。

词类问题是范畴化问题的一个很好的例证。它涉及两个问题:词类是什么样的类,它本身的样态是什么样的?如何归纳或者区分词类?前者是范畴本身的问题,后者是我们的认识问题。理想的范畴应该是一个界限或边界清楚的类,范畴内所有成员共同拥有某些普遍属性,它们与范畴外的成员形成鲜明的对立。然而现实是不同的范畴之间往往会有交叉,范畴的界限或边界并不清楚。相邻的范畴之间往往是一个连续统。

　　语言学不仅要研究语言的形式,还要研究语言的意义。要研究意义就必须知道意义在哪儿。认知语言学认为意义就在我们能够意识到的经验当中(Talmy,2000a)。内省的方法是找到意义之所在的必由之路。当然,内省应该有一些严格的限制。意义以特定的结构形式存在,意义与客观世界之间存在着映射关系。意义涉及认知域的范畴,比如空间、时间等意义范畴。每一个意义范畴都包含着一些次范畴。意义所指涉的认知域是一个层级系统,起始于一,终止于万物。认知语言学关注意义中最基本的范畴。例如首先把事物(things)分成客体(object)和运动(motion)两大范畴,客体涉及静态的事物,运动涉及动态的事物。客体又可以分为具体的(concrete object)和抽象的(abstract object)两个次范畴,运动又可以分为行为(behaviour)和活动(activity)两个次范畴,依此类推。

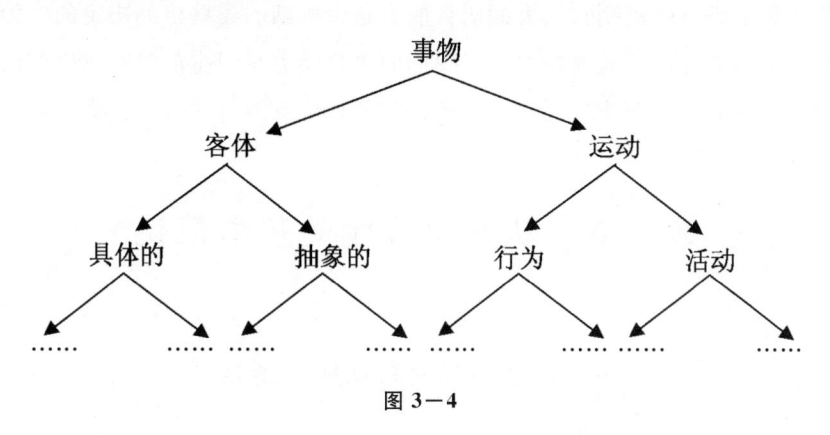

图 3—4

　　每一个范畴都可以从不同的角度进行刻画,例如运动与场景相关,而场景又可以分为真实的场景(factive scene)和虚拟的场景(fictive scene)。运动通常可以分析为孤立的或连续的事件(event),而事件又可以分析为事件的使因(cause)和结果(effect)。事件的使因可以用力(force)的分配来解释,例如力的动力来源(source)、方向(direction)和目标(target)。所以意义的认知研究应该涵盖以下一些内容：

　　空间和时间 space and time
　　场景和事件 scenes and events
　　实体和过程 entities and processes
　　运动和方位 motion and location
　　动力和致使 force and causation

　　意义的问题还涉及语义的记忆、概念的社会性、范畴的结构性、推断归纳、语境知识等方面。意义可以从形式的角度分析各级语义单位的形式属性，也可以从功能的角度研究意义的发展变化、意义的理解、意义与概念的关系、意义的心理结构、意义与形式之间的接口等。

　　神经语言学和心理语言学都声称要研究语言和大脑的关系[1]，认知语言学则声称要研究语言和心智的关系，大家的目的都是试图探索语言与认知之谜：人类为什么会说话？人类是怎样学会说话的？人与人之间为什么可以互相理解？人与人之间的互相理解是怎样完成的？不同的语言之间有没有共同的特征和编码解码机制？人类的语言能力是由大脑的哪些机制决定的？为什么儿童学习语言比成人要快得多？我们的语言能力是天生的吗？我们的语言行为受大脑的哪些模块控制？我们的语言学理论有没有实验的证据？等等。

第二节　认知语言学的基本假说

一、语法—意义与认知的关系

　　语法涉及形式和意义两个方面。认知语言学不认为语法是纯粹的形式

---

　　[1] 本章主要参考 Victoria Fromkin 等人编著的《语言导论》(An Introduction to Language)第七版，北京大学出版社 2004 年引进版；Michael Garman 的《心理语言学》(Psycholinguistics)，北京大学出版社 2002 年引进版；Thomas Scovel 的《心理语言学》(Psycholinguistics)，Oxford University Press 1998 年版，以及普林斯顿大学"生物技术和社会影响"网站上的资料"Language and the Brain"，等等。

问题,也不认为意义是基于真值和参照的,同时不承认有一个上帝真理,一个唯一的理解孰是孰非的正确途径。认知语言学可以为形式的分类提供分类学之外的解释,也可以为形式类的替换和变化提供动因上的解释。认知语言学不仅在宏观上建构语法的认知模型,而且在语法的微观层面上为解释许多语言问题提供了新的视点。下面所列举的是认知语言学的一些基本理论:

(一) 构型结构/图式化(the configurational structure/schematization)

构型结构也就是图式化的系统,这个系统包括空间、时间或其他可定性的语义域的图式结构或者几何描述,如空间方位、指示系统、关联系统、时体标记、数量标记等。Talmy(2000a:48—68)提到几种构型系统的图式范畴:

1. **数态(state of plexity)**:单数和多数。这是一个与数量和可计数范畴有关系的概念。例如"鸟"是可以计数的,所以是可数名词,"水"是不可计数的,所以是不可数名词。世界上很多语言的名词都有数的语法范畴。有的语言区分单数和复数,有的语言区分单数、双数和多数。汉语的名词没有数的语法范畴,但是在数量表达方面也有自己的语法和词汇手段。

2. **界态(state of boundedness)**:有界和无界。在客观世界中所有的事物都可以区分为有界和无界两种状态。反映在语言中,事物和动作我们也可以区分有界(boundedness)和无界(unboundedness)两种状态。有界的事物和动作其内部结构是异质的,如桌子是一个事物,如果对它进行分割,分割出来的部分就不再是桌子;无界的事物,其内部结构是同质的,如水,无论对它进行怎样的分割,它的性质都不会改变。比如睡觉是一个动作,如果对它进行切分,分割出来的部分与整体性质相同;化妆也是一个动作,但是如果对这个动作进行分割的话,分割出来的部分与整体的性质是不一样的。有界和无界的对立,反映的是人们对外部世界感知的不同。

3. **分割态(state of dividedness)**:这个概念主要与事物的内部分割相关,在概念化的过程中,有的事物或动作是连续的,有的事物或动作是离散的。这个概念与有界无界的概念有交叉,但是可以独立分析。如果一个事物或动作是内部离散的,在构型中它是可以有停顿或中断的,例如呼吸;反之,如果一个事物内部是连续的,在构型中它是没有停顿也不可以中断的,例如睡觉。名词和动词都可以有两种分割状态。

4. **数量的配置**(the disposition of a quantity):这个概念涉及前面几组概念的交叉和整合。客观世界的事物可以分为多体性的和单体性的两种,多体性的事物会涉及离散连续、有界无界等多个范畴,单体性的事物则不会(Talmy, 2000a:59)。多体性的事物有多个维度,如桌子,单体性的事物只有一个维度,如木材。下面是多体性事物的示意图:

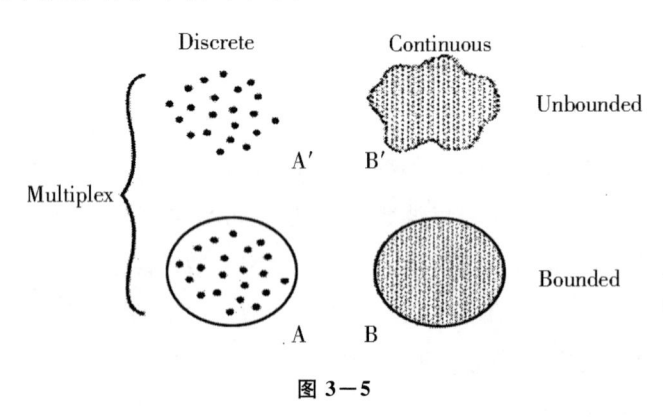

图 3-5

5. **延展度**(degree of extension):客观世界的事物延展属性是不同的,有的可以延展,有的不能延展。这个概念可以区分为三个参数:点(如斑点)、有界的延展(如梯子)、无界的延展(如河流)。

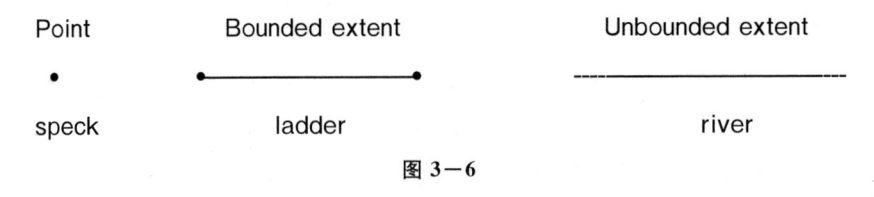

图 3-6

6. **分布型式**(pattern of distribution):时间中的行动、空间中的事物的分布型式既可以用语法手段来指别,也可以用词汇手段来指别。事物和行动都有不同的分布态,例如时间中的行动图式有以下几种:

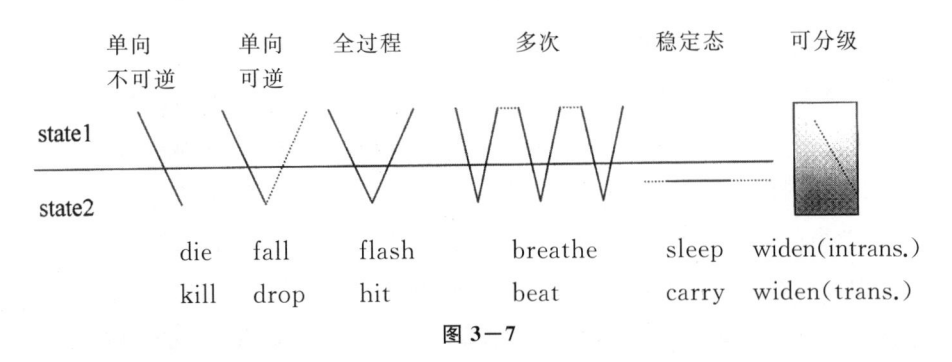

```
   单向      单向     全过程    多次      稳定态    可分级
   不可逆    可逆
state1
state2
         die      fall    flash    breathe    sleep   widen(intrans.)
         kill     drop    hit      beat       carry   widen(trans.)
```

图 3—7

在英语中我们可以说 He fell three times，但是不能说 *He died three times，因为 fall 和 die 这两个动词的分布型式不同。

7. **轴对称**(axiality)：成对的形容词如英语的 well 和 sick 在和程度副词例如 slightly 和 almost 共现的时候，语法形式上常常有差异，表现出不对称的现象。例如：

{ He's slightly sick/past the border.
{ He's slightly *well/*at the border.

{ He's almost well/at the border.
{ He's almost ?sick/?past the border.

8. **场景分配**(scene partitioning)：主和客、参与者的数量、参与者之间的关系、内部投射、外部投射等都与场景分配有关系。以动词为例："会见"包含主和客两个成员，"商量"也必须包含主和客两个成员，同时还要有一个相关的话题；"生气"这个动词我们不知道有多少参与者，但是"聚会"这个动词涉及的参与者一定大于二；"会见"双方的关系是平等的，而"接见"和"晋见"参与者之间的关系是不平等的；"会谈"涉及的两个参与者是互动的，但是"参观"涉及的两个参与者却是单向的。场景的分配与我们对事物和行为的认识有密切的关系。我们在描述一个事件的时候总会关注到事件的参与者，这是很好理解的。

构型结构还包括视点（位置、距离、状态、方向、视角）问题。例如：

小张在树林里发现一条蛇。（小张和蛇都在树林里）

小张在书包里发现一条蛇。（蛇在书包里，小张不在书包里）

小张在飞机里发现一个小岛。（小张在飞机里，小岛不在飞机里）

(二) 注意力分布(distribution of attentions)

注意力的分布也是图式系统的问题。有三个因素影响到注意力的分布:第一个是注意力的强度,可以分级,注意力强度最高的成分为突显部分。注意力的强度安排跟背景/前景有关。第二个是注意力的型式,例如注意力的焦点、注意力的视窗、注意力的层次等。第三个因素是注意力的匹配,即注意力型式的某一部分跟参照场景中某一区域的匹配。例如同一个事件或事实,在表达上可以有不同的说法,这些不同的说法反映的是注意力分布的差异:

臣屡战屡败。(注意力的焦点在"败"上)

臣屡败屡战。(注意力的焦点在"战"上)

老张工作很努力,但成绩不是很好。(焦点在"成绩不是很好"上)

老张成绩不是很好,但工作很努力。(焦点在"工作很努力"上)

(三) 认知的物力论偏向(a cognitive bias toward dynamism)

物力论是以力及其相互关系来解释宇宙的,在人类的认知活动中,用力以及力与力的相互关系来构建语言世界和外部世界的倾向是很明显的。虚拟的运动可以解释为源域(the source domain)到目标域(the target domain)的映射,目标域是静止的;反之,假定源域是静止的,运动为目标域到源域的映射,那么这种映射可以理解为认知的静力论(staticism)倾向。源域是真实的,映射的目标域是虚拟的。例如:

爱情是一个旅程。

婚姻是枷锁。

社会是一个大熔炉。

X 是 Y,这是一个由源域映射到目标域的映射模式,X 为源域,Y 为目标域。运动的方向是 X→Y。由于有了虚拟的认知方式,有了诸如由 X 映射到 Y 这样的物力论倾向,我们才可以用有限的概念范畴涵盖更多的概念范畴。

(四) 知识结构(the structure of knowledge)

我们的知识是以什么样的结构方式存在的?语言如何利用知识和受制于

知识？我们的知识是如何得来的？这些都是认知语言学要回答的问题。比如说我们关于空间的知识,来源于我们生活的环境,空间的概念、参照系、空间关系的表达都依赖于我们的知识。例如：

　　我们在火车上认识的。（真实空间,参与者在场）

　　我们在家长会上认识的。（隐喻空间,参与者在场）

　　我们在网上认识的。（虚拟空间,参与者部分在场）

　　我们在书上认识的。（隐喻空间,参与者不同时在场）

尽管属于不同类型的空间概念,但是我们依然可以毫无障碍地表达和理解,这说明我们的知识在起作用。那么,知识究竟是以什么样的结构方式存在的呢？认知语言学认为知识可以分为科学理论(scientific theories)和大众理论(folk theories)两类,它们都是按照一定的层级有组织地存在的。和语言关系密切的往往是大众理论。例如根据科学理论我们都知道地球围绕太阳旋转,但是语言表达中仍然有这样的句子："太阳东升西落",我们居住的地球成了静止的参照物。知识来源于我们的生活经验。例如：

　　a. 连女孩子都不哭。

　　b. 连男孩子都不哭。

根据我们的知识,接受和理解 a 不存在障碍；但是 b 却和我们的常识和经验相距甚远,所以可接受的程度要小得多。

（五）概念结构(the concept structure)

　　认知语义学把概念结构作为研究课题,因为概念与语义有密切联系。概念是按照一定的逻辑结构存在的,概念是人类认识世界的结果,又是人类进行理性思维和推理的基础。语言当然离不开概念,了解概念当然也不能离开语言。但是概念系统是如何构造的,我们不是很清楚。概念属于知性的范畴,知性和语言、世界是互相依存的三个领域,它们各有各的属性特征。世界独立于人的认识主体之外,但是知性和语言都是认知主体的不可分割的一部分。认知语言学主要研究概念属性的外在表现,从语言的视角研究概念的形式特性,从功能的角度研究句法结构从而了解概念的结构。

(六) 实与虚(the factive and fictive aspects)

"眼见为实,心想为虚。"认知语言学认为虚拟的认知现象比真实的认知现象更为普通。实与虚是现实世界的概念,在语言世界里,我们无法对外部世界做真假判断,但是我们可以判断什么样的表达是虚拟的,什么样的表达是真实的。例如:

虚拟的:时间是一条河。

真实的:时间不是一条河。

实与虚的问题涉及外部世界:同一个客体的两个不同的表述,我们会把更加接近真实的那个表述确定为"真实的"(factive)[①];把不那么接近真实的表述确定为"虚拟的"(fictive)(Talmy,2000a:100)。认知语言学的真实只是说在认知评价里实在性更多一些,而不涉及现实的、客观的真实。

(七) 视点(perspective)

在认知语言学中视点的概念非常重要。在客观世界中存在着各种透视关系,它们构成一个系统,这个系统涵盖了一些图式化的范畴。例如一个透视点在一个较大的框架内的时空定位,它与参照实体的距离,它在时间流逝过程中位置的变化或不变,变化的路径、方向,参照体的位置,等等。例如"来"在方向上是朝向说话人的,"去"在方向上是离开说话人的。"聆听"是站在言者的立场上对他人表达敬意,所以不能说"谢谢聆听";"垂听"是站在他人的立场上对他人表达敬意,所以可以说"感谢垂听"。

与视点有关的概念有三个。第一个是方位,如"自行车在汽车前面",这里涉及两个物理实体之间的方位关系。"汽车"本身是有方向性的,所以汽车的前面所指是明确的。"自行车在大槐树的前面",因为大槐树没有方向性,所以我们并不知道两个物理实体的方位关系究竟是什么。第二个是距离,物理实体之间的距离关系也是图式化的,如当我们说"大槐树前边是一辆自行车"的时候,我们对大槐树和自行车之间距离的认知是缺省推理得到的,这两个物理

[①] 这里的真实用的是 veridical,而不是 true。

实体之间的距离不可能太大。第三个是状态,例如一个事物是静止的还是运动的,这就是它的视点状态,如"山上架着炮呢",对于观察者来说有两种可能:一个是山上正在架着炮呢,这是一个运动状态;一个是山上架着炮是个现实图景,这是一个静止状态。

视点与参照系统有关,也与观察者的观察方向有关。在汉语里,"前""后"在时间和空间表达方面会有不同的所指:"莫愁前路无知己,天下谁人不识君","前"指说话人面对的方向;"窗前谁种芭蕉树,阴满中庭","前"参照点是窗子,说话人面对的方向是什么并不重要;"前不见古人,后不见来者","前"是时间表达,指过去的方向,"前夫""前世"的"前"同此;"眼前""目前""面前"也是时间表达,指说话人面对的方向,指的是"当下";"前车之鉴"在时间上应该是过去发生的事,在空间上应该是说话人面对的方向;"前程""前途""前面"的"前"在时间上指称未来,在空间上指称说话人面对的方向。"后"在空间表达方面指的是与说话人面对的方向相反的方向,如"后背""后脑",或是与有方向的参照物所面对的方向相反的方向,如"后花园""后门";在时间表达方面指的是未来,如"后天""后年"。

二、认知语言学的研究取向:
语言—世界—知性(Language-World-Ception)

认知语言学的研究取向是三元论的。前面说过,认知语言学的基本问题是人类语言与心智的关系问题,而在认知语言学的理论框架中,语言、世界和知性的关系是不能回避的。语言从自然属性上说是一套符号系统,从社会属性上说是人们用来交际的工具,从心理属性上说是人们的思维工具。所以语言不单纯,它既是一种自然现象又是一种社会现象,同时也是一种心理现象。语言的存在与认知的主体密不可分。世界是一种客观存在,但是世界的存在方式会影响到人的知性,也会影响到人的语言结构。人是客观世界的产物,人的经验和知识来自人类对客观世界的感知和认识。所谓知性(ception)涵盖了心智概念的两个方面,一是感知(perception),一是概念(conception),这同时也等于说涵盖了所有的认知现象(Talmy,2000a:139)。感知和概念也是不可分割的,概念的存在和概念的结构都是建立在人们对世界感知的基础上的。认知语言学除了关心语言本身的问题以外,还关心跟语言密切相关的外部世界和内部世界(知性)的问题。

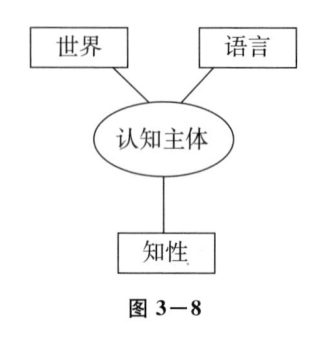

图 3-8

到目前为止,我们对人类心智活动的过程和机制了解得还不多。认知语言学就是想通过认知主体与世界的互动关系来了解我们的心智是如何进行概念化处理,以及我们的概念网络是如何形成的。我们也还要解释与概念相关的语义是如何发展变化的,解释表达各种语义的语法形式是如何发展变化的。

三、认知语言学的理论模型

(一) 原型理论

原型(prototype)是一个范畴的典型成员,范畴的其他元素由于跟典型成员的可以被感知到的相似性而被吸收到这个范畴中成为该范畴的成员;由于每个成员与典型成员之间的相似程度不同,因此成员是可以分为不同等级的(Langacker,1987:371)。原型理论在处理分类的问题时解释能力很强。原型的典型成员是范畴里最好的样本,而其他样本在样本资格上是可以排出次序来的。在信息加工心理学的影响下,有人在实验中把原型效应与心理表征联系在一起,认为原型等于心理表征阐释:范畴在心智层面上表现为原型(即最好样本)。其他元素的成员等级取决于它们与原型的相似度(Lakoff,1987:137)。这里至少可以有两种解释:一种解释认为原型是一种抽象、一种图式、一个特征集束;另一种解释认为原型是一个好样本、一个典型例子。例如"鸟"的范畴有很多家族成员,其中的"麻雀""喜鹊"都是范畴中的典型成员或者叫好样本,"鸡""鸭"不是范畴中的典型成员,但它们还不是最边缘的,"鸵鸟"和"企鹅"应该是处于这个范畴最边缘位置的成员。因为鸟的原型特征应该是"卵生,有脊椎动物,有羽毛,会行走,会飞行"。"鸵鸟"和"企鹅"都不会飞行。我们在对事物进行分类的时候,总是拿它们跟典型成员进行对比。原型范畴的标准是人为设定的,与人的认知水平有关。例如"鱼"有两万多种,"鲤鱼""鲫鱼"等是这一原型范畴的典型成员,而在汉语中我们也把"鲸鱼"作为鱼类的一种,实际上鲸鱼是哺乳动物,并不属于鱼类这个家族。

(二) 标记论

标记论(markedness)是认知语言学的另一个理论基础。在语言中一些形态范畴是有标记的,如英语里的复数用语素-s 来标记,而另外一些形态范畴是没有标记的,如英语里的单数。这样,在"数"这个范畴上英语就表现出一种不对称。标记论研究的就是语言范畴中特定的不对称形式(Lakoff,1987:59—61、549)。语言形态范畴上的不对称有好多表现形式,因此标记论可以解释很多语言现象(沈家煊,1999:22—38)。标记论最早的时候都是二元对立的,一个语言形式或者是有标记的(如 boys),或者是无标记的(如 boy),二者是相互排斥的关系。这个理论后来发展为非二元对立,如英语中的 man(男人)既可以专指男人,它与 woman(女人)是对立的,也可以泛指所有的人,包括男人和女人,无标记的 man 包容了有标记的 woman。无标记的语言成分使用范围要比有标记的语言成分广。在汉语里,"汉子""丈夫"都是无标记成分,它们都指男性。如果要指女性的话应该加上标记"女汉子""女丈夫"。有标记和无标记是语言当中的一种不对称现象,它与语言形式的组合关系、聚合关系、使用频率等因素有关。例如形容词"大""宽""长""高"是无标记的,"小""窄""短""矮"是有标记的,前者的使用频率远远高过后者。我们一般会问"多大?""多宽?""多长?""多高?",而只有在某种条件下会问"多小?""多窄?""多短?""多矮?",前者所问的对象并没有特殊的标记,而后者所问的对象是有预设条件的,它们必须是小的、窄的、短的和矮的。

(三) 范畴化理论

上文已经提到过,范畴化(categorization)理论是认知语言学的重要组成部分。大千世界中存在的事物千差万别,人们要在这些纷繁复杂的事物当中发现其中的相似性并加以概括,得到一个一个的类,这个过程就是范畴化的过程。这个过程依赖于人的认知能力:一个是通过想象在不同事物之间建立联系的能力,一个是抽象概括的能力。在范畴化的过程中,人们的经验是非常重要的。也能根据自己的经验对客观实体进行分类,并将它们概念化为一个一个的范畴,并进一步通过隐喻和转喻对概念进行抽象,形成了一些形而上的概念范畴。范畴化的理论有两种:一种是基于原型的范畴化理论,一种是基于图式的范畴化理论。基于原型的范畴化理论认为在范畴化的过程中存在着范畴的典型成员,其他成员都与典型成员具有不同程度的相似性,因此范畴中的成员地位是不平等的。而基于图式的范畴化理论,则认为一个范畴就是一个图式化了的概念,在范畴化的过程中,人们已经抽取了范畴内所有成员的共性特征,因此范畴内所有成员的地位是平等的。范畴化的理论是认知语言学的重要基础,人们对客观世界的认识是以范畴为基础的,范畴反映了人类心智活动的各个层面,所以范畴化的过程本身就是人们认识外部世界的过程。范畴化是一个动态的概念,它是人类认知活动的一种过程。语言的范畴化有两重含义:一是语言使用者对客观世界进行分类,一是语言学家对语言形式本身进行分类。原型理论和家族相似性理论都是用来解释范畴化问题的。在范畴化问题上原型理论和家族相似性理论实际上代表了两种认知模式。范畴化的问题几乎涉及认知语言学的所有理论,包括我们下面还要谈到的意象图式理论和隐喻理论。

(四) 意象图式理论

意象图式(image schema)理论是认知语言学的另外一个重要的理论基础。这个理论包含两个重要内容:一是意象,一是图式。意象在认知语言学中有不同的互不相干的意义,指称互不相干的现象。Langacker(1987:110)的意象概念是为描写语义结构以及与语义相关的句法结构而提出的,他区分了不同的层次:意象经常用作隐喻(或象征语言)的代名词,Langacker不取这种用法;作为感性意义出现的意象还用来指那些可以限定的感觉印象、视觉印象和听觉印象等,Langacker也不取这种用法;Langacker在使用意象(image,imagery)这个概念时是把它跟我们的认知能力联系在一起的。例如我们可以用不同的意象构建相同的客观场景:

(a) The clock is on the table.
(b) The clock is lying on the table.
(c) The clock is resting on the table.
(d) The table is supporting the clock.

为了解决意象和场景的认知问题,Langacker采用了另外一些概念:注意(attention)、焦点调整(focal adjustment)、视角(perspective)、视点(viewpoint)、基底—侧面(base-profile)、辖域(scope)、图形—背景(figure-ground)、射体—地标(trajector-landmark)、凸显(salience)、抽象(abstraction)等。语言的表达和理解就是靠这些概念来分析的。这些概念基本上包含了外部世界的各种关系:空间、动觉和方式,这就是意象。我们的认知主体——大脑通过意象联想建立起一个关于外部世界的投射世界(projection world),形成系统的概念,并在概念之间建立起逻辑联系。这有赖于我们的认知能力,这个能力来源于我们的经验,因此认知语言学被称为经验主义的语言学。

图式是与意象相关的一个概念,所以在认知语言学的著作里常常使用意象图式这个术语。简单地说,图式就是结构化了的意象。在认知系统中,除了通过意象建立起来的基本范畴外,我们对范畴之间的关系的认识形成稳固的模式,这些稳固的模式可以用具体的意象范畴来隐喻抽象的意象范畴,这个过程就是图式化的过程。这是人类认知系统中联系抽象关系与具体意象的组织结构,其形成过程有赖于人类的经验和知识的积累。也就是说,我们对世界各种复杂关系的认识都肇始于我们自身的生活经验,例如我们对空间的认识肇始于我们的身体与空间世界的互动关系。语言表达一定会反映这种认知倾向。Heine(1997:43—44)对大洋洲土著语言及非洲语言的类型学研究表明："前、后、上、下、里"等基本方位概念的认识起源于"身体部位"(body-part)。下面的统计数字很有意思：

表3—1

方位概念	身体部位	非洲诸语言	大洋洲诸语言
上	头	87%	61%
	面	4.3%	14.6%
	肩	4.3%	10%
	发		7.3%
	额头		7.3%
	背	4.3%	
下	臀部/肛门	84.6%	
	足/腿	15.6%	55.6%
前	面	52.8%	72.1%
	眼睛	15.7%	
	胸	6.7%	11.8%
	额头	8.9%	2.9%
	口	6.7%	
	头	6.7%	
	肚子		7.3%
后	背	77.7%	95%
里	肚子	92.1%	17.7%

反观汉语，身体部位与基本的方位概念也是有关系的：

　　头：头里、头前、头排（空间的"前"）；头天、头年（时间的"前"）
　　首：首位、首排（空间的"前"）；首先、首秀（时间的"前"）
　　背/后：背后、背面、后院（空间的"后"）；后天、后年（时间的"后"）
　　目/眼：目前、眼前（空间和时间的"前"）

汉语里"首"本来的意义是"头颅"，属于身体部位，后来转喻为指称人的

"元首""党首""首脑""首领",然后进一步隐喻为重要的、第一的,如"祸首""首都""首富"。"左"和"右"原本就是左手和右手,后来通过身体部位的隐喻,左和右用来指涉空间概念"左边""右边"。如果进一步抽象,"左"和"右"还可以指涉"左派"和"右派"。认知域的转移是有规律的,比如从身体部位到空间概念的转移有四个阶段(Heine,1999:44):人类身体畛域、生命体畛域、物体相关畛域、物体无关畛域。这四个阶段越来越抽象。但是都离不开认知经验的某种固定模式:图式。认知语言学认为在身体经验的基础上建立起来的蕴含于身体的认知图式是先于概念而存在的。例如路径图式、容器图式、部分—整体图式、中心—边缘图式、系联图式等都源于我们的身体经验,独立于我们的空间概念。

(五) 隐喻和转喻(metaphor and metonymy)

隐喻是一种重要的认知模式,可以这么说,没有隐喻,我们就无法表达某些概念。语言中的不同概念范畴之间通过隐喻机制建立起联系。Lakoff (1987:8)在讨论原型理论的时候提到"人类的范畴化基本上是人类经验和想象的事情,一方面是感知、动觉活动和文化,另一方面就是隐喻、转喻和心理意象";他又说,人类的推理也同样依赖这些要素。隐喻过程是在不同的认知域中建立联系,而源域(source domain)和目标域(target domain)之间的连接是基于一种相似性。例如:

空间域————————→时间域

(源域)　　　　　　(目标域)

Lakoff 和 Johnson(1980:10—21)把隐喻分为三类(赵艳芳,2001):结构隐喻、方位隐喻和实体隐喻。我们说"时间就是金钱"是结构隐喻,它是以一种概念结构来构造另一种概念结构,"时间"和"金钱"在概念结构上具有相似性,我们可以说"花时间""花钱",也可以说"浪费时间""浪费金钱";"情绪高""情绪低"是方位隐喻,在这里我们利用属于空间概念的"高低"来隐喻情绪这样抽象的概念;"孩子们在书本中汲取知识"是实体隐喻,在这里我们把抽象的概念"知识"隐喻为实体,并把"孩子们"隐喻为另一种实体——容器,因为只有容器才会"汲取"。隐喻总是用我们经验中离我们较近的事物作为源域,用它们来表达我们经验中离我们较远的事物。我们的身体部位是离我们最近的事物,因此最容易成为隐喻的本体,例如:

本体	喻体
手	生手
脚	山脚
腰	山腰
头	笔头
腿	桌子腿
眼	泉眼
耳	耳房
口	路口

转喻跟隐喻不同,它不是在两个概念领域中建立联系,而是利用事物的多重属性突显其中最容易记忆和理解的一个,例如我们用"大鼻子"来指代俄国人,美国人用"红脖子"来指代那些体力劳动者。因为大鼻子和红脖子是外显的容易记忆的属性。转喻也是重要的认知基础,它也同样是以我们自身的经验为基础的。隐喻是一个认知域在另一个认知域中的整体投射,而转喻是用一个认知域中突显的属性来代替另一个认知域的事物。

(六) 家族相似性理论

家族相似性(family resemblance)理论说的是在某一个范畴中成员与成员之间具有相似性。在同一个范畴中,个体之间靠某种相似的属性成为这个范畴中的成员,但是该范畴中的所有成员不一定都拥有全部的属性特征,尽管这些共同的属性是用来定义这个范畴的(Lakoff,1987:12—16)。就像家族成员一样,成员和成员之间可能有某些相似性,而全体家族成员却可能找不到一个共同的属性特征。家族相似性理论可以用来解释分类的问题,如袁毓林(1995)利用家族相似性理论来解释词类范畴的问题。家族相似性的理论问题实际上是一个哲学问题。很多哲学家都讨论过,为什么我们会把不同的事物归到同一个范畴里面？是因为它们之间具有某种联系。它们由于这样的联系而聚集为一个家族。而在这个家族中有典型成员和非典型成员之分，也就是说有好样本和坏样本之别。换言之，在一个家族中，家族成员的资格等级是不一样的。有核心成员也有边缘成员。我们用来界定一个家族的属性特征表现为一些参数，例如汉语方言的划分，方言学家们会找一些共同的特征作为同言线，例如是否有入声？是否存在浊辅音声母？是否有唇齿音[f]？是否区分[n][l]？具有共同特征的方言我们把它们归到一个家族，但是同一个家族之内的成员不见得会拥有用来界定这个家族的所有特征，不同家族成员之间也可能会拥有某些共同的属性特征。范畴问题是认知语言学的一个核心问题，因此家族相似性的理论与原型理论、意象图式理论、典型性等级理论等构成了认知语言学范畴化理论的基础。

（七）象似性动因假说

象似性(iconicity)有人翻译为临摹性，说的是语言成分之间的距离反映了所表达的概念之间的距离。换句话说，语言的表层形式在编码时距离越近，它所反映的概念(语义)成分也就越近。这就是语言形式对意义的临摹。这一假说可以用来解释语序排列的前后顺序问题，而且这一假说也得到了语言类型学的有力支持。张敏(1998)对汉语名词短语的研究是一个很好的例子。"我爸爸"这个短语中"我"与"爸爸"在现实世界中的语义关系近，所以可以不加"的"，而"我的狗"这个短语中的"我"和"狗"在现实世界中的关系比较远，所以在编码时应该加上"的"(崔希亮，1992)，使它们在编码上的距离也远一些。象似性动因假说完全是建立在经验主义的基础上的。象似性的问题是认知语言学的另一个主要理论基础，尽管这个问题并不是认知语言学家提出来的。象似性与任意性是针锋相对的，它指的是名与实之间的可论证性，即理据性。

（八）可触知性(palpability)及其他

世界上的事物纷纭复杂，但是并不是一团乱麻，而是有章可循的，可以用有限的范畴来概括的。笼统地说，事物可以分为具体和抽象两类。但是如果要细分下去,其间的差别又是无法穷尽的。可触知性是我们衡量事物外在属性的一个刻度。可触知性有四个层次(Talmy,2000a:140—143):完全具体的层次、半具体的层次、半抽象的层次、完全抽象的层次。

可触知性是一个梯度参数,与可触知性相关的参数还有:透明度参数(the parameter of clarity)、强度参数(the parameter of intensity)、实体的显性程度(the ostension of an entity)、客观性参数(the parameter of objectivity)、定位化的梯度参数(the gradient parameter of localization)、可指认性的梯度参数(the gradient parameter of identificability)、内容/结构参数(the content/structure parameter)、几何型式(the type of geometry)、意识可及性的梯度参数(the gradient parameter of accessibility to consciousness)、确定性参数(the parameter of certainty)、可激活性参数(the parameter of actionability)、刺激依赖性的梯度参数(the gradient parameter of stimulus dependence)。这些参数在我们的认知加工过程中都是可以计算的,这里就不一一展开说明了。它们牵连语义认知的许多方面,也牵涉我们的大脑以及大脑的认知机制。在客观世界中,事物的属性特征是不同的,有的语言学家把这种不同的属性特征称作物性结构(qualia structure)。例如"咬死了猎人的狗"是一个有歧义的句子,而"咬死了猎人的鸡"则没有歧义。为什么?因为"狗"和"鸡"物性结构不同。人类有这样的认知能力,可以分辨它们之间的不同。这种不同往往表现在以下几个方面:(1)形式的角色不同。其中包括大小、方向、维度、颜色、形状、形态(固态还是液态,或者气态)等。(2)构成角色不同。其中包括一个事物与它的组成部分之间的关系,诸如质料、重量等。(3)施成角色不同。比如一个事物是如何产生、如何形成的。它的成因和结果是什么,它的产生方式是什么,施事者是什么,等等。(4)功用角色不同。不同的事物具有不同的功能和用途。

大脑是一个黑箱,我们无法直接观察大脑是怎么工作的。我们只能通过信号输入和信号输出来推测人们语言解码和编码的过程。我们的心智活动到底是怎么样的?我们是如何认知世界并建立起概念体系的?如何通过语言来研究我们的认知过程?迄今为止还只是停留在一些假说阶段。现代的医学扫描技术和计算机模拟手段为我们进一步了解我们的大脑提供了新的途径，虽然有一些激动人心的发现，但是离我们真正了解我们的大脑、了解我们的心智、了解我们的认知过程还有很长的路要走。

人类的认知能力包括很多方面，如数学能力、逻辑推理能力、音乐能力和绘画能力、空间感知能力、语言理解和表达能力、社会关系协调能力等，语言能力是其中最重要的能力之一。但是把语言能力与其他认知能力对等看待，还是认为语言能力与其他认知能力不同，在看法上却存在着分歧。一些语言学家认为，语言能力与其他认知能力没有什么不同，语言能力也不是天生就有的，它与人类的其他认知能力是同步发展的，我们可以通过概念化的过程来证明这一点，如认知语言学家就认为我们的概念来源于我们的身体经验，来源于我们的心智与外部世界的互动。而另外一些语言学家则认为语言能力与人类其他的认知能力是不同的，语言能力是天生的。理由如下：(1)语言能力是人人都有的，每个人都至少可以学会一种语言，能够听懂别人的话，能够用语言表达自己的思想，而数学、艺术、社会协调能力却不是人人都有的；(2)儿童在4—6岁的时候已经能够熟练地掌握至少一种语言，他们的父母根本不知道他们是怎么学会的；(3)种种迹象表明，儿童习得语言的过程有许多我们不知道的秘密，一个4岁的孩子所具有的句法知识和语义知识是令人吃惊的，而一个成年人尽其一生去学一门外语也不一定有4岁孩子学得那么好；(4)语言是一个开放的系统，语言能力涉及我们的生活经验以及我们前辈的生活经验，而数学能力、逻辑推理能力、绘画或者音乐能力跟我们的天赋关系更密切，它们所涉及的面比语言狭窄得多。孰是孰非这里不做评论，但这种争论至少给我们提出一个问题：语言作为一种认知现象与其他的认知现象到底有什么不同？这确实是一个问题。因为有疑问人们才会进一步地去探索，科学才能进步。

认知能力与大脑机能有着十分密切的关系。当我们说一个人不够聪明的时候可以说他"没有脑子"或者"脑子进水了"，当我们挖苦一个人笨的时候我们骂他是"猪脑子"。这样说是基于一种认识：一个人是不是够聪明、是不是很有能力与他的大脑发达程度有关系，猪之所以没有人的认知能力是因为猪的大脑与人不同。因此，我们要想了解语言的奥秘必须了解我们人类的大脑。

第三节 人类大脑的模块与机能

　　大脑是一个非常复杂的身体器官,重量约 1.35 公斤,它是我们神经系统的控制中心。大脑位于我们的头骨下面,由上百亿个神经细胞(神经元)组成,这些神经细胞由数十亿个纤维束连接起来。大脑的表面称作皮质(cortex),又被称作灰色物质,由数十亿个神经元组成,看起来就像是一颗去了壳的核桃,上面布满了沟回(如图 3—9)。在大脑皮质的下面是白色物质,由连接神经元的纤维束组成。大脑皮质是我们身体行为的支配者,它负责接收由感知器官传递过来的信息。它也是我们的记忆存储器,我们的心智赖以存在的基础。我们的语法知识和语言能力与大脑皮质关系密切。在解剖学不发达的年代,我们对大脑的认识是很肤浅的。即使在科学昌明的今天,我们对大脑的认识也还是比较初步的。

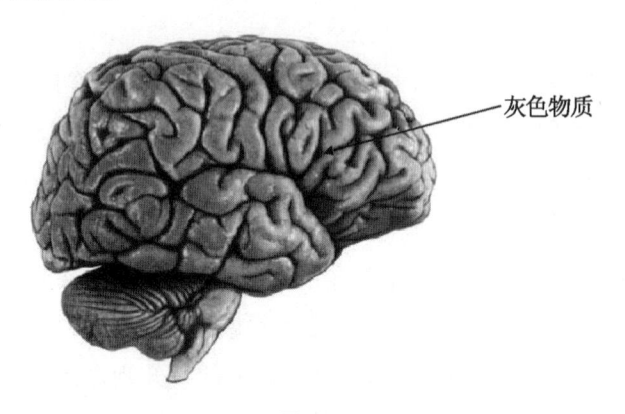

——灰色物质

图 3—9

　　大脑分为左右两个半球,左右两个半球由大约 20 亿个神经纤维连接起来,构成一个网络结构。大脑的左右两个半球分工明确,一般的说法是,左半球专司抽象思维,右半球专司形象思维。还有一种观念认为我们大脑的两个半球跟我们的左右手也有关系:右利手的人左脑比较发达,左利手的人(左撇子)右脑比较发达。19 世纪中叶,科学家们推断大脑的某一部位与特定的能力相联系。这种想法推进了大脑分区和定位理论的研究。一些科学家相信，大脑的不同区域分别负担着不同的认知功能。1864 年，保罗·布罗卡(Paul Broca)证明了大脑左侧与语言的关系，其证据主要是他通过对 8 个大脑受损伤的患者进行医学观察，发现大脑左半球前叶部分损伤会导致失语症，这个部分被称作布罗卡区(Broca's area)。现在，布罗卡区域受损的患者被称作布罗卡失语症患者。失语症是神经学术语，由于大脑损伤而导致的言语障碍称作失语症，不同大脑区域损伤可以导致不同类型的失语现象。1874 年，卡尔·维尔尼克(Carl Vernicke)报告了另外一类失语症，这类失语症是大脑左半球后丘脑损伤造成的。大脑的这一个区域后来被称作维尔尼克区(Vernicke's area)(如图 3—10)。

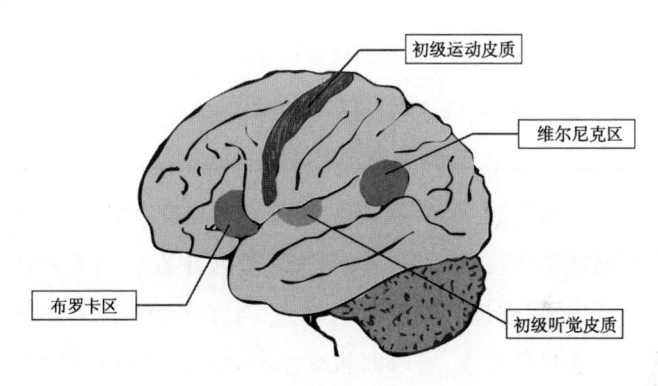

图 3—10

布罗卡失语症患者的表现是言语功能障碍，他要费力地选择词汇，词与词之间停顿时间很长，在词序和功能词(例如 if、to)上也会发生困难，而语言理解方面除了对复杂句式和歧义句的理解有困难外未见异常。维尔尼克失语症与布罗卡失语症表现不同，患者的话语可以很流利，语调和发音都很好，但是有很多句法错误，经常说出一些谁也听不懂的话或者没有意义的话，在语言理解方面也有问题。

大脑可以分成不同的模块区域，每个区域有不同的结构和功能。下表可以大致说明这些模块在功能上的分工：

表 3—2

区域	脑叶	功能
听觉相关区域	颞叶	区分声音的意义；处理听觉信息
听觉皮质	颞叶	辨别音质
运动相关皮质	前叶	肢体和双唇运动协调
前额叶皮质	前叶	高度思维和情绪控制
初级运动皮质	头顶	所有自主动作的初始
初级躯体感知皮质	头顶	接收身体的触觉信息；对触觉信息自主反应的控制
感知相关皮质	头顶/脑岛	处理多重身体知觉（触觉，嗅觉，味觉）
言语中枢（布罗卡区）	前叶	言语生成和发音；控制嘴的运动
视觉相关区域	枕骨	识别眼睛和视觉皮质接收的信息
视觉皮质	枕骨	接收眼睛的视觉信息
维尔尼克区	颞叶	语言理解；处理听觉相关区域和听觉皮质接收的听觉信号

　　对大脑分区的研究建立起大脑模块理论。科学家试图用实验来证明大脑不同区域的不同功能。与语言有关的研究主要集中在言语障碍研究方面，例如对失语症的研究、对阅读功能障碍的研究、对文字功能障碍的研究、对口吃现象的研究等。在科学史上，有时偶然事件也会对科学研究带来极大的影响。1848年9月的一天，一个名叫菲尼斯·盖吉的筑路队工头出了事故，一段4英尺长的铁棍穿透了他的大脑。尽管在他的大脑中留下了一个空洞，但是他说话和理解语言的能力并未受到明显影响。但是他的性格发生了变化，他的性行为和制订计划的能力发生了改变。130年之后，神经科学家们对他的大脑进行了重构：他们利用神经影像技术和计算机程序显示出盖吉的大脑负责行为的区域和负责语言的区域均未受损，受伤的位置在前叶大脑皮层。对儿童脑损伤患者的观察研究发现，人类大脑左半球的语言定位倾向是比较早的，然而在语言能力发展初期，右半球也有一些作用。对大脑不同半球损伤的儿童进行研究发现，两个半球呈现出不同的认知能力。那些左半球受伤的儿童在语言习得和运用方面呈现出明显的严重缺陷，他们组词和造句的能力严重

受损。

失语症和语言障碍的研究对于我们了解语言和大脑的关系非常有帮助,现代科学和技术手段的进步有可能为我们进一步了解语言和大脑的关系打开新的窗口。大脑的多层扫描技术[①]、计算机模拟技术都是很有前途的研究领域。

第四节 语言能力的成长

语言学家和心理学家对儿童语言能力的成长问题都非常关心。儿童的语言能力是如何发展起来的?发展过程经过了哪些阶段?有哪些因素会影响儿童语言的成长?为什么有的儿童语言能力发展得比较早,有的儿童语言能力发展得比较晚?儿童语言能力的发展有没有关键期?为什么过了语言能力发展的关键期再学习一门外语就比较困难了?大脑两个半球的分工对儿童语言能力的成长有什么影响?

语言能力表现为语言理解和语言表达的能力。从输入的角度看,语言能力包括理解并把握话语的重点、理解话语的意义、对话语进行结构分析、理解歧义句、理解言外之意;从输出的角度看,语言能力包括发音的准确性、词汇的数量、句子长度、句子结构的复杂性、语言表达的逻辑性等等。在心理语言学

---

① 对大脑语言功能的直接观察主要有两种技术:一种叫作 Functional Magnetic Resonance Imaging(功能性磁共振成像技术,简称 FMRI),一种叫作 Positron Emission Tomography(阳电子发射断层成像技术,简称 PET)。这两种成像技术的基本原理都是动态地观察人们在说话、思考、阅读及听到词汇和语言时的大脑变化状态。FMRI 是对医学领域使用的核磁共振技术(NMR)的改进,之所以改称"磁共振"成像技术主要是因为 20 世纪 70 年代人们对核磁的"核"有负面看法。FMRI 与 NMR 在原理上是一样的。人体内大部分是脂肪和水分,其中大约有 63% 的氢原子,化学家可以通过核磁共振技术观察在不同分子中的氢原子。原子核被想象为是一个可旋转的螺旋体,可以上下运动,在核磁共振状态下,含有氢原子的分子样本被击中时会发出特殊频率的镭射波,频率的改变可以说明大脑中分子被激活和排列的状态,由此我们可以动态地观察在言语活动中大脑不同区域在进行不同语言任务测试时的变化。FMRI 被用来观察大脑被激活部分的血流状况,被激活的部分因为需要更多的氧气而致使血流量上升。实验发现,当被试接受不同词类的刺激时,大脑中被激活的部分不同。PET 技术是另外一种大脑成像方式。阳电子是与电子类似的次原子微粒,带有正电荷,研究者把次原子植入患者体内使之成为阳电子发射源,因为正常情况下人体不能发射阳电子,因此被植入的次原子很容易被发现。阳电子会与附近的电子发生碰撞,产生两个高能的伽马电波和一个高频的电磁波。记录仪会记录下伽马电波,并指示出电波的来源。对于大脑成像来说,最有用处的物质是葡萄糖。大脑被激活的区域葡萄糖的利用水平更高,也会有更高的阳电子信号。

家看来,语言的知觉是语言能力发展的非常重要的阶段(Scovel,1998:27—40)。对于成年人来说,语言的直觉也是非常重要的(Warren,2013:99—117)。儿童语言能力的发展与大脑的发展是同步进行的,大脑不同区域对语言能力的发展来说作用不同,因此如果在语言能力发展的关键时期大脑受损,一定会大大影响语言能力的发展。由于儿童的语言能力发展开始得很早,所以语言能力的发展有赖于大脑的正常发展;反过来,早期语言能力的爆发性发展也会有助于大脑的发展。人类语言能力的发展有一个关键期,但是对于不同的个体来说,这个关键期的时间差别还比较大。

学说话是一件非常好玩儿的事。在正常环境下,婴儿从一出生那一刻起(甚至在妈妈肚子里的时候)就开始与语言有接触,大人会不断地跟他说话,大人彼此之间说话对他来说也是一种言语刺激。现代的胎教观念使得婴儿在母腹中就有机会接触到音乐和言语刺激。这是婴儿语言能力发展的开始。婴儿一出生就会哭了,婴儿的哭叫虽然不是语言,但是可以起到社会交际的作用。有经验的妈妈听到婴儿的哭声可以知道孩子是饿了、冷了、热了、不舒服了还是寂寞了,或者是想方便了。可以说,婴儿学习说话是以学习啼哭为前奏的,儿童语言能力的真正发展是在 8 个月到 24 个月之间,有的孩子 8 个月的时候已经开始牙牙学语,有的孩子要晚一些,其间的个体差异比较大。婴儿语言能力的发展是有阶段性的:第一个阶段是啼哭阶段,婴儿用啼哭的音强、频率和音长来表达不同的意思;婴儿出生大约两个月,他开始用轻轻的"咕咕"(cooing)声来表达他的满足感,这个过程大约要持续到孩子 6 个月大的时候;接下来婴儿就开始进入牙牙学语阶段(babbling stage)了,这时候孩子的语音能力会爆发性地发展,他会发出一连串辅音—元音结合的音丛(clusters)。有的心理语言学家还会把这个阶段分为边缘性学语(marginal babbling)阶段和典型的学语阶段(canonical babbling)(Scovel,1998:10)。典型的学语阶段大约在 8 个月的时候,此时他的发音已经接近母语的音节了。在婴儿牙牙学语的初期,他的发音仿佛是在做语音游戏,他发出来的辅音或者元音既有母语的语音成分,也有非母语的语音成分(这些语音成分在他长大以后可能再也不会发了)。8 个月大婴儿的牙牙学语在节奏、重音和韵律上已经开始向他的母语靠近。牙牙学语阶段的某一天,婴儿开始发出第一个单词,他开始意识到某一个固定的发音与某一个具体的事物相联系。可见儿童语言能力的发展始于儿童对客观世界的感知。当他开始注意到某些特定的声音与某些特定的事物有固定的联系时,儿童的语言意识就开始被唤醒了。他开始学习把声音、事物与周围的环境联系起来。当然,婴儿最先学会的音节都是最容易发音的,如 mama、dada、baba,孩子最先学会的单词一般是"妈妈"和"爸爸",我们观察到中国儿童最早学会的单词是 mama 或者 baba(都是双唇辅音＋中元音,是最容易发出来的音),这个单词既可以指称"妈妈"又可以指称"爸爸"。

孩子学习说话的初期常常是自言自语的,儿童心理学家皮亚杰把这种现象称作"自我中心的言语"。经过一段时间的单词句以后,儿童开始学会词与词的组合,开始学会词汇的替换,开始学会比较复杂的句子。在这个过程中有两个现象值得一提:一个是孩子在学语阶段有孩子自己的发音、自己的词汇和自己的语法,大人们也会用孩子的语言形式(baby talk)与孩子对话。比如把羊称作"羊羊",把车称作"车车",把吃饭称作"饭饭",把睡觉称作"觉觉",把解小便称作"哗哗",等等。另一个是儿童语言能力的发展跟儿童认知能力的发展同步进行。在儿童的概念里,"牛"和"羊"可能属于同一个概念范畴,这种现象叫作"过度概括"(overgeneralization)。一个说英语的儿童在说 doggie(狗狗)的时候可能不仅指称狗这一种动物,这个概念也包括猫或者牛、羊、猪、马等其他的动物。但是我们注意到,儿童用词并不是随意的和盲目的,他所用的词汇与这个词所指称的事物之间有一种合理的联系。儿童在 1 岁半到 2 岁半的时候,长于独词句的句子开始大量出现,句子的多样性和复杂性也在增加。当儿童的话语超越了独词句阶段以后,他便开始了对语言结构的获得。当然儿童之间个体差异还是很大的,这里讲的是一般情况。大约到了 6 岁的时候,儿童的词汇已经可以达到 14,000 个(平均水平),语法结构能力也基本上成型,基本上可以熟练地运用自己的母语了。

儿童语言的语法能力是渐渐成熟的。在独词句阶段,句子的功能要靠语境来帮助完成。例如当孩子说"糖——"的时候,它可能是在给一个事物命名("那是糖。"),也可能是在提出请求("我要糖!"),也可能在发出疑问("那是糖吗?")。当孩子从独词句发展为动词和名词组合的时候,他的语法能力已经有了质的变化,例如"要糖——",句子的意思就明确多了。人称代词"我"是晚些时候才学会的,在很长一段时间里,孩子会自称"宝宝"或者自己的乳名,这取决于家里人如何称呼他。他会说"宝宝要糖糖"或者"朋朋要糖糖"。语言学家会根据句子的长度来衡量儿童语法能力处于什么样的阶段,如独词句阶段、双词句阶段、三词句阶段等。双词句和三词句已经开始有语序的问题。孩子的语言能力在发展中会发生很多有趣的创造。例如下面的话语是一个两岁的女孩和妈妈的对话[①]:

女儿:Somebody's at the door.

母亲:There's nobody at the door.

女儿:There is *yesbody* at the door.

"yesbody"是孩子自己创造出来的词汇,是一种仿造词。孩子还可以利用类推创造出新的用法,如:

妈妈:宝宝还要听妈妈唱歌吗?

宝宝:不听了,宝宝听饱了。

"听饱了"是根据"吃饱了"类推出来的。儿童的说话能力和语言理解能力是同步发展的,对于孩子来说,双关语和隐喻都是比较困难的。他先学会理解一些声音,学会区别一些声音与另外一些声音的不同,然后学会理解一些词汇,理解一些句子,理解一些语篇,理解说话人的语调和说话人的态度,甚至理解言外之意。

我们在上一节提到过,儿童的语言能力是先天具有的还是后天习得的?这个问题在语言学界是有争议的:形式语言学家认为儿童的语言能力是天赋的,语言系统也是一个自足的系统,正是因为在我们人类的大脑中先天地存在一个被称作 LAD(Language Acquisition Device,语言获得装置)的东西,所以孩子才会在很短的时间内学会自己的母语。与此相对立的是功能主义语言学家,他们认为语言能力不是天赋的,也根本不存在什么语言获得装置,语言是

[①] 此例出自 Reich(1986)。转引自 Thomas Scovel(1998)。

后天学会的,语言获得过程是可以观察的,语言能力与其他认知能力一样是在人与外部世界的互动中学会和发展起来的。

心理语言学家在研究语言能力的时候,大部分时间和精力都是在观察儿童语言能力的成长,研究儿童语言能力获得的过程。而对老年人语言能力的减退关注不多。事实上我们的语言能力如同其他能力一样,也有幼年期、青年期、壮年期和老年期等不同的阶段。我们注意到一些年老的人说话语速很慢,而且常常词不达意,而且会发生命名性失语现象,他们眼里看到某个人或者某个事物,常常一时找不到合适的名称。老年人语言能力的退化也跟人的大脑机能的衰退有关。但是我们也注意到这其中的个体差异是非常大的。

第五节 语言习得

无论从哪个角度看,语言都是一个非常复杂的系统,但是正如我们上面说到的,一个6岁的儿童已经掌握了非常多的词汇和非常复杂的语法系统,尽管他并没有关于语法的概念和知识。一个6岁的孩子有可能不会算1+1等于几,但是他已经完全可以造出完整的合乎语法的句子,可以使用疑问句和祈使句,甚至反问句,可以运用丰富的句式来表达自己的思想,可以正确使用代词,可以长时间地运用连贯手段来生成完整的语篇,等等。每个人一生的时间都在学习阅读和书写,但是自然语言的获得好像轻而易举。而一个成年人学习另外一门语言,所花的时间和精力可能远远超过一个6岁的儿童,而他对母语之外的另一门语言的熟练程度也远不及自己的母语。这到底是为什么?儿童在习得自己的母语的时候,没有人教给他语法规则,那么儿童是如何这么快又这么好地学会了这么复杂的语言系统?母语的习得与第二语言的习得有什么不同?

一、第一语言习得

语言习得的机制是什么?早期的语言习得理论主要受到心理学中行为主

义的影响,他们把语言看成一种可以直接观察的行为,儿童学习语言是通过模仿、强化、类推以及建立联系的过程完成的(Foss & Hakes,1978)。但是有许多证据表明,儿童早期的词汇和句子并不是简单地模仿成人的话语。例如下面的言语片段是2—3岁儿童造出来的:

  a my pencil
  two foot
  What the boy hit?
  Other one pants.
  Mommy get it my ladder.
  Cowboy did fighting me.(引自 Fromkin,2004:344)

也有证据证明,成人对儿童语言的强化并不能改变儿童语言习得的过程。成年人会纠正儿童的语法错误,并把正确的语法强加给他,但是下面的例子可以说明儿童语言习得是不受成人左右的:

  Child: Nobody don't like me.
  Mother: No, say "Nobody likes me".
  Child: Nobody don't like me.
  (如是重复8遍)
  Mother: Now, listen carefully, say "Nobody likes me".
  Child: Oh, nobody don't likes me. (McNeill,1966:15—84)

儿童很早就具有了类推的能力,很多儿童语言习得的语法错误都是类推的结果,例如英语动词的不规则变化:

  go goed (went)
  sleep sleeped (slept)
  speak speeked (spoke)
  keep keeped (kept)
  cut cuted (cut)

模仿、强化和类推理论不能很好地解释儿童语言发展的过程,因为它们是建立在这样一个假设上的:儿童习得的是一些句子,或者说儿童习得的是形式而不是语法规则。行为主义过分地强调了环境的影响,强调外部输入,忽视了儿童内在语法能力的成长。所以乔姆斯基(1988:134—135)认为:"语言学习不是儿童所做的什么事情,而是儿童碰巧被放到了一个合适的环境中,正如同儿童身体的成长和成熟一样,都是按照既定的方式进行的,只要提供给他适当的营养和环境刺激就行。"语言习得过程是一个创造性的过程。儿童在语言习得过程中并没有谁给他灌输明确的语法规则,也没有谁引导或者纠正他们,然而他们却从语言中自己汲取了语法规则。儿童在不同的语言环境中和不同的社会文化环境中习得了不同的语言,但是他们语言能力的发展阶段却是相似的,带有普遍性的。这些因素使得一些语言学家相信儿童生下来就配备好了一些语言习得装置,使得他或她可以很轻易地学会自己的语言。在这样的理念下,语言学家相信存在着一个叫作普遍语法(Universal Grammar)的东西,这个普遍语法具有先天性或者叫遗传特性(innateness),这种假设叫作先天性假说。

　　第一语言习得的研究分为几个部分:语音的习得、词义的习得、构词法的习得和句法的习得。具体的研究方法是通过观察、分析、对比、概括,找到儿童语言习得在不同发展阶段的普遍特征,并由此推断儿童语言习得的内在机制。

　　对于成年人来说,每个人都有一个自己母语的语音系统,在成年人的语音系统中,每个音都是范畴化了的。但是对于儿童来说,语音系统是慢慢地固定下来的,开始的时候他所能发的音是有限的。雅各布森认为儿童开始学会的一些声音是全世界所有语言共有的声音,不管儿童听到的是什么声音,渐渐地,儿童开始学会他自己母语特有的一些语音。比如说,大多数语言都有[p][s]这样的声音,但是[θ]却是一个比较少见的音。又如[b][m][d][k]在很多语言中都是很常见的音,因此在儿童语音习得早期应该是可以发现的。由于发音难易程度不同,语音习得也是有先后顺序的:从发音方法上看,鼻音最先学会,如[m],其次是滑音、塞音、流音、擦音;从发音部位上看,首先学会的是唇音,然后是齿音、颚音、齿龈音等。语音习得的早期阶段,儿童可能不会去分辨清辅音和浊辅音,尽管他们可以意识到这种区别。对于在汉语普通话环境中成长的儿童来说,他可能根本没有机会去分辨清辅音和浊辅音,因为普通话的音位系统中同部位的清辅音和浊辅音大多没有区别意义的作用，在语音习得的发展过程中不会固化为不同的音位，例如[b]和[p]、[d]和[t]、[g]和[k]，而这种分别在英语或者日语当中是有意义的。

儿童词汇习得也是一个很有趣的问题。他什么时候开始学会把一些语音形式和具体的实物对应起来的？这个过程起始于给事物命名，有一天孩子会忽然发现每一个事物都有一个名称，当他说出这些名称的时候，身边的大人们会有不同的反应。当孩子第一次学会说 mama 的时候，父母的兴奋是可想而知的，这种兴奋会鼓励孩子不停地重复这两个音节。开始的时候他把爸爸、妈妈甚至爷爷、奶奶都称作 mama，这时候大人们会纠正他。孩子就是在这样的环境里学会了区分不同的事物，然后他就开始学习给不同的事物命名。他可能把狗称作"汪汪"，把猫称作"喵喵"。接着，儿童会超越对客观实物的认知，学会把"汪汪"和"喵喵"与图画书里的狗和猫对应起来，他的认知能力得到进一步发展。当然，儿童最早学会的词汇都是与他的生活经验密切相关的。一旦他发现了某些声音与某些具体事物有神奇的联系，他会不断地拓展新的领域。我们还注意到，在儿童习得词义的过程中，免不了出现缩小词义或者扩大词义的现象，有一阶段他会把四条腿的毛茸茸的动物都叫作"汪汪"，或者当他学会识别"袜袜"的时候，他会把手套也称作"袜袜"。有时他会把"宝宝"当作是自己专有的名字，不知道"宝宝"可以指称所有的孩子。当他学会"跳"这个动词时，所能联系的意义仅限于孩子在床上跟妈妈所做的游戏，他不会知道"跳舞"的跳、"跳墙"的跳、"跳井"的跳、"跳水"的跳、"跳槽"的跳，因为在他生活的世界里，这些词义要到他长大以后才会遇到。

儿童对构词法的习得已经进入对规则的发现了。儿童在构词法习得的过程中会发生过度泛化的错误，如英语的不规则动词和不规则名词：

   bringed, goed, drawed, runned
   foots, sheeps, childs, mouses

这一类泛化的错误告诉我们：儿童在语言习得的过程中自己会发现规则，如果儿童习得语言的过程只是模仿的话，那么他就不会出现此类错误。对于母语是汉语的儿童来说，由于没有印欧语那样发达的形态变化，所以构词法与句法往往没有明显的分野。我们观察到3岁儿童自创复合词的例子：

火车人(火车司机)、汽车人(汽车司机)、飞机人(飞行员)

有一些学者对汉语儿童进行了句法习得过程的观察和研究,如李宇明、周国光、孔令达等。李宇明研究了儿童问句的发展过程,周国光观察了儿童联合结构、双宾语结构的习得过程,孔令达观察了述宾结构、述补结构的习得过程,都取得了令人瞩目的成果。例如孔令达、丁凌云(2002)根据各种语义角色始现的时间排出一个儿童语言中体词性宾语语义成分发展的序列：

受事＞处所＞结果、与事＞系事、对象、工具、材料、内容、施事＞角色＞方式①

构词法和句法的习得已经不仅仅是语言习得的初级阶段,在这里,我们可以观察到许多有趣的现象,语言学的许多理论假设可以通过儿童语言习得的研究得到证实或者证伪。

第一语言习得的过程是一个尚未完全揭开面纱的谜题,但是有两点结论可以确认：第一个结论是儿童的第一语言习得是他们自己完成的,第二个结论是儿童的第一语言习得是有规律可循的。同时有两个问题：第一个问题是儿童是怎么学会说话的？第二个问题是为什么第一语言习得过程中有些方面发展得很快,有些方面发展得比较慢？这种不均衡的发展意味着什么？有问题才会产生要解决这些问题的动力。这两个问题已经有人做过一些研究,但是语言习得的研究毕竟历史还比较短,有些问题迄今为止没有公认的答案。

二、第二语言习得

许多人都有学习外语的经验,你会发现学习一门外语比学习自己的母语要困难得多。学习掌握母语之外的任何一种语言的过程就是第二语言习得过程。Ellis(1994)在《第二语言习得研究》一书中介绍了第二语言习得的研究目标、研究方法,列举了第二语言习得研究中所存在的一些问题,其中包括学习者的错误、学习者第二语言能力发展的模式、学习者的外部环境、学习者的内

---

① 这些概念我们以后会用到,它们是句子中各组成成分的语义角色。

部因素、学习者的个体差异对第二语言习得过程的影响等。第二语言习得研究的范围是比较广泛的,概括地说有三大部分:一是习得过程的研究,二是学习者中介语系统的研究,三是习得与认知的研究。这些研究所涉及的问题包括学习者的偏误分析、学习者目的语语言能力的发展(语音系统的发展、语法系统的发展、词汇系统的发展、文字系统的发展、语言应用能力的发展、分技能语言能力的发展等等)、影响第二语言习得效果的外部因素、语言项目的习得顺序、学习者的学习动机对第二语言习得效果的影响、学习者学习策略研究、学习者的焦虑对第二语言习得效果的影响、文化差异对第二语言习得效果的影响、母语的迁移作用对第二语言习得的影响等等。

  语言教学主要研究四个方面的问题:教什么(语言本体)、怎么教(教学法)、怎么学(习得过程)、用什么教(工具和手段)。其中"怎么学"所涉及的问题就是第二语言习得的过程。第二语言习得与第一语言习得不同,对于学习者来说,他已经有了关于世界的知识和自己母语的知识,可以运用自己的母语进行交际,学习者的认知能力也已经相当成熟,按理说第二语言习得应该比第一语言习得容易得多;然而事实正好相反,第二语言习得对于学习者来说会面临着许多挑战。学习者第二语言习得的过程远远不如他的第一语言习得过程那么轻松愉快。由于母语的负迁移作用,第二语言习得的学习者会有很多偏误。无论是天才还是普通人,只要是正常人都可以成功地完成第一语言习得的过程,但是对于第二语言习得来说,情况则很不同:有的人表现出很高的语言天赋,有的人则举步维艰。有人可以在几年时间内学会几门外语,而有人学习外语十几年,结果是无果而终。学习者的年龄、性别、天赋、学习动机、第一语言的情况、语言环境、学习其他语言的经验、学习环境、教材和教师等因素都会影响到第二语言习得的结果。从这个意义上说,第二语言习得与第一语言习得是不同的。但是也不能说第二语言习得与第一语言习得一点相似性都没有。无论是第一语言还是第二语言都不是一蹴而就的,都要经过不同的阶段,第二语言学习者在习得目的语语法的时候也跟儿童习得母语一样,会经过一个类推的阶段和语法规则过度泛化的阶段。第二语言学习者也会有偏误,但是其偏误类型与第一语言习得不同。第二语言学习者在使用目的语的时候所说出来的一段话语、写出来的一些篇章称作中介语(interlanguage)。中介语指的是第二语言习得过程中接近于目的语的语言现象。第二语言学习者根据自己的经验所得到的关于目的语的语法规则称作中介语语法(interlanguage grammar)。我们以外国学习者的汉语中介语现象为例,来看一下介词习得的一些偏误现象,从中可以窥见中介语语法的一些特征。我们可以看到一些偏误类型[部分例句来自崔希亮(2005)、部分来自北京语言大学全球汉语中介语语料库]:介词冗余、框式介词缺少呼应词语、介词出现的位置不当、结构不完整、介词混用等。

介词冗余。对于欧美学习者来说,过度使用介词是一个突出的问题,很多不需要介词的地方都给加上了介词,尤其是"在""对于"被过度使用的例子比比皆是。例如:

在北京城里情况很热闹。(英)

在冬天的时候气温十七度差不多。(英)

在炉子里的木头很香。(德)

在北京有很多名胜古迹:故宫,香山,北海等。(俄)

在客厅旁边有厨房。(法)

跟我在想象中是一样的。(越)

对于中国端午节是一个为家庭团圆意义的节日。(越)

框式介词缺少呼应词语。汉语存在着一种被称为框式介词的结构形式(刘丹青,2002),如"在……上""在……里""在……中""在……内""在……下""从……上""从……中""从……里"等表达空间方位的介词结构,在这些框式结构中,介词的宾语是一个由名词加上方位词构成的方位结构。现代汉语在有些语法条件下,介词可以直接带名词宾语,不需要方位词参与,如"我在礼堂等你";而在另外一些语法条件下,介词的宾语必须是一个方位结构,如"在黑板上写字"而不能说"*我在黑板写字"。命名性处所词不需要加方位词,可以直接作介词"在"的宾语,而普通名词必须以方位结构的形式出现在"在"的后边。在欧美学习者的中介语中我们发现以下一些偏误现象(括号里的方位词是我们加上的):

我们在火车(上)坐着两三个小时。(英)

他的眼镜跌倒在海(里)。(法)

大理的三塔天气晴的时候能在湖水(中)反射出来。(德)

其实退休金是从年轻人的工资(中)扣来的。(法)

突然我听见了轰隆声,就觉得我从船(上)飞出去。(俄)

(在)这种情况上(下),广告是对人们来说最好的帮助者。(蒙古)

介词出现的位置不当。从语法位置上看,现代汉语的介词有两类:一类介词只能出现在谓语主要动词之前,如"把""被""比""跟""从""朝""对"等;还有一类既能出现在主要动词之前,又能出现在主要动词之后,如"在""于""给""与""向""往"。如果把第一类介词放在了动词之后,那就是比较明显的错误,这是容易判断的;但是问题常常出在第二类上,比如"在",什么时候应该出现在前面、什么时候应该出现在后面、不同的位置在意义上有什么不同等,常常困扰着学习者。我们看下面的例子(括号中的句子是修改过的):

可是《圣经》常常说:"别怕我在跟你一起。"(我跟你在一起)(英)

我想学习汉语在北京语言学院(在北京语言学院学习汉语)。(俄)

他的父亲是一个牧民在一个小村子(在一个小村子是一个牧民)。(西)

我只用三分钟从宿舍到教学楼(从宿舍到教学楼只用三分钟)。(俄)

以前我听说长城能看到从宇宙(从宇宙能看到长城)。(俄)

介词出现位置不当的例子很多,从总体上看,印欧语背景的学生在初级阶段喜欢把介词结构放在主要动词的后边,这大概是由于受了母语的影响。有时介词的位置会跟其他的偏误纠缠在一起,形成复合型偏误。

结构不完整。介词不能单独充当句子成分,介词结构不能单独成句(除非作标题)。下面的例子或者有介词没有宾语,或者有宾语没有动词。我们知道介词结构在句子中的作用是作状语或者作补语,它们都不是核心成分,状语是动词的状语,补语是动词的补语,核心成分是动词。

所以如果丈夫或者妻子死了,别人就在一个人住在(介词没有宾语)。(法)

另外,在树林里,谈恋爱的人在树丛的遮蔽下(没有谓语动词)。(法)

在中介语语料库中,我们会发现有的句子没有介词(括号中的介词是我们补上的)。例如:

我们都(对)西安很感兴趣。(韩)

现在网上可以看电影,看动画,玩儿游戏,看汉语新闻还有可以(和)世界上的朋友们一起聊天儿。(哈)

九十年代的时候他(在)一个糖果点心工厂工作。(俄)

介词混用。介词混用是比较常见的偏误类型,虽然不同的学习者混用的介词项目不同,但是基本上可以看出混用主要集中在一些意义上有联系的介词之间。例如:

我在(到)那去接你,行不行?(德)

小妖精们给(让)他了解她们的生活。(英)

他结束以后我给(跟)他打了个招呼。(西)

他好多次给(跟)我们说对不起。(俄)

来北京以后我发现了北京的天气比(跟)莫斯科的不一样。(俄)

我母亲的脾气比(跟)父亲的相反。(法)

我们对(就)过圣诞节的事儿一起讨论了两个小时。(俄)

偏误分析只是第二语言习得研究的一个方面。我们再以一个个案来说明第二语言习得研究的另外一个侧面——语言项目习得顺序的研究。施家炜(1998)选择了22个现代汉语常用句式,考察第二语言学习者对这些句式的习得顺序。研究者就22个句式提出十项预期假设:(1)留学生22类现代汉语句式的习得存在一定的顺序。(2)不同的语料收集手段、语料处理手段或研究方法会得出一致的顺序。(3)母语背景、性别、水平等级不同的学习者在习得汉语时会表现出一致的习得顺序。(4)不同母语背景的第二语言学习者在习得阶段和习得速度上表现出差异。(5)第二语言学习者主观意识中也存有一定的习得顺序,且与客观表现出的习得顺序一致,母语背景、性别、水平等级等因素对此一致性不构成显著影响。(6)第二语言学习者的主、客观习得顺序进一步体现为一定的习得等级。(7)第二语言学习者主、客观习得等级与对外汉语教学所用的语法等级大纲一致。(8)儿童第一语言习得也在主观和客观上表现出一定顺序,且不同性别、水平等级的儿童顺序一致。(9)儿童第一语言习得的主、客观顺序一致,性别与水平等级不对此构成显著影响。(10)儿童第一语言习得与留学生第二语言习得的主客观顺序一致。

研究者通过语料库调查、追踪调查、问卷调查和统计分析得出外国留学生汉语第二语言习得顺序理论假说:(1)外国留学生现代汉语句式的习得存在一定的顺序;母语背景对习得顺序不构成显著影响。(2)不同的语料收集手段、语料处理手段或研究方法会得出一致的习得顺序。(3)性别、水平等级不同的外国留学生在习得汉语时会表现出一致的习得顺序,体现出第二语言习得的共性。(4)但不同母语背景的外国留学生在习得阶段和习得速度上表现出差异,体现了第二语言习得的学习者群体差异或特性。(5)汉语二语习得过程中,外国留学生主观意识中也存在一定的习得顺序,该主观习得顺序与客观习得顺序一致,母语背景、性别、水平等级等因素对此一致性不构成显著影响。(6)汉语第二语言学习者的主、客观习得顺序进一步体现为一定的习得等级。(7)汉语第二语言学习者的主客观习得等级与教学用语法等级大纲并不一定一致,尤其是客观习得等级。相比之下,主观习得等级受教学等级影响较大。(8)儿童汉语习得也在主客观上表现出一定顺序,不同性别、水平等级的儿童客观习得顺序一致,但水平等级对主观顺序有一定影响,性别对此无显著影响。(9)儿童第一语言习得的主客观顺序并不一致,且性别与水平等级对此可能构成一定影响。(10)儿童汉语第一语言习得与留学生汉语第二语言习得的客观顺序一致,但主观顺序并不一致。

语言习得是一种在大脑支配下的认知行为。第一语言习得往往是非自觉的认知行为,而第二语言习得大多数情况下是一种自觉的认知行为。为了区分这两种不同的语言认知行为,有人主张第一语言习得称作"习得",第二语言习得称作"学习",以此来彰显非自觉认知行为与自觉认知行为的不同。我们认为没有必要特意对"习得"和"学习"这两个概念加以区分,因为习得也好,学习也好,都是大脑认知机能的具体体现,都可以反映出语言和大脑之间的关系。

思考与练习

1. 语言和大脑的关系有哪些问题需要我们进一步探索？

2. 既然大脑是一个黑箱，我们有没有可能了解到大脑活动的过程？用什么办法？

3. 儿童语言能力的成长过程说明了什么？从中可以看出语言和大脑的哪些联系？

4. 认知语言学对于我们了解语言和大脑的关系有没有帮助？

5. 第一语言习得和第二语言习得有什么联系和区别？

第四章 语音

第一节 语音研究的几个方面

一、语音的性质

除了聋哑人的手语以及用文字书写出来的言语作品，一般人的交际离不开语音。语音的性质是什么？或者说，语音是一种什么样的东西？首先，语音是一种生理现象，因为语音的产生和感知有一个复杂的生理过程；其次，语音是一种物理现象，因为语音的声波同其他物理声音一样，也是由物体的振动产生的，声波的传递也与其他物理声音一样，要有相应的媒介；再次，语音又不纯粹是一种物理声音，纯粹的物理声音可能没有信息内容，但是语音是有意义的，语音的感知涉及心理过程。

语音有以下几方面属性：

语音是人的发音器官所发出来的声音，这是语音的生理属性。

语音是有意义的物理声音，这是语音的物理属性。

语音与其他物理声音不同，语音的感知以语言使用者的社会心理为基础，这是语音的社会属性。

并不是所有由人的发音器官发出来的声音都是语音，比如咳嗽也是由人的发音器官发出的声音，打呼噜也是由人的发音器官发出的声音，但是它们都不是语音，因为它们没有意义。所以说语音是人的发音器官发出来的、负载一定意义内容的物理声音。当然现代语音合成技术的出现颠覆了关于语音的传统定义,机器也可以发出模仿人类语音的声音。我们可以把语音的定义修改为:语音是人的发音器官或者机器模拟人的发音器官发出来的、负载一定意义内容的物理声音。

二、语音研究的三个方面

语音是语言的物质外壳,语言的意义是通过语音形式来实现的。我们能够通过感知器官——我们的听觉系统感知到语音的存在并由听觉系统的神经元将听到的语音信号传送到大脑进行分析。语音的研究可以从以下三个角度展开:说话人的角度、听话人的角度、信息传递的角度。

从说话人的角度来看,语音表现为一系列的心理生理活动,因为发音过程是一个复杂的心理生理过程,说话人要调动所有的发音器官共同合作来完成发音,我们把这个过程称作协同发音(co-articulation)的过程。从听话人的角度看,语音是一些音响形象,这些音响形象对于听话人来说是一些物理刺激,听音过程是一个复杂的听辨—分析—还原的过程。从信息传递的角度看,语音是人们利用语言传递信息时最重要的载体。语言交际的过程可以分成三个阶段:第一个阶段是说话人把自己想要表达的思想转换成一些能够让听话人听得见的语符串,这个过程包含了心理过程和生理过程。思想要变成物理声音,首先得有一个心理和生理协调的过程,也就是说,说话人要把思想转换成一系列复杂的神经运动,调动发音器官通过协同发音发出正确的声音来,如果发音不清晰或者发出错误的语音,会导致交际失败。第二个阶段是发出来的物理声音要有一定的媒介才能传递。空气是我们语音传递最理想的介质,声波通过推动空气粒子的运动产生振动,传送到听话人的听觉器官,听话人的生理器官通过放大、过滤、还原一系列的操作来获得说话人的语符串,然后再与自己的心理词典进行匹配,获得说话人的话语意义。如图4—1所示。

语音产生和传递的过程是一个由心理出发到心理结束的过程,交际的起点和终点都涉及人的心理过程。说话人要发什么样的音、这些音如何组合、这些音代表什么意思、说话人想通过这些音表达什么意思,这是心理过程,说话人通过自己的神经网络来调动自己的生理器官,使发声能够变成现实,从准备

```
┌──────────┐      ┌──────────┐       ┌──────────┐
│  说话人  │      │  声波    │       │  听话人  │
│          │      │空气粒子的振动│   │          │
│ 心理·生理 │─────▶│  物理    │──────▶│ 生理·心理 │
└──────────┘      └──────────┘       └──────────┘
  语音的产生过程    语音的传播过程      语音的感知过程
```

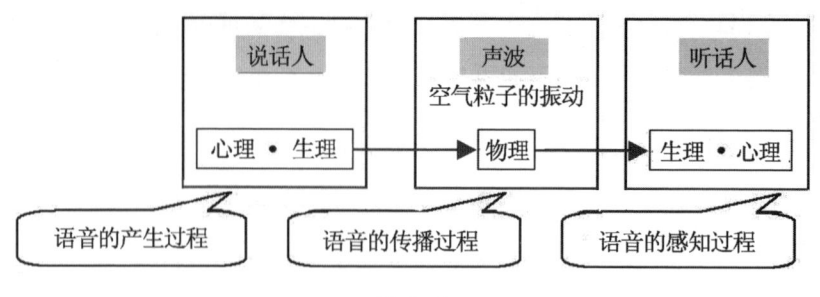

图 4—1

发音到发音完成,中间还有一个自我监控的阶段,在监控的过程中不断修正自己的发音,这个过程是一个生理过程;发出来的声音要通过空气粒子的振动来传递给听话人,一般情况下,我们的语言交际活动都是在有空气的地方进行的,所以音波都是以空气粒子为媒介来传递的,当然如果语言交际活动在水下进行,声波就只能以水为媒介来传递了。现在我们还可以把声波转换为电波,通过导线或者无线电波来传送,还可以把声音放大或者缩小,这个过程是一个物理过程;语音的感知过程是一个由生理到心理的过程。人耳是一个构造复杂的接收装置,耳蜗是一个声音分析器,它是由感应器官(鼓膜)、分析器官(柯替氏器)和传导器官(听骨和纤维束)组成的。耳蜗里的基底膜上有数万个毛细胞,排成四排,每个毛细胞上方有数十根毛纤维,耳蜗里的淋巴液跟声音共振使基底膜上不同部位的毛细胞发生挠动,毛细胞检测到声波的组成方式后分别用并列的听觉神经纤维把检测结果送到大脑去,这个过程是一个生理过程。大脑是信息分析中枢,所有的音响信息都在大脑中加工、过滤,最后确定它的价值和意义。大脑加工过滤的分析过程是心理过程。因此语音研究可以在三个平面上进行:

物理平面——研究语音的物理属性,主要是音响分析;
生理平面——研究语音的生理属性,主要是发音和听觉分析;
心理平面——研究语音的心理属性,主要是音位分析。

三、语音单位

我们听到的自然语音是连在一起的一串音符,我们把它们叫作语音片段。语音片段可长可短，它们可以切割出更小的语音单位。对于熟悉的语言，我们可以自然地找到其中的单位界限，而对于不熟悉的语言，我们也可以分清楚一些由自然停顿分割出来的语音单位。这些由我们的听觉系统自然感知到的最小的语音单位叫作音节。音节是我们能够自然感知到的最小的语音单位，但是它并不是最小的语音单位，因为音节还可以分析为一些更小的语音单位。语言学家在对语音进行分析时遇到两个问题：(1)语音可以分析出来的最小单位是什么？(2)用什么方式来记录和显示这些语音单位？我们对音节进行分析，发现大多数音节都是由一些比音节小的语音单位组成的。比如音节 ba 可以分析出两个更小的语音单位 b 和 a，而 ban 可以分析出三个更小的语音单位 b、a 和 n，bian 可以分析出四个更小的语音单位 b、i、a 和 n。这种更小的语音单位可以从物理学的角度进行分析，ba、ban、bian 这三个音节中都有一个语音单位 a，可是实际上它们是不同的音，只不过说这种语言的人不易分辨得出来而已。对于某一种语言或者方言来讲，把没有区别意义作用的、语音相近的音归并在一起当作一个音来看待，形成一个"位"的概念，我们把它称作音位。从音位中还可以根据它们的声学特征分析出来一个个在物理音质上有区别的语音单位，我们把它们叫作音素。不同的音素彼此之间往往由一些区别性特征来区分，这些区别性特征与发音有关。语音单位可以这样描述：

语音片段—音节—音位—音素—区别性特征

语音学中最基本的语音单位是音素，很多语音学概念是以音素为基础建立起来的。记录语音的符号有很多，有记录音节的符号，有记录音位的符号，有记录音素的符号。汉字就是记录音节的符号，一个汉字一个音节；英文字母就是记录音位的符号；而国际音标就是记录音素的符号。

四、记录语音的符号——国际音标

为了记录语言中的语音，国际语音协会于1888年制订了一套记录音素的音标，这就是国际音标(international phonetic alphabet，简称 IPA)。国际音标的记音符号主要来自拉丁字母、斯拉夫字母和希腊字母。国际音标的原则是一音一符,即:一个音素只用一个符号来表示,一个符号只表示一个音素。国际音标的符号采用拉丁字母、斯拉夫字母、希腊字母以及它们的反写、倒写、变形,另外还有一些附加符号来表示开口度大小、舌位前后高低、是否腭化、是否鼻化等等。符号不够的时候可以自己创造一些符号。音素用方括号[ ]来标写,如[p];音位用双斜杠/ /来标写,如/p/。中国古代的音韵学没有类似于音标的标音符号,所以只能靠韵书或者韵图来确定每个字的读音,例如用"帮滂并明"四个汉字代表[p][pʰ][b][m]四个辅音音素,虽然也可以进行音韵分析,但是不能十分精确地反映音素之间细微的差别。文字是记录语言的符号,但不是所有的文字都是记音符号。即使是像拼音文字这样的记录语音的符号,也不能精确反映音素的音值,所以要有一套比较精密的符号系统。与以往的记音符号相比,国际音标是目前最好的记录语音实际音值的符号系统:第一,国际音标可以精确地记录语音的音值并区分语音的细微差别;第二,全世界使用同一套记音符号有利于对不同语言的语音进行分析;第三,国际音标是一个开放的系统,可以不断增加新的符号,所以它的包容性比较好,可以记录任何一种语言的语音。

第二节 语音的物理属性

语音的外在表现为物理声音,所以我们首先来分析语音的物理属性。在分析语音的物理属性时我们首先要了解语音是怎么形成的,然后还要了解语音分析的一些基本概念。

(一) 语音的形成

声音的产生跟物体的振动有关,物体振动引起空气粒子的振动形成声波,我们听到的声音就是各种各样的声波。语音的形成也是由物体振动引起的,只不过振动的物体是我们的声带。

声波我们是看不见的,但是我们可以把声波转换成图像,可以通过图像来观察声波的形式,测量声波的物理参数。

(二) 几个基本概念:波长、振幅、波峰、波谷、周期和频率

语音学的一些基本概念都是我们在高中物理课上学过的。我们先来看下面的图形:

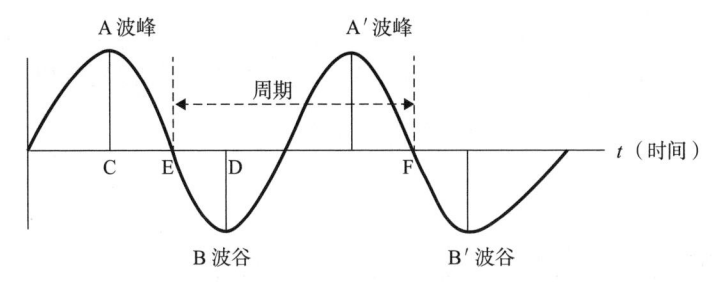

图 4—2

这是一个包含两个完全振动的波形图,是两个正弦波,其中的 A 点和 A′ 点为波峰,B 点和 B′ 点为波谷;AA′ 或 BB′ 为一个波长;AC 或 BD 为振幅。一个全振动如 EF 叫作一个振动周期。发音体在单位时间里振动的次数为频率($f=n/T$)。只有一个声波形成的振动叫作简单振动,发出来的音就是单纯音;如果有许多个声波同时振动就叫作复合振动,发出来的声音就是复合音。

如果我们要对语音进行物理分析,有四个基本概念是一定要了解的。它们是:音高、音长、音强和音质,我们把它们叫作语音的四个要素。而这四要素与振幅、频率、振动的方式有很密切的关系。

(三) 语音四要素

1. 音高——声音的高低,它是由物体振动的频率决定的。音高和物体振动的频率成正比。而物体的振动频率又跟物体的形状、粗细、长短、薄厚、松紧有关。粗的、长的、厚的、松的发音体振动频率低,反之,细的、短的、薄的、紧的发音体振动频率高。人的声带形状、大小、厚薄、松紧不一样,声音也不同。一般来说,妇女儿童的声带短而薄,声音高一些;成年男人的声带比妇女儿童的

声带长,所以音高要低一些;当然这里也有很多个体差异,一般来说个子比较小的人声带短,声音比较高而尖,个子比较高的人声带长,声音比较低沉。年轻人比老年人声带紧,所以年轻人的音高一般要高于老年人。频率单位是赫兹(Hz),人的听觉器官能够听到的声波在一般在16Hz到20,000Hz之间,最敏感的频率在1000Hz到6000Hz之间。不同的人群发出的声音音高有区别,妇女的音高在150Hz到300Hz之间,儿童的音高在200Hz到350Hz之间,而男人的音高一般在60Hz到200Hz之间。老人因为声带松弛所以频率会更低。我们用不同的波形来刻画不同的频率:

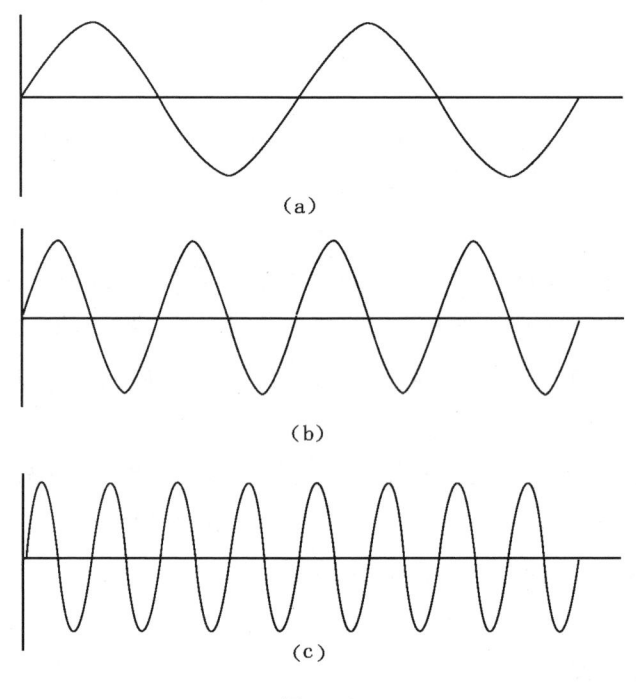

图4—3

(a)(b)(c)是三条频率不同的声波,其中(a)在单位时间内振动的次数最少,频率最低,(b)的振动频率是(a)的二倍,(c)的振动频率是(a)的四倍。

2. 音强——又叫音重。它是声音的轻重或强弱,由振幅的大小决定。音强和振幅成正比。振幅的大小取决于物体受外力作用的大小,外力越大,振幅也就越大。在语音中,音强主要取决于发音时气流的大小,气流大音强就强,气流小音强就弱。

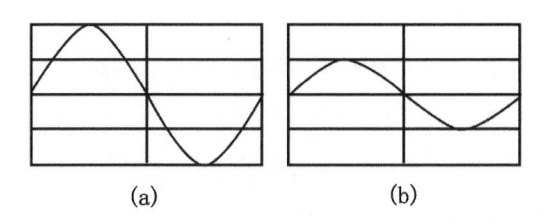

(a)　　　　　　　(b)

图 4—5

在上边的两个图中,(a)的振幅比(b)大,所以(a)的音强大于(b)。

3. 音长——声音的长短,由发音体振动的时间决定。发音体振动的时间越长,音长也就越长,发音体振动的时间越短,音长也就越短。

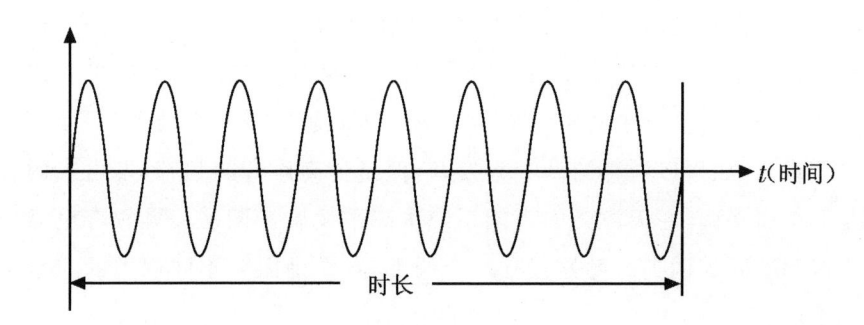

图 4—5

4. 音质——声音的特色或个性,是一个声音区别于其他声音的个性特征,以前又叫作音色。音质取决于三个方面的因素:发音体、发音方法、共鸣腔的形状。不同的发音体振动形式不同,发出来的声音也不同。在语音形成过程中,声带是发音体,气流通过声门时如果在声门受到声带的阻碍,气流要冲破阻碍发出声音,发出来的声音就是声带音(voiced sounds),又称浊音;如果气流在通过声门时没有受到阻碍,而是在其他部位受到阻碍,声带不会振动,这时气流冲破阻碍时发出来的声音就是非声带音(voiceless sounds),又称清音。不同个体之间的发音体不同,发出来的声音从发声学的角度看是不同的,在听觉上也是不同的,比如男人发出来的[i]和女人发出来的[i]声学特征肯定是不一样的,即使是同一个人在不同的时间和地点发出来的同一个音素也可能是有差别的,但是我们在语音学中并不认为这样的区别有语音学的意义。发音方法主要指的是发音时气流是否受到阻碍,哪个部位形成阻碍,气流以什么方式冲破这些阻碍。共鸣腔主要指咽腔、口腔、鼻腔(当然在唱歌的时候,胸腔和颅腔也会产生共鸣,但是胸腔和颅腔的共鸣并不能改变音质),人们在发音时会根据发音的需要调节共鸣腔的形状,从而改变音质。比如,舌头处于不同的位置会使口腔形成不同的空间分割,从而形成不同的共鸣腔形状。发音体、发音方法和共鸣腔的形状只要有一点变化就会造成音质的不同。

5. 语音四要素在不同的语言中重要程度不同

音高在语音系统中可能有区别意义的作用,也可能没有区别意义的作用,这要看不同的语言系统是否利用音高来区别意义。以英语为例,音高基本上没有区别意义的作用;而汉语情况则不同,汉语的所有方言都有声调,有些方言就是靠音高的变化来区别不同的调类,比如天津话的阴平和阳平就是通过音高的变化来区别意义的。天津话的阴平是一个低平调,发音时要降低音高,如果以同样的调型来发音,但是提高声音的频率,发出来的音就是一个高平调,在天津话的声调系统里高平调属于阳平。粤方言也靠音高来区别不同的调类。粤方言有八个调类,音高是区分不同调类的非常重要的手段。

音强在语音系统中通常不区别意义,但是有些语言有重音构词,因此音强在这些语言中有区别意义的作用。比如汉语普通话可以通过轻重音的改变构成不同的词:"运气"和"运.气"[1]不同,"地道"和"地.道"不同,"大爷"和"大.爷"不同。普通话通过这种方式可以构成许多新词。英语和日语也有重音构词的现象。

音长在一些语言和方言中也有区别意义的作用,比如说在英语中,长元音和短元音成系统地对立。例如[i:]和[i]、[ɑ:]和[ɑ]([i:]是长元音,[i]是短元音,[ɑ:]是长元音,[ɑ]是短元音)。

---

[1] "运气"两个音节一样轻重,"运.气"后一个音节在音重上比第一个音节弱,当然两个音节的时长也不同。我们通常把"运.气"的后一个音节叫作轻声音节。以下诸例同此。

表 4—1

[i:]	[i]	[ɑ:]	[ɑ]
deep	dip	carp	cap
sleep	slip	arm	am
bead	bid	harm	ham
feet	fit	aunt	ant
seat	sit	cart	cat
seek	sick	chart	chat
leave	live	heart	hat
ease	is	card	cad
meal	mill	lard	lad

音质在语音中的作用是最大的,自然语音的最小单位音素就是从音质的角度划分出来的。语音学家根据不同的音质来区分不同的音素,所以音质在任何一种语言中都是最重要的要素。

6. 音质的音响分析

为了对音质进行音响分析,我们必须了解一些基本概念:

纯音——音叉简单而又规则的振动所产生的单调的音。表现在声波图上就是一条有规则的单振动。纯音的表现为正弦波。

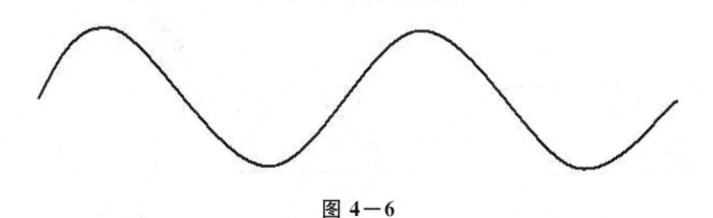

图 4—6

乐音——发音体复杂而又有规则的振动所产生的悦耳的音。表现在声波图上就是不止一条振动曲线,但是所有的曲线都是规则的,这些振动曲线复合在一起产生的声音就是乐音。

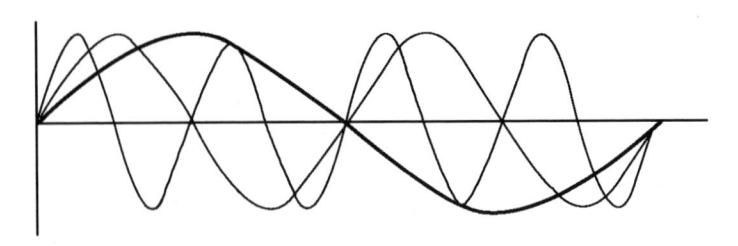

图 4—7

噪音——发音体复杂而不规则的振动所产生的刺耳的音。表现在声波图上就是一些不规则的曲线。

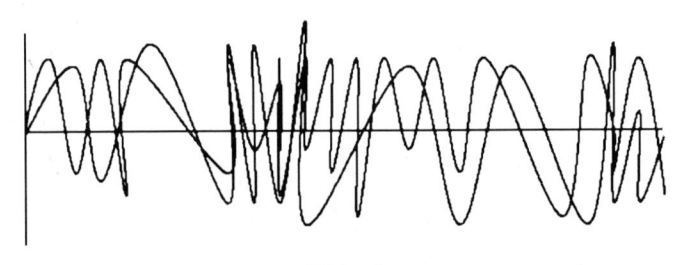

图 4—8

基音——乐音是由若干个不同频率的纯音构成的,其中频率最低的那个纯音叫作基音,其余的叫作陪音,陪音的频率是基音的整数倍。例如下面示意图粗线表示的纯音就是频率最低的,它就是这个复合音波的基音,其他两个纯音频率都是基音的整数倍,它们在复合波中是陪音。

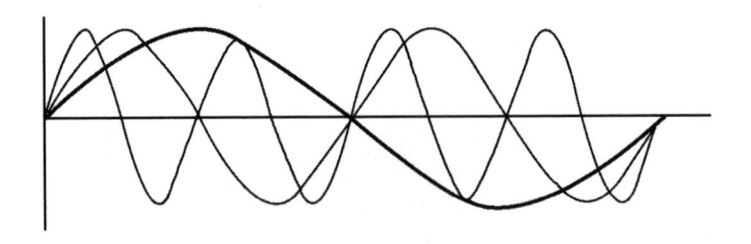

图 4—9

基频——基音的频率叫作基频。

共振峰——有些陪音在共鸣中被加强,这种现象叫作共振,共振集中在某一值域范围内形成一个峰值,这个峰值就叫作共振峰。共振峰决定整个声音的音质。一般的声音都是大大小小许多正弦波合成的声音,它们叫作复合波。我们听到钢琴、小提琴、大提琴、黑管、长笛、小号等不同乐器有不同的音质,是因为它们复合波的组成不同。下面的图形是一个频谱图:

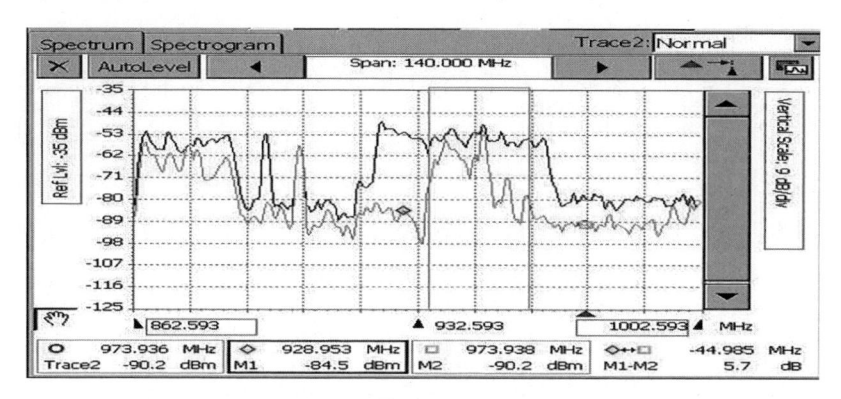

图 4—10

这是一个复合波的连续频谱示意图,频谱图的纵轴是振幅轴,横轴是频率轴。在频谱图上一根根竖立的直线代表许多正弦波,它们的高度表示它们的振幅或能量。连续谱上的尖峰被称为共振峰。通过这些尖峰我们知道相应频段的能量比其他频段强。音质就是由基频和共振峰的位置决定的。

第三节　语音的生理属性

一、发音器官

语音是由物体振动引起的,这个振动的物体就是声带或者发音器官的其他部分,比如小舌或者舌尖,有的时候双唇也会振动,引起振动的动力是由我们的肺叶伸缩产生的气流。气流在通过声门时声带或者发音器官的其他部位可以通过调节自己的位置形成阻碍,气流冲破阻碍时声带就产生了振动。如果气流在通过声门时没有受到阻碍,而是在口腔受到阻碍,那么气流就要冲破口腔内的阻碍发出声音,至于在口腔的什么部位发生阻碍,这是由舌头、牙齿、嘴唇等发音器官的相对位置决定的。气流也可以不通过口腔而是通过鼻腔而冲出体外，这样发出来的声音就是鼻音。振动物体的形状等特点以及发音体振动的频率不同会形成不同的声波。

（一）肺——语音的动力源

肺是语音的动力来源，它位于人体的胸腔，有左右两叶，可以伸张和收缩，空气通过气管、喉头从口腔鼻腔流出，或反过来向肺部流入，这就是我们的呼吸。大多数语音都是呼气时发音，只有少数语言有吸气音，例如挪威语和汉语的咂舌音"啧"。肺是发音的动力来源，肺的活动产生气流，气流通过声门或者共鸣腔时使发音体发生振动或者气流冲破阻碍产生振动，振动产生音波。

（二）喉头——调节气流的阀门

喉头是肺和口腔之间气流调节的阀门。喉头由软骨构成，下接气管，上通咽腔。我们的发音体位于喉头里边，由软骨的运动来控制发音体的形状，构成不同的气流通道，气流在通过喉头里边的通道时因为受到不同形式的阻碍或者畅通无阻而发出不同的音来。喉头的作用一是保护发音体，一是调节气流，使发音体振动或者不振动。

（三）口腔、咽腔、鼻腔——语音的共鸣器

口腔、咽腔和鼻腔是发音的共鸣器，也是发音器官的重要组成部分。口腔由上腭和下腭两个部分组成，附在上腭上的有上唇、上齿、上齿龈、硬腭、软腭和小舌。上齿龈是连接上齿和硬腭的部分，上齿龈的后边是硬腭，它是上腭凹进去的部分，可以划分为前中后三个区，称为前腭、中腭、后腭。软腭在硬腭的后边，是上腭靠后的那部分。顾名思义，硬腭是上腭比较硬的那部分，软腭是上腭中比较软的那部分，软腭的尾部是小舌。我们张开嘴、压低舌头的位置后可以见到小舌。附着在下颚上的有下唇、下齿、舌头。舌头是口腔中活动最灵活的器官，舌头也是一个柔软的器官，在口腔内可以有很多变化。舌头和牙齿、硬腭、软腭都在口腔内，由于舌头和牙齿、硬腭、软腭之间可以有不同的位

置组合,就可以使发音器官的共鸣腔产生很多形状上的变化,从而产生不同的共鸣效果,发出不同的音来。舌头的尖部叫作舌尖,舌尖可以分成前中后三个区域。当舌头自然伸直的时候,舌头的外部边缘就是舌叶。舌头面向上腭的表面叫作舌面,分为前中后三个区域,舌面后又叫舌根。舌头的不同部位与口腔内的不同部位接触可以造成不同的阻碍。咽腔是口腔、鼻腔、食道汇合的地方,咽腔的下面连接着喉头。咽腔和喉头之间有一块会厌软骨,会厌软骨是能够上下活动的,它负责开启或关闭声门。说话的时候或者自由呼吸的时候声门开启,吃饭的时候声门关闭。鼻腔位于鼻子内部,出口为两个鼻孔,内端与咽腔、口腔贯通,气流在通过咽腔之后可能流入口腔,也可能流入鼻腔,小舌是调节气流的阀门。下图 4—11 是各个发音部位的示意图:

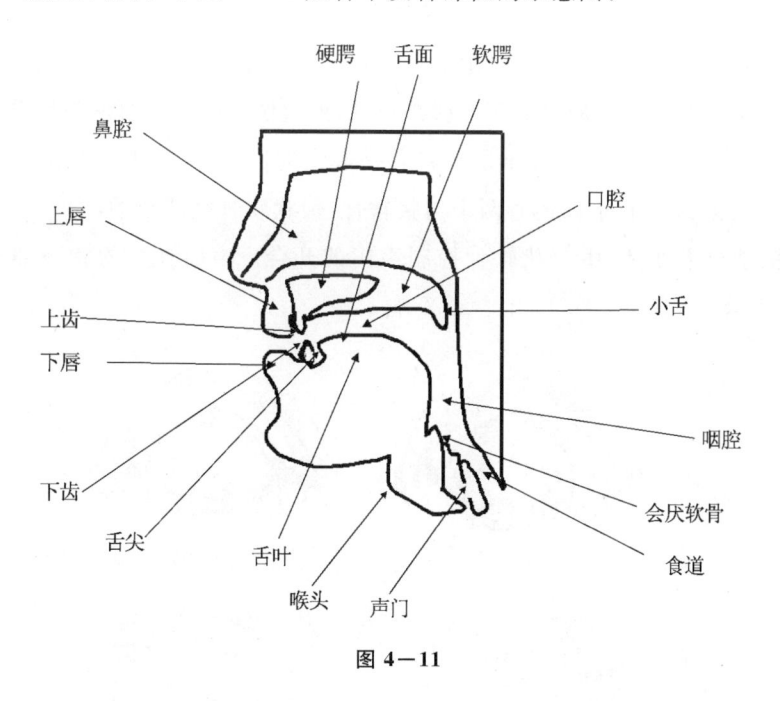

图 4—11

(四)声带——语音的发音体

声带在喉头里边。喉头的外部组织是一个甲状软骨,声带就被这个甲状软骨保护着。声带实际上是两片很小的薄膜,长度只有 13—14 毫米,两端黏附在软骨上,靠肌肉和软骨的活动带动这两片薄膜的开合。当我们发元音的时候或者发浊辅音的时候,声带紧绷着,声门闭合,气流必须冲破声门才能通过。当我们发清辅音的时候,声门打开,让气流自由通过。如图 4-12 声门示意图。

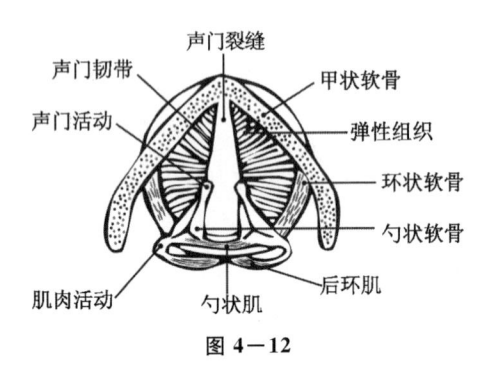

图 4-12

这是一张声门的示意图,其中的开口是声门裂缝(rima glottis),气流从这里通过,裂缝两边两片薄薄的东西就是声带,外边像铠甲一样的东西是甲状软骨,又叫三角软骨(thyroid cartilage),它是喉结的保护层,声带边缘是声门韧带(vocal ligament),下面连着两个勺状软骨,勺状软骨是活动的,它一头连着声带,一头连着肌肉,由勺状软骨控制声门的开合。声门开合的状态如下图 4-13 所示:

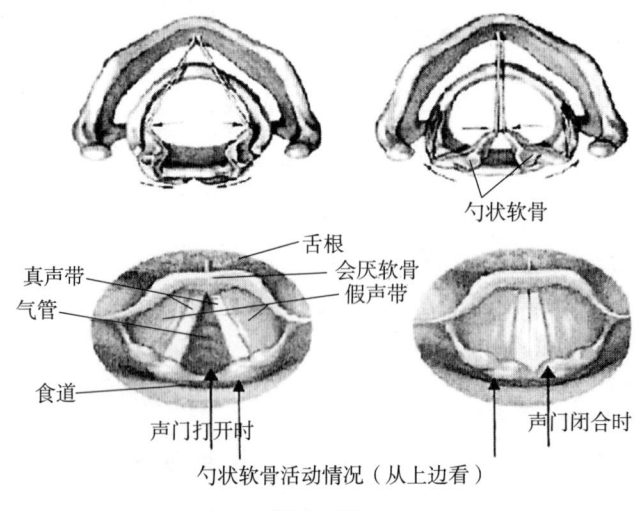

图 4-13

从上图中我们可以看到声门打开或者闭合是由勺状软骨控制的,勺状软骨的活动又是由肌肉控制的。声门打开的时候气流可以自由通过,声门闭合的时候气流受阻。声门开口度的大小是可以调节的。

二、元音和辅音

语音的分类与发音部位和发音方法有关系。我们调节自己的发音部位和发音方法就可以发出不同的音来。这些音可以区分为两大类别,一类叫作元音(又称母音),一类叫作辅音(又称子音)。元音和辅音是语音系统中不可缺少的两个大类。任何语言都是由元音和辅音交错组合构成音节的,没有哪一种语言只有元音或者只有辅音,即使是单独由元音构成的音节和单独由辅音构成的音节也是很少的。辅音通常是框架,有些语言只要有了辅音的框架就大致可以猜得出句子的意思。以英语为例:

Could you please pass me that bottle of salt? Thank you!

我们如果把画线的元音部分去掉,仍然能够认出这个句子。

C_ld y_ pl_s p_ss m_ th_t b_ttl_ _f s_lt? Th_nk y_!

从发音的角度看,元音和辅音的区别有以下三个方面:

1. 声带是否振动。元音发音时气流通过声门时声带振动,而且气流在咽腔和口腔内不受阻碍。辅音发音时气流在发音器官的某一部位受到阻碍,气流只有克服阻碍才能发出音来。例如音素[a][o][e][i][u][y]发音时气流在口腔内不受阻碍,但是声带是振动的;而音素[b][p][d][t][g][k]发音时气流在口腔的某个部位产生阻碍,气流只有冲破阻碍才能发出这个音来,气流在通过声带时浊音声带振动,如[b][d][g];清音声带不振动,如[p][t][k]。

2. 发音部位是否保持均衡紧张。发元音时发音器官的各个部位保持均衡紧张。发辅音时发音器官形成阻碍的地方特别紧张。发辅音时形成阻碍的部位有双唇、唇齿、舌尖、舌叶、舌面、舌根等。不同部位的阻碍发出来的辅音是不一样的。

3. 气流的强弱。发元音时气流弱,发辅音时气流强。发元音时由于气流不需要冲破阻碍才能发音,所以气流比较弱;而发辅音的时候因为气流必须冲破阻碍,所以气流比较强。

三、元音的发音原理与元音舌位图

元音的发音主要是靠声带振动,气流在通过声门的时候使声带振动发出声音。声带的松紧可以调节,声带紧的时候发出的声音频率高,听起来比较尖细;声带松的时候发出的声音频率低,声音比较低沉。气流在通过声门以后进入口腔或鼻腔,如果用口腔共鸣,我们听到的就是口音,如[ɑ][i];如果用鼻音共鸣,我们听到的就是鼻音,如[n][ŋ];如果打开鼻腔通道,我们听到的就是带有鼻音色彩的元音,叫作鼻化元音,比如[ã][õ]。不同的人种因为发音器官的形状有区别,所以发出来的音在色彩上是有区别的。比如说雅利安人种鼻子比较大,因此鼻腔共鸣比较好,发鼻音或者鼻化音的时候比较响亮,而蒙古人种鼻子扁平,发鼻音的时候就不是很响亮。

(一) 发音原理

元音音质取决于共鸣腔的形状和气流的走向,而改变共鸣腔的形状或者改变气流走向不外乎有以下几种方法:(1)舌位高低;(2)舌位前后;(3)嘴唇的形状(圆唇不圆唇);(4)气流通道在口腔或者同时开放口腔和鼻腔。试比较下面的三组元音:

　　　　[i]～[a]　　　　[i]～[u]　　　　[i]～[y]
　　高元音～低元音　　前元音～后元音　　不圆唇元音～圆唇元音

舌位的高低取决于开口度的大小,元音从高到低开口度越来越大,[i][y]的开口度很小,[e][ø]的开口度就要大一些了,越往下走开口度越大,[a]的开口度最大。舌位高的元音叫作高元音,比如[i][u][y],舌位低的元音叫作低元音,比如[a][ʌ][ɑ]。舌位的前后取决于舌头在口腔中的位置,靠前的为前元音,例如[i][y];靠后的为后元音,例如[ɑ][u]。圆唇不圆唇取决于唇形,发音时嘴唇撮起来发出来的音就是圆唇元音,例如[y][u];嘴唇展开发出来的音就是不圆唇元音,例如[i][e]。气流不从鼻腔通过发出的元音是口元音,如

[i][u][a]，气流同时通过鼻腔发出的音是鼻化元音，如[ã][õ]。

（二）元音舌位图

根据元音发音时在舌头上的大致位置，以两个最高的元音[i][u]和两个最低的元音[a][ɑ]为四个极点，画出来的一个模拟元音发音时舌头位置和唇形的图就叫作元音舌位图（见下图4—14）。

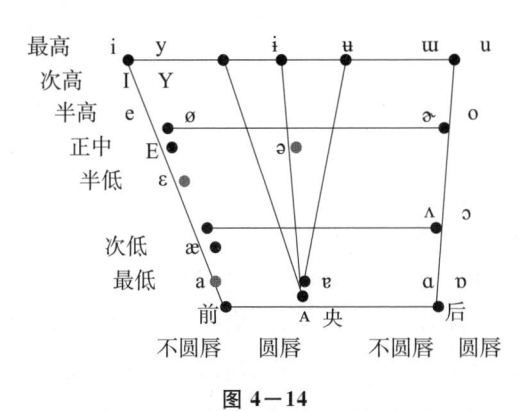

图 4—14

从上到下，依次为最高元音、次高元音、半高元音、正中元音、半低元音、次低元音和最低元音；从前到后，依次为前元音、央元音、后元音。竖线的左边是不圆唇元音，竖线的右边是圆唇元音。元音舌位图所指示的元音位置只是一个相对的位置，不是绝对的位置，每一个元音实际上都是在一定的区域里占据一定的位置，在一个区域里可以有很多个变体，一般来说我们的听觉器官不会感知到它们之间音值上的区别。

（三）八个标准元音

为了确定每一个元音的具体音值，国际语音协会颁布了八个标准元音。它们是我们确定其他元音的参照标准，根据它们在元音舌位图上的相对位置，每一个元音都可以有一个描述性的名称：

　　　　[i]前高不圆唇元音
　　　　[e]前半高不圆唇元音

[ɛ]前半低不圆唇元音
[a]前低不圆唇元音
[u]后高圆唇元音
[o]后半高圆唇元音
[ɔ]后半低圆唇元音
[ɑ]后低不圆唇元音

每一个元音都可以根据舌位的前后、高低、圆唇不圆唇找到自己的位置，获得一个描述性名称。

四、辅音

辅音和元音同样重要。我们描写辅音的时候主要关注发音部位和发音方法两个方面。发音部位指的是发辅音时气流通过共鸣腔时造成阻塞的部位，有双唇音、唇齿音、齿间音、舌尖前音、舌尖中音、舌尖后音、舌叶音、舌面前音、舌面中音、舌面后音(舌根音)、喉音、小舌音等；发音方法指的是发辅音时某个部位形成阻碍和气流冲破阻碍的方式，例如塞音(爆破发音)、擦音(摩擦发音)、塞擦音(既有爆破又有摩擦发音)、清音(发音时声带不振动)、浊音(发音时声带振动)、送气音(发音时气流比较强，气流从阻碍部位冲出)、不送气音(气流比较弱，发音时没有很多气流)、边音(流音，发音时气流从舌叶两边流出)、颤音(有双唇颤音、舌尖颤音和小舌颤音)等。下面我们分别举例说明。

(一) 发音部位

1. 双唇音：发音时上唇和下唇闭合，形成阻碍，气流在阻碍处受阻，或者冲破阻碍让气流冲出口腔，或者保持阻碍状态。辅音发音时有三个阶段：成阻阶段(阻碍形成阶段)、持阻阶段(阻碍持续阶段)和除阻阶段(阻碍解除阶段)。有的辅音发音是只有成阻阶段和持阻阶段，没有除阻阶段。例如汉语方言中的入声韵尾[-p][-t][-k]，发音时不除阻，如闽南话的"鸭""铁""德"。双唇音包括[p](汉语普通话"把"的声母)、[pʰ](汉语普通话"怕"的声母)、[b](英语 boy 中的辅音，日语五十音图ば([ba])、び([bi])、べ([be])的辅音部分)、

[m]（汉语普通话"马"的声母）、[ŋ]（汉语普通话中"哼"或者"英"的音节结尾部分）等。

2. 唇齿音：发音时上齿与下唇形成阻碍，气流要冲破阻碍从上齿和下唇之间流出。例如[f]（汉语普通话"夫"的声母，英语 father 开头的辅音）、[v]（英语 vast 开头的辅音）。

3. 齿间音：发音时上齿和下齿形成阻碍，气流要通过上下齿之间流出。例如[θ]（英语 theme 的开头辅音和 path 的结尾辅音）、[ð]（英语 father 的中间辅音和 the 的开头辅音）。

4. 舌尖前音：发音时上齿和下齿闭合在一起，舌面放平，舌尖轻轻地抵住上齿龈，由舌尖和上齿龈形成一个阻碍，气流冲破阻碍流出。例如 [ts]（汉语普通话"字"的声母）、[tsʰ]（汉语普通话"词"的声母）、[s]①（汉语普通话"斯"的声母）、[z]（英语 zero 和 zebra 的开头辅音）。

5. 舌尖中音（舌头音）：发音时上齿和下齿分开，留出一条缝隙，舌尖微微上翘，舌尖中部轻轻地抵住上齿龈，气流通过阻碍部位时舌尖突然打开让气流流出。例如[t]（汉语普通话"大"的声母）、[tʰ]（汉语普通话"他"的声母）、[d]（汉语普通话"大.大"第二字的声母[tA.dA]，英语 dad 的开头辅音）、[n]（汉语普通话"那"的声母）、[l]（汉语普通话"拉"的声母）。

6. 舌尖后音：发音时双唇微微撮起来，舌尖向上卷起来轻轻地抵住硬腭形成阻碍，气流通过阻碍部位时舌尖与硬腭脱离接触让气流流出。例如[tʂ]（汉语普通话"只"的声母）、[tʂʰ]（汉语普通话"吃"的声母）、[ʂ]（汉语普通话"是"的声母）、[ʐ]（汉语普通话"日"的声母）。

7. 舌叶音：发音时舌叶紧张，与舌叶尖接触的前腭部分与舌叶一起形成阻碍，节制气流，气流必须冲破阻碍才能流出。例如 [tʃ]（英语 China 的开头辅音）、[dʒ]（英语 judge 的前后两个辅音）、[ʃ]②（英语 shut 的开头辅音）。汉语粤方言中也有舌叶音（普通话中的舌尖音和舌面音在粤方言中都读如舌叶音）。

---

① 发这个音时舌尖不用抵住上齿龈。
② 发这个音时没有节制气流的过程，下面的擦音[ɕ][x]与此相同。

8. **舌面前音**：发音时上齿和下齿基本闭合，舌头放平，舌面部分紧张，和上腭的中部一起配合形成阻碍，节制气流，气流冲破阻碍流出。例如[tɕ]（汉语普通话"几"的声母）、[tɕʰ]（汉语普通话"期"的声母）、[ɕ]（汉语普通话"希"的声母）。

9. **舌面后音（舌根音）**：发音时上齿和下齿分开，舌面后部和上腭后部一起形成阻碍，节制气流，气流通过时冲破阻碍流出。例如[k]（汉语普通话"哥"的声母）、[kʰ]（汉语普通话"科"的声母）、[g]（汉语普通话"哥哥"第二字的声母，英语 give 开头的辅音，日语五十音图が、ぎ、ぐ、げ的辅音部分）、[ŋ]（汉语普通话"亮"的韵尾）、[x]（汉语普通话"和"的声母）。

10. **小舌音**：发音时气流冲击小舌，使之产生振动。例如[R]（法语的 la robe、德语的 die Reise 除了冠词之外的名词部分开头的辅音：法语的 r 和德语的 R）。

（二）发音方法

发音方法是发音时形成阻碍和气流冲破阻碍的方式。具体地说有以下几个方面：

1. **清音和浊音**：发音时声带振动的辅音叫作浊辅音；发音时声带不振动的辅音叫作清辅音。很多语言的辅音都有清浊的对立。例如：英语的[f]～[v]，[s]～[z]；日语的[t]～[d]，[k]～[g]，[p]～[b]。汉语普通话中只有三个鼻辅音[m][n][ŋ]、一个边音[l]和一个浊擦音[ʐ]是浊辅音，古代汉语和现代汉语的某些方言还有更多的浊辅音。清音发音时声带不振动，气流在通过声门的时候不受阻碍，例如[p][t][k][f][s][ɕ]。如果我们发音时不带上元音，清音是几乎听不出来的。浊音发音时由于声带振动，这些音听起来比清音响亮，例如[b][d][g][v][z][m]。

2. **送气音和不送气音**：送气和不送气也是一对区别性特征，但是不是在所有的语言中它们都能够起区别意义的作用，比如在英语和日语中存在着清浊的对立，却不存在送气和不送气的对立。汉语中送气和不送气的对立对于以英语和日语为母语的学习者来说是一个难点，同样，我们学习清浊音也同样

会有困难。汉语普通话的辅音,塞音和塞擦音都有送气和不送气的对立:

[p]~[pʰ],[t]~[tʰ],[k]~[kʰ],[ts]~[tsʰ],[tɕ]~[tɕʰ],[tʂ]~[tʂʰ]

3. **鼻音和口音**:发音时气流从鼻腔出来就会发出鼻音(纯鼻音或者鼻化音);如果气流不进入鼻腔,气流从口腔流出来,发出的音就是口音。鼻音如辅音[m][n][ɱ][ŋ],口音如辅音[p][t][k]。

发音时气流受阻的部位不同可以使发出来的音听上去有区别;发音方法不同也可以使发出来的音听上去有区别。所谓发音方法包括以下几个方面:阻塞－爆破、摩擦、阻塞加摩擦、发音器官震颤、声带振动或不振动、出气或吸气等。如果发音时发音器官的某两个互相接触的部分形成阻塞,堵住气流的通路,气流用爆破的方式冲破阻碍,使阻塞的部位突然打开,这就是塞音,或者称为爆破音。例如[b][d][p][t][g][k][pʰ][tʰ][kʰ]。这些音发音时都是先形成阻塞,然后再突然打开。当然也有阻塞一直不打开的情形,这使得发出来的塞音没有除阻过程,就如同朝鲜语的姓氏"朴"[park]结尾的辅音,或者闽南话的"鸭"[ap]结尾的辅音;如果发音时发音器官的某两个互相接触的部位不是紧紧地闭合,而是留出一条缝隙,让气流通过这条缝隙时发出摩擦的声音,这样发出来的声音就是擦音。例如[z][x][s][f][v][ɕ][ʂ][ʐ][ʃ]。阻塞和摩擦两种方法可以配合使用,先由互相接触的两个发音器官形成阻碍,然后不改变发音部位,不改变声带形成的阻碍或者不形成阻碍的方式,把阻塞的部位马上打开,让气流从留出的缝隙中流出,造成摩擦。这样发出来的声音就是塞擦音。塞擦音发音时塞音和擦音几乎同时发出,听上去就是一个音素。例如[ts][tsʰ][tʂ][tʂʰ][tɕ][tɕʰ][tʃ][tʃʰ]。如果发音时舌尖或者小舌连续颤动,气流通过时不断地受阻又不断地冲破阻碍,发出一串"嘟噜"的声音,这就是颤音。舌尖颤动发出的颤音叫作舌尖颤音,小舌颤动发出的颤音叫作小舌颤音。俄语有舌尖颤音[r],德语有小舌颤音[R]。与颤音有联系的是闪音,发音时舌尖只颤动一次,例如英语的 very、rush 中的[ɾ]。汉语没有颤音和闪音,日语也没有颤音和闪音,所以说汉语的人和说日语的人在发颤音和闪音时有一定的困难,有时会用边音代替闪音。例如中国人把 Russia 翻译成"罗刹",日本人把 beer 翻译成ビル[bilu]。如果发音时气流从舌头两侧流出,舌头和上腭接触的部位在气流通过时打开,发出来的音就是边音[l]。汉语的"了"和英语的 little 开头的辅音都是边音。

(三) 常见辅音列表

根据发音部位和发音方法我们可以列出一个辅音矩阵,每一个音素在这个矩阵中都能找到自己的位置。我们只把一些常见的辅音列举出来。

表 4—2

发音方法		双唇音	唇齿音	齿间音	舌尖前	舌尖后	舌叶音	舌面前	舌面中	舌面后	小舌音	喉音
塞音	清	p pʰ			t tʰ	ʈ		c		k kʰ	q qʰ	ʔ
	浊	b			d	ɖ		ɟ		g		
鼻音	浊	m	ɱ		n	ɳ		ɲ		ŋ	N	
擦音	清	ɸ	f	θ	s	ʂ	ʃ	ɕ	ç	x	ʁ	h
	浊		v	ð	z	ʐ	ʒ	ʑ		ɣ		
塞擦音	清				ts tsʰ	tʂ tʂʰ	tʃ tʃʰ	tɕ tɕʰ				
	浊				dz	dʐ	dʒ	dʑ				
颤音	浊				r						R	
闪音	浊											
边音	浊				l							
半元音	浊	w						j	ɥ			

根据发音部位和发音方法,每一个辅音都能找到自己的坐标,每一个辅音也都获得一个描述性名称。例如:

[p]双唇音,不送气清塞音

[pʰ]双唇音,送气清塞音

[b]双唇音,不送气浊塞音

[m]双唇音,浊音,鼻音

[ɸ]双唇音,清音,擦音

[ɱ]唇齿音,浊音,鼻音

[f]唇齿音,清音,擦音

[v]唇齿音,浊音,擦音

[θ]齿间音,清音,擦音

[ð]齿间音,浊音,擦音

[t]舌尖前音,不送气清塞音

[tʰ]舌尖后音,送气清塞音

[d]舌尖前音,不送气浊塞音

[n]舌尖前音,浊音,鼻音

[l]舌尖前音,浊音,边音

[s]舌尖前音,清音,擦音

[z]舌尖前音,浊音,擦音

[ts]舌尖前音,不送气清塞擦音

[tsʰ]舌尖前音,送气清塞擦音

[dz]舌尖前音,不送气浊塞擦音

[r]舌尖前音,浊音,颤音

余者依此类推,我们可以通过这个辅音表知道每一个音标的发音部位和发音方法,从而确定每一个音的音质。通过这个辅音矩阵,我们也可以很清楚地看出一些音素之间的区别和联系,看到语音的系统性。

第四节 语音的心理属性

一、语音的主观性

从物理属性上说,语音是一些客观的物理振动引起的听觉反应,这些物理振动我们可以测量它们的频率、强度和响度,但是这些物理声音在说话人和听话人那里归属于哪一个语音范畴,代表什么意思,那就完全是另外一码事了,因为语音不是单纯的物理声音。语音的发音和语音的感知都是复杂的生理心理活动,这个过程充满了主观性。瑞士语言学家索绪尔曾经说过,语言符号只是一些心理的语音形象。在不同的社会环境中长大的人对相同的语音形象可能有不同的感知结果,这就是语音有主观性的一个证明。比方说我们在学习外语的时候,老师一直在给我们纠正某些音的发音,因为我们自己认为我们发出来的那个音就是目的语中的那个音,而事实上不是。试举两个例子:

例一:在北京,一些学习者在学习英语双唇音[w]的时候发成了唇齿音[v],把 very well 两个词的开头音素都发成唇齿音[v],对于这一点老师听得十分清楚,但学习者是不自觉的,因为在这些学习者的母语中,双唇音[w]与唇齿音[v]没有分别。在他们的母方言中,"伟大""威力""万事如意"中的"伟""威"和"万"都可以发成唇齿音[v-],说的人和听的人都觉察不到。调查结果显示,在北京人中,双唇音[w]在很多音素组合中可以跟[v]自由替换而不影响交际。因此在学习英语的时候,会把这两个音作为自由变体进行替换。

例二:一些母语为阿拉伯语的学习者在学习汉语声调的时候掌握不好相对音高,"生活"的调值是[55+35],调型是前高平后降升,但是学习者在发音的时候"生活"听上去很像"生火"。原因在哪里呢?我们来看一下汉语声调的五度标音法:

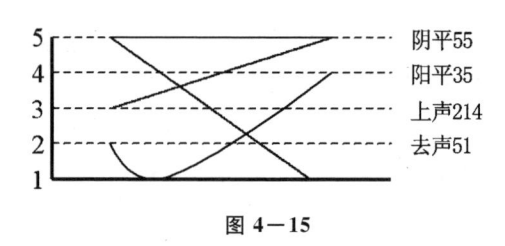

图 4—15

根据这样一个五度标音法,如果按照绝对音高来发音的话,阴平"生"读成 55 是没有问题的,它确定了五度音高的最高基调,而"活"要读成 35,它的最高点要与 55 对齐,把 55+35 连在一起读就成了"生火"。纠正的办法是告诉学习者汉语的四声只是一个相对音高,不能按照五度标音的绝对音高来处理。"活"的调型起点要跟"生"一般高,而"活"的调型终点要比"生"高两度。让学习者试着用 55+57 的办法来读,效果果然很好。当然这个例子也说明了语音的主观性是一个不争的事实:在这些学习者那里,他们认为"生活"和"生火"没有什么分别,因为他们听不出这两者之间有什么区别。

例三:美国学习者在说"我是美国人"的时候总是把人念成 ruen,这是因为美国学习者分不清英语里面的闪音[r]与汉语的浊擦音[z]之间的分别。因为在英语里凡是在音节开头的闪音都读成圆唇音,如 Russian、Robert、report、rabbit 等。

语音的主观性还表现在音位的自由变体上,我们下一节会讲到。在汉语方言里,鼻音[n]和边音[l]混用的现象遍及西北、西南以及江淮官话区。生活在这些地区的人无法分辨它们的区别。在汉语北方方言的东北次方言里,后半高圆唇元音[o]与央元音[ə]经常混用,例如"模式"的"模"、"佛陀"的"佛",普通话规范读音应该是[mo][fo],但是东北次方言会念成[mə][fə],因为这些方言区的人意识不到[mo]与[mə]、[fo]与[fə]的区别。

二、语音的心理声学测量

我们的一切感知活动都与我们的大脑有关系,与大脑的神经活动有关系。我们的大脑不仅是一个巨大的信息存储器,它也是一个超级的信息分析装置。神经科学家们与语言学家合作,试图搞清楚语言理解的过程,但是迄今为止他们的认识还很有限。他们注意到了神经系统的构造和神经元的存在,但是对神经系统的协作过程、对每一个神经元单独作业的过程都还不甚了然。因为我们的神经元有几十亿个,由它们发出指令,控制你的肌肉和其他生理器官完成复杂的发音过程或者感知过程。大脑是神经中枢,我们的思维过程是在那里完成的。思维是大脑的高级组织形式,概念、思想在那里形成并通过神经系统转换为神经冲动(像脉冲一样),神经冲动再转化为发音器官的协调运动,这个过程完全是生理的。但是我们已经了解到一个事实:我们的神经系统不仅仅是一套遗传的装置,它还会受到后天经验的影响。语音的主观性就是后天经验的结果。

语音的心理声学测量主要是在语音感知方面。科学家们在实验室设计了一些程序,他们想测量的是:我们的耳朵是如何把一个复合音分解成它的分音的；响度如何影响我们的音感；如何解释语音感知中的掩蔽效应[①]。所谓掩蔽效应指的是在一个噪音环境中,某些频率段的声音会掩蔽另外一些声音,实验者设定掩蔽者和被掩蔽者的阈限(一个声音刚好掩蔽另外一个声音的极限强度),测量在什么样的强度比率掩蔽的效应最强。实验得出的结论是:一个纯音最有效的掩蔽效应总是作用于那些在频率上与自己最接近的纯音,而对那些频率与自己相差较远的纯音掩蔽作用不明显;低频的纯音能够有效地掩蔽高频的纯音,而高频的纯音对于低频的纯音的掩蔽作用要低得多。有一个现象很值得注意,我们在一个被噪声掩蔽的语音环境中很容易就会分辨出我们熟悉的人讲话的声音,而对那些我们不熟悉的人所说的话我们则不敏感;另外我们在噪声掩蔽的环境中比较容易分辨我们熟悉的语言,而对那些我们不熟悉的语言则无法分辨;在一个噪声掩蔽的环境里,我们对自己的名字最敏感。在一片嘈杂的话语声中,我们根本无法听清楚谁在说什么,但是如果有人提到自己的名字,你会马上产生反应。这种对不同刺激的敏感效应取决于我们的生活经验和刺激的强度。自己熟悉的人的声音、自己熟悉的语言、自己的名字在神经存储器中有特别的感应机制,即使在噪声环境中也比其他的声音更容易激活。

语音的心理声学测量方法一是利用听力测验的方式,让被试在不同的语音环境中进行听辨测验,找到影响听辨结果的因素;二是利用眼动设备,记录无声阅读时视线移动的轨迹和在某些目标词语上面停留的时间,来观察言语理解的过程;三是利用计算机模拟技术来重构语音感知的过程。

三、语音的感知与上下文

上下文环境对于语音的感知也会产生影响。语音最自然的存在状态不是孤立的,而是存在于语音串中,语音受前后语音环境的影响会发生改变,语音

[①] 参看 P. B. 邓斯、E. N. 平森(1983)《言语链——说和听的科学》,曹剑芬、任宏谟译,吴宗济、张家禄校,中国社会科学出版社。原书副标题直译应该是"口头语言的物理学和生物学",在这部小书里作者讨论了很多语音感知及其生理基础的内容,虽然内容已经不是最新鲜的了,但由于作者出自贝尔电话实验室,所以很值得一读。

的感知也会受到语义的影响。语音受前后语音环境影响而发生改变的现象叫作语流音变,我们下文要讨论到。语音受上下文影响而使语音的意义在感知上发生改变,这就是语音感知的语境效应。心理声学专家们设计了许多实验,主要想知道的是一个被试注意倾听时,他听到了什么?他听到的是不是实验给出的刺激?如果他把一个音听成了另外一个音,是什么因素影响了他的选择?是音长?是音高?还是音强?把一些刺激音放在一个敏感的环境里,被试总是倾向于选择跟自己关系最密切的答案。这一类实验的主观性是很大的,个体之间的差异非常明显。我们日常生活中发生的误解现象也能说明语音感知的主观特性。例如:"美好"和"没好"由于变调的原因听上去没有什么区别,让不同的人听,语境完全相同,健康的人选择的是"美好",生病的人选择的是"没好"。又比如"公式""攻势""工事""公示",语音形式完全一样,在相同的语境中,学数学的人选择"公式",关心军事的人选择"攻势"或者"工事",关心干部选拔任用的人选择"公示"。还有一种"嗒"声实验,实验者把一些音去掉,代之以"嗒"音,在一定的语音环境中被试总是能够把去掉的音补出来;实验者又进一步把"嗒"音也去掉,让另外的被试听,结果被试根据自己的语音经验和上下文环境也能把完全没有出现的音补出来。我们现在所使用的语音输入法就是充分利用了语音上下文感知环境效应的成果。我们发现计算机可以自动辨别说话人所说的语音到底是哪个意义,然后根据上下文效应把它转换成正确的文字,在转换的过程中我们会看到程序在持续地监控和修正自己的错误。语音输入法还允许对不同方言区的普通话语音进行特别的设置,以适应方言区的人普通话发音不准确的问题。在这里语音的上下文环境起到了关键的作用。

第五节 语音的感知

一、感知器官——耳的构造

人耳是一个构造十分精巧的接收装置。最外边我们能够看到的最显眼的是耳郭,从耳郭往里边去是外耳道,外耳道是一个管道,最里端为耳鼓,其中的鼓膜是最重要的装置,它可以把人听到的声音放大。由耳郭—耳道—耳鼓—鼓膜组合而成的这部分器官叫作外耳。耳道长约 2.5 厘米,直径平均约 0.7 厘米。耳道共振频率为 3500 赫兹,声波进入耳道以后,接近于 3500 赫兹的频率因共振作用而被放大两倍以上,因此一般人对于 3000—4000Hz 的声音最为敏感。鼓膜厚度只有 0.01 厘米,对声波的刺激十分敏感。

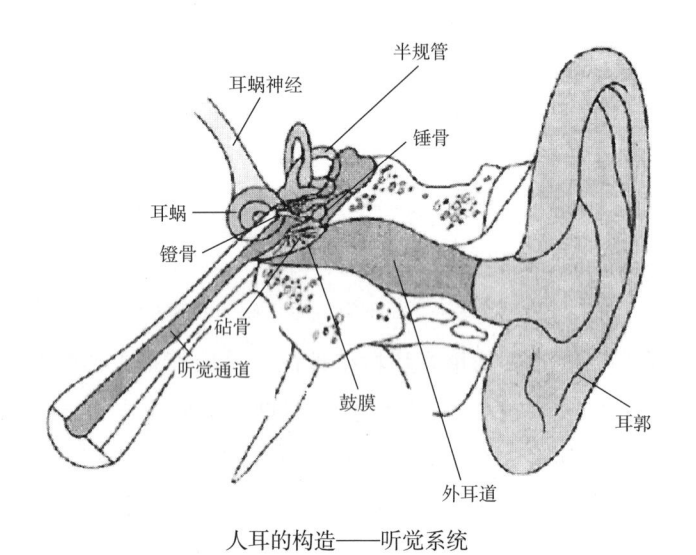

人耳的构造——听觉系统

图 4—16

中耳约 2 立方厘米,由三块听小骨——锤骨、砧骨和镫骨作为传导装置,把鼓膜和内耳连接起来,它们是鼓膜和内耳之间的机械链。鼓膜受到振动后推动锤骨,锤骨推动砧骨,砧骨再推动镫骨。镫骨底板覆盖在前庭窗上,前庭窗是一块面积相当于鼓膜二十五分之一的薄膜,它受到的压力比鼓膜要大得多,因此内耳受到的振动更大,这大大提高了人类的听觉能力。

内耳由半规管、耳蜗、听觉通道(咽鼓管)和听觉神经组成。咽鼓管的作用是和外界沟通空气,调节气压,使鼓膜内外两面的压力保持平衡。半规管的作用是保持平衡,与听觉系统无关。前庭窗是内耳的入口,耳蜗是一条盘起来的管子,中间有条细导管,叫作耳蜗导管或耳蜗中阶,它把耳蜗分成上下两个部分,里边充满了淋巴液,其黏度是水的两倍,耳蜗隔膜上有一个开口,上下两部分的淋巴液可以流通。从机械振动到神经冲动转换的重要阶段是在耳蜗管中完成的。耳蜗中最重要的器官叫作柯替氏器螺旋器,柯替氏器的基底膜上有数以万计的毛细胞,上端和耳蜗覆膜相连,轴突的部分直接与听神经相连,把接收到的刺激转化为神经冲动,传给大脑。

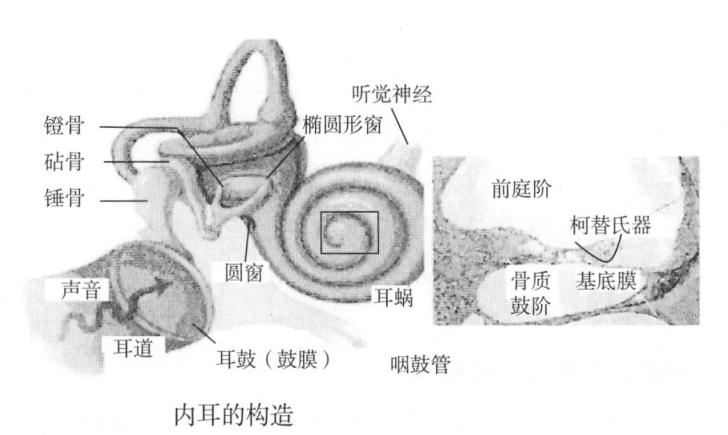

内耳的构造

图 4—17

二、听觉和语音识别

发音、声波、听觉感知三者的关系是很复杂的。发音是生理心理过程,我们听到的音和我们预想要发出来的音可能是不一样的,我们要随时监控并进行修正,这就是发音、声波和听觉感知之间的关系。声波是物理性的,任何一个声波都是客观的,但是在听话人那里,相同的声波可能被感知为不同的音,不同的声波也可能被感知为相同的音。我们可以做以下的实验:

(一) 声波相同,听辨结果可以不同

下面的一些儿化音是由不同的韵母儿化以后形成的,在北京话中儿化以后的词汇有很多已经难以分辨。实验者让北京人听下面成对的儿化词汇(王理嘉、贺宁基,1985),听到的结果如下表 4—3:

表 4—3

ai～an	牌儿～盘儿	99％混
ua～uan	瓜儿～官儿	98％混
uei～uen	堆儿～墩儿	98.5％混
i～en	枝儿～针儿	97.5％混
uo～uan	活儿～魂儿	95.5％分
e～en	歌儿～根儿	79％分

我们发现如果单纯地让被试听音分辨，不同韵母儿化以后形成的词汇大部分已经混了。以上这些难以分辨的词汇声波可能相同，大部分人听不出它们的分别。但是听辨结果还是有分歧的，这说明还有其他因素在影响语音感知的结果。

（二）声波不同，听辨结果相同

与上面不同的是，有一些音声波不同，但是在某些人听来却没有分别。例如成都人[n]～[l]不分，在成都人听来，"南""兰"是一样的。又比如对于上海人来说，[in]～[iŋ]也是难以分辨的，"殷"和"英"没有分别；对于吴语区的人来说，"王"（[uaŋ]）和"黄"（[xuaŋ]）也是难以分辨的。对于日本人来说，很难区分汉语的[u]和日语的[ɯ]，也很难分辨汉语的[f]和日语的[v]。对于韩国人来说，经常搞混[f]和[p]，这是因为韩国语里边没有轻唇音。对于壮族人来说，很难区别送气音和不送气音，他们分不清"狗"和"口"，因为在壮语中不区分送气音和不送气音。对他们来说，"肚子"和"兔子"没有分别，"好胃口"和"好喂狗"也没有分别。

语音识别是经过大脑加工的，听话人会挑选有用的特征，而把无用的信息过滤掉。

（三）速度变化与语音识别

语速的快慢也会影响到听辨结果，例如：

/ba/放慢到 100msc，听起来像/wa/；

/ba/放慢到 150msc，听起来像/hwa/。

（四）语音识别的范畴化作用

人们可以分辨许多刺激，但是不能给它们归类，比如人们可以识别许多颜色，但是要鉴别它们属于哪个范畴则不过是赤橙黄绿青蓝紫等等，因为在我们的颜色范畴里只有这么多个类别。我们可以根据物理的光谱变化把色彩分成许多块，但是在日常生活中我们总是把它们分成有限的类。同理，我们可以分辨出不同的音质（如[a][ɐ][ɑ]），但是在语音识别过程中我们总是把它们归为有限的类。这就是音位的概念。属于同一个音位的音素在识别中总是被归为同一范畴，而舍弃了许多非本质性的特征。对于听话人来说，在他的语言社群中属于同一个语音范畴的音在识别时不容易区别，而不属于同一语音范畴的音在识别时很容易区别。这就是语音识别的范畴化作用造成的。

第六节 音位的发现与归纳

一、音位的概念

（一）音位(phoneme)

音位是某一语言或方言中有区别意义作用的最小的语音单位。例如[p]和[pʰ]在汉语普通话中能够区别意义（[pʌ]和[pʰʌ]意思不一样，一个是"巴"，一个是"趴"，在普通话中它们有不同的意义），所以[p]和[pʰ]是不同的音位。而在普通话中，[p]和[b]不能区别意义（[pʌ]和[bʌ]听上去没有区别），因此它们是一个音位的两个音素(phone)，我们把这两个音素称作这个音位的变体。

（二）音位变体

音位是一个集合概念，在某一语言或方言中，被归纳为一个音位的各个音素被称作这个音位的音位变体(allphone)。

那么音位是如何归纳出来的呢？语言学家在归纳音位时遵循一些原则，这就是归纳音位的原则。

二、归纳音位的原则

(一) 对立的原则(分的原则)

两个音素 a、b，如果能够出现在相同的语音环境 X__Y 里，互相替换之后会产生意义上的差别，即：X a Y ≠ X b Y，那么我们可以判断 a 与 b 是对立的。对立的音素属于不同的音位。例如：

在 C+V 组合中，[p][t][k]/u♯ 在汉语普通话中是可以接受的(意思是[p][t][k]都可以出现在后高元音[u]前，斜线后边是它们出现的语音环境，井号♯代表音节界限，大写字母 C 代表辅音，大写字母 V 代表元音。下同)。[pu][tu][ku]可以形成不同的词汇，比如以去声来念"布""度""故"意思不同，所以[p][t][k]应该归为不同的音位。我们再看这三个辅音在另外的语音环境中的表现，[p][t][k]/A♯，它们在汉语普通话中是可以接受的，"巴""哒""嘎"在意义上是有区别的，所以根据对立的原则[p][t][k]应该归为不同的音位。音位我们用双斜线这个符号来标记，就是/p//t//k/。

(二) 互补原则(合的原则)

两个音素 a、b，如果不能够出现在相同的语音环境 X__Y 里，而它们出现的环境又是互补的，即：当 X a Y 成立的时候，X b Y 不成立，反之亦然，那么我们可以判断 a 与 b 是互补分布的(complementary distribution)。互补分布的音素可以归纳为一个音位。例如：

$$\begin{cases} [a]/(C)(i/y)^①\_\_n（安，烟，渊，间，娟）\\ [A]/(C)(i/u)\_\_♯（阿，呀，哇，家，瓜）\\ [ɑ]/♯(i)\_\_u/ŋ（奥，遥，昂，阳）\end{cases}$$

---

① 括号里的音素是选择性的，可以出现也可以不出现；不加括号就是强制性的，必须出现。

$$\begin{cases} [i]/tɕ/tɕ^h/ɕ\_\_ 或 \#\_\_\# (鸡,期,西,衣) \\ [ɿ]/ts/ts^h/s\_\_\# (滋,茨,思) \\ [ʅ]/tʂ/tʂ^h/ʂ/ʐ\_\_\# (之,痴,施,日) \\ [ɪ]/(C)(u)a/e\_\_\# (歪,薇,爱,诶,乖,归) \end{cases}$$

上面[a][A][ɑ]三个音素在普通话中都是互补分布的,因此可以归为一个音位,我们用最常用的字母/a/来做它们的代表,[a][A][ɑ]是音位/a/的音位变体。同理,上面[i][ɿ][ʅ][ɪ]四个音素也是互补分布的,可以归并为一个音位/i/,[i][ɿ][ʅ][ɪ]四个音素就是音位/i/的音位变体。

在汉语普通话中,[m]与[ŋ]也是互补分布的,[m]只出现在音节的开头,而[ŋ]只出现在音节的结尾,例如"面"[mian]中的[m]是音节的开头部分,"光"[kuɑŋ]中的[ŋ]是音节的结尾部分,这两个音素从来不会出现在相同的语音环境中,也就是说,在现代汉语普通话中没有[-m]或者[ŋ-]这样的音素组合(在古代汉语中有这样的组合)。根据互补分布可以合并为一个音位的原则,这两个音是可以合并的。之所以分立为两个音位主要是考虑到另外的因素。在汉语的历史上,这两个音不是互补分布的,它们既可以出现在音节的开头,也可以出现在音节的结尾。又比如在汉语普通话中[k][k^h][x]和[tɕ][tɕ^h][ɕ]这两组音素也是互补分布的,[k][k^h][x]只能与开口呼、合口呼的韵母相拼,[tɕ][tɕ^h][ɕ]只能跟齐齿呼、撮口呼的韵母相拼:

表4—4

	开口呼	齐齿呼	合口呼	撮口呼
[k][k^h][x]	+	−	+	−
[tɕ][tɕ^h][ɕ]	−	+	−	+

互补分布的意思就是凡是你能出现的地方我都不出现,反之亦然。我们已经知道在普通话中[k][k^h][x]与[tɕ][tɕ^h][ɕ]是互补分布的,之所以不把它们合并为一套音位,主要是考虑它们在语音上不相近,同时也要考虑历史音韵关系和系统性。所以归纳音位的第三个原则就是语音相近的原则。

(三) 语音相近原则（合的原则）

处于互补关系中的音素可以归并为一个音位，但并不是一定要归并为一个音位，还要考虑到它们在当地人的语感中语音是否相近，如上面说到在普通话中[k][kʰ][x]与[tɕ][tɕʰ][ɕ]是互补分布的，它们在语音感知上也不相近。其实[tɕ][tɕʰ][ɕ]与[ts][tsʰ][s]、[tʂ][tʂʰ][ʂ][ʐ]也是互补分布的：[tɕ][tɕʰ][ɕ]只能与[i][y]或者以[i][y]为介音的韵母相拼，而[ts][tsʰ][s]只能与[ɿ][A][ɚ]相拼，[tʂ][tʂʰ][ʂ][ʐ]只能与[ʅ][A][ɚ]相拼，列表如下：

表 4—5

	[i][y]或者以[i][y]为介音的韵母	[ɿ]	[ʅ]	[A]	[ɚ]
[tɕ][tɕʰ][ɕ]	+	−	−	−	−
[ts][tsʰ][s]	−	+	−	+	+
[tʂ][tʂʰ][ʂ][ʐ]	−	−	+	+	+

之所以不把它们合并为一套音位，一是因为它们在语音上不相近，二是考虑到音位的系统性和历史音韵关系。

(四) 参考因素

参考因素涉及语音的系统性、与历史上的语音系统的对应和经济原则。语音的系统性、历史音韵关系以及经济性都是参考原则。例如上面说到的普通话中的[k][kʰ][x]与[tɕ][tɕʰ][ɕ]在现代汉语普通话这个共时平面是互补分布的，如果从经济原则出发，把它们合并为一套音位/k//kʰ//x/也是可以的，从创制字母文字的角度看，可以节约三个字母，比如在汉语拼音方案中 g, k, h, j, q, x 是 6 个字母，因为在普通话中我们是把它们按照 6 个音位来处理的。如果按照 3 个音位来处理，就可以不用 j, q, x 三个字母了。结果就是：开口呼和合口呼的时候读如[k][kʰ][x]，齐齿呼和撮口呼的时候读如[tɕ][tɕʰ][ɕ]，如 gai, kai, hai 读如[kai]（该）、[kʰai]（开）、[xai]（嗨），gia, kia, hia 读如[tɕiA]（家）、[tɕʰiA]（掐）、[ɕiA]（瞎）。现在的汉语拼音方案没有采取这样的处理方式，这样可以使得汉语语音系统的整齐性看得很清楚，三组塞擦音各有各的地位。在归纳音位的时候,要照顾到语音的系统性以及历史上语音系统的对应关系。相比之下,经济性原则没有那么重要。

三、音位变体

处于互补关系中的语音相近的音素彼此不对立,我们可以把它们归纳为一个音位,被归并为一个音位的各个音素就是这个音位的变体。例如[a][A][ɑ]在汉语普通话中可以归纳为音位/a/,这样,被归纳为一个音位的各个音素就叫作这个音位的音位变体,[a][A][ɑ]在汉语普通话中就是音位/a/的音位变体。音位变体又分为条件变体和自由变体两种。

(一)条件变体

某一个音位的若干个变体出现的环境受语音条件制约,这几个音位变体就叫作这个音位的条件变体。例如汉语普通话元音音位/i/:

$$/i/\begin{cases}\longrightarrow [i]/tɕ,tɕ^h,ɕ\_\_或 \#\_\_\#(鸡,栖,息,衣)\\ \longrightarrow [ɿ]/ts,ts^h,s\_\_\#(滋,茨,思)\\ \longrightarrow [ʅ]/tʂ,tʂ^h,ʂ,ʐ\_\_\#(之,痴,施,日)\\ \longrightarrow [ɪ]/(C)(u)a 或 e\_\_\#(歪,薇,爱,诶,乖,归)\end{cases}$$

上边条件变体的表达式可以这样理解:音位/i/在声母tɕ,tɕ^h,ɕ之后,或者单独出现的时候读如[i],在ts,ts^h,s之后读如[ɿ],在tʂ,tʂ^h,ʂ,ʐ之后读如[ʅ],在韵尾的位置上,如[aɪ][eɪ],读如[ɪ]。

又如英语:

$$/p/\begin{cases}\longrightarrow [p]//s\_\_(spark [spɑːk])\\ \longrightarrow [p^h]/\#\_\_或\_\_\#(carp [kɑːp]、part[p^hɑːt])\end{cases}$$

英语的塞音在擦音后读不送气音,在音节结尾或开头读送气音。因为擦音在发音的时候会有气流流出,如果后边的音还要继续送气的话就会消耗更多的气流,为了省力擦音后边的塞音都不送气。

(二)自由变体

在某些语言或方言中,处于同样语音环境中的几个音素可以自由替换而

不区别意义,这几个音素可以归并为一个音位,它们就是这个音位的自由变体。例如:

重庆、武汉、孝感、南京、兰州话中的鼻音[n]和边音[l]就是一个音位的自由变体。其中孝感话在开合二呼中是自由变体,如"脑"和"老"不分,"弩"和"鲁"不分;但是在齐撮二呼前只读[n],如"尼""女"和"离""吕"都读成[n-]。而兰州话在任何条件下都是任意读[n]或者[l]。可见自由变体还有不完全自由变体和完全自由变体之分。在北京话中,[w]和[v]是自由变体,但它们是不完全的自由变体,在"文""王""为"中读[w]或[v]都可以,在"我""挖""屋"中只能读[w]。

(三) 音位与变体的关系

音位与变体之间的关系有点像集合与元素之间的关系,或者说类别和成员之间的关系。一个音位就是一些音素的集合,而每一个变体就是这个集合中的一个元素。每一个音位都选择某一个变体作为代表,如/a/在北京话中就是[a][ɑ][ʌ][ɐ][æ]五个变体的代表。

音位是特定语言或方言中有区别意义作用的最小的语音单位,离开了特定的语音系统便没有音位,正如同红灯在十字路口和暗房里的作用不同一样,一个音素在不同的语音系统中作用也不一样,离开了特定的系统我们便无法确定它的作用。说一个音与另一个音是不是有区别,一定不能脱离具体的语言或者方言,所以音位的确定是不能离开具体的语言或者方言的。我们可以这样理解:音素是从物理声学的角度区分出来的最小的语音单位,它不考虑哪一种具体的语言和方言,而音位是从使用者和系统性的角度区分出来的最小的语言单位,它不能脱离某一具体的语言或方言。

四、音质音位和非音质音位

音位又可以区分为音质音位和非音质音位。从音质的角度分析出来的音位叫作音质音位。例如我们前面所举的例子都是从音质的角度区分出来的,所以它们都是音质音位。除了音质能够区别意义之外,有时音高、音长、音重也能区别意义,例如在英语里长短元音有区别意义的作用,这就是时长区别意义的例子。

表 4—6

[ɑ]	[ɑː]	[iː]	[i]
cap	carp	deep	dip
am	arm	sleep	slip
ham	harm	bead	bid
ant	aunt	feet	fit
cat	cart	seat	sit
chat	chart	seek	sick
hat	heart	leave	live
cad	card	ease	is
lad	lard	meal	mill

音高在很多语言或方言里也有区别意义的作用。例如汉语北方方言的天津话就是利用音高来区分调类的:

　　妈[mʌ22]（阴平,低平调）

　　骂[mʌ55]（去声,高平调）

又如北京话可以利用音重区别意义:

　　地道[ti51 tɑu51]（两个音节音重相同,名词,指地下通道）

　　地·道[ti51·təu]（两个音节前重后轻,形容词,意为真正的、纯粹的）

非音质音位在英语里有重音构词的例子,如:

　　pre′sent　及物动词,赠与;提出;表示;演出;介绍展现;表现

　　′present　形容词,现场的,现在的,当前的;名词,现在,目前

非音质音位在不同的语言中作用不同,例如在汉语中一个音节的高低、轻重、曲折、长短变化都可以有区别意义的作用,而在印欧语系的语言里,音

节的高低、曲折变化通常不区别意义，但是长短变化和轻重变化能够区别意义。

第七节 音位的聚合和组合

一、音位的聚合

（一）区别特征 DF

在某一语言或方言中，音位与音位之间的区别往往就表现在一些语音特征上，我们把这些语音特征叫作区别性特征（DF）。音位的对立实际上只是一个或几个区别性特征的对立。例如：

表 4—7

/p/	双唇	塞	清	不送气
/pʰ/	双唇	塞	清	送气

/t/	舌尖前	塞	清	不送气
/k/	舌尖后	塞	清	不送气

/p/和/pʰ/的区别只在送气和不送气这一对区别特征上，/t/和/k/的区别只在发音部位一个是舌尖前，一个是舌尖后这一对区别特征上。以上区别特征都是从发音的角度分析出来的，每个音位都有许多发音方面的特征，选择哪些作为区别性特征要看那些特征在音位系统里的地位。在同一音位系统里能把所有的音位区分开的特征就是这个音位系统里所必需的发音特征。例如在汉语普通话中，区别性特征可以用二分的办法分出若干个对儿。

  (1)有阻/无阻 (2)鼻音/口音 (3)唇音/舌音 (4)舌尖/舌面
  (5)塞音/擦音 (6)送气/不送气 (7)清/浊 (8)前/后
  (9)高/低 (10)圆唇/展唇

我们可以用区别特征矩阵把辅音之间的区别描述得十分清楚。例如音位/k/

和/kʰ/的区别我们可以用矩阵来描述：

表 4—8

	舌尖后	塞	清	送气
/k/	＋	＋	＋	＋
/kʰ/	＋	＋	＋	－

音位/k/和/kʰ/之间的区别只在送气和不送气这一对区别特征上。其他的可以依此类推。

（二）聚合群

音位不是孤立的，每个音位都通过自己的区别特征与其他的音位相联系，聚合成一个集合。如北京话音位/p/处于双向聚合群中：

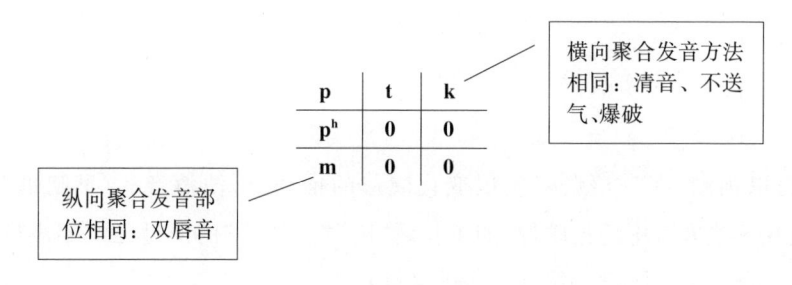

	p	t	k
pʰ	0	0	
m	0	0	

横向聚合发音方法相同：清音、不送气、爆破

纵向聚合发音部位相同：双唇音

图 4—18

平行、对称、成系统，这是音位聚合系统性的特点。根据音位聚合的系统性，我们可以把图 4—18 矩阵中 0 位置上的音位补出来/ŋ/：

	p	t	k
	pʰ	tʰ	kʰ
	m	n	0

图 4—19

根据音位聚合的特点我们可以举一反三。例如：在普通话中/k, kʰ, x/是一个聚合群的音位，我们知道音位/k/可以与开口呼、合口呼拼合，不能与齐齿呼、撮口呼拼合，我们就可以推知同一聚合群中的/kʰ//x/几个音位也可以与开口呼、合口呼拼合,不能与齐齿呼、撮口呼拼合;/tɕ,tɕʰ,ɕ/也是一个聚合群中的不同音位,其中的/tɕ/可以和齐齿呼、撮口呼组合,不能与开口呼和合口呼拼合,我们也可以推知其他的两个音位也可以和齐齿呼、撮口呼组合,不能与开口呼和合口呼拼合。

由于语言的发展变化,平行对称的系统常常被打破。如:

ts　tsʰ　s　z

tɕ　tɕʰ　ɕ　ʑ

tʂ　tʂʰ　ʂ　ʐ

这是一个平行的和对称的系统,它属于中古汉语的音位系统。随着语音系统的发展变化,浊擦音已经清化,所以/z/和/ʑ/两个音位已经消失,只有来自中古音日母(中古三十六字母之一)的音位/ʐ/还没有清化。于是系统就出现了不对称的局面:

ts　tsʰ　s

tɕ　tɕʰ　ɕ

tʂ　tʂʰ　ʂ　ʐ

可以预测,在汉语语音发展变化规律的推动下,浊擦音/ʐ/早晚也会消失,这在一些方言中已见端倪,如东北话"肉""人""然"的声母已经零声母化,读为[iou⁵¹](又)、[in³⁵](银)和[ian³⁵](言)。

在组合关系上也一样,如在普通话中/m,n,ŋ/是一个音位聚合体,它们的组合关系也曾经是对称的,例如在中古汉语中:

表 4—9

	声母	韵尾
m	+	+
n	+	+
ŋ	+	+

由于语音系统的演变,目前在普通话的语音系统中这种对称性已经被打破,形成不对称的格局,/m/只能出现在音节开头的部分,不再能出现在音节结尾部分;而/ŋ/只能出现在音节结尾的部分,不再能出现在音节开头的部分:

表 4—10

	声母	韵尾
m	＋	－
n	＋	＋
ŋ	－	＋

二、音位的组合

(一) 音节

音节是语言中最自然的听觉单位。我们听到一个语符串，其实听到的是一个个边界清楚的语音单位，这个语音单位就是音节。在语音学里，音节划分是一个十分困难的问题，有各种各样的尝试，似乎都不是很成功。也就是说，音节对于我们人类来说是自然的语音单位，我们凭自己的听觉器官可以把音节切分出来，但是在实验室里要做到这一点却并不是很容易。在汉语里，一个汉字通常就代表一个音节。汉语的音节结构是这样的：

	声调		
声母	韵母		
	韵头	韵腹	韵尾

图 4—20

我们先把声调切分出来，然后再把音节切分为声母和韵母两部分。韵母又可以切分为韵头、韵腹和韵尾。例如"交"[tɕiɑu⁵⁵]我们可以这样分析：

	声调 55		
声母 tɕ	韵母		
	韵头 i	韵腹 ɑ	韵尾 u

图 4—21

音位在进入组合层面时是有规律可循的。我们以普通话音节组合表为例：

表 4—11

声母	四呼			
	开口呼	齐齿呼	合口呼	撮口呼
p pʰ m	+	+	(u)	—
f	+	—	(u)	
t tʰ n l	+	+	+	/t tʰ/ — /n l/ +
ts tsʰ s	+	—	+	—
tʂ tʂʰ ʂ ʐ	+	—	+	—
tɕ tɕʰ ɕ	—	+	—	+
k kʰ x	+	—	+	—

汉语普通话的音节只有 410 个左右。但是我们可以用上面的矩阵来把全部的组合规律表达出来。

(二) 语流音变

音位和音位在组合时由于受到邻音的影响，或者由于说话时语流的快慢、强弱、高低的变化，有些音位会发生变化，这种变化就叫作语流音变。语流音变有同化、异化、弱化和脱落四种。

1. 同化：不同的音位在语流中由于协同发音（co-articulation）的作用变得相同或者相近，这种现象叫作语音同化。或者说由于协同发音的作用，某些音位与相邻近的音位发生趋同的变化，这种现象叫作语音同化。以下是几则英语的例子和汉语普通话的例子：

think /θiŋk/（前鼻音[n]由于受到舌面后辅音 k 的影响而变成了后鼻音 ŋ）

dogs /dɔgz/（清辅音 s 由于受到前面浊辅音 g 的影响而浊化为 z）

impossible /im-/（在英语里，表示否定的前缀 in-在双唇音前面变成 im-）

面包 /miambau/（mian 由于受到后边双唇音 b 的影响变成双唇音 m）

分配 /fəmpʰei/（fən 由于受到后边双唇音 pʰ 的影响而变成了双唇音 m）

在自然语言中这样的语音同化现象随处可见。又如汉语普通话的语气词"啊"有很多变体，"哪""哇""呀"等等，它们也都是一个语音形式在不同语言环境中的变化：

/A/　谁呀　/ʂei⌒iA/

苦哇　/kʰu⌒uA/

神哪　/ʂən⌒nA/

是呀　/ʂʅ⌒ʐA/

成啊　/tʂʰəŋ⌒ŋA/

同化现象有两种，一种是前一个音节的结尾影响后一个音节的开头，这种现象叫作顺同化现象；一种是后一个音节的开头影响到前一个音节的结尾，这种现象叫作逆同化现象。

顺同化如：谁呀　/ʂei+A→ʂei⌒iA/　　Can I　/kʰæn+ai→kʰæn⌒nai/

逆同化如：think　/θink→θiŋ∩k/　　面包　/mianbau→miam∩bau/

2. 异化：相同或者相近的音在语流中进入组合时，发音拗口，于是产生了异化作用，使原来相同或者相近的音变得不同，这种现象叫作异化。例如汉语的变调现象、英语擦音后边辅音的不送气现象等。

上声变调：214+214→35+214　　土改→涂改　　你好→尼好　　美好→煤好

英语发音规则：peak　/pʰ-/　　speak　/sp-/

target　/tʰ-/　　star　/st-/

key　/kʰ-/　　sky　/sk-/

因为擦音的气流耗损比较大，送气的气流耗损也比较大，两个气流耗损加在一起发音就会有困难，所以擦音后边的塞音一定会异化，发成不送气的音。

由于语流音变的作用，语音在历史发展过程中会发生变化。例如汉语的[-m]韵尾字在中古的时候只有少数几个能够与双唇音的字配合，如品[pʰ-m]、禀[p-m]、凡[p-m]、犯[p-m]、范[p-m]等，到了元代，这几个音的韵尾全部由[-m]变成了[-n]，这是因为声母的唇音和韵尾的唇音产生了异化作用。现代广州话这几个字的韵尾也变成了[-n],而其他的[-m]尾字则保持不变,就是这个道理。又如拉丁语的 marmor 到了法语中变成 marbre,在英语中也变成 marble,m 之所以变成 b 就是由于两个 m 的其中一个由于异化作用发生了变化。绕口令之所以难,也是因为语流中的异化作用会干扰一些音的发音。如:

会做我的炖冻豆腐,来做我的炖冻豆腐,不会做我的炖冻豆腐,

不要胡炖乱炖炖坏了我的炖冻豆腐。

其中最困难的地方在于"炖冻豆腐"[tuən təŋ tou fu]前三个音节的开头辅音都是[t],很容易发生异化。

3. 弱化:有些音在语流中变弱,这种现象叫作语音的弱化。这是因为说话的时候要调节气流,变换语气,突出重点,或者为了构词的需要。例如汉语一些轻声音节的语音会弱化:

木•头　妈•妈　衣•服　地•道　漂•亮　腻•歪　师•傅

4. 脱落:一些弱化的音到一定程度就会和前一个音节合为一个音节,它本身就脱落了。例如:

我们 /womən/→/wom/（首先逆同化为/mumə/,然后[ə]再脱落）

豆腐 /toufu/→/touf/（第二个音节的元音[u]脱落）

语音的语流音变在语言学习中很有用,我们学习外语,外国人学习汉语,如果不了解语流音变,每个音都按照它原来的读音来说,说出来的话就很像是机械发音,没有抑扬顿挫,没有"音便",不光听起来不地道,说起来也很费劲。例如说英语时 Can I have some milk? 的 Can I 不说/kʰæn nai/而说成/kʰæn ai/,外国人说汉语的时候"粉笔"不说成"焚笔",真要把每一个字的调值都完全说出来,说的人会感觉吃力,听的人会感觉别扭。

思考与练习

1. 语音研究有哪几个平面?

2. 语音是看不见的,我们用什么手段来分析?

3. 从物理属性上看,语音是什么?

4. 什么是语音的四个要素？它们分别是由哪些因素决定的？
5. 举例说明音高、音长、音强、音质在语言中的作用。
6. 什么是国际音标？国际音标的作用是什么？
7. 画一个人类的发音器官示意图，并在上面标明重要的发音部位。
8. 什么是元音？什么是辅音？元音和辅音的区别是什么？
9. 画一个元音舌位图，把八个标准元音标在上面。
10. 常用的发音部位和发音方法有哪些？
11. 根据发音部位和发音方法，辅音可以分出哪些类别？
12. 什么是音位？什么是音位变体？举例说明。
13. 归纳音位的原则是什么？
14. 什么是语流音变？常见的语流音变有哪些类型？

第五章 语法

第一节 语法和语法学

一、语法的性质

什么是语法？简单地说，语法就是语言中的结构规则。语言的三个要素是语音、语法和语义，对我们自己的母语，我们不太会意识到语法规则的存在，那么，我们是如何知道语言中有语法的？我们平时使用自己的母语，常常是不假思索就脱口而出，似乎并没有考虑到是不是合乎语法规则，但是当你学习一种新的语言的时候，你就会注意到其中和母语不同的语法现象。当我们听到一种陌生的语言时，感觉就如同鸭子听雷。我们既不能理解其中的意义，也不清楚其中的规则。中国人常用"叽里咕噜""哇啦哇啦"来描述外国人说话，外国人听我们说话也是一样，如美国人描述广东话是"梆梆梆梆"，但是如果听到一种熟悉的语言一切就会变得清晰起来。我们可以把句子分出一个一个清晰的语言单位。我们可能没有意识到一个一个的语言单位是按一定的规则组合起来的，但是我们可以从学习外语时出现的中介语现象[①]中了解到语法规则的存在[②]。下面是一些外国人在学习汉语时发生的偏误现象：

[①] 所谓中介语(interlingua)现象指的是第二语言学习者在学习目的语的过程中所出现的语言现象。中介语既不是地道的目的语，也不是学习者的母语。中介语现象是第二语言学习过程中的一个必然阶段。

[②] 还有从机器翻译出现的错误里我们也能知道语法是有规则的。

  * 我们<u>一起过</u>的时间很好。
  * 在公共汽车上不给<u>女</u>让座。
  * 这个问题我<u>想出不来</u>。
  * 他天天津津有味地听音乐,恐怕没有音乐的话他<u>没法生下来</u>。
  * 小二黑在谈恋爱的时候,只好<u>看一看</u>小二黑的对象的命。
  * 她身体越来越<u>康复一点儿</u>。
  * 我的个子<u>比</u>他的个子<u>不高</u>。
  * 姐姐把书<u>放在桌子</u>。
  * 姐姐<u>工作在银行</u>。

  如果有比较充分的语境,对于母语是汉语的中国人来说,这几句话的意思也许不难理解,但是我们总是觉得它们比较别扭。这是因为这几个句子不符合汉语的表达习惯。所谓表达习惯就包含一些自然的规则在内。下面是日语的句子,除了格助词以外每一个词的发音都一样:

  きしゃのきしゃはきしゃできしゃした。

  (Kisha no kisha wa kisha de kishashita.)

  如果只是听这一串声音,日本人可能也不知所云。但是如果用汉字和假名写出来,看的人就会一目了然。

  貴社の記者は汽車で帰社した。

  (贵公司的记者乘汽车回公司了。)

  这里有一些在日语中叫作格助词的语法形式,格助词以外的语言成分彼此之间的关系全都有赖于这些语法词。如果把语言比作一盘棋的话,那么词汇就是棋子,语法就是下棋的规则。棋子怎么摆、棋子的行动轨迹怎么走都受到人为定出来的规则的制约。我们说话也同样受到规则的制约,词和词之间怎么组合、怎么变化都受到语言中自然规则的限制。这些限制就是语法规则。关于语法我们有这样一些认识:

  语法是语言的结构规则。具体地说,语法就是语言符号组合的规则。广义地说,符号的组合规则也包含音素和音素之间的组合规则,音节和音节之间的组合规则;但是狭义地说,语法就是语素和语素组合成词、词和词组合成短语(词组)、短语和短语组合成句子、句子和句子组合成篇章的规则。当然这些规则还包含着一些其他范畴,比如低一级的语言单位组合成高一级的语言单位的时候,除了部件和部件之间的关系之外,是否还有其他的限制,比如印欧语句子中相关成分之间的一致关系(agreement of elements)。两个语言单位在进入组合的时候总是要遵循一定的规则,这就是语言的结构规则。在自然语言中,我们经常会说这样说是可接受的,那样说是不可接受的。例如我们可以接受"一张大圆脸",却不可以接受"＊一张圆大脸",为什么？我们可以接受"我爸爸""我妈妈",却不可以接受"＊我狗",为什么？我们可以接受"一个小时",却不可以接受"＊一个分钟";我们可以接受"一个星期""一个月"却不可以接受"＊一个天""＊一个年",这又是为什么？自然语言背后决定着一个语言表达形式可否接受的那些规则就是语法。

无论是词、短语(词组)、句子还是篇章都是按照一定的结构规则组合起来的。所以说语言是有结构的,语言的结构是可以分析的。语言结构中的规则是自然形成的,是全社会约定俗成的。任何个人都没有权利改变语言中的语法规则,因为语法规则是社会全体成员在交际过程中共同约定的,任何人都得遵守这个约定,否则的话,交际就会遇到障碍。我们知道语言中的结构规则是一种客观存在,它们是隐藏在纷繁复杂的语言现象背后的。语法分析的任务就是要找出语言结构中的规则并把它们用恰当的方式表述出来。

语法是客观存在的规则系统,但我们在运用这些规则的时候,通常是不自觉。本族人很少会意识到语言中的规则,这些规则已经内化成思维的一部分。也就是说,语言中的这些规则是隐性的,它们已经完全内化为母语者自然而然的能力,如果不是经过学习,说话人不会意识到语法规则的存在。在语法分析中有两派:上帝真理(God's truth)派和变戏法(Hocus-pocus)派。上帝真理派认为语言中的规则是上帝安排的,语法学家的任务就是去发现这个真理。变戏法派认为语法是人变戏法变出来的,语法学家是一些魔术师,他们能够让人们相信根本不存在的东西,或者让人们相信某些规则是千真万确的。无论是上帝真理派还是变戏法派都过于极端。语法规则是自然形成的,但是通过学校教育,人对语法规则的规范还是有影响的。我们把语法区分为客观语法和教学语法两种,客观语法是原生态的,教学语法是经过人为概括总结并规范的。

语法规则是高度抽象的。抽象的规则是从具体的语言现象中总结出来的。人们在总结语言中的结构规律时总是从现象出发,由表及里,层层剥笋,逐渐展示出事物的本来面目。人们在说明语言中一些现象的时候总是一类一类地说明,而不是一个一个地说明。所以分类和给分出来的类定性是语言研究的基本任务。我们会在分类的基础上来总结类与类之间的关系,因为每一个语法类都具有共同的语法特征和语法属性,所以同一个类的语言成分在进入组合的时候一般会具有相同的组合能力。换言之,同一个聚合群的语言成分具有相同的组合能力。

二、语法的特性

(一) 抽象性

语法规则是从无数个具体的言语事实中抽象出来的。例如现代汉语重叠的规则就是从无数个具体的言语事实中总结出来的。人们发现汉语的双音节形容词和双音节动词都可以重叠,但是它们的重叠方式是不一样的。从大量的、具体的言语事实中人们发现了如下规律:

双音节形容词的重叠方式是:AB→AABB。比如:漂亮→漂漂亮亮、大方→大大方方、结实→结结实实、老实→老老实实、地道→地地道道

双音节动词的重叠方式是:AB→ABAB。比如:研究→研究研究、打扮→打扮打扮、讨论→讨论讨论、参观→参观参观、指导→指导指导

又例如英语的名词复数词尾是在名词原形后面加上-s 或者-es,这也是从无数个例子中抽象出来的:

book-books, boy-boys, shoe-shoes, table-tables, paper-papers
dish-dishes, fish-fishes, watch-watches, bench-benches

我们知道任何事物都会有例外,英语名词的复数形式也有例外,如:sheep-sheep,foot-feet,schema-schemata,等等,但是不能因此而影响我们对英语名

词复数词尾变化规律的基本概括。

(二) 生成性

语法的生成性就是组合规则的递归性。从理论上说任何一个可以替换的语言片段都可以无限扩展。例如：

NP→Adj＋NP（一个名词性短语可以扩展为修饰语 Adj＋名词短语 NP）

  电视机→新$_{Adj}$＋电视机$_{NP}$

  新电视机→新彩色$_{Adj}$＋电视机$_{NP}$

  新彩色电视机→新彩色直角$_{Adj}$＋电视机$_{NP}$

  新彩色直角电视机→新彩色平面$_{Adj}$直角＋电视机$_{NP}$

  新彩色平面直角电视机→新彩色平面直角液晶$_{Adj}$＋电视机$_{NP}$

  ……

VP→VP＋VP（任何一个谓词性结构都可以扩展为谓词性短语＋谓词性短语）

  知道→知道$_{VP}$＋她不懂$_{VP}$

  知道她不懂→知道她不懂$_{VP}$＋怎么操作机器$_{VP}$

  知道她不懂怎么操作机器→知道她不懂怎么操作机器$_{VP}$＋铲平土山$_{VP}$

  ……

我们会说无数的句子，但并不是一句一句地学来的，我们在学习语言的过程中自己就会发现规则。从语言编码的角度看，有限的规则可以生成无限的句子，而语法的生成性是保证有限的规则可以生成无限的句子的内在机制。从语言解码的角度看，也正是因为有了语法规则的递归性，我们才能理解我们从来没有听到过的句子。语言结构递归性的秘密可以解释为什么简单的结构可以构成复杂的结构，复杂的结构可以分析为简单的结构这一基本事实。乍看起来，语言的结构是很复杂的，但是如果我们把握了语言结构递归性的特点，即会发现复杂中有简单。所谓语法的生成性指的就是由简单到复杂再回归简单的过程。就汉语而言，主谓结构可以包孕另外的主谓结构，偏正结构也可以被另外的偏正结构所包含,这样层层套叠,简单的结构就会变成复杂结构,但是我们知道,复杂结构可以还原为一些简单的结构。例如:

主谓结构包孕主谓结构:我(不知道(她不知道(我(不知道这件事))))

偏正结构被偏正结构所包含:小王(父亲的(父亲的父亲))

任何一个语言结构形式都可以分析为一些基本的语言构件,而这些基本的语言构件可以区分为不同的类型,这些不同的类型就叫作语法单位。构件和构件彼此之间的关系也是可以分析出不同的类型的,这就是语法单位的类型分类。

三、语法单位

语法单位指那些在自然语言中能够被替换的语言片段。能够被替换的语言片段有大有小,大的如一个一个能够表达完整意义的句子,小的如不能继续分析的最小的音义结合体——语素。语法分析的最终目标是为了把语言结构的规律说清楚。为了实现这一目标,人们把语言成分分析为大小不同的单位,然后确定这些单位的属性,描述它们的语法功能和语义特征。

语法单位的切分有两条路径:一条路径是从大到小,即先把语言的表达单位找出来,然后再分析其内部结构,一层一层地切分,一直切到最小单位;另一条路径是先把语言片段中最小的成分找出来,然后再分析它们的组合,一直组合到句子。前者是先组装再拆卸,后者是先拆卸再组装。从第一条路径我们得到的语法单位序列为:句子—短语—词—语素;从第二条路径我们得到的语法单位序列是:语素—词—短语—句子。一般的语法分析到句子为止了,大于句子的单位牵涉到结构以外的问题。比如复句、篇章,其中的转折、递进、并列、条件等等和衔接、连贯、省略、照应、回指等等都在句法之外。篇章问题由篇章语言学来研究,它与我们所讨论的语法有联系又有分别。

语素:语素是语言中最小的音义结合体。所谓最小,意思是说它不能再进行进一步的结构分析,例如"我喜欢吃菠萝"我们可以分析出"我""喜欢""吃""菠萝"四个成分,其中的"我"不能再继续分析了,属于最小的音义结合体,是语素;"喜欢"还可以再分析,分析为"喜"和"欢",它们才是最小的音义结合体;

"吃"也不能再分析了,也是最小的音义结合体;"菠萝"也不能再分析了,因为这是一个连绵形式,"菠""萝"分开以后没有意义,所以"菠萝"已经是最小的音义结合体。分析的结果是我们得到以下几个语素:

我、喜、欢、吃、菠萝

就汉语而言,一个语素一般对应一个音节,一个音节对应一个汉字。也就是说,除了联绵字,大多数情况下一个汉字就是一个语素。联绵字不能拆开解释,如"玻璃""葡萄"本是来自西域的外来语,单字没有意义;"角落""旮旯"这些由复辅音消失造成的双音节联绵字拆开以后也不可解,它们都是最小的音义结合体;"鸳鸯""凤凰"这类联绵字来源不详,本来拆开后也没有意义,但是在语言使用过程中有了某种变化:人们开始把"鸳""鸯""凤""凰"分开来用,它们从语源上说属于最小的音义结合体,但是从人们的语言直觉上看,我们可以看到"凤求凰"这样的语言样本,"凤""凰"各自都取得了语言的意义,成了最小的音义结合体,可以看成语素了。可见,"最小的音义结合体"可以看作是一个动态变化的过程,"鸳鸯""凤凰""麒麟""鹧鸪""伯劳""雎鸠"原本已经是最小的音义结合体了,它们不能再分析,但是在自然语言中出现了这样的用法:"鸳梦重温""颠鸾倒凤""凤求凰",这实际上就把"鸳鸯"和"凤凰"又分析为更小的语言单位了。在分析语言单位的时候,总会碰到一些特殊的情形。例如"鲲鹏"是不是最小的语言单位?换言之,"鲲鹏"可不可以分开?《庄子·逍遥游》说:"北冥有鱼,其名为鲲。鲲之大,不知其几千里也。化而为鸟,其名为鹏。鹏之背,不知其几千里也。怒而飞,其翼若垂天之云。"由此可知,鹏是由鲲变来的。所以从意义上来说二者可以分开,也可以是一体的。

语素可以根据组合功能分成不同的类别:

1. 自由语素和黏着语素
2. 定位语素和不定位语素

自由和黏着是语言学中使用范围很广泛的两个概念。自由与黏着是在组合的层面上说的。所谓自由语素是指可以单独进入组合的语素,与黏着语素相对。例如:"山、书、人、走、来、有、白、好、快"等语素可以与别的语素自由组合,例如"山坡、高山、书本、图书、走路、奔走、来往、未来、富有、白菜、蛋白、好处、良好、快书、痛快",它们是自由语素;而另外一些语素不能自由地与其他语素组合,例如:"了、着、过、的、巴",它们只能附着在其他语素后边,例如"吃了、看着、打过、是的、干巴",因此它们是黏着语素。

定位和不定位也是组合中的现象。有些语素在组合时只能出现在固定的位置,或者在前面,如"菠菜"的"菠"①,或者在后面,如"下巴"的"巴"、"桌子"的"子",这些语素称为定位语素;有些语素在组合时位置自由,如"人"可以组合为"人民",也可以组合成"成人",因此它属于不定位语素。黏着语素都是定位语素,但是自由语素不一定都是不定位语素。语素的定位不定位有如下几种情况:

永远在前:第(一) 初(一) 老(婆) 老(虎)

永远在后:的 了 着 吧 巴 头 子

有时前,有时后,但不能同时自由:自(由)—(亲)自 椅(子)—(躺)椅 石(头)—(岩)石

前后都不自由:(小)里(小气) (花)里(胡哨) (土)里(土气) (白)不(龇咧) (直)不(愣登) (酸)不(溜丢)

前后都自由(词):吃 喝 抓 大 小 人 狗

四、语法单位的分类

(一) 词

词是语言中最小的能够独立运用的语法单位。比语素大的语法单位是词。所谓能够独立运用是指能够独立参与组合。例如"鲲鹏"的"鹏",它是语素也是词,因为它可以独立运用,构成"大鹏""鹏鸟"等新词。有的语素可以独立运用,叫作成词语素。例如"吃、喝、大、小、猪、狗"等。有的语素不能够独立运用,叫作不成词语素。例如"菠菜"的"菠"、"飞翔"的"翔",它们都不能单独

---

① 有人说既有"菠菜"又有"菠萝",这不是可以替换吗?这样就可以说"菠菜"的"菠"是自由语素。这种看法没有考虑到意义。"菠菜"的"菠"和"菠萝"的"菠"没有意义上的同一性。它们只是碰巧有同样的发音,写成同样的汉字。

进入组合。所谓成词不成词,实际上也要历史地看。例如"学习"的"习"在现代汉语中是不能独立运用的,但是在古汉语中可以:"学而时习之,不亦乐乎?"

词可以分为实词和虚词两大类,实词有实在的词汇意义,可以独立充当句子成分,例如"天""地""江""河""苹果""国家""理论""漂亮""充实""丰富""打扮""研究""吃""喝""来""去"等都是实词;虚词可以独立表达语法意义,但是没有实在的词汇意义,例如汉语的"了""着""过""的""来着""呢""吧""吗""把""在""对于"和英语的 of、by、for、to、with 等都是虚词。语法单位中的词是一个非常重要的概念,但是对于什么样的语法单位是词,学术界却有不同的认识,如何界定词也有不同的看法。英语中的 word 这个概念不一定在所有的语言中都能找到对应的术语[1],比如有的学者就认为在汉语里应该用"字"这个术语来代替"词"这个术语,因为汉语里没有相当于英语 word 的语法单位[2]。

对于词或者与词相类似的这样一个语法单位,有两个问题需要说明:一个是词的同一性的问题,一个是词的分类问题。

所谓同一性的问题指的是如何判断语音形式相同、能够独立运用的语法单位是一个东西,例如"开会"的"会"与"会面"的"会"、"会写诗"的"会"与"会当凌绝顶,一览众山小"的"会"是同一个语法实体还是不同的语法实体?也还涉及如何判断语音形式不同、语法地位相同的语法单位是不是一个东西,例如汉语中有"啊""哪""哇""呀"等不同的语音形式,也写成不同的汉字,但是我们知道它们是同一个语言实体在不同语音环境中的变体,因此它们应该是同一个东西。还有一个例子就是汉语的句末语气词"嘛",在文献中我们可以看到它有不同的汉字写法"么""嚜""嘛",它们实际上也是同一个词。对于任何一种语言来说,都存在着这样的问题,就是要判断词的同一性。这样做的目的是把不同的词分开,把同一个词的不同变体归在一起。对于使用拼音文字的语言来说,词和词之间的界限在书写层面上是分得很清楚的,因为词与词之间要有空格。但是对于汉语来说,我们用汉字作为记录语言的符号,词和词之间的

---

[1] 参看赵元任(1979)。
[2] 参看徐通锵(2001)。

界限在文字层面是没法区分的。对我们来说,词的切分和词性的标注是一个技术问题,也是一个理论问题。在信息处理领域首先要处理的问题就是要对语篇中的词进行切分,然后要做的就是对不同的词进行分类。

词的分类问题涉及词类的观念和词类划分的操作原则问题。词类是对词的语法分类,它是根据词的语法功能分出来的,也可以说是根据词的分布(distribution)特征分出来的。词的语法功能表现在组合关系中和聚合关系中。在组合关系中,一类词与另外一类词的区别表现在它能跟哪些词搭配上,这是一个重要标准;在聚合关系中,一类词与另外一类词的区别表现在它能跟哪些词互相替换,这是另一个重要标准。对于形态比较发达的语言来讲,词类的划分有时可以根据词尾变化的类型来判断,例如有性、数、格的词尾变化的词是名词,有时、体、态的词尾变化的词是动词,有比较级形式变化的词是形容词,等等。例如英语的名词有数的词尾变化,动词有时体的词尾变化,形容词有比较级的词尾变化。又如德语名词有性、数、格的词尾变化,动词有时体和人称的词尾变化。汉语没有这样的词尾标记,因此在划分词类的时候就必须寻找其他的形式标记。比如使用鉴别词"不~"就可以把名词和动词、形容词区分开,不能受"不~"修饰的词是名词,能受"不~"修饰的词是动词或者是形容词;然后再使用"很~"来鉴别动词与形容词,能受"很~"修饰的词看看能否带宾语,能带宾语的是动词,不能带宾语的是形容词,不能受"很~"修饰的是动词,以此类推。当然在实际操作中可能会碰到兼类的问题或者不容易判断的问题,但是我们只要把握划分词类的原则:根据词的语法特征进行分类就能找到正确的词类,而不能根据词的意义进行分类;分出来的类所具有的属性特点对该词类内部要有普遍性,对其他词类要有排他性。当然,像汉语这样的缺乏形态标记的语言还应该有其他的办法,例如否定方式、重叠与否、重叠方式、疑问方式等等。我们总是会找到一些典型的组合框架,看一看某个词能否进入这个框架。这个组合框架实际上就是词的分布条件。

在汉语里,词的切分、词的同一性的确定以及词类的划分都是比较麻烦的事。在一些使用拼音文字的语言中,词和词之间的界限是非常清楚的,不需要运用专门的手段进行切分。在印欧语系的语言中,词类往往有比较清晰的标记,因此比较容易判断一个词的性质到底是什么,词性在词典中可以标注出来。我们的很多词典不标注词性,主要原因是对词性的判断缺乏共识。

(二) 短语

语言中比词大、比句子小的语法单位是短语,又叫词组。短语是由词构成的,因此短语从结构上能够分析出词来。短语与词的区别在于短语是由不止一个词构成的,因此在结构上短语可以拆开(插入别的成分)、可以扩展(构成新的短语)。例如"白布"我们可以把"白"和"布"拆开,构成"白的布","白"和"布"的词义没有改变,所以"白布"是一个短语;"白菜"我们无法把"白"和"菜"分开,说成"白的菜",因为"白的菜"是另外的意思,所以"白菜"是一个词。如果把词比作是语言中的砖瓦,那么短语就是语言中的预制板,是比词更大的建筑材料。语言中有一些短语是临时组配的,例如"北京的冬天""来自雪域高原""在阳光下"等等;有些是固定组合,如专有的短语"北京大学""猛虎组织""西部大开发""全国人民代表大会"等,还有一些熟语,如惯用语"拍马屁""拉关系""戴高帽""滚刀肉""拦路虎""绊脚石";成语"举目无亲""愚公移山""莺歌燕舞""四面楚歌""八面玲珑""为虎作伥""高谈阔论";俗语"好男不和女斗""吃不了兜着走""不到长城非好汉""男儿有泪不轻弹",等等。这些固定短语都是语言在长期使用和发展中形成的,它们一般不能随意组配。

短语也可以根据它的结构关系进行分类,它们是短语的结构类。例如:

主谓结构:社会进步、经济成长、文化侵略、人群聚集、动物迁徙

述宾结构:阅读书信、撰写论文、校对稿件、说明原委、得罪领导

定中结构:木头桌子、政府文件、法定假期、红色基因、漂亮衣服

状中结构:认真审阅、严肃查处、突然出现、随便说说、热烈祝贺

述补结构:说得清楚、进行到底、解释明白、站起来、说下去

并列结构:美丽大方、报纸杂志、研究探索、一穷二白、南来北往

连谓结构:站起来说、外出开会、去酒吧喝酒、帮助穷人脱贫

数量结构:一本书、三尺布、两件衣服、一片真情、一地鸡毛

方位结构:桌子上、篱笆外头、心里边、大门前、山脚下

介宾结构：在北京、到上海、从那边、向他们、由政府、对学生

在汉语中，短语的组织结构与句子是同一套规则，因此汉语的短语只要加上语调标记就会成为句子。换一句话说，汉语的短语独立性很强。

（三）句子

语言中比短语大比篇章小的语法单位。关于句子有不同的界定。有人说句子是语法单位（赵元任，1979：41）："句子是最大的语法分析上重要的语言单位。一个句子是两头被停顿限定的一截话语。这种停顿应理解为是说话人有意作出的。"有人说句子是表达单位（杨成凯，1996：302）："句子是可以完成一个交际任务的功能单位，而不是表层结构单位。"有人说句子既是表达单位，又是使用单位（刘月华、潘文娱、故韡，1983：3）："句子是能表达完整的意思、前后有较大停顿的、有一定语调的语言单位。句子是语言运用的最小单位，我们说话一般至少要说一个句子。"我们可以概括一下：句子是能够表达一个完整意思的、两头被停顿限定了的语言单位。语言中的句子可以按照不同标准进行分类：

1. 根据结构所作的分类：单句与复句

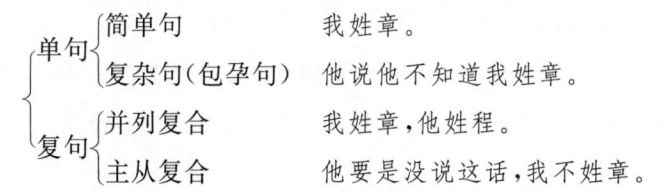

单句 ┃ 简单句　　　　我姓章。
　　 ┃ 复杂句（包孕句）他说他不知道我姓章。

复句 ┃ 并列复合　　　我姓章，他姓程。
　　 ┃ 主从复合　　　他要是没说这话，我不姓章。

2. 根据表达功能所作的分类

陈述句　一道火流星划过夜空。

疑问句　那是火流星吗？

反问句　难道真要把人逼到绝路上去吗？！

祈使句　你把它打开。

感叹句　真漂亮啊！

3. 根据谓语语法性质所作的分类

名词谓语句　我冠军。

动词谓语句　我喜欢。

形容词谓语句　我漂亮。

主谓谓语句　我眼睛好看。

双宾语句　给他一本书。

连谓句　派他进山去找人参。

4. 根据句态所作的分类

主动句　我给他一本书。

被动句　书中的秘密被我发现了。

5. 根据句子中的特殊标记所作的分类，如"把"字句、"连"字句、比较句等

把字句　小王把我的车开走了。

连字句　这件事连老师都不知道。

得字句　跑得他气喘吁吁。

比较句　我比他高。他不如我高。我没有老张高。

是……的句　在那里人们是不穿鞋的。

6. 根据句子的完整性所作的分类

完整句　我有一辆汽车。

不完整句　你怎么……

分类只是为了更好地对句子进行分析，找到其结构上的联系。任何分类都会有不同的角度和标准。角度和标准不同，分出来的类也就不同。

五、对语法的认识

在日常生活中，我们发现许多人在观念上对语法存在着不同的认识。这些问题可以说是语法观的问题，也是我们讨论语法时不能回避的。

（一）语法是客观的还是主观的？

语法是语言中的内在规则，语言片段之间的组合（小的语言片段组合成大的语言片断）受语法规则的制约。那么这些语法规则是客观存在的还是人为规定的？从语言的自然属性上来看，语言是一套符号系统，而这个符号系统内

部存在着一些看不见的制约因素,使得这个系统是一个有组织的系统,不是一盘散沙。那些存在于语言内部的规则就是语法,它们是客观存在的,不是人为规定的。尽管在学校教育中我们要学习语法,学校的语法是经过专家干预和规范确定下来的,那只不过是为了学习方便所做的人为处理,丝毫不能改变语法的客观性质。当然,我们所发现的语言内在规则、我们写在书上的语法规则、我们所描写出来的语法规则都是与人们的主观认识分不开的。人们对语法规则的发现和总结只是我们对客观的语法规则的描述,至于描述得是否准确应另当别论。

(二) 是不是只有书面语才有语法?

有人认为只有书面语才有语法,口语没有语法。这种认识的来源是混淆了客观语法和学校规范语法之间的分别。在学校语法里,所有的规则都是从规范的书面语中概括出来的,这样就给人一种错觉:只有书面语才有语法,只有书面语才需要遵守规则,而口语是比较随便的,不遵守语法规则也没有关系。事实上,不管是书面语还是口语,我们写文章和说话都是按规矩办事,都要受语法规则制约。只不过书面语和口语交际环境不同,言语作品的表现不同,语法规则的细节可能会有所差异而已。近年来语体语法的研究发现书面语语法的规则与口语语法的规则还是有区别的。

(三) 是不是有的语言有语法,有的语言没有语法?

世界上的语言有不同的类型,有的语言形态比较发达,有的语言形态不发达。如果用形态发达的语言的眼光来看形态不发达的语言,就会发现有很多语法范畴在形态不发达的语言里是不存在的,比如说名词的性、数、格范畴在汉语中一个也没有,我们不能因为汉语里没有相应的表达性、数、格的语法手段,因此就得出结论说汉语没有语法。不同类型的语言的语法在语法范畴的类别上和表现形式上可能不同,但是每一种语言都有语法,我们无法想象一种没有语法的语言会是什么样子。如果说有些语言还没有人进行系统的语法发掘和总结,因而还没有成系统的语法著作的话,我们说那种语言没有语法书,但不等于没有语法。语法和语法书不是一回事。

(四) 语法就是语言中的规范吗?

经常有人给语法学者提出要求:语言中有那么多语病和不够规范的用法,你们应该管一管。甚至有人要求国家对语言使用的细节做出规范。社会的语言生活是存在着需要规范的问题,但是语法不是人为干预可以解决的,语法的规范只能由全社会自行解决。这是一个自组织的过程,不是规范的过程。以前曾经有人批评"打扫卫生""养病""救火"不合逻辑,因而在语法上有违规范。现在人们已经知道,语法和逻辑不是一回事。语言研究中经常会遇到"合乎语法"与"合乎逻辑"这样的概念。合乎语法的不一定合乎逻辑,反之也一样,合乎逻辑的不一定合乎语法。

(五) "合语法的"与"可接受的"

在讨论句子可接受性的时候我们经常会考虑句子是否成立的问题,而说母语的人在这个问题上也常常发生分歧。在语法研究中有两个概念,一个叫作合语法的(grammatical),一个叫作可接受的(acceptable)。我们常常说一个句子能说或不能说,主要考虑这个句子是否合乎语法规则,或者是否在语感上可接受。合乎语法的句子不一定是可接受的句子,例如"一只蜜蜂吃了一头大象",从语法上看,"一只蜜蜂"是主语,"吃了一头大象"是谓语,这是很正常的句子,但是这个句子从意义上来说比较费解。也就是说它在言语社群中是不容易被接受的,这是因为在我们的经验中,一只蜜蜂吃了一头大象是不好理解的。再比如"他连夏天都不穿棉袄"这个句子在语法上没有任何问题,但是它所表达的意义有违我们的常识,因此它是不可接受的。我们常常会因为一个句子是否能说发生分歧,这种分歧是语感上的分歧。关于语感,有人试图对它进行量化研究,但似乎不太成功。在语法研究中我们经常会碰到语感的问题,因为语感是我们判断句子是否具有合法性的重要根据。这里的语感指的是母语使用者的语言直觉,应该说在大多数情况下,一个语言集团的人有共同的语感,不然的话语言交际就无法正常进行。然而不可否认的是,一个语言集团的人在语感体验上会有不同,因此在语感上会有个体差异。例如"他把老伴死了"这句话,有人认为是可以接受的,有人认为是不可接受的。这种个体差异是正常现象。在语感的问题上我们应该认可以下一些观念:

同一个语言社团的人语感会有个体差异。同一个人在不同的时间、场合语感也会有差别。个人的语言直觉是会发生变化的;也就是说语感具有发展性。语感的建立和语境的构建有直接关系。

我们在理解孤立的句子的时候实际上都给它们加上了"合适的"语境,我们的语感是建立在对语境的构建上的,如果能找到"合适的"语境,我们很快就会接受这个句子,如果找不到合适的语境,我们就会拒绝这个句子。语境的构建是因人而异的,因为个体经验不同,因此所能构建的语境也不尽相同。我们在决定是否接受一个句子的时候总是想到在什么时候使用这个句子,这个句子究竟是什么意思,因此句子的可接受性总是跟句子的使用环境相联系,同时句子的可接受性与句子的理解难度成反比。例如"陈小妹在日本洗衣服"这个句子,和"陈小妹在院子里洗衣服"相比,理解难度要大一些,我们可以用实验的办法来观察被试的反应时间,还可以用语境控制的办法来观察相同被试在不同时间、不同语境条件下的反应。"洗衣服"这个事件所需要的空间方位应该是具体的,有一定规格的,不应该很大。"日本"对于"洗衣服"这个事件来说太大了。但是我们可以接受"陈小妹在日本洗衣服"这个句子,那是因为我们可以把"洗衣服"当作一个工作,而不是一次独立性的事件,这样"陈小妹在日本洗衣服"就可以理解为"陈小妹在日本做洗衣服的工作"。我们可以设想这样的语言环境:

甲:陈小妹现在在哪儿?

乙:在日本。

甲:在日本学语言学吗?

乙:不,陈小妹在日本洗衣服。

甲:你是说开洗衣店哪!

如果我们想不出这样的语言环境,就会觉得这个句子很奇怪。这完全不是句法上的问题,而是我们理解上的问题,也就是说是我们认知上的问题①。假如我们的经验里边没有洗衣服这一职业,我们就不大会接受这个句子。而"陈小妹在日本卖衣服"接受起来要容易得多,因为"卖衣服"很容易跟一种职业联系在一起,但是如果我们说"陈小妹在日本买衣服",听话人多半会把"买衣服"看成一个孤立的事件,而不是一种职业。任何句子都不会孤立存在,总要有一定的语言环境,因此我们判断句子是否可接受不仅仅要根据句法上是否合法,是否符合规则,还要根据它是否能跟一定的语言环境建立起合适的联系。符合语法规则的句子不一定是可接受的句子,但是可以接受的句子一定也符合语法规则。

(六) 语法是人与外部世界之间的互动关系在语言中的体现,规则是有认知动因的

语言符号与符号的组合称作编码,为什么可以这样组合不可以那样组合,看起来是约定俗成的,但是我们发现所谓的"约定俗成"通常是可以解释的。认知语言学关于象似性动因的理论可以部分地揭示其中的理据。象似性动因假说完全是建立在经验主义的基础上的。例如"我爸爸"和"我的狗"这两个语言形式,为什么"我爸爸"可以接受,而"*我狗"却不能接受呢?简单地说,这是因为在现实的经验系统里,"我"与"爸爸"之间的距离比"我"与"狗"之间的距离近,因此在语言的编码系统里,"我"与"爸爸"之间的距离也比"我"与"狗"之间的距离近②。

(七) 人类语言存在着一种普遍语法(universal grammar)

有人认为人类语言存在着一种普遍语法,所有的语言都受这种普遍语法

---

① 我们的世界知识和经验是人与世界互动的结果,它们是我们认知的基础,范畴化、认知图式、象似性都离不开认知主体与客观世界的互动。我们不同意把认知与经验完全割裂开来的做法。当然,个体的世界知识与经验本身都不能作为认知的模型,但是认知模型是建立在无数个个体经验的基础上的。Langacker(1987:46)说认知语法与生成语法不同,并不把语言看成是一个普遍规则的系统,"正相反,认知语法是一种基于用法的理论。该语法列举表达说话人关于语言规约的个别陈述的全集,包括那些被一般陈述包含的陈述"。

② "我"和"爸爸"之间的关系是不可让渡的,"我"与"狗"之间的关系是可让渡的。

的制约，比如乔姆斯基以及形式主义学派的语言学家。有一部分语言学家就是在致力于发现和证明普遍语法的存在。是否存在着一个人类共同的普遍语法，或者说全人类的语言是否有共同的语法的可能性，还有待于语言类型学的证明。认知语言学家或者说功能主义的语言学家，不承认人类语言存在着普遍语法，他们更多地把注意力放在语言之间参数的差异上。但是他们也在寻找人类语言在认知上的共性。

六、语法学

语法学是研究语法的学问。语法是语言符号的组合规则和聚合规则，所以语法学要研究语言符号的组合规律和聚合规律；语法包含形式和意义两个部分，所以语法学也要研究语言的形式类以及这些形式类所代表的意义；语言符号所涉及的形式类以及它们所代表的意义可以概括为不同的范畴，这些范畴在不同的语言中可能会通过不同的语法手段来表达，语法学要研究这些范畴以及它们的表达手段；语法学分为形态学（morphology）和句法学（syntax）两个部分，其中形态学主要研究与构词相关的语法单位的结构形式和意义，句法学主要研究与句子相关的语法单位的结构形式和意义。语法学有不同的理论，每一种语法理论都有自己的背景和目标。比如结构主义语法、转换生成语法、格语法、词汇语法、功能语法、认知语法、蒙太古语法[①]等等诸多理论，都有各自的哲学基础和理论假设。考虑到篇幅以及本书的读者对象，我们在这里就不一一介绍了。语法学是语言学领域最活跃的分支学科之一，也是理论分歧最大的分支学科之一。我们在这里只介绍一般的语法学知识，不求全面，但求通俗易懂。

[①] 源于20世纪70年代中期的一场语言学运动，这场运动的动力来自美国逻辑学家Richard Montague(1930—1970)的思想，主要是用形式语义学的概念和方法分析自然语言，具体做法是建立严格对立的两个部分：句法部分和语义部分，在两个层面上建立的范畴一一对应，句法通过范畴规则引入，这类规则定义句法范畴并构建短语结构语法。参见戴维·克里斯特尔编(2000)《现代语言学词典》，沈家煊译，商务印书馆。又见 The Concise Oxford Dictionary of Linguistics, Oxford University Press, 1997。

第二节 语法形式和语法意义

一、语法的形式和意义

语法包括形式和意义两个部分。语法形式和语法意义是一对不能分开的概念，因为语法形式和语法意义的关系是互相依存的，谁也离不开谁，也就是说，任何语法意义都必须通过一定的语法形式表现出来，任何语法形式都表达相应的语法意义。同样的语法意义在不同的语言中可能会用不同的语法形式来表现，例如名词的性(gender)这样一个语法范畴，在德语里用不同的冠词形式来标记，die、der、das 三个语法形式表达的是"阴性""阳性""中性"这样的语法意义。像汉语这一类孤立语根本没有名词的性这样一个语法范畴，所以也就没有相应的语法形式。

(一) 语法形式

语法形式指的是语法的外部表现形式。什么叫作语法的外部表现形式？词尾、冠词、格标记、词序、虚词、时体标记、重叠等等形式变化都是语法的外部表现形式，它们都是可以直接观察的。例如英语的名词 student～students 在形式上的对立就是有没有词尾-s，有没有-s 的变化就是语法形式的变化，它与一定的语法意义(数)相对应，student 是单数形式，students 是复数形式。又比如英语 work～working～worked 之间的区别就在于词尾变化不同：work 没有词尾(零形式)，working 有-ing 词尾，worked 有-ed 词尾，这些语法形式所表达的语法意义是时体的意义(work 是一般现在时词形、working 是正在进行时词形、worked 是过去时词形)。语法形式是为了表现语法意义而存在的，语法学家可以根据语法形式的区别来概括语法意义的类。

(二) 语法意义

语法意义是语法的外部表现形式所代表的抽象意义。语法意义是语言单位在组合中所产生的各种关系意义。例如词序是一种语法形式,它表达的是什么语法意义呢?"客人来了"~"来客人了"表达的语法意义跟名词的指称性有关:"客人来了"中的"客人"是说话人和听话人事先知道的,我们说它是"已知信息",用英语来说应该有定冠词:The guest came;而"来客人了"中的"客人"是说话人和听话人事先不知道的,我们说它是"新信息",用英语来说应该用不定冠词:There came a guest。英语用定冠词与不定冠词这样的语法形式来区分已知信息与新信息这样的语法意义,而汉语只能靠词序来表达这样的语法意义,因为汉语没有冠词这样的语法形式。虚词也可以是一种语法形式,例如汉语的"~了""~着""~过""~来着"表达的就是体貌意义。"我看这本书"和"我看了这本书"意义不同,和"我看过这本书"意义也不同,和"我看这本书来着"也不同。这里所说的意义不同表现在对事件内部时间结构的表达上:"~了"表达的是一种"实现"意义,"~过"表达的是一种"经历"意义,这种意义不是由具体的词汇意义表达的。又比如"中国朋友"与"中国的朋友"意义不同,"的"表达什么语法意义?重叠也是一种语法形式,"山水"与"山山水水"不同,"大方"与"大大方方"意义不同,"看"与"看看"意义不同,重叠表达的是什么语法意义?这都是需要语法学家进一步总结归纳的。

(三)语法形式和语法意义的关系

语法形式和语法意义是相互依存的。语法意义必须通过一定的语法形式来表达,语法形式一定是为了表达某种语法意义而存在的。如英语动词的各种变形:

  take(动词原形)

  takes(第三人称单数形式)

  took(动词的过去时形式)

  taking(动词的现在进行时形式)

  taken(动词的过去分词形式)

又如日本语动词词尾的变化表达什么语法意义?

かえる（动词原形）
かえります（敬体形式）
かえりました（敬体过去时形式）
かえりましゅう（敬体将来时形式）
……

汉语的体貌标记也可以看成动词的附加成分，表达语法意义。例如：～了，～着，～呢，～来着，～起来可以表达动作行为的内部时间意义：

吃（动词原形）
吃了（"～了"表达实现意义）
吃着（"～着"表达持续意义）
吃呢（"～呢"表达进行意义）
吃来着（"～来着"表达近期经历意义）
吃起来（"～起来"表达开始意义）

二、语法意义与概念意义

语法意义是一种抽象的意义，它与概念系统中的意义不是一一对应的。比如说，有些语言中名词有性和数这样的语法范畴，这些语言通过一定的语法形式来表达性或者数这样的语法意义，但是语言中的性或者数跟我们概念世界中的性或者数不一定是一一对应的。也就是说，语法意义不等于概念意义，概念意义是人们对客观事物的概括反映，语法意义则不一定与客观世界一一对应。例如英语名词的数范畴：oats（燕麦）是复数形式，而 wheat（小麦）则是单数形式。在概念意义中，燕麦和小麦应该是一样的，但是在语言意义中燕麦是可数的，小麦是不可数的。另外，相同的客观事物在不同的语言里可能概括为不同的语法意义。如"性"这个语法范畴在印欧语系不同的语言中有不同的表现形式。比如"太阳"和"月亮"这两个词，在法语、意大利语和西班牙语里，"太阳"是阳性名词，"月亮"是阴性名词，而在德语中却正好相反：

表 5—1

语言	太阳		月亮	
法语	le soleil	阳性	la lune	阴性
意大利语	il sole	阳性	la luna	阴性
西班牙语	el sole	阳性	la luna	阴性
德语	die Sonne	阴性	der Mond	阳性

在德语中,"桌子"是阳性的,"门"是阴性的,"火"是中性的,"少女"和"姑娘"也是中性的。例如:

表 5—2

冠词	名词	意义	性
der	Tisch	桌子	阳性
die	Tür	门	阴性
das	Feuer	火	中性
das	Mädchen	少女	中性
das	Fräulein	姑娘	中性

三、语法意义的提取

语法意义是如何提取出来的呢?语法学家把各种语法形式按照它们所表达的意义进行分类,得出一些语法范畴。语法意义是在组合中产生的意义,必须通过对比替换才能看得出来,所以必须到组合中通过对比替换去提取。词汇组合成结构以后结构的意义总是大于词汇意义的总和,这是因为组合的过程中有语法意义加入。虚词、词尾变化、内部屈折、词序、小品词甚至语音语调都可以表达语法意义。语法意义是在自然语言当中提取出来的,所以语法学家首先要对自然语言进行观察。在观察的过程中,语法学家发现,自然语言不是一堆杂乱无章的词汇,而是一些有规律的组合。再进一步观察就会发现这些有规律的组合背后存在着一个更大的聚合关系。因此组合关系和聚合关系是语法意义提取的重要途径。我们现在所有关于语法的概念都是建立在印欧语系的语言基础之上的。他们在观察自然语言的时候发现了名词有性、数、格这样的语法范畴,动词有时、体、态、式这样的语法范畴,形容词有比较级这样的语法范畴。而每一个语法范畴都有相应的语法形式,表达相应的语法意义。语法学家把这种语法形式的变化叫作形态变化,因此印欧语系的语言又被称作屈折语(形态变化丰富的语言)。我们用这样的语法概念来建立汉语的语法系统,提取汉语语法的意义就会比较困难。因为汉语根本不具备这样的形态变化,因此汉语被称作孤立语(缺乏形态变化的语言),在汉语里我们找不到性、数、格、时、体、态、式这样的语法范畴。在汉语中要找到语法意义的表现形式,只能去看虚词和词序,还有一些构式,例如:

"连……也/都……":连老师也没来/连老师都不知道答案

"爱 V 不 V":爱要不要/爱来不来

"A 不到哪里去":好不到哪里去/热不到哪里去

"V 是 V":去是去/说是说

"越……越……":越抹越黑/越说越糊涂

"又……又……":又干燥又寒冷/又想吃又不敢拿

每一个构式都有构式意义,它们的意义在表层是不透明的,它们的语法意义要到构式中去提取。这是汉语不同于印欧语系诸语言的地方。

第三节　语法范畴和表达语法范畴的语法手段

一、语法范畴

语法范畴是语法意义的类,它是把通过一定的语法手段所表达出来的语法意义归纳在一起而得到的类别。语法范畴可以分为以体词为中心的语法范畴和以谓词为中心的语法范畴。

体词的语法范畴:性、数、格;

谓词的语法范畴:时、体、态、式、人称。

（一）性（gender）

性是某些语言中对名词和人称代词的性别分类。在这些语言中，修饰名词的形容词或者冠词往往也跟着名词而有性的变化。我们再强调一下，性是语法概念，与生物学意义上的性不是一回事。德语有阴性、阳性和中性三个类别，法语只有阴性和阳性两个类别。英语、日语、汉语都没有性这一语法范畴。英语只有在人称代词上还有一点残留，如第三人称单数有 he～she（主格形式），him～her（宾格形式），his～her（所有格形式）的对立。上文说过，德语的每个名词都在词典中标明性的属性，并用不同的冠词表示出来：der 是阳性名词的冠词，die 是阴性名词的冠词，das 是中性名词的冠词。在德语中任何一个名词都有性的标记，而这些标记的形成也是约定俗成的。除了用冠词来标记名词的性之外，有的语言还会用词尾的变化来表达性的对立。例如英语的 actor（男演员）与 actress（女演员）、god（男神）和 goddess（女神）、host（主人）和 hostess（女主人）、waiter（男招待）和 waitress（女招待）等等，但是英语中这种例子毕竟不多。

（二）数（number）

数是某些语言对名词和人称代词的数量意义所做的标记。例如英语有单数和复数的对立，阿拉伯语、景颇语、佤语有单数、双数和多数的对立。汉语没有数的语法范畴，普通名词不存在单数和多数的对立。汉语的数是用词汇手段来表达的。例如：

你～你们　我～我们　孩子～孩子们　先生～先生们

有人认为"～们"是汉语名词数的语法范畴的标记。实际上"～们"的使用是很受限制的，它不能推广。例如下面的例子是不能成立的：

＊书们　＊笔们　＊电脑们　＊桌子们　＊石头们　＊杯子们

我们可以认为现代汉语中的"～们"是正在形成中的复数标记，在语言演变的历史过程中，它有可能发展为成熟的数的标记。

（三）格（case）

格是在组合关系中提取出来的语法范畴，它标记的是名词、代词与其他词的关系,修饰名词、代词的形容词、数词也跟着变化。格反映的是语言成分之间的关系。这种关系是一种动态关系,只有在语言成分进入组合之后才会有格的关系,静态的语言成分是没有格的。印欧语系的语言大多有格的变化,现代英语只有人称代词还有主格、宾格和所有格的对立。

表 5—3

主格	宾格	所有格
I	me	my
you	you	your
he/she	him/her	his/her

德语有四个格:主格 Norminativ(N)、所有格 Genitiv(G)、与格 Dativ(D)、宾格 Akkusativ(A)。在组合中,性、数、格要同时变化。例如:

表 5—4

	阳性	阴性	中性	复数
N 主格	der Arbeiter（男工）	die Arbeiterin（女工）	das Buch（书）	die Bücher（书）
G 所有格	das Buch des Arbeiters（男工的那本书）	das Buch der Arbeiterin（女工的那本书）	die Farbe des Buches（那本书的颜色）	die Farbe der Bücher（那些书的颜色）
D 与格	dem Arbeiter	der Arbeiterin	dem Buch	den Büchern
A 宾格	den Arbeiter	der Arbeiterin	das Buch	die Bücher

格标记可以使意义表达得更清楚,减少歧义。例如汉语"我在火车上写字"可以理解为不同的意思,如"在火车上写字不如在家写字舒服""我在火车上写字被罚了二百元""我在火车上写字不小心摔了下来"等,表达的是不同的事件场景。而在德语里,不同的格可以区别不同的事件场景:

  (1) Ich schreibe im Zug.   我在火车上写字。

  (2) Ich schreibe an den Zug.   我把字写在火车上。

  (3) Ich schreibe auf dem Zug.   我在火车顶上写字。

在有格关系的语言里,究竟有多少个格,不同的语言之间差别很大。就我们目前所了解到的世界上的语言中,格的数量最多的语言是芬兰-乌戈尔语系的语言,如芬兰语。

(四) 时(tense)

时是动词的语法范畴,用动词的词形变化来表达事件的外部时间概念。时有过去时、现在时和将来时三种。比如屈折语用动词的词形变化这样的语法形式来表达时这样的语法意义,例如英语:

(1) I sent you a letter. (send 的过去形式)

(2) I am sending you a letter. (send 的现在进行形式)

(3) I am going to send you a letter. (send 的将来形式)

过去、现在、将来三时还可以衍生出过去进行时、过去将来时、过去完成时等时间概念,这是把事件的内部时间结构和外部时间结构结合起来的结果。有的语言还区分远过去时和近过去时。总之,时的语法范畴是对事件外部时间结构的刻画,事件的外部时间结构在不同的语言中有不同的语法表现形式。例如汉语表达事件的外部时间概念主要通过词汇手段,事件发生的时间是过去、现在还是将来在动词词形变化上没有表现。英语不完全用动词词尾变化来表示时间的概念,有时也会用复合形式,例如可以用助动词"shall/will+动词原形"表达将来时,汉语的"要、会、将、即将+动词原形"表达将来时的概念与英语如出一辙,但是日语动词的词尾变化可以把过去、现在和将来分得很清楚。例如:

(1) 动词原形:行く(简体) 行きます(敬体)

(2) 动词的过去形式:行った(简体) 行きました(敬体)

(3) 动词的将来形式:行こう(简体) 行きましゅう(敬体)

(五) 体(aspect)

体表达的是行为动作进行的情况,也是动词的语法范畴,表达事件的内部时间概念。事件的内部时间结构包括开始、持续、完成等概念。有的语言时和体是纠缠在一起的,如英语,统称为时态。英语的进行体使用动词"be+动词的现在分词"来表达,例如:He is talking;完成体使用"have+动词的过去分词"来表达,例如:I have done。根据语言类型学的研究,人们发现有的语言是时制凸显(tense-prominent)的语言,有些语言是体貌凸显(aspect-prominent)的语言。时制凸显的语言注重事件的外部时间结构,体貌凸显的语言重视事件的内部时间结构。语言中的体主要表现的是事件的进程,在进程中事件是否完成是比较重要的,所以很多语言中都有完成体。时和体都与事件的时间表达有关,所以很多语言表达事件过程完结的语法手段与表达过去时用相同的语法形式,例如日语过去时同时也表示完成体。在汉语中与事件的完成状态表达有关的语法形式是助词和补语,例如"V+讫""V+了""V+完""V+罢"。

(六) 态(voice)

态也是进入组合关系之后才可以提取的语法范畴,它表达的是动作和行为主体的关系。态的表达主要是通过动词的变化或者标记成分来实现的。如主动态、被动态。汉语用介词"把"作为主动态的标记,例如:我把足球踢破了。"我"是主动者(语言学中称作施事者 agent),"足球"是被动者(语言学中称作受事者 patient);"把"前边是施事成分,后边是受事成分,介词的作用是把两个部分联在一起;介词"被、叫、让"作为被动态的标记,例如:足球被我踢破了。"足球"是被动者,"我"是主动者,"被"前边是受事成分,后边是施事成分。英语用"be+动词的过去分词"表达被动态,用介词 by 引出施事成分。例如:The ball was broken by my kicking.(球被我踢破了)。

(七) 人称(person)

人称表达的是人称代词和动词的关系,不同的人称对应不同的动词词尾变化。这实际上是人称与动词之间在形式上的一致关系,第一人称、第二人称、第三人称的动词词形变化不同。人称的变化往往与数的变化纠缠在一起,以德语 sagen(说)和 arbeiten(工作)为例:

    第一人称单数:ich sage ich arbeite (我～)
    第二人称单数:du sagst du arbeitest (你～)

　　　　　　　　　　Sie sagen　　　Sie arbeiten　　（您～）
第三人称单数：er sagt　　　　er arbeitet　　（他～）
　　　　　　　　　　sie sagt　　　　sie arbeitet　　（她～）
　　　　　　　　　　es sagt　　　　es arbeitet　　（它～）
第一人称复数：wir sagen　　wir arbeiten　　（我们～）
第二人称复数：ihr sagt　　　ihr arbeitet　　（你们～）
　　　　　　　　　　Sie sagen　　　Sie arbeiten　　（您们～）
第三人称复数：sie sagen　　sie arbeiten　　（他们～）

我们可以看到不同的人称形式，要求动词有不同的变化来与人称保持一致关系。汉语没有类似的人称变化。不同的人称在动词形式上没有任何变化要求：

第一人称单数：我说　　我工作
第二人称单数：你说　　你工作
　　　　　　　　　　您说　　您工作
第三人称单数：他说　　他工作
　　　　　　　　　　她说　　她工作
　　　　　　　　　　它说　　它工作
第一人称复数：我们说　　我们工作
第二人称复数：你们说　　你们工作
　　　　　　　　　　您们说　　您们工作
第三人称复数：他们说　　他们工作

二、语法手段

　　人类语言尽管在类型上存在着比较大的差异，但是有些基本的语法范畴是共同的。因为人类有基本一致的概念系统，人们认识世界和描述世界的途径和手段是相同的。只不过在不同的语言中人们会用不同的语法手段来表达同一个语法范畴。比如时间范畴，这是所有人类语言都会遇到的问题：当我们在表述一个事件的时候，我们是否把这个事件的外部时间（什么时候发生的）和内部时间（已经进行到什么阶段）刻画出来，用什么方式刻画出来，这就是语法手段上的差异。语言学家把事件的外部时间叫作"时"(tense),有的语言用词汇手段来表达,如汉语用时间名词和时间副词来指示事件发生的外部时间;有的语言用动词词尾变化来表达,如英语用动词的词尾变化来指示事件发生的外部时间。语言学家把事件的内部时间叫作"体"(aspect),有的语言用助动词的手段来表达,如汉语的"～了""～着";有的语言用助动词加上动词词尾变化来表达,如英语的完成体用助动词"have(有)＋动词的过去分词"形式来表达。有趣的是汉语的某些方言也会用"有＋动词"来表达过去完成的时间意义,例如"我有看过这部电影"。概括起来说,语法手段可以归为以下三大类:

(一) 综合性形态手段

所谓综合性的形态手段表现在构词法和造句法两个方面:附加词缀、内部屈折、重叠、异根构词都是构词法中的形态;格标记是造句法中的形态;词尾、重音既可以是构词法中的形态手段,又可以是造句法中的形态手段。

词缀是附加在其他语素(词根或者词干)上面表达一定词汇意义的构词成分。词缀的作用是改变词根的词汇意义,参与构词,例如英语的名词后缀-er,可以改变词根的意义而构成新词:

    read(读) reader(读者)
    kill(杀)   killer(杀手)
    teach(教) teacher(教师)
    cook(做饭) cooker(厨具)

-er 既改变了原词根的词性,又改变了原词根的词汇意义。词缀可以分为前缀、中缀、后缀三种。前缀如汉语的"老—""阿—",英语的 pre-、un-、in(im)-、dis-等:

    老—:老师、老婆、老虎、老鼠、老板
    阿—:阿姨、阿哥、阿妹、阿舅、阿妈、阿爹
    pre-:presuppose premedical preheat prelude
    un-:unforgettable undo unable
    in(im)-:indefinite inarguable inaccessible impossible

dis-：disable　discover　discredit　discreet　disembody

中缀在我们所熟悉的语言里不常见，这里略过不谈。后缀是很常见的附加成分，如汉语的"—子""—头""—巴"，英语的-tion、-ful、-ly：

　　—子：桌子、鼻子、滚子、盖子、靶子、麻子、笼子

　　—头：石头、盼头、准头、看头、甜头、行头

　　—巴：嘴巴、下巴、泥巴、盐巴；捏巴、揉巴；皱巴、苦巴

　　-tion：action　argumentation　implication　production

　　-ful：beautiful　wonderful　harmful　doubtful　peaceful

　　-ly：sadly　lovely　lonely　vividly　wrongly

汉语的"—子""—头"都是名词后缀，"—巴"既可以是名词后缀，又可以是动词后缀，还可以是形容词后缀。英语的 -tion 是名词后缀，-ful 是形容词后缀，-ly 是副词后缀。

　　词尾是附着在其他语素后面、只表达语法意义的构形成分。词尾是词的一种屈折变化形式，它只改变词形，不改变词汇意义，不参与构成新词。词尾的作用是表达某种语法意义。例如英语动词后边的-ing，表达的是"现在时，进行体"这样的语法意义，英语动词后边的-ed 表达的是"过去时"这样的语法意义，英语名词后面的-(e)s 表达的是"复数"这样的语法意义。

　　格标记是标示名词性成分在句子中的语义角色或语法角色的语法成分，它是一种句法手段。阿尔泰语系的语言、芬兰-乌戈尔语系的语言都有成系统的格助词，日语和朝鲜语（韩国语）也有同样的格助词，这与印欧语系的语言当中的格标记有所不同。例如日语、朝鲜语（韩国语）都有成套的格助词，在句子中标明句子成分或者指示名词与动词之间的关系。例如日语用格助词は(-wa)来指示主语、用を(-o)来指示宾语、用が(-ga)来指示话题、用で/に(-tte/-ni)来指示空间方位、也用で/に(-tte/-ni)来指示时间、用で(-tte)来指示方式、用へ(-e)来指示方向、用から(-kara)来指示位移或者时间的起点、用まで(-matte)来指示位移或者时间的终点等。

　　内部屈折指的是通过元音交替的手段构成新词，或者改变词的语法意义。它是一种构词手段。汉语的"觉"（觉醒）[tɕye³⁵]和"觉"（睡觉）[tɕiɑu⁵¹]就是

通过改变元音同时改变声调的手段,从而改变词性,构成新词;又如"磨"(研磨)[mo³⁵]和"磨"(石磨)[mo⁵¹]通过改变声调的手段,从而改变词性,构成新词。英语名词的复数形式有规则形式和不规则形式两种,规则形式是在名词后面加上复数标记-(e)s,这是附加词尾的方法;不规则的形式是通过内部屈折,改变元音形式。例如:

  foot feet (脚)
  goose geese (鹅)
  tooth teeth (牙齿)
  mouse mice (老鼠)
  man men (男人)

英语动词的不规则变化也是通过内部屈折来改变词的语法身份。如:

  take took (取)
  drive drove (驾驶)
  fall fell (摔)
  drink drank (喝)

重叠是运用音节复制的手段构成新词或者改变词的语法地位的语法手段。在汉语普通话和方言中,利用重叠手段构词或者改变词的语法地位的例子比比皆是。比如北京话中的"头儿",第一个语素可以重叠,重叠后构成新词"头头儿";类似的例子在山西话中非常多见,如"人"和"人人"所指不同,前者指的是普通意义的"人",后者指的是用面或者泥做成的"人形",有时也可以指称小孩子。汉语普通话的重叠手段更多地体现在动词、形容词、副词上。例如:

  动 词:看 看看 想 想想 找 找找
      研究 研究研究 讨论 讨论讨论 活动 活动活动
  形容词:好 好好 快 快快 狠 狠狠
      漂亮 漂漂亮亮 痛快 痛痛快快 热闹 热热闹闹
  副 词:白 白白 渐 渐渐 刚 刚刚

动词、形容词和副词重叠以后它们的语法性质发生了变化,比如形容词重叠以后已经失去了形容词的分布属性,不再能接受"不""很"这样的副词修饰,也不再能修饰光杆名词,因此有人把它们叫作状态词。词的重叠是汉语普通话一种重要的语法手段,从语言表达意义这个角度看,重叠显然与不重叠的原形是有区别的。至于重叠到底表达了什么语法意义,学术界有不同的意见,因此在这里就不详细探讨了。

重音是一种通过改变一个语言单位中某一部分的轻重从而改变这个语言单位的意义或者给这个语言单位加上某种标记的语法手段。从构词的角度来看,有些语言利用轻重音来构成新词,比如汉语普通话"运'气"和"'运·气"的对立,"地'道"和"'地·道"的对立。在普通话中有一部分双音节词后一个音节读成轻声,如"棍子""结实""研究",这也是改变词内某一成分的轻重,但并未改变整个词的意义,也没有构成新词。轻声也是一种重音手段。又如英语的con'tent(形容词)和'content(名词),in'crease(动词)和'increase(名词)也是利用重音的位置来改变词性和词义。

跨语言的研究结果显示,对于某些语言来说,词重音的位置是固定的,比如拉丁语族的语言(意大利语、西班牙语等),词的重音总是落在倒数第二个音节上。语言中的重音是一种语音现象,它同时是一种语法手段,除了在形态学范围内有所表现之外,在句法和韵律方面它也是必不可少的手段。在句子层面,重音位置不同可以改变句子的语义焦点。例如:

1. '我明天要去上海。(重音在"我"上,语义焦点也在"我"上)
2. 我'明天要去上海。(重音在"明天"上,语义焦点也在"明天"上)
3. 我明天要去'上海。(重音在"上海"上,语义焦点也在"上海"上)

从这个意义上来说,我们也可以说重音是句子语义焦点的标记之一。重音在句子中的分布是有规律的,也是受语义条件和韵律规律制约的。

异根构词是用不同的词根来表达不同的语法意义。例如英语动词的过去式是在动词词形后边加上-ed,例如 walk, walked; excuse, excused; look, looked,但是在英语中存在着不规则的变化形式,这些不规则动词都是使用频率极高的动词,例如 go 的过去式是 went,而不是 goed,这就是异根构词。类似的例子在英语中还有形容词的比较级。形容词的比较级一般是在同一词根的基础上变化,如在形容词后加上-er 表示比较级,在形容词后便加上-est 表示最高级,如 warm, warmer, warmest;而不规则变化如 good, better, best 就是异根构词,good 的比较级和最高级都不是在 good 这个词根的基础上发生的变化。

(二) 分析性语法手段

分析性的语法手段是与屈折手段完全不同的一种语法手段。分析性语法手段表现为词序、前置词、后置词、冠词、助词等。

词序是利用词的排列顺序的变化表达不同的意义。例如汉语的词序在表达意义的时候就是一种很重要的手段:

1. 客人来了。("客人"是已知信息)
   来客人了。("客人"是未知信息)
2. 在地上跳。("地上"是事件发生的场所)
   跳在地上。("地上"是位移的终点)
3. 你快点儿跑。(不一定表示"你跑得不够快",是一种建议)
   你跑快点儿。(有"你跑得不够快"的意思,是一种催促)
4. 他明天去上海。("他"是话题)
   明天他去上海。("明天"是话题)
5. 他有女朋友了。("他"以前没有女朋友,现在有了)
   他女朋友有了。("他"女朋友怀孕了)

词序是一种很有效的语法手段,尤其是在像汉语这样缺乏形态变化的语言里,词序的作用尤其突出。

前置词是指出现在一些语法成分前面的、表达特定的语法意义的语言成分。例如汉语中的介词就是一种前置词:

1. 朝我来
2. 从南京来
3. 把书打开
4. 向天上开枪

前置词是一种虚词,它们在语言中使用频率很高。但并不是所有的语言都有前置词。例如日语就没有前置词。印欧语有比汉语还要丰富的前置词，例如英语中 to、for、as、in、on、at、over、about、into、onto、under、by 等等，所以印欧语背景的汉语学习者在汉语中介语表现中有一个明显的趋向：介词的使用频率比日本学生和韩国学生高一倍多，比中国人也高一倍。

后置词是指出现在一些语法成分之后的、表达特定语法意义的语言成分。汉语既有前置词又有后置词。方位词就是一种后置词。例如：

1. 教室里
2. 瓶子中
3. 价格上
4. 面子上

日语没有前置词，但是有成系统的后置词。日语的格助词都是典型的后置词。例如表示空间方位、表示方式的で(-tte)，表示时间或空间的に(-ni)，表示方向的へ(-e)，等等。

冠词是指示名词指称性意义的语法成分。在一些语言里，名词的有定和无定是通过显性的语法手段来表达的，冠词就是这样一种语法手段。印欧语系的语言有冠词手段，例如英语的定冠词 the 和不定冠词 a(an) 指示的是名词性成分在句子中是不是已知信息，德语的冠词除了指示名词的有定和无定意义以外，还可以指示名词的性，例如我们前面讲过的 der 是阳性名词的定冠词，die 是阴性名词的定冠词，das 是中性名词的定冠词。

助词是一种附着在某些语法成分之后的、表达某种特定语法意义的虚词。在形态变化不是很发达的语言里，助词是一种很重要的语法手段。例如汉语有表示体貌的助词"～了""～着""～过"，表示语气的助词"～啊""～吧""～呢""～吗"等，这些语法成分有的是附着在动词之后，表示事件的内部时间意义(tense)，有的是附着在句子之后，表示事件的外部时间意义(aspect)或者句子的情态意义(modality)。例如：

好吧

好啊

好哒

好滴

好嘞

好嘛

好啦

好啵

不同的语气词可以表达说话人不同的态度和立场。在印欧语系的语言里,除了斯拉夫语族的语言之外,我们几乎找不到类似的语法手段。而在汉语以及汉语周边的一些语言当中,语气助词是非常重要的表达情态意义的语法手段。

(三) 一致关系

某些语法范畴与动词在形式上的互相照应关系叫作语法的一致关系(grammatical agreement)。在一些屈折语中,名词的语法性质会影响到对动词形式的选择,或者换一句话说,名词的语法属性不仅在名词词性上有所体现,在动词上也要有所体现。例如英语名词的单复数在形式上是有标记的,入句以后在动词上还要加上特殊标记,这实际上是一种双重标记(double markedness)。试比较:

One bus comes.

Two buses come.

如果名词是单数形式,名词用缺省的原形形式,不需要加上标记,由动词则需要加上标记,由动词原形 come 变成 comes,是在动词原形 come 后加上了一个尾巴-s。如果名词是复数形式,名词需要加上标记,而动词是缺省的原形形式。

人称也涉及语言中的一致关系,在有些语言中,人称代词与动词性成分在形式上要互相照应。例如前文说过的德语的例子:

第一人称单数:ich arbeite （我工作）

第二人称单数:du arbeitest（你工作）

　　　　　　　Sie arbeiten（您工作）

第三人称单数:er arbeitet （他工作）

    sie arbeitet　（她工作）

    es arbeitet　（它工作）

  同一个动词 arbeiten(工作)在不同的人称形式后边有不同的词尾变化，这就是人称与动词的一致关系所要求的。像汉语这样的孤立语没有这种一致关系的要求。

三、情态

  什么是情态(modality)？这个概念在传统语法、系统功能语法和模态逻辑中有不同的内涵,它最初源于传统模态逻辑对必要性和可能性的探讨。从逻辑的角度可以分出来很多模态意义类型(Rescher,1968:241;彭利贞,2005:72):涉及可能性与必然性概念的真值模态;与知识和信仰有关的认识模态;涉及时间概念的时间模态;表达希望、欲望和遗憾等概念的意愿模态;与义务、许可、禁止等概念有关的道义模态;涉及好坏等概念的评价模态;关于因果概念的使因模态;表达可能性的可能模态。

  在语言学领域,情态作为一个独立的句法语义范畴为很多学者所关注。一些学者认为语言中的句子是由命题和情态组成的:

    S=P+M(S 代表句子,P 代表命题,M 代表情态)

可见情态是语言表达中不可或缺的重要范畴。国外语言学界关于情态的研究主要聚焦于认识情态(epistemic modality)、道义情态(deontic modality)和动力情态(dynamic modality)(崔希亮,2003)。以往关于语言情态的研究主要集中在以情态动词和情态副词为载体的"可能性"(probability)与"必然性"(necessity)的研究上,这些情态大多与言者对命题的看法有关。Palmer(2001:24—52)把情态置于命题情态和事件情态两大类之下来讨论认识情态、示证情态、道义情态、动力情态等概念,并把语气(mood)范畴纳入情态范畴之内,如直陈式与虚拟式,以及与语气范畴相关的现实(realis)与非现实(irrealis)的对立等(Palmer,2001:1—3)。这样做就把情态范畴大大地扩展了,尤其是把语气范畴也纳入情态范畴之内,从语言类型学的角度,可以覆盖更多的情态表达手段。

情态概念涉及三个范畴,第一个范畴涉及我们的知识系统和主观认识,比如推测、判断、推断、假设、疑信、商量、征求同意等,我们称之为认识情态,例如"今天不会下雨",这是根据说话人的知识做出的推测。第二个范畴涉及社会的道义和规约,比如可否、义务、权限等,我们称之为道义情态,例如"和尚不能结婚",这是根据社会规约得出的结论。第三个范畴涉及意愿和能力,涉及事件或事件构件的真实与虚构,同时还涉及事件与现实世界的对应关系,比如能力、意愿等,我们称之为动力情态,例如"公鸡不能下蛋",这是从物力论的角度来说明某事物是否有某种自然能力。表达情态意义的主要手段如下:

情态动词:能、会、要、想、该、可以、应该、情愿、值得、打算……

情态副词:或许、大概、偶尔、可能、一定、毕竟、竟然、难怪……

语气助词:啊、吧、嘛、呗、啦、啵、嘞、滴、哒……

特殊句式:"连"字句、"把"字句、反问句……

语体手段:如朝鲜语正式语体的语尾标记-yo,日语的敬语表达,等等。

简言之,我们认为情态是语言表达过程中与言者主观意识有关的句法语义范畴,它关涉到言者的态度、立场、观点、判断和预设。交际中不可避免地会涉及言者对话题或听话人的态度。不同的语言可以有不同的情态表达手段,例如情态动词的手段、能愿动词的手段、情态副词的手段、终助词的手段等等,在汉语以及汉语周边的一些语言中,句末语气词也是表达情态意义的重要手段。例如:

老师:你下午三点来办公室找我好吗?

学生:1. 好吧。(勉强,不情愿)

2. 好哒。(愉快地答应)

3. 好滴。(愉快地接受并撒娇)

4. 好的。(没有表情,公事公办)

5. 好啊!(早有预约,终于实现)

6. 好嘞!(愉悦地接受)

7. 好呀!(愉悦地接受,女性化)

学生的七种回答用了七个不同的语气词,表达了言者不同的主观态度,也就是说,不同的语气词表达了言者不同的情态意义。传统语义学只是把情态作为一个静态的语义范畴来对待,随着系统功能语法和话语分析的发展,尤其是语言类型学的发展,人们逐渐认识到情态不仅仅是与命题的可能性、必要性、肯定、否定这些参数相关,它已经成为与交互主观性(intersubjectivity)密切相关的概念。在语言交际过程中说话人和听话人之间的互动非常重要。这其中就包含了听话人对说话人主观态度和立场的评估和揣测,这种评估和揣测带有主观性,而且是交互性的。

第四节 理论语法和教学语法

一、语法研究有不同的取向

语法研究有不同的取向,有面向理论的研究,也有面向应用的研究。语法的理论研究也有很多角度,有基于语言普遍性的研究,有基于类型学的研究,有基于结构的研究,有基于数学模型的研究,也有基于认知的研究、基于功能的研究,不同的研究视角发展出不同的语法学流派,比如生成语法、配价语法、格语法、功能语法、蒙太古语法、词汇语法、认知语法、角色与参考语法、功能认知语法、语义功能语法、语体语法、韵律语法等,每一个语法流派都有自己的认识论背景和方法论体系。不同的语法流派之间可以互相借鉴,但是由于彼此在理论背景上的分歧导致的隔膜,不同学派之间的交流变得十分困难。例如生成语法和认知语法之间几乎完全没有共同的立场,他们对语言的认识是非常对立的,研究范式和研究方法也非常不同。从认识论和方法论的角度看,这两种语法理论是针锋相对、立场鲜明的。生成语法是形式主义(formalism)的语言观,认知语法是功能主义(functionalism)的语言观。形式主义语言学家认为语言能力是先天存在的,人类的语言知识是一个自足的系统,人类语言存在着一个普遍语法(universal grammar),语言学家的任务就是通过外在的语言去探索人类语言的普遍规律。这种语法理论的哲学基础是笛卡尔的理性主义。而功能主义语言学家则认为人类语言的结构和功能是后天通过学习获得的,并非生而知之,人类语言的知识不是一个自足的系统,人们对语言结构和功能的认识与人类其他认知活动一样,没有什么特殊的地方。这种语法理论的哲学基础是非客观主义的。从研究方法上来看,形式主义语言学注重推理和演绎,而功能主义语言学则注重内省和真实语言样本的验证。如果要说形式主义语言学和功能主义语言学有什么共同点的话,那就是他们都声称自己要研究语言与心智的关系。只不过形式主义的思路是自外而内的,功能主义的思路是自内而外的。

语法的应用研究也有不同的应用领域,有面向计算机语言信息处理的研究,有面向人工智能的研究,有面向语言康复的研究,有面向语言规范的研究,也有面向教学的研究。面向教学的语法研究又可以分为面向母语者的教学语法研究和面向非母语者的教学语法研究。理论研究有理论研究者的追求,应用研究有应用研究者的目标,两者可以很不相同。不能用实用的标准来衡量理论语法,也不能用理论研究的标准来要求实用语法。当然最理想的情况是:理论研究能够解决应用问题,应用研究关注理论问题,实现理论语法与应用语法的完美结合。

二、关于语法的不同层面和不同立场

(一) 客观语法、专家语法与教学语法

语法是语言符号的组织结构规则,我们相信在自然语言中存在着客观的组织结构规则,这就是客观语法(objective grammar)的观念。而语言中的这种结构规则有待于研究者去发现。目前我们所发现的只是客观语法的一部分,也就是说,已经发现的和正在发现的规律只是客观语法的一部分,还有很多属于客观语法的部分没有被发现。专家语法或者理论语法是研究者对客观语法的描写和阐释,这种描写和阐释当然涉及研究者的观察角度、研究者的认识论和方法论背景、研究者的观察手段等等,我们把这种描写和阐释称为专家语法或者理论语法(theoretical grammar)是因为这种描写和阐释涉及研究者的主观因素,因此它不完全是客观的,也可能与客观语法相去甚远。专家语法总是试图构建一种理论框架,并且把自己观察到的现象纳入构建好的理论框

架中,形成一个整齐的、规则的、内部完美的系统。专家语法的目的是寻找语言构造中的规律。有时为了教学的目的,我们会把专家们发现的一些语法规则用简单易懂的方式表述出来,甚至图解出来,这就是教学语法(pedagogical grammar),又可以叫作学校语法(school grammar)。教学语法与理论语法的关系是互相依存的,应该说,教学语法汲取理论语法的营养,同时受到理论语法的影响,很难有独立于理论语法之外的教学语法。此外还有学生语法,就是学生在学校所能学到的语法,它与客观语法、专家语法以及教学语法不在同一个层次上。教学语法是规定性的,这是与专家语法不同的地方。从语法所涉及的内容来说,我们说客观语法最大,理论语法次之,教学语法最小。

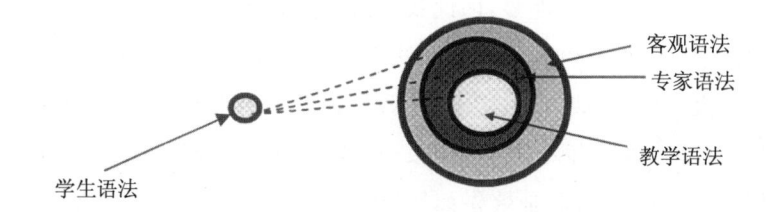

图 5-1

说教学语法最小这是从研究的广度和深度上说的,是就语法本身说的。单纯地看教学语法,它所涉及的内容是很多的,因为教学语法讲究面的完整,不十分在乎点的深入。如果看语法著作,教学语法可能是最厚的,但这是语法书,不是语法本身。教学语法是在专家语法的基础上产生的,它在观念上往往比专家语法更保守和更稳定,这是由教学的性质决定的。

汉语语法研究的历史只有 100 多年,因此还没有形成一个体系完整、阐释科学、编排合理、内容完备的教学语法体系。曾经有一段时间,我们把客观语法、专家语法与教学语法混为一谈,譬如讲到为什么要分词类,答案是"为了教学方便"。语法研究的终极目标应该是探求语言内在的编码机制,因此探求的应该是"上帝真理"(God's truth[①]),而"为了什么什么方便"则只能是权宜之

[①] 1952 年由 F. W. Householder 提出,指这样一些语言学家,他们相信他们业已建立的一些单位和范畴等等是语言中的真实存在,他们的想法正好与"变戏法派"(hocus pocus)相反,后者不相信所谓的上帝真理。参见 *The Concise Oxford Dictionary of Linguistics*, Oxford University Press, 1997。

计,是术,是变戏法,不是道。所谓上帝真理或者变戏法都是比喻的说法,不一定十分合适。理论语法不一定能够直接用于课堂教学,但是如果没有理论语法的基础,教学语法就会成为无源之水、无本之木。理论语法有更广阔的想象空间和更大的自由度,而教学语法需要在一段时间内稳定不变,从某种意义上说需要"墨守成规",如果这个成规足够好的话。

(二) 形式主义与功能主义的取舍

理论语法的研究者甚众,理论、观念、方法、操作花样很多,形成不同的理论倾向和工作方式,它们大致可以用形式主义和功能主义来概括。形式主义与功能主义的分别是那么明显,因此我们可以从认识论和方法论的角度来讨论它们的区别(张敏,1998:11)。从语法教学的角度看,形式主义的语法研究可能帮不上太大的忙,或者说迄今为止我们还看不到形式语法对教学语法有什么直接的帮助,尽管有人曾尝试用数理逻辑来描写语义系统,并试图把这种描写应用于语法教学[1],但是效果如何还有待于观察。与形式主义语法相对应的,功能主义的语法理论在很多方面我们认为可以发挥作用。功能主义关于信息流(information flow)和篇章的研究,对于教学语法来说也是一个非常新鲜的课题,这些研究可以引起教学语法的革命。另外,认知语法的一些原则和观念也可以为教学语法提供思路,比如认知语法关于隐喻(metaphors)、意像(images)、象似性(iconicity)和图式(schemata)的研究,挖掘了人类语言在认知方面的许多共性,在课堂教学中可以引导学生自己去理解和发现目的语语法和母语语法的共同点。这使得我们的教学与我们传统的灌输法比较起来要主动得多。

(三) 理论语法的目标和教学语法的目标

理论研究和应用研究的目标是不同的,这是不言而喻的。学者们对理论研究的兴趣比对应用研究的兴趣要大得多,或者说在语法研究中有重理论轻

---

[1] 例如白俄罗斯国立大学的郭德(Гордей А.Н.)教授编写的《汉语语义教程》,就是试图用逻辑语义学的方法描写汉语语法并将它引入课堂教学。

实用的倾向。因为理论研究比较有创造性,比较起来应用研究要乏味一些,更技术性一些。从20世纪20年代开始,国内出版的以解决具体问题或者声称以解决具体问题为主旨的语法著作数量不少,它们也的确解决了语言中的一些具体问题。但是不同的应用领域有不同的具体问题,以往的语法研究往往比较关注本族人在母语使用中的具体问题,而对外族人学习和使用汉语的具体问题则关注不够。这不是研究者有什么偏见,是历史使然。在中国语法研究中,问题永远比主义重要。我们认为理论研究的目标应该是主义而不是问题,尽管理论研究要从问题入手;而应用研究的目标应该是问题,不管什么主义,能解决问题的就是好主义。

三、汉语作为第二语言或者外语的语法研究与应用

(一) 现状与前瞻

汉语作为第二语言或者外语的大规模研究已经有50多年的历史,其中的语法研究占有很重要的地位(参看陆俭明,1993;马庆株、项开喜,1998;陈保亚,1999)。有几部语法著作是专门为外国人学汉语或者教外国人学汉语写的,如赵元任《中国话的文法》、刘月华等人的《实用现代汉语语法》、房玉清的《实用汉语语法》等。吕叔湘主编的《现代汉语八百词》也可以用来作为教外国人汉语的参考语法。此外还有一些讨论对外汉语教学语法体系的著作,不一一列举。把汉语作为第二语言或者外语进行教学的过程中发现了许多语法问题,研究者发表了许多研究报告和论文(参看赵金铭、崔希亮,1997)。这些研究只是解决汉语语法教学中的局部问题,迄今为止还没有一个整体的、一揽子解决的方案。从语言教学和语言学习的角度看,这不能不说是一个缺憾。我们非常需要一本百科全书式的教学参考语法,教师在教学过程中遇到什么问题可以到这里来寻找答案。如果做成一个语法数据库方便检索那就更好了。

(二) 语言习得研究及其局限

语言习得的研究最近几十年在国际上发展得很快,第二语言习得的研究

也已经渐成规模。但是汉语二语习得的研究才刚刚起步,在语法方面的成果还非常有限,主要有汉语时体范畴的习得研究、汉语被动句的习得研究、汉语"把"字句的习得研究、汉语语序的习得研究等一些语法项目的专题研究和习得顺序的研究,虽然取得了一些成果,但是离语法教学的要求还有比较大的距离,这种研究仍然属于基础理论研究的范畴,还不能解决应用中的所有问题。

(三)教学语法体系的问题

对外汉语教学的语法体系问题也是很多人关心的问题,因为它涉及教材的编写、汉语水平考试的命题、教学大纲的制订等一系列问题,所以时时有人提出来。而教学语法体系的确立又是一个涉及面比较宽的系统工程。第一,采用什么样的语法框架,以什么样的语法理论为支撑,这是不能回避的问题;第二,体系内部能否自圆其说的问题;第三,体系的封闭性和开放性的问题;第四,体系在使用过程中自我完善的问题。教学语法体系的制订涉及一些相关的问题:如学习理论的问题、本体研究的问题、教学理论的问题、语言学理论的问题。教学语法体系是一个应用课题,但是如果我们仅仅考虑到一些具体的语法问题,而没有一个统领全局的纲领的话,教学语法就会变得琐琐碎碎,教和学都很困难。

(四)教材中的语法和语法教材

教材中随课文注出的语法项目应该遵循语法习得顺序,循序渐进。但是目前我们教材的语法项目导入的比较随意,主要原因是我们还不太清楚学习者习得的顺序,对语法项目的难易程度和使用频率缺乏详细的调查,导致进退失据。

语法教材是另外一回事。语法教材有两类:一类是教人学语法,主要目的在于突出语法知识,严格地说这不是我们所说的教学语法;另一类是教人学语言,主要目的在于怎样一步一步地让学习者掌握目的语的语法,获得目的语的语言能力。教材中的语法项目需要考虑前后出现的难易程度和衔接关系,还要考虑语法项目的复现率,从结构和功能的角度安排例句,突出重点,突出语法项目中的典型意义和典型用法。而语法教材则要考虑系统性,考虑章节安排的合理性。

(五)学的策略和教的策略

学和教是一个过程的两个侧面。从学的角度考虑,我们应该想到语法项目的引入不能脱离学生的接受能力,不要把简单问题复杂化,而是要把复杂问题简单化。通过观察我们发现学生在学习语法时通常采用不同的策略:理解型、模仿—复练型、自然获得型、综合型。不同母语背景的学习者在学习策略上有不同的倾向,这与学习者的母语背景、教育方式、学习习惯、个人经验都有关系,我们在设计如何把理论语法转化为教学语法的时候要考虑到学生的学习策略。

从教的角度考虑,我们也发现不同的教师在处理相同的语法项目时会采用不同的策略。我们在对国家公派出国任教储备汉语教师选拔考试[①]中发现,被试在课堂教学处理语法项目时采用的策略有如下几种:知识输入型、分析讲解型、讲练结合型、引导练习型、语言对比型、回避型。虽然有两名教师在课堂上对语法项目采取回避策略,但是大部分教师对语法项目的处理还是有想法的,比较容易归类。大致的比例如下:

表 5—5

教学策略类型	教师数量	百分比
知识输入型	42	32.6
分析讲解型	26	20.2
讲练结合型	31	24
引导练习型	23	17.8
语言对比型	5	3.9
回避型	2	1.6

根据上面的观察我们看到第二语言的课堂教学在如何对待和处理语法的

---

① 数据来自 2001 年 2 月在苏州和济南对 128 名公派出国教师进行的考试。

问题上存在着误区,就是课堂上讲得太多,练得太少。讲语法知识和单纯地对语法现象进行分析讲解,都不是有效的教语法的方法。讲练结合和引导练习比较奏效。遗憾的是大多数教师认为讲解比练习好,更能体现教师的主动性和主导性。与此相联系的问题是:教材中的语法注释也是以注解为主,练习不足。

思考与练习

1. 什么是语法?我们如何知道语言中有语法存在?
2. 什么是客观语法?什么是专家语法?什么是教学语法?三者之间是什么关系?
3. 什么是语法形式?什么是语法意义?语法形式和语法意义之间是什么关系?举例说明。
4. 什么是语法范畴?语言中常见的语法范畴有哪些?
5. 什么是语法手段?举例说明语言中常见的语法手段。
6. "时"和"体"这两种语法范畴的联系和区别是什么?
7. 词缀和词尾的区别是什么?
8. 理论语法和教学语法的区别和联系是什么?

第六章 语义

第一节 语言的意义

一、什么是语言的意义

语言有三个要素：语音、语法和语义，这三个要素缺一不可。它们之间的关系是这样的(John,2016:5—7)：

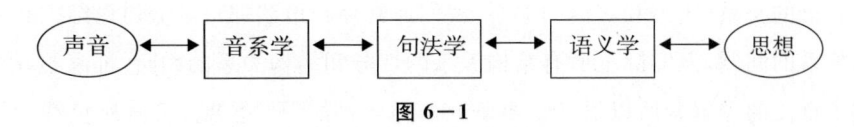

声音 ↔ 音系学 ↔ 句法学 ↔ 语义学 ↔ 思想

图 6—1

在语言符号系统中跟声音有关系的学科有两个，一个叫作语音学(phonetics)，一个叫作音系学(phonology)，语音学研究人类语言的普遍规律，音系学研究某一具体语言或方言的语音系统；在语言符号系统中跟语法有关系的学科叫句法学(syntax)，主要研究语言符号系统中的结构规律；在语言符号系统中跟语义有关系的学科叫作语义学(semantics)。前面我们已经讨论了语言中的语音和语法，现在我们来说说语义。我们通常会把语言符号分为两个部分，一部分叫作语言符号的形式，它是语言符号的外在表现；另一部分就是语言符号的意义，它是语言符号负载的信息内容。简单地说，语义就是语言的意义，就是语言符号与形式相对应的那一部分。在语言符号这个系统里，语义在哪里呢？从语素到词、从词到短语、从短语到句子，每一个层级的语言单位都有语义的问题。实词有词汇意义，虚词有语法意义。例如：

小王—昨天—下午—去—了—上海。

这个句子指涉了一个已经发生了的事件，它可以分解为6个词，每一个词都是一个语义单位，"小王"指涉一个人名，"昨天"和"下午"指涉一个时间，"去"指涉一个行为动作，"了"没有实在的词汇意义，但是指涉"实现体"这样的语法意义，"上海"指涉一个地名。在这个句子里，小的语义单位组合在一起，形成一个更大的语义单位，而这个语义单位是跟结构关系分不开的。

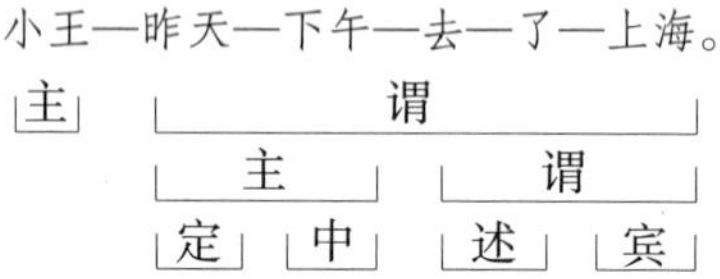

```
小王—昨天—下午—去—了—上海。
 主  |         谓
     |   主       |    谓
     | 定 | 中 | 述 | 宾
```

图6—2

那么什么是语言的意义呢？每个词所负载的语义内容和短语所负载的语义内容乃至于整个句子所负载的语义内容都是语言的意义。那么一个句子的组成成分彼此之间的结构关系算不算语义呢？比方说主语跟谓语的关系，定语和中心语的关系，述语和宾语的关系，我们通常会在语法那一部分讨论结构和结构关系的问题，但实际上所有结构关系的切分和结构关系的判断，都离不开对句子意义的理解。所以语义学要研究的内容，除了研究语言符号所负载的语义内容之外，也要研究语言符号之间的各种关系，前者我们叫作词汇意义或者句子意义，后者我们把它叫作语法意义。

语言的意义到底是什么？这个问题在语言学界最不容易说清楚，这也是语言学这个学科中最有争议的部分，我们看不同的语义学著作，发现他们讨论的所谓语义完全是不同的东西。然而我们必须清楚，语义是语言中最重要的东西。语言的核心是语义。语音也好、语法也好，都是语言形式上的表现，语义才是语言的核心价值所在。"意义"这个词有不同的含义，第一层含义是指语言文字或其他信号所指涉的内容，如"'打秋风'这个惯用语的意义是什么？"指的是语言符号本身所负载的意义；第二层含义是指某种价值或作用，如"改革开放的意义很重大"指的是价值。语言的意义也有两层含义：一层含义是指某些语言符号所指涉的内容，比如语素（实语素）、词（实词）、短语、句子都指涉具体的内容,这些语言单位所指涉的内容就是它们的意义。另一层含义指的是某些语言符号的语法价值,比如一些只表达语法意义的语言符号(例如虚词、词的屈折变化等),这些语言成分没有实在的内容意义,而只有功能意义,我们把它叫作语法意义。当我们说到语义的时候,既可能指陈有实在意义的符号意义,也可能指陈没有实在意义的语法意义。

为什么学界关于语言中的意义分歧这么大?有人认为语义是逻辑学研究的问题,有人认为语义是符号学研究的问题,有人认为语义是哲学研究的问题,有人认为语义是跟语用学有关系的问题(Löbner S.,2013:167;Saeed J. 2016:86—104)。的确是这样,在逻辑学领域、符号学领域和哲学领域,都会关注语义的问题。语用学当然也离不开语义。那么语义究竟在哪儿呢?有人说语言的意义在词典里,有人说语言的意义在语汇里,有人说语言的意义附丽在语言的符号上,有人说语言的意义跟概念系统纠缠在一起,也有人说语言的意义在我们的心理词典中。无论是符号所指涉的内容也好,符号所体现的价值也好,它们都是我们的大脑与外部世界互动的结果,也就是说它们都是人类认知的直接成果。所以我们同意这样的说法:语言的意义存在于我们的心理词典中,而且是以网络系统的形式存在的。例如以"媒体"和"发展"为核心的语义关系,我们可以画出下面的语义网络图:

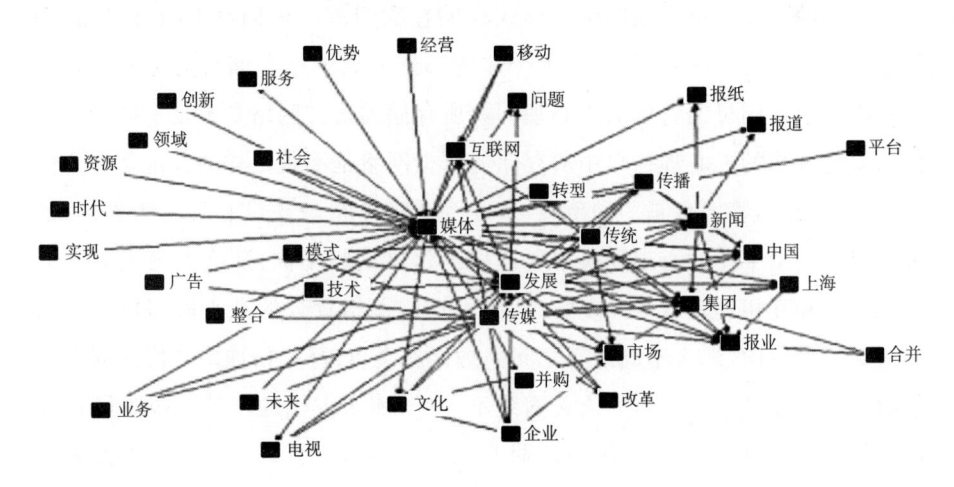

图 6—3

在我们的心理词典中,没有哪一个意义是孤立存在的,意义和意义之间是有联系的,"媒体"与"报纸""报道""平台""广告""社会"等概念意义产生关联,"发展"与"技术""模式""企业""改革""市场"等概念意义产生关联,"媒体"与"发展"产生关联,这样就构成了两个语义网络,而这两个语义网络之间又通过语义共性联系起来。在这个语义网络的任何一个终端,都可以再建立自己的语义网络,例如"市场",可以关联更多的语义单元。从这个意义上说,符号系统的语义网络很像是我们所处的宇宙,每一颗星球都处在一个系统中,这个系统又与更大的系统产生关联,更大的系统再与其他的系统产生关联。我们知道太阳系是银河系的一部分,而银河系只是宇宙当中的一小部分。在语言符号的语义网络中,每一个意义都可以在语义的网络中找到自己的位置。语义的网络是一个层级体系,我们的心理词典与我们可以看到的各种词典在结构上是不一样的,我们现在看到的词典所有的词条都是按照一定的顺序排列的,目的是有利于检索,而我们的心理词典是按照层级体系排列的,这是我们认识外部世界的自然结果。所以认知语言学认为意义就在我们能够意识到的经验当中。发现意义的途径只能通过内省,通过抽象、联想和概括等一系列思维过程。当然内省的结果可以用实验的办法、计算机模拟的办法或者语料库的办法去验证。

　　语言的意义是以层级网络的形式存储在我们的心理词典中的,这样我们就会提一些问题出来:我们每一个个体的心理词典中所存储的语义网络是不是一样的?不同母语背景的人心理词典所存储的语义网络是不是一样的?古代的人与现代的人心理词典中所存储的语义网络是不是一样的?这是一个假想出来的问题,答案也是一种猜想,迄今为止这个猜想还没有实验的验证:如果我们每一个个体的心理词典中所存储的语义网络不同,那么人与人之间的语言交流和互相理解就会出现障碍;如果不同母语背景的人心理词典所存储的语义网络不同,那么不同语言之间的翻译就会出现障碍;如果古代的人与现代的人心理词典中所存储的语义网络不一样,那么古代的作品就很难翻译成现代的文本。也就是说,人类心理词典中所存储的语义网络是一个大致相同的系统,否则我们无法解释为什么人与人之间可以互相交流和互相理解。但是我们也应该看到,即使在同一个语言社团中,个体之间的差异也是存在的,比如现代汉语的"十来岁"到底是"十岁以下接近十岁"还是"十岁以上接近十岁",以汉语普通话为母语的人在理解上是有分歧的,但是这种微观的分歧不会影响整个系统的一致性。不同语言社团之间的语义网络差异就会更大一些,甚至会出现不对称。例如上海人说的"青菜"是某一特指的蔬菜,而北京人所说的"青菜"则是泛指所有带绿叶的菜。又如英语的 cousin 这个词的语义内容在汉语中没有对等的词汇形式,在汉语中对应的词汇有"堂兄、堂弟、表兄、表弟、堂姐、堂妹、表姐、表妹"等不同的词。反过来也一样,汉语的"意思"与英语的 meaning 也是不完全对等的,汉语的"够意思""小意思""没意思""有意思""不好意思"以及"意思一下"的"意思"在英语中不能对应 meaning,汉语的"拉关系""找关系""靠关系""关系网"的"关系"在英语中也很难找到对应的词汇,所以翻译者干脆直接使用音译 guanxi,因此我们有理由认为不同母语背景的人其心理词典中的语义网络差别比同一语言社团的人们之间要大得多。至于古人与今人之间的语义网络之间的差异,其大小应该介于前两者之间。在对外汉语教学中,由于语义网络不对称造成的偏误比比皆是,例如一个以英语为母语的外国学生说"我妈妈没有牛奶,我是吃母牛的牛奶长大的",因为在他的语义网络中,"牛奶"不是一个单独的语义终端,"milk"已经是语义网络的终端,这个概念没有细分为"人奶"和"牛奶";而在汉语中,"牛奶"是一个单独的语义终端,它是包含在"奶"这个意义范畴中的。试比较英语和汉语与"奶"有关的语义网络的差异:

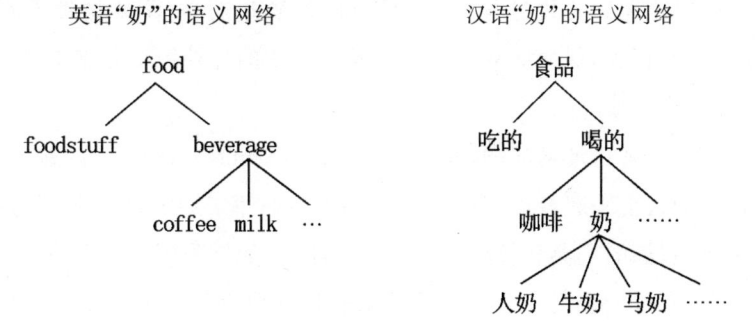

英语"奶"的语义网络

```
        food
       /    \
 foodstuff  beverage
            /    \
         coffee  milk  ...
```

汉语"奶"的语义网络

```
        食品
       /    \
     吃的    喝的
            /    \
          咖啡    奶  ......
                 /|\
              人奶 牛奶 马奶 ......
```

图 6—4

在我们研究语言意义的时候会碰到至少三个挑战(John,2016:5—7)。这些都是我们不能回避的。

第一个挑战就是循环论证的问题。比方说我们怎么知道一个词的语义是什么？我们要用词或者句子来解释这个词的意义，这在同一个语言里边，有的时候很难做得圆满。例如我们在解释"牢固"的意思时用的是"结实"，而我们在解释什么是"结实"的时候用的是"牢固"。

第二个挑战就是我们如何准确地界定一个语言单位的意义。有些使用频率很高的词，很难精确地下定义。例如"跳"的意义是什么？词典里给的解释是：腿上用力，使身体突然离开所在的地方。但是没法解释"皮球跳得很高"，因为皮球是没有腿的。因此词典里又给了一个义项，叫作物体由于弹性作用突然向上移动。但是这个没法解释眼跳、心跳这样的意义，于是只能再加一个义项，叫作一起一伏地动。假如我们反过来问，当你看到"一起一伏地动"这样一个句子的时候，你会想到这是"跳"吗？语义与我们的知识相关，但是我们如何区分我们的语言知识和我们的百科知识？"太阳每天东升西落。"根据我们的语言学知识，这个句子没有错，它的意义也是清楚的。可是根据我们的百科知识，我们知道是地球的自转导致我们看到太阳每天东升西落这个现象，但这只是一个假象，我们的天文学知识告诉我们这种认识是错的。

第三个挑战是我们理解一个语言形式的意义离不开对语境的理解，而语境不是一个稳定的参数。例如"你要钱还是要命？"这句话究竟是什么意思呢？如果是一个蒙面歹徒对你说这句话，那是他想要你的钱，否则要你的命。但如果是你的至爱亲朋跟你说这样的话，只是向你表达劝诫，不要把钱看得那么重，不要玩命赚钱了，保命要紧。这就涉及语言学的另外一个分支学科——语用学(pragmatics)。

为了解决循环论证的问题，有人提出元语言(metalanguage)的概念，要用这些元语言的词汇来解释语言中的其他词汇。在第二语言教学领域，这个问题尤其突出，我们的词典和教材里边的生词注释，如果采用元语言的话是比较合理的，否则有可能会用一个超纲的词来解释词典里边的一个生词。但是在自然语言当中，我们很难找到这些元语言，因为它们必须是中性的，意义单纯的。因此又有人提出用形式语言来描写语义,这就是形式语义学(formal semantics)。形式语义学把语言符号中的意义用形式化的方式表达出来(Löbner S.,2013:325—362),这对于自然语言处理来说是有帮助的。

二、语义学研究什么

语义学是研究语义的科学。那么语义学主要研究什么内容呢?

(一) 语义学会研究语言单位的意义

在语言中有实在意义的语言单位有语素、词、短语和句子。语素是语言中最小的有意义的符号,所以语素的意义也应该是语言符号系统中最基本的意义。语素有两种,一种是实语素,它们都有实在的意义,如"石头"的"石"、"火柴"的"火"、"桌子"的"桌"、"美丽"的"丽"、"文静"的"文"、"隐蔽"的"隐"、"孤独"的"孤"、"睡觉"的"觉"、"估计"的"估"等等。一种是虚语素,它们没有实在的意义,如汉语的"—的""—着""—了""—呢"和英语的 of、at、on、for、as 等等。词是语言中最小的能够独立运用的符号,所以词的意义在语言符号系统中有特别重要的价值,这就是为什么我们在"词汇"中要专门讨论"词义"的原因。语素的意义和词的意义在我们编写的词典中有独立的地位,在我们的心理词典中,语素的意义和词的意义也是我们语义网络的"神经末梢",它们是支撑我们心理词典语义网络的基本元素。至于短语和句子的意义,在语义研究中研究者更多地关注句子的意义,比较少地考虑短语的意义。因为句子是表达单位,我们说话时总是一个句子接一个句子地按顺序说的,短语只是结构单位,短语的意义没有独立价值。短语的意义只有在句子中才有价值。关于句子的意义有不同的层次。例如"连女孩子都不叫苦"这个句子可以有许多种不同的理解:

(1) 有女孩子,她们不叫苦。

(2) 一般来说女孩子容易叫苦。

(3) 女孩子不叫苦很不一般。

(4) 女孩子比男孩子更容易叫苦。

(5) 女孩子比成年妇女更容易叫苦。

(6) 女孩子比男子汉更容易叫苦。

(7) 男孩子不应该叫苦。

(8) 成年妇女更不应该叫苦。

(9) 男子汉更不应该叫苦。

(10) 没有人叫苦。

(11) 有人叫苦。

(12) 有一件艰苦的事存在。

这些意义属于不同的层次：第一个层次是句子的规约意义（conventional meanings），(1)是这个句子的规约意义；第二个层次是句子的预设（presuppositions）意义，(2)—(6)都是这个句子的预设意义；第三个层次是句子的会话含义（conversational implicatures），(7)—(9)是这个句子的会话含义；第四个层次是句子的推断（inference）意义，(10)—(11)是这个句子的推断意义；第五个层次是句子的蕴含（entailment）意义，(12)是这个句子的蕴含意义。

（二）语义学研究语法的意义

语法的意义也有不同的层次，有指称意义，有功能意义，有范畴意义，有角色意义，有情态意义，等等。指称意义涉及语言表达中的一些语法意义，如有指和无指、定指和不定指、确指和泛指等等。功能意义涉及语言符号中的那些没有实在意义的部分，它们在语法中的作用是功能性的，如汉语的结构助词de，英语的介词of，日语的格助词に(ni)，它们都不表达实在意义，但是它们在语法中有独立的价值，这就是它们的功能意义。语言符号是依靠这些功能性成分连接起来的。范畴意义也是一种语法意义，它们在语言中的作用是在不同的符号之间建立联系，根据这样的联系我们可以概括出数量有限的范畴，这些有限的范畴可以覆盖语言中数量无限的符号。例如性的范畴、数的范畴、格的范畴、时的范畴、体的范畴、态的范畴等等。当然不同类型的语言范畴意义是不一样的，但是语言中的某些范畴意义带有普遍性。角色意义涉及语法关系中的语义问题，例如名词与动词关系中名词所指涉的各种不同的语义角色：

例如"工人在砍树"这个句子,"工人"是行为动作的施事,"树"是行为动作的受事,而在"昨天工人在校园里用斧子砍树"这个句子中,除了施事和受事以外,还有其他的语义角色:时间、处所、工具等。在现实世界里,角色意义也是有限的。

  昨天 工人 在 校园里 用 斧子 砍 树
  时间 施事 介词 处所 介词 工具 方式 受事

语言中的句子可以划分为命题部分和情态部分,情态意义是命题意义之外的意义,它们都是句子的意义。

S＝P＋M(S代表句子,P代表命题,M代表情态)

命题意义是句内意义,情态意义是句外意义。我们在上一章讲过,情态是语言表达过程中与言者主观意识有关的句法语义范畴,它关涉到言者的态度、立场、观点、判断和预设。

(三) 语义学研究句法和语义的接口问题

句法和语义接口问题既涉及句法问题也涉及语义问题,因此它也是语义学应该研究的问题。在讨论句法和语义接口的时候我们会想到一些语法学家在这个方面所做的尝试。比如格语法的做法、配价语法的做法、题元理论[①]的做法等等。这些做法都是在试图寻找一个描写名词性成分与动词性成分关系的手段和方法。这种关系既是语义的关系也是语法的关系。

(四) 语义学研究语用意义的问题

语用意义包括四类:预设意义、会话含意、蕴含意义和推断意义。语用意义涉及三个方面的因素:一个方面是语言的符号,一个方面是语言符号的意义,一个方面是交际者。这三个方面构成语用意义的三角形(见图6—5)。

一个句子到底表达什么意义不能只看符号以及符号之间的排列,还要看交际的语境(说话人与听话人的关系、有无第三者在场等)。例如我们上文中提到过的例子"你要钱还是要命?"这个句子是一个选择问句,它的规约意义是

[①] 限于篇幅,我们在这里就不详细介绍各种语法理论了。

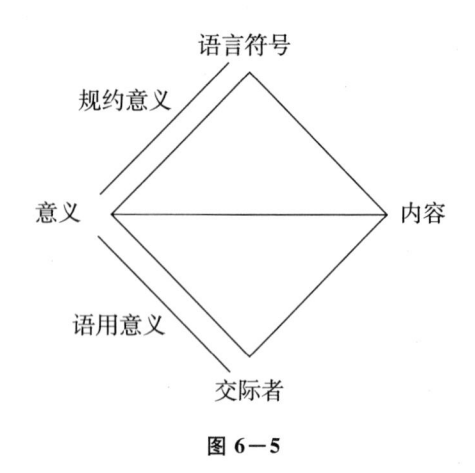

```
           语言符号
         ╱    △    ╲
    规约意义          ╲
       ╱              ╲
   意义 ━━━━━━━━━━━━━ 内容
       ╲              ╱
    语用意义          ╱
         ╲    ▽    ╱
           交际者
```

图 6—5

说话人提供两个选择要听话人来选择,但是这个句子在交际者之间的关系不同的时候它的意义也是不同的。试比较:

    A. 蒙面大盗对路人说:你要钱还是要命?

    B. 妻子对丈夫说:你要钱还是要命?

句子 A 的说话人与听话人之间的关系是陌生人之间的关系,而且是抢劫者和受害人之间的关系,听话人知道这句话的意思是"把钱给我,不然我要你的命!"这分明是一种威胁。而句子 B 的说话人和听话人之间的关系很密切,妻子对丈夫说"你要钱还是要命?"丈夫不可能理解为是一种威胁,他们彼此之间如果是一种正常的夫妻关系,丈夫会把这句话理解为一种带有轻微责备意味的关怀。同一个语言形式在不同的语境中有不同的意义,这就是它的语用意义。这种语用意义是由交际者双方的关系决定的,但也仍然具有约定俗成性。比较下面两个句子:

    A. 你要钱还是要命?

    B. 你要茶还是要咖啡?

从形式上看,这两个句子都是选择问句。但是这两个句子说话人的用意完全不同。"你要钱还是要命"说话人的用意是一种威胁,说话人的目的在于索取。"你要茶还是要咖啡"说话人的用意是一种邀请,说话人的目的在于给予。到底是索取意义还是给予意义,取决于说话人和听话人的关系。

第二节 语法的意义

一、指称意义

语言系统除了一些功能性符号(虚词)之外,其他符号(实词)可以分为体词性成分和谓词性成分。在句子中,体词性成分是指称性的,谓词性成分是陈述性的。指称(reference)是指语言中的体词性成分(名词性词语)与客观事物之间的一种关系。语法学中所讨论的指称意义有特别的所指:语言中的体词性成分在客观世界所代表的现实内容。由于语言中的体词性成分可以代表客观世界中不同的现实内容,所以我们说语言中的体词性成分具有不同的指称意义。语言学家对指称意义的分类存在着分歧,如陈平(1987)对指称意义的分类是这样的:

$$\text{有指}\begin{cases}\text{定指}\\\text{不定指}\begin{cases}\text{实指}\\\text{虚指}\end{cases}\end{cases}$$
$$\text{无指}$$

图 6—6

而张伯江(1997)则采用了不同分类方式:

$$\text{无指}$$
$$\text{有指}\begin{cases}\text{虚指}\\\text{实指}\begin{cases}\text{不定指}\\\text{定指}\end{cases}\end{cases}$$

图 6—7

王红旗(2004)则认为应该按照下面的层次进行分类:

$$\text{名词性成分}\begin{cases}\text{指称成分}\begin{cases}\text{有指成分}\begin{cases}\text{显指成分}\begin{cases}\text{定指成分}\\\text{不定指成分}\end{cases}\\\text{隐指成分}\end{cases}\\\text{无指成分}\end{cases}\\\text{非指称成分}\end{cases}$$

图 6—8

对于这里所说的非指称性成分我们可以存而不论。仅就语言中的指称性成分而言,它们的指称意义应该是有层次的,同时也是对生的。论者在讨论指称性成分的时候既有句子中名词性成分的问题(例如"处长买了件衬衫",这里的"处长"的指称意义是有定性的,衬衫是无定性的,它们都是有指成分),也有短语中名词性成分的问题(如"木头桌子""当厨师",这里的"木头""桌子"和"厨师"都无法确定它们的现实所指)。我们认为讨论指称意义必须在句子中进行,不存在抽象的指称意义,因为指称意义是在语言运用中产生的。我们这里讨论的指称意义包含四对概念:有指(referential)和无指(non-referential)、实指(identifiable)和虚指(non-identifiable)、定指(definite)和不定指(indefinite)、专指(specific)和泛指(non-specific)。尽管指称意义产生于语言运用当中,但是它们仍然具有心理现实性,这四组概念所代表的意义与我们心理词典的语义网络有映射关系。

有指和无指:在句子中,如果某个体词性成分所联系的事物在客观现实中有明确的实体,那么这个体词性成分就是有指的;如果某个体词性成分所联系的事物在客观现实中没有明确的实体,那么这个体词性成分就是无指的。例如:

去年八月,他在新亚餐厅当服务员时结识了一位顾客。

在这个句子中,"他""新亚餐厅""一位顾客"都可以在客观现实中找到对应的实体,所以这三个体词性成分的指称意义都是有指的;而"服务员"在这个句子中只是一个抽象的概念,在客观现实中没有明确的实体与之对应,所以它是无指性成分。

实指和虚指:在句子中,如果某个体词性成分所联系的事物在语境中有具体所指的对象,那么这个体词性成分就是实指的;如果某个体词性成分所联系的事物在语境中可能有也可能没有具体所指的对象,或者我们无法具体确定其所指对象,那么这个体词性成分就是虚指的。例如:

老杨想娶一位北京姑娘。

在这个句子中,"老杨"在语境中有具体的所指对象,它是实指性的;而"一位北京姑娘"在语境中可能存在也可能不存在,我们无法确定"一位北京姑娘"

具体指的是谁,因此它是虚指性的。

定指和不定指:在句子中,如果某个体词性成分所联系的事物在语境中属于已知信息,那么这个体词性成分就是定指的;如果某个体词性成分所联系的事物在语境中属于未知信息,那么这个体词性成分就是不定指的。例如:

　　A. 客人来了。
　　B. 来客人了。

句子 A 中的"客人"是说话人和听话人预期中的客人,属于已知信息,这个体词性成分就是定指的;句子 B 中的"客人"对于说话人和听话人来说不是预期之中的,属于未知信息,这个体词性成分就是不定指的。在有冠词系统的语言中,定指的成分前加定冠词,不定指的成分前加不定冠词。以英语为例:

　　A. 客人来了。*The guest* came.
　　B. 来客人了。There came *a guest*.

专指和泛指:在句子中,如果某个体词性成分所联系的事物在语境中指涉特定的所指对象,那么这个体词性成分就是专指(也叫特指)的;如果某个体词性成分所联系的事物在语境中不指涉特定的所指对象,那么这个体词性成分就是泛指的。例如:

　　A. 校长说这件事你应该慎重考虑一下。
　　B. 麻雀虽小,但它颈上的骨头数目几乎比长颈鹿多一倍。

A 句中的"校长"在语境中指涉特定的所指对象,它是一个专指性成分,这个"校长"对于说话人和听话人来说是特定的指陈对象;B 句中的"麻雀"和"长颈鹿"在语境中不指涉任何特定的所指对象,它们都是泛指成分。

我们看到以上四对概念不是同一个平面上的概念,因此它们之间有交叉。专指成分都是定指的,例如"校长说这件事你应该慎重考虑一下"这句话的"校长"是定指的,也是实指的,也是有指的;泛指成分则不是实指的,也不是有指的,"麻雀虽小,但它颈上的骨头数目几乎比长颈鹿多一倍"这句话中的"麻雀"和"长颈鹿"都是泛指的,它们都不是定指的,也都不是实指的,也都不是有指的;定指成分和不定指成分都是实指性的,它们也都是有指的;实指成分肯定是有指的,而虚指成分既可能是有指的也可能是无指的。可见这四对概念彼此之间的关系是有层次的,也是有复杂性的。

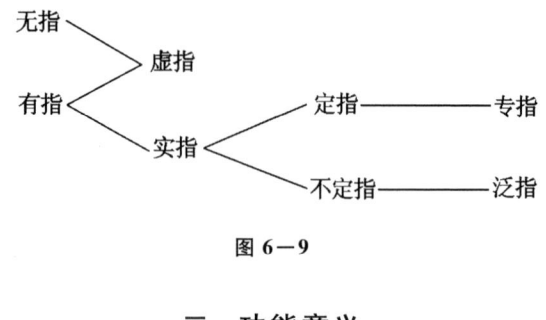

```
无指
        虚指
有指
        实指    定指————专指
                不定指———泛指
```

图6—9

二、功能意义

语法意义的第二个方面是语法的功能意义。在语言中有一些符号不负载任何实在的内容,它们在语言中的作用是功能性的,它们本身不具备指称性,也不具备陈述性,它们是语言中意义的关系节点,在语言中专门标明各种关系。例如汉语的虚词,在汉语语法中它们的作用是把不同的语言符号连接起来,标明不同成分之间的关系,或者标引句子中的语义角色以及角色之间的关系,或者表达说话人的情态意义,或者构建一个语法关系框架,表达一定的逻辑关系。例如：

中国的朋友

中国朋友

这两个短语在形式上唯一的区别在于有没有"的"。而在意义上,"中国的朋友"指称的对象不是中国人,"中国朋友"指称的对象是中国人。"的"在这里是一个结构助词,它的出现使得另外两个成分之间的语义关系发生了变化。"的"有的时候看起来好像可有可无,如"我的爸爸"和"我爸爸"在指称对象上没有什么不同,但是"我的爸爸"在语义上强调"我"和"爸爸"之间的领属关系,而"我爸爸"则没有这种强调意味。试想两个人在对"女朋友"的所有权问题上发生争执时,他们一定会说"她是我的女朋友",而不会说"她是我女朋友"。而有的时候"的"一定不是可有可无的,如"我的狗""我的房子""我的电脑""我的祖国"中的"的"不是选择性的,它们必须出现,否则短语就不成立。可见具有功能意义的语言符号在语言中也是不可或缺的。

介词也是一种功能词,它们的作用是把两个体词性成分连接起来并在这两个成分之间建立一种关系。例如:

小张在图书馆看书呢。

在这个例子里介词"在"把"小张"和"图书馆"联系起来,"在"标引的语义角色是一个空间场所。有时两个介词可以表达一种事件关系,例如介词"从～到～"可以构成一个框架,表达一个位移事件,介词"从"和"到"分别标引位移事件的起点和终点。例如:

小张从哈尔滨飞到广州。

当然介词"从"和"到"除了标引空间关系之外还可以标引时间关系。例如:

旅客在机场从早晨五点等到下午三点。

"早晨五点"和"下午三点"分别是过程的起点和终点,过程与事件的时间属性有关。日语的から～まで～,英语的 from～to～也同样既可以标引位移事件的空间起点和终点,也可以标引时间起点和终点。

汉语的语气词也属于功能词,"～吧""～吗"在句子中帮助传达疑信意义以及说话人的主观情感。日语也有类似的语气词,如"～よ""～ね""～か",印欧语系的语言中日耳曼语族的语言和拉丁语族的语言如英语、德语、法语等没有语气词系统,因此在这些语言中类似的功能意义由助动词和语调来实现。

语言中有很多形式属于功能性的符号,它们本身没有意义,但是它们在句子中可以使句子中的某些成分具有某种意义,这就是语言中的功能意义。我们也可以说这是这些语言符号的语法意义。

三、范畴意义

语言作为一个符号系统可以表达各种各样的语义范畴,有的语义范畴是具体的,有的语义范畴是抽象的。语法中的范畴意义都是抽象的语义范畴。比如关于时间的范畴,在语言中有不同的表现形式,它们与客观世界的时间范畴有一定的对应关系。客观世界的事物可以用一些实体(entities)和这些实体的属性(properties)以及实体之间的关系(relations)来描写。我们可以从不同的角度来描写这些实体和它们的属性。事件就是客观世界的一类实体,我们可以描写它的结构,也可以描写它的属性特征。属性是依附于实体的,没有实体就没有属性;实体的外在表征是一些属性,不能认识实体的属性就无法认识实体本身。就事件这个实体来说,运动是它的本体意义,因为事件是动态的,时间和空间是它的属性意义,因为一切运动都有过程,并且都在特定空间里进行。时间意义表现为事件的内部时间结构(Aspect)和外部时间结构(Tense)两个方面,事件的内部时间结构我们把它们概括为体,事件的外部时间结构我们把它们概括为时。时间范畴意义可以用功能词的语法手段来表达,例如英语和日语虽然是两种类型完全不同的语言,它们都用动词词尾变化的手段来表达时间意义,而现代汉语表达事件的外部时间则使用词汇手段(用时间名词或者时间副词),表达事件的内部时间使用功能手段(用"了""着""过"这些虚词)。

语言中的范畴意义很多,比如名词的性、数、格,动词的时、体、态,我们在"语法"一章中已经讲过,这里不再赘述。

四、角色意义

语法中所说的角色意义指的是事件中的动态角色意义。语法学者对句子进行语义分析有长期目标和短期目标。长期目标是要解决句子的语义理解问题,这需要对句子进行句法和语义分析、篇章分析和认知语义学的场景分析。短期目标是解决句子分析中决定句法结构变化的语义因素。句子语义分析的基础是建立在句子名词与动词语义关系的基础上的,这种语义关系体现为名词性成分在句子中充任的动态角色。董振东、董强构建的"知网"[①]具体描写了71个动态角色的动态属性。这71个动态角色可以作为描写句子语义论元角色的基础概念。

下面的概念都是在描写动态事件时所用到的角色概念。如此详细的事件分析网络完全是基于知识系统的。

---

① 2019年清华大学公布的4个开放知识计算平台,就采用了董振东和董强构建的OpenHowNet。

表 6—1

relevant	关系主体	existent	存现体
experiencer	经验者	agent	施事
coagent	合作施事	possession	占有物
quantity	数量	possessor	领有者
patient	受事	PatientPartof	部件受事
PatientProduct	成品受事	PatientAttribute	受事属性
PartofTouch	触及部件	content	内容
ContentProduct	内容成品	ResultContent	结果内容
isa	类指	partof	部分
whole	整体	descriptive	描写体
result	结果	ResultEvent	结果事件
ResultIsa	结果类指	ResultWhole	结果整体
cause	原因	partner	相伴体
contrast	参照体	ContentCompare	比较内容
source	来源	SourceWhole	来源整体
target	目标	cost	代价
beneficiary	受益者	scope	范围
StateIni	原状态	StateFin	终状态
location	处所	LocationIni	原处所
LocationFin	终处所	LocationThru	通过处所
direction	方向	time	时间
TimeIni	起始时间	TimeFin	终止时间
duration	进程时段	DurationAfterEvent	后延时段
manner	方式	means	手段
instrument	工具	material	材料
degree	程度	range	幅度
frequency	频率	times	动量
purpose	目的	restrictive	限定

续表

AccordingTo	根据	condition	条件
concession	让步	comment	评论
succeeding	接续	besides	递进
except	除了	accompaniment	伴随
modifier	描述	QuantityCompare	比较量
introductory	引言	ValueCompare	比较值
concerning	关于	TimeRange	时距
EventProcess	事件过程		

角色意义的研究已经涉及句法和语义的接口问题，也涉及我们心理词典中存储的知识系统。如何判断一个句子成分在句子中的语义角色？这是一个复杂的心理过程。在人工智能领域计算机要处理复杂的自然语言，必须要对句子中的各种句子成分进行语义角色的认定和判断。这种认定和判断，首先要基于人对自然语言的认知加工。在机器能够做到自主判断和分析之前，我们必须对自然语言里边的句子成分的语义角色进行人工加工，然后训练机器自动识别句子中这些句子成分的语义角色。只要是人所进行的判断和认定，就难免带有主观性，因此分出来的类难免会有交叉。对于计算机自动处理自然语言来说分的越细越好，因为机器不怕烦琐。但是对于人如何来认识句子中的各种成分的语义角色来说，这个过程涉及人对事物的认识、分类和范畴化的过程。有些语言有复杂的格系统，这些格系统实际上就是对句子当中的体词性成分进行角色的一一分类。例如芬兰-乌戈尔语系的芬兰语，不同的语义角色会有不同的语法标记。但人脑不是机器，我们目前所知道的语言还没有哪一种会分出71个语义角色。

第三节　句法和语义的接口

一、格语法中的语义格

在自然语言处理的过程当中，如何解决句法和语义的接口的问题是自然语言理解和翻译的关键。Fillmore(1968)建立的格语法框架为我们解决句法语义关系提供了一个很好的理论框架。格语法的目的是解决句法平面上的语义问题,解决句法中名词与动词的语义关系问题,这是在转换生成语法的背景下对转换生成语法的补充和完善,也是语言学家在句法和语义两个平面的接口处进行操作的有成效的尝试。格语法对句子进行的语义分析模式是这样的:

$$S=M+P$$

句子(Sentence)=情态(Modality)+命题(Proposition)

情态指的是交际者的态度、信念、观点、情绪、立场、语气、意愿、观察角度等等因素,这些因素都是跟说话人的主观背景有关的。命题是句子中情态以外的部分,由一个动词和与之相关的若干个格(Case)构成,即:

$$P=V+C_1+\cdots\cdots+C_n$$

Fillmore 的研究主要在命题方面,对于情态几乎没有给予足够的重视。可以认为格语法的理论是动词中心的理论,用动词来连接相关的名词性成分,并用语义格来说明动词和名词之间的关系。这种在句法和语义的结合部进行的研究在语言信息处理领域得到了很好的应用。在汉语语法研究领域,学者们把格语法的精神运用到句子中,建立了格关系系统。尽管不同的人分出来的格数目不同,但是我们在对句子的语义进行讨论的时候毕竟有了一个可以依据的框架。

二、配价语法中的语义论元

配价语法中的语义论元(argument)本来也是讨论名词与动词的关系的,不过从动词的角度来看,这种关系包括以下几个层次:

1. V 能不能带 NP;

2. V 能带几个 NP;

3. V 能带什么样的 NP;

4. V 所带 NP 的语义角色是什么。

论元是从言语行为的参与者这个角度提出来的,也有人把它叫作动元(actant)。单纯从配价语法的角度说,"价语"的概念也许更宽泛一些。动词所带的名词性成分的语义角色必须到句子中去辨认,这与格语法确认格关系的做法如出一辙。配价语法所讨论的价到底是语法性质的还是语义性质的,众说纷纭,然而配价语法所讨论的论元所具有的语义属性,则必定会涉及句法和语义的接口问题。离开句子,我们无法确定论元和它的配价,也无法确定这些论元的语义角色。配价语法试图在一个静态的系统中确定每一个动词所能带的论元数量,并描写每一个论元的性质和语义角色。在配价语法中不仅要研究动词的论元关系,也还要研究名词的论元关系。在生成语法中,他们是这样描写语义论元的。例如:

put V：<AGENT, THEME, LOCATION>

表达式的意思是指:动词 put 可能带三个语义论元。其中 AGENT 是施事论元,它在句子中通常是动词的主语,在语义中是这个动词的外部论元。THEME 是主题角色,LOCATION 是方位角色。例如在下面的句子中:

John_{AGENT} put the book_{THEME} on the shelf_{LOCATION}
约翰　　　放　书　　　　　在架子上

三、自然语义原语(natural semantic metalanguage)

    原语也称元语言(metalanguage),又称作纯理语言,这是我们在讨论语言问题的时候必然会用到的一些基本概念,这些基本概念的意义必须是清晰的,而且是不需要也无法为其他概念所界定的。例如我们在编写词典的时候用来释义的语言形式必须是最基本的元语言,这些元语言所代表的概念不能为其他语言形式所界定。在自然语言处理的过程当中,也必须归纳出一些元语言。Wierzbicka(1996:437—454)以及Goddard(2002:277—294)把语言中的各种词归纳为15种自然的语义原语:

表 6—2

实体	我、你、人、东西、身体
限定成分	这、那、这个、那个
数量	一、二、一切、一些、很多
心理谓项	想、要、觉得、认为、看(起来/上去)
言说	说、话
行动和事件	做、发生、运动
存在和领属	在、有、是
生命	生、死
评价和描写	好、坏、大、小
时间	现在、以后、当、时候、当时
空间	这里、那里、哪里、上边、里边、旁边
逻辑概念	不、大概、如果、可能、能、因为
强化成分	很、非常、更
分类	种、个、张、块、条
相似	像

这 15 个语义原语就是 15 个大的语义范畴，我们可以用这些基本的原语概念来表述外部世界的种种表现。这些语义原语是我们对外部世界的自然分类。由于句法和语义接口的问题所涉及的内容相当复杂，绝非三言两语可以说得清楚的，因此我们在这里只做简单介绍。

第四节 语用的意义

一、预设意义

预设意义是语用学概念，它是在话语中产生的。关于预设这一概念有不同的理解①，我们在这本书中所提到的预设概念可做如下解释：预设是话语交际中预先设定的信息，它是双方共同认可的背景知识，背景知识在说话人看来是无可争议的。例如：

  A. 她的丈夫是个傻瓜。

  B. 她有丈夫。

在上面的这两个句子当中，句子 B 是事先设定的信息，因此 B 是 A 的预设意义，它在交际中是已知信息，我们用 S 表示说话人，H 表示听话人，P_i 表示交际中的预设意义，则 S、H 与 P_i 之间构成了一个三维世界。S 和 H 对 P_i 可能有不同的认识，但对于 S 来说：

第一，S 相信 P_i：说话人相信她有丈夫。

第二，S 认定 H 知道 P_i 并相信 P_i：说话人认定听话人知道她有丈夫。

第三，S 认定 H 知道 S 认定 H 知道 P_i 并相信 P_i：说话人认定听话人知道说话人认定听话人知道她有丈夫并相信她有丈夫。

  预设涉及两个句子的真值关系，推论过程有三个步骤：

步骤 1：如果 A（她的丈夫是个傻瓜）为真，则 B（她有丈夫）为真；

步骤 2：如果 A 为假，而 B 仍然为真；

步骤 3：如果 B 为真，则 A 既可能为真也可能为假。

  S 是认识的出发点，S 的认识可能是公众的共同认识，可能是说话人和听话人的共同认识，也可能只是 S 自己的主观认识。例如"连女孩子都不叫苦"（崔希亮，1993），这句话可以有很多种意义（详见本章第一节，本书第 208—209 页），(2)—(6) 是这句话的预设意义，它们在说话人看来是无可争议的，因为在说话人看来，"女孩子"和"叫苦"之间存在着某种必然的联系，而和"女孩子"相比，"男孩子""成年妇女""男子汉"和"叫苦"之间则没有这种联系。如果把这句话改变一下：

  ? 连男孩子都不叫苦。

  ? 连成年妇女都不叫苦。

---

① 关于语用意义可以进一步参看 Kempson(1975)、Leech(1983)、Grice(1981)。

?连男子汉都不叫苦。

单纯从语法角度看,这三个句子都无可非议,但是从一般人的语感来看,它们所传达的信息多少有点荒谬,对听话人来说,其理解和接受的难度比较大。因为如果同意这三个句子,就必须同意并接受以下预设:

P1:一般来说,男孩子(或成年妇女、男子汉)容易叫苦。

P2:男孩子(或成年妇女、男子汉)不叫苦很不一般。

P3:男孩子(或成年妇女、男子汉)比女孩子更容易叫苦。

这三个预设与公众的常理相悖,如果我们不能接受它们,那自然也就不能接受这样三个句子。再比如:

a.?那年头连男人都不打扮,何况女人?

b.?不但冬天没有雪,连夏天也没有。

例a预设:男人比女人更爱打扮。例b预设:冬天比夏天有雪的可能性更小。它们所表达的现实关系与我们的常识不符,因此理解和接受都存在着比较大的障碍。有时说话人的预设只代表了说话人的个人看法,不一定是公众认可的,但说话人认定听话人相信并支持这种看法。例如:

c.连馒头都不爱吃,哼!

在说话人的观念里,馒头和其他食物相比是最好吃的,但这只是说话人的主观见解,不能推而广之。有时,预设是否成立还要看具体的时间和场合。在特定的环境中我们可以接受下例:

d.他连糠菜团子都不爱吃。

在说话的当时当地,说话人认为糠菜团子是最好吃的东西,但绝不是任何时候任何人都接受这一预设。我们把"连"字句写成"连 T_i 也/都 VP"的形式,那么,"连"字句的预设可以概括如下:在说话人看来,T_i—VP 的可能性最小。现实世界是不断变化的,人们的看法也会随之变化,在甲种情况下,说话人认为奶油蛋糕是最好吃的,他可以说"连奶油蛋糕都不吃,太刁了"这样的话,然而在乙种情况下(比如身体发福脂肪过剩需要减肥时),他就不能说这样的话。可见,我们对"连"字句的预设必须加以限制:在一定的时间和场合,说话人认为 T_i—VP 的可能性最小并认定听话人知道并认可这一看法。

"连 T_i 也/都 VP"的预设依赖于说话人对 T 的语用分级。"连女孩子都不叫苦"中的"女孩子"是 T 集中一个特定的元 T_i,它处于特定的义场中,并与同义场中的其他元之间存在着可比性。

  义场Ⅰ 二元对立 女孩子：男孩子

  义场Ⅱ 多元对立 女孩子：成年妇女：老太太：……

  在不同的义场中"女孩子"可能处于不同的位置。在二元对立的义场中,对立的二元处于分级的两个极端,两个元都有可能被说话人选派为 T_i;而在多元对立的义场中,哪一个元处于分级的极端并被说话人选中,则要看说话人的选择,由说话的时间、场合以及事件的因由来决定。在封闭的义场中(如顺序义场、关系义场、两极义场)要找到 T_i 并不难,因为它们的分级是现成的;而在开放的义场(如分类义场)中要找到 T_i 则要看说话人的态度。每一个义场都是一个集合,只要从中抽出一个元放入"连 T_i 也/都 VP"中 T_i 的位置上去,那么该元就与集合中其他元存在着一种等级关系(a relation of hierarchy),从某一方向上看,该元肯定处于极端位置。虽然其中可能没有提到集合中的其他元,但其中也能透露出一些有关的信息。如:

  e. 连团长也没找到对象。

  在顺序义场中,"团长"以下各元都被覆盖在"没找到对象"的范围之内,同"营长、连长、排长"相比,"团长"没找到对象的可能性最小。否定了 T_i—VP 的可能性,同时也就等于在观念上否定了 T_n—VP 的可能性。

  预设涉及公众的常识和社会的常理,这里所说的公众的常识和社会的常理就是预设意义,它们应该是说话人和听话人共同认可的信息,是无可争辩的意义。如果预设信息是假的,那么整个句子所传达的意义也是假的。例如:

  A:你哥哥昨天来看你了。

  B:我根本就没有哥哥。

A 说"你哥哥昨天来看你了"的时候有一个预设就是"你有哥哥",B 否定了 A 的预设也就等于否定了 A 句指涉意义的真实性。

二、会话含义

  会话含义也跟话语的表达和理解有关。话语的会话含义是规约意义之外的意义,属于交际中的"言外之意",它是说话人着意突出的信息,也是说话人的意旨(崔希亮,2001),或者叫作用意焦点。话语交际有三个基本要素:说话者 S,听话者 H,以及交际的背景知识 K。在 S、H 与 K 三者中,K 是个变量,属于语境范畴。会话含义的传达和理解必须依赖语境。在 K 不变的情况下,S 要把会话含义传达给听话人 H 必须有三个步骤:

1. S 说 P;

2. S 不说 Q;

3. S 意在通过说 P 而传达 Q。

P 是话语的规约意义,Q 就是话语的会话含义。例如:

  a. 你带钱了吗?

  b. 我想向你借些钱用。

句子 b 是句子 a 的会话含义。随着 K 的变化,句子 a 还可能有别的会话含义,如句子 c、d、e 也可能是它的会话含义:

  c. 你要是没带钱我可以借给你。

  d. 你如果带钱了,我要买那条项链。

  e. 你要是没带钱,怎么请我吃饭?

前面说过,会话含义涉及三个方面的因素:说话人 S、听话人 H 与背景知识 K,其中 K 是个变量。这个变量起码包含以下一些内容:

1. S 与 H 之间的关系(亲疏/长幼/上下/尊卑/男女/敌友等);

2. H 对 S 的了解(S 的身份/性格/习惯/修养/对 H 的态度等);

3. 会话场合(公开的/私下的/正式的/随便的/有其他人在场/无其他人在场/会话的上下文等);

4. H 的语言文化知识(词义的感情色彩/语气的强弱/表达习惯/社会价值观念/人际交往的规范等)。

以上四点都是从听话人(即理解)的角度说的,从说话人(即表达)的角度看也有这四个因素,因为它们是会话必须注意的会话因子,不考虑到这些因子,话语的表达和理解就会出问题。在话语交际过程中,必须正确把握和理解说话人的会话含义,否则交际就会失败。例如:

在北京公交车上。

乘客:师傅我买张票。

乘务员:你哪儿上的?

乘客:我后门上的。

乘务员(不耐烦地):你哪儿下?

乘客(迟疑了一下):我还从后门下吧。

这是一次失败的话语交际。乘客没有理解乘务员的会话含义,这是因为交际双方没有共同的背景知识。北京的公交车会按照距离的远近收取不同的车费,乘客不了解这一点,因此没有听懂乘务人员的问题。当然有的时候在交际的过程中说话人会故意采取不合作的行为,故意曲解说话人的会话含义。例如小王看见小张在读书,很想知道是什么书。于是有下面的会话:

小王:哎,你在看什么?

小张:看书。

小王:我知道你在看书,我问你看什么书?

小张:新买的书。

小张不想告诉小王自己在看什么书,所以故意装成听不懂小王的会话含义,当然,这有违语用学中的合作原则。但是这种场景在真实的自然语言交际当中并不少见。

三、蕴含意义

蕴含意义是话语交际中的一种推导信息。当说话人说句子 a 的时候,听话人可以从 a 中推导出 b 的意义,这时我们就说 b 是 a 的蕴含意义:

a. 我昨天在长安大戏院看了《打渔杀家》。

b. 我昨天在长安大戏院看了戏。

《打渔杀家》是"戏"的下位感念,我们可以根据下位概念推导出它的上位概念,因为下位概念蕴含着上位概念。同样的道理,如果我说"我在涵芬楼书店买了一本《儒林外史》",这句话就蕴含着"我在涵芬楼书店买了一本书"。依此类推。蕴含是有顺序的,我们说 a 蕴含了 b,却不能说 b 蕴含了 a,因为我们无法从 b 推导出 a 来。

四、推断意义

前面说过,预设是话语的附带信息,会话含义是话语的用意焦点,蕴含是话语的推导信息,而推断则是话语的关联信息。什么是推断呢?我们先看例子:

昨天大多数女同学都参加了比赛。

从这个句子中我们可以推出:

a. 昨天不是所有的女同学都参加了比赛。

b. 昨天少数女同学没有参加比赛。

a、b 都是"昨天大多数女同学都参加了比赛"这个句子的推断信息。同一个事实,有时可以用肯定形式来表达,有时可以用否定形式来表达,如:

a. 有些队员是南方来的。

b. 有些队员不是南方来的。

a、b 是一个问题的两个方面,它们互为推断。这实际上等于把一个圆分割为 A、B 两部分,肯定 A 就等于否定 B,反之亦然。综上所述,我们给推断下个定义:A、B 两个句子代表两个断言,这两个断言是用不同的形式表述相同的事实,如果我们根据自己的语言知识可以从 A 句中推导出 B 句,那么 B 句就是 A 句的推断,反之亦然。有一个典型的例子。美国作家马克·吐温在长篇小说《镀金时代》里抨击了美国政府的腐败和那些政客、资本家的卑鄙无耻,这部书引起了很大反响。一天,在酒会上,记者追问马克·吐温对国会议员的看法,马克·吐温非常生气,说:"美国国会中有些议员是狗娘养的。"这句话在报纸上披露后,议员们大为愤怒,纷纷要求作家出来公开道歉或予以澄清,否则,就将诉诸法律。马克·吐温在另一个场合又对记者发表谈话:"前一次我在酒会上发言,说'美国国会中有些议员是狗娘养的'。事后我考虑再三,觉得此话不妥,而且也不符合事实。我郑重声明,我上一次讲话应该更正为:美国国会中有些议员不是狗娘养的。"事实上马克·吐温的观点并没有改变,只是换了一个说法。

推断意义的表达往往跟特殊的句式联系在一起。比如我们前边举的例子"连女孩子都不叫苦","连"字句是个比较特别的句子,它的推断也有些特别。首先,它的推断不是直接推导出来的;其次,它有两个互相对立的推断。以"连女孩子都不叫苦"为例,我们加上一些内容:

  a. 这个集体很顽强,连女孩子都不叫苦。

  b. 连女孩子都不叫苦,他连女孩子都不如。

从 a 句中我们经过推断得知:没有人叫苦;从 b 句中我们经过推断又得知:有人叫苦。这两个结论都是"连女孩子都不叫苦"这句话的推断,但它们有不同的推导过程。

推断Ⅰ:"没有人叫苦"

  a. 有一些男孩子和一些女孩子;

  b. 女孩子与男孩子相比容易叫苦;

  c. 如果连女孩子都不叫苦,那就没人叫苦。

推断Ⅱ:"有人叫苦"

  a. 有一些男孩子和一些女孩子;

  b. 男孩子比女孩子更不应该叫苦;

  c. 连女孩子都不叫苦,男孩子叫苦显得比女孩子还软弱。

推断意义的对立反映了推断意义和规约语义的对立,这种对立是在语言应用中出现的。在实际的话语中,类似的对立还有很多,如:

  他差点儿没掉河里。——他差点儿掉河里。

两个句子形式上互相对立,如果对它们做语义分析的话,会得出不同的结论,但它们的语用意义是相同的,即它们表述了同一个事实:"他没掉河里"。

第五节　歧义

一、什么是歧义?

在语言交际过程中,有的时候一个表达或者一个话语片段可以有不止一种理解,这种现象称为歧义(ambiguity)。歧义现象是语言编码和解码过程中的自然现象,在语义研究中占据举足轻重的地位。下面的句子都可以有至少两种理解:

(1) 咬死了猎人的狗。

  a. 猎人的狗被咬死了。

  b. 狗把猎人咬死了。

(2) 鸡不吃了。

  a. 鸡不吃食了。

  b. 某人不吃鸡了。

(3) 我们三个人一组。

  a. 我们三个人在同一个组。

  b. 我们分组的方式是三个人一组。

(4) 在火车上写字。

  a. 在坐火车的同时写字,字写在纸上。

  b. 把字写在火车车厢上。

  c. 写字的人在火车顶上,字写在什么地方不清楚。

(5) 我在讲台上看见一条蛇。

  a. 我在讲台上,蛇不在讲台上。

  b. 我不在讲台上,蛇在讲台上。

  c. 我跟蛇都在讲台上。

(6) 老王和老张的女儿结婚了。

  a. 老王跟老张的女儿成了夫妻,老王娶了老张的女儿。

  b. 老王的女儿结婚了,老张的女儿也结婚了。

  c. 老王和老张共同生的女儿结婚了。

歧义不是语义模糊(vagueness)。语义模糊是跟语义精确相对的概念,在语言编码的过程中,有的时候我们尽可能地要把一个事物的来龙去脉说得很精准,有的时候我们却故意要把一件事情说得含糊不清。科学的语言要求我们的表达要精确,而日常语言并不要求每一句话都说得很精确。语义模糊现象可以这样界定:客观世界的事物或现象的性质、状态、边界等含义在我们意识中的反映具有不确定性,在语言世界里,这些事物和现象的性质、状态和边界都是模糊的。例如我们在描写一个女孩的外貌特征时会有这样的表述:

　　　　那个女孩儿一头长发,大大的眼睛,小小的嘴。

这种描述有很多模糊性。多长的头发算长发? 大大的眼睛究竟有多大? 小小的嘴究竟有多小? 这些都是无法精确测量的。在自然语言中有的时候无法特别精确地描述某个事物或现象的性状特征,对说话人来说"是不能也,非不为也",有的时候没有必要把所有的事物或现象的形状特征都十分精确地表达出来;有的时候是有意把事物或现象的形状特征说得很模糊。究竟是哪一种情况造成的语义模糊,我们在这里就不详细分析了。概括起来,造成语义模糊的原因大概有三点:(1)客观世界里面的事物或者现象的属性、状态本身具有不确定性(模糊性)。(2)人们对一些事物或者现象的属性和状态的认识具有不确定性(模糊性)。(3)语言表达本身造成的语义不确定性(模糊性),这里边又分成几种情况,有的是语言表达手段本身的局限造成的,有的是说话人语言能力的局限造成的,有的是说话人有意为之造成的。

　　在文学作品中,有时为了营造一种朦胧的氛围,故意采用模糊的表达方式,读者在读的时候似乎读懂了,又似乎没有完全读懂。例如李商隐的诗《锦瑟》:

　　　　锦瑟无端五十弦,一弦一柱思华年。
　　　　庄生晓梦迷蝴蝶,望帝春心托杜鹃。
　　　　沧海月明珠有泪,蓝田日暖玉生烟。
　　　　此情可待成追忆? 只是当时已惘然。

有很多诗人和学者试图对这首诗的意涵进行解释,但是由于个人的生活经历、审美经验不同,对这首诗的解读存在着很大分歧。这种语义模糊的现象不是歧义,歧义虽然也关联到不同的理解,但是每一种理解本身都是明确的。

　　歧义有不同的层次:有表达方式的歧义,有话语片段的歧义,也有交际的歧义。歧义产生的原因也各有不同,有词汇多义性造成的歧义,有结构多义性造成的歧义,有语境多义性造成的歧义,有物性结构造成的歧义,也有语义转移造成的歧义,还有隐喻造成的歧义。

二、词汇歧义

我们应该区分词汇歧义和组合歧义。词汇的意义是存在于我们的心理词库中的,而组合歧义是在词汇进入组合的过程中产生的。词汇意义最基本的语言单位被称作词位(lexemes)。在语言学中,词位是一个抽象的形态学单位,大致对应的是一个单词的各种变化形式。这在屈折语里是非常常见的现象。例如英语的动词 run(跑),有各种不同的变化形式 run、runs、running、ran,它们共同构成一个词位 RUN(用大写字母来表示这是一个词位)。词位是从词的各种形式变化中抽象出来的,所以词位并不等于词,词位的意义也并不等同于词的意义。词位存在于语言使用者的心理词库中,一个词在语法属性上可能属于不同的词类范畴,这就会带来词的多义性。例如英语的 light,作为动词的时候是点燃的意思,我们可以说 light the candle(点燃蜡烛);作为名词的时候是光的意思,我们可以说 bright light(明亮的光);作为形容词的时候是明亮的意思,我们可以说 light color(亮色)。这样的话英语的 light 至少有三个词位(Löbner S.,2013:42)。以上三个词位的 light 从语义上来说是有联系的,还有一个来源不同的 light(轻的),如 light music(轻音乐)、as light as a feather(轻如鸿毛),从这个意义上可以引申出清淡的意思,如 light beer(淡啤酒)和松软的意思,如 light cake(松软的蛋糕);在这个基础上可以进一步地引申出轻浮、轻佻的意思,如 as light as a butterfly(轻如蝴蝶)。在表达的时候可以利用一个词的不同词位造成歧义,如 The light is fading away,第一种解释是光线在渐渐变暗,第二种解释是灯光渐渐熄灭,light 在这里是个歧义形式。

在一些熟语当中,词的意义又会发生变化,这种变化是进入组合之后才产生的,例如 Jack saw a light,字面意义是"杰克看见一盏灯",同时这又是一个比喻的说法,意为"杰克明白了"。汉语存在大量的三字格惯用语,几乎所有的惯用语都有这样的问题。例如汉语的惯用语"走后门",这是一个歧义组合,它的字面意义是"从后门走",如"这座大楼有前门和后门两个门,我们经常走后门";它的惯用语意义是"比喻通过托人情或者利用职权等不正当的手段谋取个人利益",如"车票非常不好买,他是走后门买到的票"。我们再看一些有歧义的惯用语:

  述宾结构:吃豆腐　揪辫子　穿小鞋　戴高帽　背黑锅　打棍子　打酱油
  定中结构:滚刀肉　铁公鸡　墙头草　绊脚石　保护伞　白骨精₁　变色龙
  并列结构:老大难　高大全　高富帅　白富美　傻白甜　假大空　白骨精₂

这些惯用语都有字面意义和隐喻意义两种解释,有的还不止一种隐喻意义,例如"白骨精",本来是小说《西游记》中的一个妖怪,隐喻意义为"阴险狡诈毒辣的坏女人",后来又产生并列结构的"白骨精",隐喻为白领、骨干、精英。这些惯用语都是很典型的词汇歧义形式。

  有一些词汇本身就是包含歧义的形式,如"上课""手术""理发"等。上课的既可以是老师也可以是学生,做手术的既可以是病人也可以是医生,理发的既可以是客人也可以是理发师。所以下面三个句子都是歧义句,他们都是由有歧义的词汇形式造成的。

  (1) 今天下午我要上课。
  (2) 我星期六预约了个手术。
  (3) 我在理发。

  语言在社会中运用,词汇的意义经常会发生转移,本来没有歧义的词汇也会产生另外的意义。例如"吃瓜"作为网络流行词语,词语义发生了转移,用来表示一种对某些热点话题进行围观的行为,普通网友们常常戏称自己为"吃瓜群众",而瓜则往往指涉某个热点八卦事件。

三、结构歧义

  一个句子的意义不一定是这个句子所有组成成分的意义的加合,在组合的过程中会产生结构意义。比如"很多人都喜欢吃瓜",一种理解是有很多人都喜欢吃瓜这种水果,这是它的字面意义;还有一个理解就是很多人都喜欢看热闹,这是它的隐喻意义,仅凭它的组成部分我们无法得到这个意义。有一些歧义现象是在句法结构中存在的。例如:

(1) 小军和小美都结婚了。

(2) Flying planes can be dangerous. (Chomsky N.)

句子(1)至少可以有两种理解：一种理解是"小军结婚了,小美也结婚了"；另一种理解是"小军和小美结婚了,小军娶了小美"。句子(2)也可以有两种理解：一种理解是"飞行着的飞机可能很危险"；另一种理解是"开飞机可能很危险"。有一些句式本身就是歧义格式。例如：

(1) 能穿多少穿多少。

(2) 这个人连领导都不理。

句子(1)可以有两种完全相反的理解：一种理解是"尽量往少里穿"；另一种理解是"尽量往多里穿"。与这个结构相似的句子如"能吃多少吃多少""能花多少花多少""能说多少说多少",也都是有歧义的。句子(2)也可以有两种完全相反的理解：一种理解是"这个人很傲慢,对谁都不理不睬,连领导也不理"；另一种理解是"这个人人缘很差,谁都不搭理他","不理"的对象既可能是"这个人",也可能是"领导"。与这个结构相似的句子如"这个人连老师都不理""这个人连乞丐都不理""这个人连老张都不理",也都是有歧义的句子。看下面的对话：

乘客：车费多少钱?

司机：一百零二。

乘客：你黑车呀? 这么贵!

司机：那两块钱算了。

乘客：(递过去两块钱)给!

"那两块钱算了"是一个歧义结构。"算了"既可以表示作罢的意思,也可以表示终止的意思。例如：

(1) 办养老院就算了,我们还是找个地方养老吧。(=罢了)

(2) 现在找地方养老这么困难,干脆办一家养老院算了。(=得了)

上面两个句子都有"算了",句(1)的"算了"相当于罢了,句(2)的"算了"相当于得了。上句是对办养老院这件事的否定,下一句是对办养老院这件事的肯定,从意义上来说也是相反的。因此"那两块钱算了"可以有两种完全不同的理解。形式语法讨论的一些典型例句本身是有歧义的。例如：

(1) 每个女孩都看见一只猫。
　　　(2) 每个女孩都找到一个男朋友。
句(1)可以有两种理解：一种理解是每一个女孩都各自看见一只猫,但是她们看到的并不是同一只猫;另一种理解是每个女孩都看见了同一只猫,尽管在一些人的语感中,这个理解是不可能存在的。句(2)从形式上和句(1)是一样的,但是应该没有两种理解。因为在真实的世界中,每个女孩都找到同一个人做男朋友的可能性极小。还有一个典型的歧义格式：
　　　(1) 张三追得李四气喘吁吁。
　　　(2) 张三打得李四哭爹喊娘。
句(1)是有歧义的格式,既可以理解为张三气喘吁吁,也可以理解为李四气喘吁吁。句(2)与句(1)在句法形式上完全相同,但是没有歧义。

四、语境歧义

　　有些表达歧义或语句歧义是在语境中产生的,上下文一定会给一些表达或者语句带来意想不到的信息,造成"说者无意,听者有心"的局面。例如下面一句话：
　　　舅舅和舅妈拍的照片真好看。
这句话有两种理解。一是舅舅和舅妈合影的照片好看,另一种是舅舅和舅妈是拍摄者,他们拍的照片好看。修辞学中的双关和语用学中的言外之意有时也可能会带来理解上的歧义,这些也是语境造成的。例如下面这个故事：
　　　一位先生请新认识的两对夫妇来家里吃饭。客人进门的时候,他向客人介绍自己的妻子："这是我们家的领导。"两对客人都纷纷向他的妻子问好。这时这位先生又补充了一句"是原装的哈"。结果两对客人都显得很尴尬。这位先生不知道这两对客人都是二婚。
在这个故事里说话人不了解听话人的背景。他在介绍自己妻子的时候,开玩笑地说"是原装的"(原配),并非有意要用言外之意嘲讽客人。这就是说者无心,听者有意。听话的人因为自己都是二婚,并非原配,所以听出了弦外之音。这种歧义就是语境造成的。我们知道语境跟说话人和听话人的背景知识有

关,它是个动态的参数。说话人的性别角色和身份特征,往往也会给句子带来意想不到的歧义。例如下边的句子:

这个人谁都看不起。

可以理解为:1.这个人看不起任何人。2.任何人都看不起这个人。导致语境歧义的因素往往很复杂,由于不同因素的触发往往会导致理解上的不同方向。例如:

客人到人事部去找张经理。下边是前台和客人的一段对话。

前台:请问您找谁?

客人:我来找张经理。

前台:他已经不在人事了。

客人(吃惊地):啊?什么时候的事啊?

前台:就上个星期。

客人:这也太突然了,都没来得及送他一程。

前台:没关系啊,你可以下去找他。

客人:我到哪里去找他?

前台:他就在下面18层。

客人:这……不太方便吧!

前台:白天是不太方便,我让他晚上去找你吧。

客人:啊?!别别别!（赶紧跑了）

"他已经不在人事了"与"他已经不在人世了"谐音,所有的歧义都是从这里开始的。"就在下面18层"会让人联想到十八层地狱,"白天不太方便,让他晚上去找你"也会让客人觉得毛骨悚然,这显然与中国文化的大语境有关。由语音相近造成的歧义现象是非常普遍的,但是也需要语境的配合。下边这个例子就很有趣:

夏天来了,父亲要把蚊帐搭起来,就拿了钱让儿子去买竹竿儿。儿子回来了,带了一包猪肝儿。父亲很生气,大声吼道:

"你耳朵哪去了?"

"耳朵,耳朵,我路上吃了。"儿子懦懦地回答。

在这个例子里"竹竿儿"和"猪肝儿"语音相近,儿子听错了情有可原。父亲说"你耳朵哪去了?"这是一个质问,不是普通的疑问。但是在这个特殊的语境里这句话是有歧义的。儿子偷偷地把猪耳朵吃了,本来就心虚,被父亲这样一问就更慌了。

五、歧义消解

在自然语言中,产生歧义的原因有很多。由不同的原因造成的歧义,在编码和解码的时候,可以通过一些手段进行消解。由词位中多个词素或者词的多义现象造成的歧义是最常见的,例如英语中的"Open another window"中的 window 既可能指房子上的窗户,也可能是电脑屏幕上的窗口,要消解这一类歧义需增加上下文,通过语境来消解歧义,"There must be a window for ventilation"或者"This computer screen can open two windows at the same time"。

对于一些结构歧义,我们也可以通过替换其中的语言成分来达到消解歧义的目标。例如"咬死了猎人的狗"可以变换不同的句式:"把猎人咬死了的狗""把猎人的狗咬死了",因为在把字句中致使关系是很清楚的;也可以变换成被动句式"猎人的狗被咬死了""猎人被狗咬死了",在这里歧义也被消解了。"咬死了猎人的狗"之所以会有歧义,是因为"猎人"和"狗"的物性结构(qualia structure)决定了有两种可能的语义理解。替换成别的词,歧义可能就被消解了。例如"咬死了猎人的狼""咬死了猎人的鸡"都没有歧义,因为猎人与狼之间没有领属关系,猎人也不可能被鸡咬死。同样的道理,"鸡不吃了"如果换成"狮子不吃了"或者"土豆不吃了",歧义就被消解了。这是因为在这个句子里"鸡"既可以是施事,又可以是受事。但是根据我们的生活经验和对"狮子""土豆"物性结构的理解,"狮子"不可能是受事,"土豆"不可能是施事。任何一个词的物性结构都与我们的认知主体与外部世界的互动结果有关。很多歧义现象往往都是因为语言中的省略引起的,所以消解歧义的方法就是把省略的部分补充出来。例如,"英子,今晚我老公出差了,你跟你老公说一声,今晚来我家住,顺便喝点。"只要把"你"换个位置就可以了,"英子,今晚我老公出差了,跟你老公说一声,你今晚来我家住,顺便喝点。"

很多歧义,在语境中可以得到自然消解。比如一个旅行团出去旅游,集合的时候,领队问大家"人到齐了没有?看看没有丢人吧?"在这个句子里"没有丢人吧?"是有歧义的,但是因为在这样一个很明确的语境中,大家不会觉得有歧义。另外一个例子,一个旅行者请旁边的人帮他拍一张照片。他对拍照的人说"照一张半身的就行哈",从理论上来说,照一张半身照片可以是照上半身,也可以是照下半身,但是拍照的人不会给他照下半身,因为拍照这样一个行为是有典型的认知模式的。假如有人只想拍衣服,不想露脸,他会说"我只想拍衣服,不想拍到脸",拍照的人可以问他"就是想拍一张不要脸的呗?",这是一个有歧义的句子,"不要脸"是一个有隐喻意义的习惯用语。在真实的语言生活中,如果不是有意为之,为了避免造成这种歧义,我们会尽量避免使用带有隐喻意义或者带有双关意义的语言成分。例如"你要饭吗?"我们会换成"你添饭吗?";"我们走后门吧。"我们会换成"我们从后门走吧。"但是如果说话人有意造成双关的修辞效果,那就另当别论了。例如在鞋店买鞋,服务员拿了一双比较小的鞋,顾客会开玩笑地说:"你这是要给我穿小鞋吗?"

思考与练习

  1. 什么是语言的意义?语言的意义包括哪些内容?

  2. 语义学都研究哪些问题?

  3. 什么是指称意义?什么是有指和无指?什么是实指和虚指?什么是专指和泛指?什么是定指和不定指?

  4. 语法中的功能意义是什么?

  5. 什么是预设意义?什么是会话含义?什么是蕴含意义?什么是推断意义?请举例说明。

  6. 什么是歧义?造成歧义的原因有哪些?

  7. 歧义与模糊、双关有什么区别和联系?

第七章 词汇

第一节 词和词汇

一、词汇的概念

词、词汇、词汇学是三个不同的概念。词是一个语言单位,指的是最小的能够独立运用的语言单位。词既是语法单位也是词汇单位。词汇是一种语言系统中词的总汇。词汇学是研究词汇的学问,主要研究某一种语言或方言词汇的系统性。可以是共时的研究,也可以是历时的研究。我们在日常生活中常常混淆词和词汇这两个概念,认为词就是词汇。不错,词汇是由一个一个的词组成的,但是我们在词汇学中所讨论的词汇是一种成系统的词的集合,而不是一个一个具体的词。当然词汇是由一个一个具体的词按照一定的规律汇聚而成的,所以说词汇是词的集合体。

我们说语言的三个要素是语音、语法和语义。在词汇学里边我们会碰到语音的问题,也会碰到语法的问题,当然更离不开语义的问题。在某一个具体的语言中,除了研究语音、语法和语义之外,我们还会研究这种语言的词汇系统。词汇在结构上跟语音、语法和语义都有关系,所以词汇问题不是一个跟语音、语法、语义并列的范畴。有人说语言的三个构成要素是语音、语法、词汇,这种说法在逻辑上是站不住的。词汇和语音、语法不在同一层次上。词汇的外在表现形式是语音,有时候语音的机制直接参与词汇的构成(如韵律、轻重音),词汇的内在结构遵循语法的一般规律,词汇的核心是语义。所以我们讨论词汇和词义的问题实际上会遇到语音、语法和语义三个方面的问题。研究词汇除了研究词汇的语音结构、语法结构以外，最主要的还是研究词义。

二、词汇单位

（一）词素

词素是词汇中最小的音义结合体，它是语言中最小的有意义的语言成分。在语法学中，我们把它称作语素，在词汇学中我们把它称作词素。其实它们的所指是相同的。词素分为实素和虚素两个部分，实素表达词汇意义，虚素表达语法意义。例如我们对下面的句子进行分析时，得到一些语言单位，它们都是词素。词素用｛　｝来标记。例如：

我—喜—欢—弹—琵琶。

｛我｝｛喜｝｛欢｝｛弹｝｛琵琶｝。

这个句子可以分析出四个最小的有意义的音义结合体，它们就是词素。如果继续分割下去得到的就是一些比词素还小的语言单位了。比如"琵琶"如果分开就是两个音节，而每个音节都是没有意义的，它们不是有意义的语言单位。又如：

John is a student from Australia.

｛John｝｛is｝｛a｝｛student｝｛from｝｛Australia｝。

不同类型的语言词汇的结构形式和表现形式是不一样的。与诸如印欧语这样的屈折语相比，汉语的词素有如下特点：

1. 汉语的词素以单音节为主，例如：

每个人都喜欢没有压力的生活方式。

我们知道古代汉语的词以单音节为主，后来在汉语词汇的发展过程当中出现了一个双音化的过程。这是因为语音系统的简化，必须在词汇层面上予以补偿。增加词的长度就是最好的办法。这个句子可以分析为以下一些词素，这些词素大部分都是单音节的：

｛每｝｛个｝｛人｝｛都｝｛喜｝｛欢｝｛没｝｛有｝｛压｝｛力｝｛的｝｛生｝｛活｝｛方｝

{式}。

但也有例外,如汉语中存在的联绵词,每个词素都不止一个音节:

{逍遥}{嶙峋}{龙钟}{苗条}{蝴蝶}{菠萝}{耄耋}{蹒跚}

有些外来语词汇也不是单音节的词素。例如:

{佛陀}{刹那}{袈裟}{沙弥}{苜蓿}{琉璃}{车厘子}{罗曼蒂克}

2. 有一种流行的看法是汉语的词素与汉字是一一对应的,即一个汉字代表一个词素。其实汉字与词素不一定一一对应。有时一个汉字对应不止一个词素,例如:"会":在"开~"和"~说"中意义不同,属于一个汉字对应不同的词素(同字异素);有时同一个词素用不同的汉字来代表,例如:"啊""哪""呀""哇"四个汉字实际上是同一个词素的变体;"他""她""它"三个汉字也是同一个词素在文字层面上的区别(异字同素)。一个汉字记录一个音节,一个音节却不一定对应一个词素,如同音词素。

3. 汉语音节数量有限,如果忽略声调一共才 400 多个音节,因此同音音节很多,相同的音节往往对应不同的词素。例如:

工、公、供、功、攻、宫、恭、弓、躬、恭、觥、龚……

它们语音形式相同,但是各自具有不同的意义,因此它们是不同的词素。

(二)词

词是语言中最小的能够独立活动的有意义的语言成分。不能把能够独立活动理解为能够单独成句或者单说,因为虚词不能单说。词是由词素构成的,词素才是最基本的词汇单位,因为它们不能再分割。有的词就是由一个词素构成的,如"菜""纸""花""树",有的词则是由两个或多个词素构成的,如"白菜""宣纸""菜花""松树"。词与音节数量的关系也不是一一对应的,在汉语中一个音节的词叫作单音词,在古代汉语中单音词是汉语词汇的基础,现代汉语的词汇系统以双音词为主,但是也会有一些三音节、四音节甚至更多音节的词,三个音节的词如"蝴蝶兰""萨其马""白兰地""马拉松""麦当劳",四个音节的词如"乌鲁木齐""齐齐哈尔""萨马兰奇""马拉多纳""乌兰巴托"。多音节的词大多是外来词语——来自汉语之外的其他语言。

(三) 词组

词组是由词和词组成的语言单位,比词大,比句子小。词组是词的组合形式,例如"合同医院""航空公司""彩色铅笔""附属中学""马拉松比赛""复合式地板"等。有些词组是固定组合,形成惯用语形式,如"滚刀肉""绊脚石""钉子户""人来疯"等。成语也是固定词组,通常是由四个音节构成的,如"南辕北辙""刻舟求剑""蓬荜生辉""同舟共济""凿壁偷光""表里山河""呼风唤雨"等。

三、词的结构

(一) 词根、词缀和词尾

语言中的词不是杂乱无章的,它们在结构上是有规律的。每一个语言中的词汇系统都是以词这级词汇单位为基础的,我们在词汇学中对词进行分析就得到了一些关于词的结构的知识。当然,不同语言的词的结构方式和结构手段可能不一样,例如印欧语的词在结构上词根和词缀分得很清楚,词缀也很发达,而汉语是以词根词为主的语言,词缀就不如印欧语那么发达。一般地说,词从结构上可以分析为词根、词缀和词尾三个部分。其中词根是词汇中最重要的部分,它是一个词当中表达词义的核心;词缀是词的附着成分,黏附于词根之上,构成新词。词缀包括前缀、中缀和后缀三种,有的语言中前缀比较多,如英语的 pre-、de-、ab-、dis-、mis-、im-、in-、re-、等等;有的语言后缀比较多,如汉语的一子、一儿、一头、一巴,英语的-less、-able、-er、-tion、-or;有的语言有中缀,如马来语的-el-(鸟)。英语和汉语都没有中缀。词尾是黏附于词根或者词缀之后表达语法意义的词素。词尾不表达词汇意义,也不参与构词,词尾只表达语法意义,在形态比较发达的语言中,词尾是用来表达语法范畴的重要手段。下面我们举例说明:

词根是词的核心部分,也是词的主干。如:

(汉语) 杯子 老虎 (英语) rebuild childish

词缀是黏附于词根之上的词素,在构词中给词根增加附加性的词汇意义。词缀的作用是参与构词。如:

　　　　前缀:(汉语)<u>老</u>师 <u>初</u>三 (英语) <u>mis</u>leading <u>pre</u>suppose <u>im</u>possible
　　　　中缀:(马来语)patuk(啄) p<u>el</u>atuk(啄木鸟) (-el-是中缀"鸟")
　　　　后缀:(汉语)儿<u>子</u> 石<u>头</u> 嘴<u>巴</u> (英语) cook<u>er</u> sing<u>er</u> act<u>or</u>

词尾是黏附在词根或者词缀之后只表达语法意义的词素。词尾不参与构词,不改变词汇的意义,只起构形作用。

　　　　(英语)book—book<u>s</u>　go—go<u>ing</u>　receive—receive<u>d</u>　worker—worker<u>s</u>

(二) 词的结构类型

1. 单纯词

由一个词根(一个词素)构成的词是单纯词,包括单音节的单纯词和多音节的单纯词。以汉语为例:"书、人、毛、吃、跑、大、红、吗、了"等是单音节的单纯词;"玻璃、仿佛、琉璃、蝴蝶、尴尬、踌躇、蝌蚪"等是多音节的单纯词。在汉语里,多音节的单纯词分为以下几种情况:联绵词、叠音词、音译词和拟声词。举例说明:

(1) 联绵词

　　双声:仿佛 参差 荏苒 玲珑 伶俐 尴尬 恍惚 崎岖 蹊跷 饕餮 倜傥
　　　　 惆怅 忐忑 琳琅 坎坷 淋漓 娉婷 蜘蛛 蟾蜍 蓬勃 迢递
　　叠韵:骆驼 糊涂 葫芦 蜻蜓 螳螂 蒺藜 徜徉 蹉跎 窈窕 翩跹 蟑螂
　　　　 逍遥 蜿蜒 蝉娟 缠绵 踉跄 龌龊 缥缈 堂皇 苍茫 颠顶 昆仑
　　双声兼叠韵:孑孓 缱绻 辘轳 鞑靼
　　非双声叠韵:凤凰 妯娌 蜈蚣 螃蟹 滂沱 蝌蚪 狐狸 蝼蛄 蝴蝶

(2) 叠音词

　　猩猩 狒狒 侉侉 悄悄 赳赳 习习 熠熠 楚楚 岌岌 济济 洋洋 轰轰 烈烈 兢兢 业业 娓娓 冉冉 滔滔 婷婷 霏霏 眈眈 耿耿 蝈蝈 岌岌 脉脉 涓涓 踽踽

(3) 音译词

　　吉林 伊通 齐齐哈尔 哈尔滨 呼伦贝尔 乌鲁木齐 牙克石 亚克西 莫

斯科 巴黎 巧克力 奥林匹克 咖啡 马克 引得 俱乐部 白兰地 迪斯科 华盛顿 可口可乐 乌拉

(4) 拟声词

布谷 乒乓 知了 扑通 哗啦 咔嚓 吧嗒 噼里啪啦 叽里咕噜

2. 合成词

合成词包括复合式合成词(词根＋词根)、附加式合成词(词缀＋词根或者词根＋词缀)、重叠式合成词三种。举例来说：

(1) 复合式合成词

联合式①:(汉语)朋友 道路 国家 树木 城市 错误 眼睛 美丽 健康 困难 坚强 寒冷 巨大 伟大 帮助 测验 产生 休息 善良

偏正式:(汉语)早饭 白菜 鸡蛋 柳树 钢笔 书包 公园 热情 暗杀 矗立 速递 广播 儿戏 直击

(英语)blackbird dustbin manpower sunflower ladybug butterfly jellyfish easy-going overcome blackberry

主谓式:(汉语)地震 日食 心疼 手软 山崩 海啸 霜降 肉麻 胆怯

(英语)earthquake sunshine manmade sunset sunrise catsleep headache heartache handmade

述宾式:(汉语)干事 理事 顶针 护膝 司机 生气 关心 刹车 董事

宾动式:(汉语)笔洗 牙刷 鱼护 风挡 墨滴 花洒 眼罩 手套

(英语)breathtaking brush-cut hairpin cash-register head-shake nutcracker bottleopener brainwash

述补式:(汉语)改善 提高 巩固 改良 促进 纠正 改正 认清 澄清

(英语)breakout layoff setup carryon take-in

(2) 附加式合成词

词缀＋词根:(英语)predicate impute dislike abnormal

(汉语)老婆 老鼠 老虎 阿飞 阿公 阿姨

---

① 汉语有大量的并列式双音词,而英语里很少使用并列式这种手段构成复合词。也许 rock'n roll、black and white、tiptop、upset 算是联合结构的合成词。

词根＋词缀：(英语)application movement inflection beautiful
　　　　　　(汉语)红彤彤 傻乎乎 兴冲冲 势头 泥巴 盐巴 热乎
词缀＋词根＋词缀：(英语)relationship prediction department
(3) 叠音式合成词
　　(汉语)星星 哥哥 姐姐 娃娃 纤纤 谦谦 翩翩 仆仆 白白 偏偏

四、特殊的词汇形式——熟语词和缩略语

语言的词汇系统中还有许多熟语成分,例如成语、惯用语、俗语、谚语等,其中成语和惯用语属于词汇成分,俗语和谚语属于语汇成分。各个语言都有所谓的成语,但是不同的语言中成语的所指和范围是不一样的。汉语有丰富的成语词汇和惯用语词汇,成语来源于历史典籍、寓言故事、历史事件、名人名言,惯用语来源于老百姓的日常口语。汉语的成语比较典雅,惯用语比较通俗。从形式上看,汉语的成语大多数都是四个音节的,惯用语大多数都是三个音节的。从意义上看,汉语的成语包罗万象,而惯用语一般只表达负面意义,它是社会不良现象的折射。从词汇构成方式上来说,成语的构成相当复杂,而惯用语几乎都是通过隐喻和转喻构词的。举例来看：

　　成语：举目无亲 投鼠忌器 萧规曹随 沧浪之水 他山之石 愚公移山
　　惯用语：拍马屁 走后门 抬轿子 戴高帽 滚刀肉 拦路虎 绊脚石 土包子

从语体上来看成语是比较正式的,惯用语是不那么正式的。这可以从北京语言大学BCC语料库不同文本的分布上看得出来。

表 7—1

	成语			惯用语		
	啼笑皆非	高山仰止	南辕北辙	拍马屁	穿小鞋	滚刀肉
科技语料	585	159	602	159	176	9
微博语料	381	117	232	886	185	33
文学语料	96	6	42	84	3	3
报刊语料	607	177	309	108	249	12

我们看到的是，成语在不同语料中出现的频次高低排序如下：

  报刊语料＞科技语料＞微博语料＞文学语料

而惯用语在不同语料中出现频次的高低顺序是：

  微博语料＞报刊语料＞科技语料＞文学语料

网络媒体出现之后，也出现了一些新型的惯用语。它们与传统的惯用语之间有内在的一致关系。例如：

  绿茶婊　心机婊　脑残婊　纯情婊　红茶婊　虎牙婊　布丁婊　炫富婊　工作婊　普信男　妈宝男　软饭男　下头男　孔雀男　猥琐男

  缩略语也是语言词汇系统中一种特殊现象，一个缩略语是由不同的词各自截取一个词素组合而成，或者由一个更大的语言成分略去一部分简化而成。例如：

  截取形式：香港＋台湾＝港台　环境＋保护＝环保　长途＋电话＝长话

  食物＋治疗＝食疗　美术＋展览＝美展　老师＋学生＝师生

  简化形式：清华大学（清华）　北京大学（北大）

  字母文字的缩略形式常常是截取每个词的第一个字母，如英语：WTO（World Trade Organization，世界贸易组织）、UBC（University of British Columbia，不列颠哥伦比亚大学）、UFO（unidentified flying object，不明飞行物、幽浮）、USA（United States of America，美利坚合众国）、UN（United Nations，联合国）。

  新媒体语言中出现了一些新型的缩略语，它们与传统的缩略形式有很大不同。例如"喜大普奔"是"喜闻乐见、大快人心、普天同庆、奔走相告"的缩略形式，"人艰不拆"是"人生已经如此艰难，有些事情就不要拆穿"的缩略形式，"十动然拒"是"十分感动，然而拒绝"的缩略形式，"不明觉厉"是"虽然不明白什么意思，但是觉得很厉害"的缩略形式，等等。

  我们都知道语言是在不断发展变化的，其中变化最快的是词汇。词汇的变化可以从一个侧面反映社会现象和世道人心的变化。例如北京语言大学 BCC 语料库中关于"走后门"一词的历史检索可以看出这个词的热度是在不断变化的①：

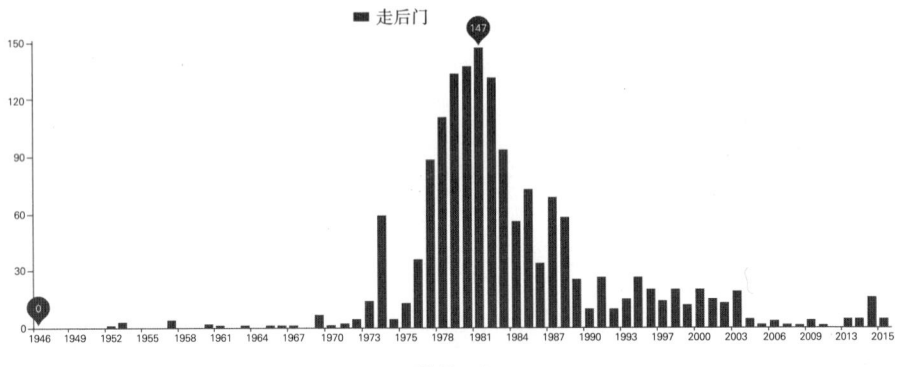

图 7—1

新媒体词汇的产生和传播与新媒体的传播方式有关。新媒体的传播与平面媒体不同：传播速度很快，传播面很广，发布者和受众可以互动，一些语言形式刚出现的时候大家觉得新奇，很快得到传播，但很快就会变成陈词滥调，语义磨损速度很快，于是就会发生变异，或者创造一些新的词汇形式，这些词汇形式包括新词、新的用法，或者旧词被赋予新的意义，还有不合常规的缩略语、短时流行的话语形式、字母词和数字词、一些表情态的语气词等等。这些新媒体语言现象在传统平面媒体中很少见到，有一些只在某些圈子里使用，圈外的人不甚了了，例如"白莲花""玛丽苏""杰克苏""非酋""欧皇"。有些已经传播开来，大家基本上都知道是什么意思，如"直男""绿茶婊""白富美""高富帅"，尽管这些词语不是什么人都会用，它们在使用人群分布上有明显的年龄界限。在新媒体里由于打字需要速度快，所以有一些字母缩略词就会流行，例如 yyds（永远的神）、wsl（我死了）、nsdd（你说得对）、xswl（笑死我了），它们都是汉语拼音的缩写。而 nbcs（Nobody cares）则来自英语缩写。

---

① 北京语言大学 BCC 语料库的历史检索请参看（荀恩东、饶高琦、谢佳莉、黄志娥，2015）。

第二节　词汇系统

一、基本词汇和一般词汇

　　一种语言中的词汇可以分为基本词汇和一般词汇两种。基本词汇和一般词汇是一对相对的概念，很难严格界定哪些是基本词汇哪些是一般词汇。基本词汇这个概念的提出是为历史比较语言学服务的。在历史比较语言学中，要判断两种语言之间是否有亲属关系，主要比较的是它们的基本词汇，如果基本词汇有同源关系，大致可以断定所比较的两种语言有亲属关系；如果基本词汇没有同源关系，大致可以断定所比较的两种语言没有亲属关系；如果两种语言之间基本词汇对应的比较多，说明这两种语言之间有比较近的亲属关系，否则，说明这两种语言血缘关系比较远。这种理论是建立在这样一个基本的假设前提下的：基本词汇一般是很难借用的。语言中的基本词汇构成了语言中的底层，有时一般词汇都被别的语言同化融合了，基本词汇仍顽强地以底层的形式存在。

（一）基本词汇

　　一个语言社群日常生活中必不可少的那部分词汇叫作基本词汇。基本词汇具备三个特点：

　　1. 常用性：人们日常生活中最熟悉的事物或自然现象名称，例如：牛、马、猪、狗、猫、天、地、日、月等；人体器官名，例如：手、脚、目、耳、腿、腹等；基本的方位概念，例如：东、西、南、北、左、右、上、下等。

　　2. 稳定性：基本词汇在语言的历史发展中是最稳固的词汇，例如：牛、羊、麦、谷、人、木、山、水、林、田等。这些词汇从古到今保持不变。

　　3. 能产性：基本词汇组词能力很强，很容易构成新词：例如："白"是一个基本词汇，它可以组成许多词，如：白面、白糖、白人、白雪、白露、白花、白菜、白天、白话、白桦、白玉、飞白、大白、月白、平白、对白、灰白、自白、抢白、补白、皂白、苍白、蛋白……

(二) 一般词汇

基本词汇以外的词汇都是一般词汇。由基本词汇所构成的新词绝大多数都是一般词汇。一般词汇中的某些词在使用过程中取得了基本词汇的三个特点也可以进入基本词汇。

基本词汇有时间性,随着社会的发展变化,一些基本词汇所表达的概念已经陈旧,基本词汇就变成了一般词汇。如:君、臣。

我们说基本词汇很难被借用,这是就一般情况而言的。如果两种语言在接触的过程中关系十分密切,一种语言的基本词汇也可以进入另外一种语言。例如汉语的很多基本词汇进入日语和朝鲜语。1~10 的数词应该是基本词汇,"父""母"这样的亲属称谓应该是基本词汇,但是在日语中它们都有汉语借词。但是我们也看到它们仍然同时保留着本土的词汇。在日语和朝鲜语中基本词汇往往会有两套,一套是本土词汇,一套是汉语借词。

二、古语词和新词

古语词和新生词是一对概念。任何一种语言中都既有古语词又有新生词。

(一) 古语词

世界上的几个文明古国都留下了灿烂的古代文明,有的还留下了浩如烟海的文化典籍,后世的人们在阅读古书的时候会把一些古代使用的词汇带到现代来,这是现代语言中保存古语词汇的原因之一。例如英语、法语、意大利语中吸收了许多古代拉丁语的词汇。汉语中有一些词汇也属于古语词,如:

1. 历史词语

　　古器物名:壎(乐器)　鼐(大鼎)　圭(玉器)

　　典章制度:门阀　科举　九宾　守制

　　古代官职:司马　太尉　刺史　御史　大夫

　　古人名地名:共工　刑天　不周　西海　龟兹

古人常用的隐喻:椿萱　桑梓　兰蕙　桃李

　　古语词在一定的条件下可以死而复生。文言词就是现代还在使用的古语词。例如月令的各种叫法,在今天的书画作品中仍然可以看到。在书画作品落款的时候通常会用到月令不同的别名:

正月:孟春、寅月、嘉月、首阳、献岁、早春、元月、端月

二月:建卯、夹仲、丽月、酣春、花朝、仲春、花月

三月:季春、姑先、桃月、辰月、莺时、末春、蚕月、桐月

四月:槐序、孟夏、麦春、乾月、除月、麦候

五月:建午、炎月、天中、午月、幕月、仲夏、蒲月

六月:季夏、林钟、征暑、荷月、遁月、精阳

七月:早秋、兰秋、首秋、建中、上秋、相月

八月:仲商、中秋、壮月、桂月、仲秋、南宫

九月:朽月、霜序、菊月、暮秋、无射、咏月

十月:良月、子春、孟冬、初冬、坤月、吉月

十一月:冬月、建子、葭月、畅月、复月、黄钟、寒月

十二月:建丑、严月、腊月、嘉平、残月、冰月

　　古人常用的一些隐喻,我们在现代汉语中也还在使用。例如:"椿萱"喻指父母,"桑梓"喻指家乡故里或乡亲父老,"兰蕙"喻指贤者,"桃李"喻指门生。隐喻的形成和发展也是有动因的:

　　椿是一种多年生落叶乔木,古代传说大椿长寿,庄子曾经说过"上古有大椿者,以八千岁为春,八千岁为秋",可见它有多么长寿。因此古人就把椿树拿来比喻父亲,盼望父亲像大椿一样长生不老。后来为一切男性长辈祝寿,都尊称对方为"椿寿"。将"椿""萱"合称"椿萱"来转喻"父母",父母都健在称为"椿萱并茂","堂上椿萱雪满头"的意思就是形容父母都老了,头发都白了。

　　《诗·小雅·小弁》:"维桑与梓,必恭敬止。"《朱熹集传》说:"桑、梓二木。古者五亩之宅,树之墙下,以遗子孙、给蚕食、具器用者也……言桑梓父母所植。"东汉以来一直以"桑梓"转喻故乡或乡亲父老。

　　兰、蕙都是香草。《汉书·扬雄传上》:"排玉户而飏金铺兮,发兰蕙与穹

穷。"汉·赵壹《疾邪》诗之二:"被褐怀金玉,兰蕙化为刍。"唐·褚遂良《安德山池宴集》诗:"良朋比兰蕙,雕藻迈琼琚。"由植物转喻为贤者。

桃李本意是桃花和李花。后来转喻为有德行的人。"桃李不言,下自成蹊。"再后来转喻为门生。《资治通鉴·唐则天后久视元年》:"仁杰又尝荐夏官侍郎姚元崇……等数十人,率为名臣。或谓仁杰曰:'天下桃李,悉在公门矣。'"

2. 文言词语

文言词语在现代还有一席之地,如书信、贺电、唁电、公文等文体还会用到,比较正式和典雅的书面语也会用到,例如:惊悉、雅正、赐教、台鉴、俯允。文言成分在谦敬语中使用比较多,如:玉成、令堂、府上、惠顾、不才、犬子、舍下。现代汉语的庄雅语体需要用这些文言词语来表达,因此一些谦敬用法我们今天还在使用:

令尊	令堂	令爱	令阃	令郎	令妹	阁下	兄台
拜读	拜会	拜见	拜辞	拜别	拜贺	拜谢
惠赠	惠赐	惠顾	惠存	惠临	惠允
奉闻	奉送	奉达	奉复	奉告	奉还	奉迎
恭送	恭迎	恭书	恭录	恭候	恭请	恭祝
敬候	敬悉	敬告	敬奉	敬贺	敬赠	敬颂
垂询	垂顾	垂念	垂听	垂怜	垂爱	垂问
钧谕	钧裁	钧鉴	钧启	钧安
俯允	玉成	郢正	清正	清赏	雅正	雅赏	雅嘱	雅教	赐教

文言成分和文言结构在现代汉语中依然在使用,但是在不同的文本当中使用的频率是不同的。我们以 BCC 语料库为例:

表 7—2

	于	之	其	焉 V	以 A 为 B	V 之以 X	为 A 所 V
科技语料	1 605 662	3 185 297	3 680 465	2273	184 791	6535	29 464
微博语料	510 195	1 289 770	795 596	996	24 626	889	4043
比率	3.147	2.450	4.626	2.282	7.504	7.351	7.288

我们可以很清楚地看到，科技语料的文言成分出现频率是微博语料的 2.282～4.626 倍，科技语料的文言结构出现频率是微博语料的 7.288～7.504 倍。科技语料的正式度高于微博语料。

（二）新词

新词是相对于语言系统中已有的词汇而言的。每天都有新词产生，每天都有新词变成旧词。新词也有不同的形式和时间层次。以汉语为例：

1. 新旧是比较而言的

  旧瓶装新酒：小姐、游击、经济、包装、语录

  新瓶装新酒：款爷、酷毙、帅呆、网民、网虫

  洋瓶装洋酒：hi-fi、CD、VCD、SVCD、MTV、CPU、PC（外来词汇）

  土洋结合：X 光、B 超、O 型、AA 制、点 T、T 恤衫、S 腿

2. 新词有时间层次

  1950—1960 年：大跃进、三面红旗、肃反、右派

  1960—1970 年：支左、四旧、四害、四清、工作组、军宣队

  1970—1980 年：知青、三忠于、语录、开门办学、伤痕文学、天南海北

  1980—1990 年：异化、意识流、自我、精神污染、大锅饭、第三者、军嫂、下海、万元户

  1990—2000 年：三角债、打假、砸三铁、大姐大、下岗、小蜜、三陪、按揭、二奶、刷卡、亚健康、黑客、黄页、网虫、警花、坐台、出台、驾照

  2000—2010 年：网吧、书吧、台独、反恐、网恋、短信、纳米、博客、克隆、宽带、丁克、陶艺、布艺、助力、海归、海待

  2010—2020 年：杠精、跪舔、融梗、佛系、柠檬精、巨婴、硬核、吸猫、小鲜肉、小黄人

当然这个时间层次只是一个大概的划分，有时很难确切地判断某一个具体的词是什么时候产生的。有些词开始的时候只在某一个特定的领域或人群中流行，因为某个机缘进入全民词汇，成为使用频率很高的新词。当然也有一些词

汇寿命很短,流行一段时间就销声匿迹了,如"大周末""倒爷""万元户"等。

三、口语词汇和书面语词汇

口语词汇和书面语词汇是一对概念。口语和书面语是语体的分别,典型的口语词汇和典型的书面语词汇之间的区别是很容易辨认的,但是有一些词汇处于中间状态,使得书面语词汇和口语词汇之间的界限变得模糊。以汉语为例,"美丽"是书面语,"漂亮"是口语;"坚固"是书面语,"结实"是口语;"基础"是书面语,"底子"是口语;"散步"是书面语,"遛弯儿"是口语(北京话)。并不是说凡是写在书上的都是书面语,凡是口头说的都是口语。书面语和口语的区别主要是表达风格上的、使用功能上的不同。书面语词汇比较正式,口语词汇比较随便;书面语词汇用在正式场合,口语词汇用在非正式场合。"蝗虫"与"蚂蚱"(术语与普通)、"考虑"与"寻思"、"交谈"与"聊天"、"抚养"与"拉扯"、"用餐"与"吃饭"、"工作"与"干活"的区别都是书面语与口语的区别。我们可以看到在不同文体的语料文本中,书面语和口语的分布频率差别比较明显。如BCC语料库所见(崔希亮,2020):

表7-3

	不V白不V	V着也是V着	不是我V你	看你A的	你看你
文学语料	610	365	3473	651	7871
报刊语料	115	18	46	0	119
科技语料	161	0	29	0	82
微博语料	111	113	1178	514	2565

上边这些例子都是口语色彩非常浓的,我们看到在科技语料和报刊语料当中数量很少,但是在文学语料和微博语料中数量很多。

四、标准语词汇和方言词汇

词汇还可以从另一个角度分为标准语词汇和方言词汇两个部分。标准语词汇是指经过规范的、在全社会被普遍接受和使用的词汇,而方言词汇指的是只在某一个地域内流行和使用的词汇。由于交际的需要和现代交通的便利,现代通信手段的进步,方言之间的差别正在逐渐缩小,越来越多的方言词汇进入标准语词汇或者被标准语词汇所取代。方言词汇进入标准语词汇使标准语词汇系统得以丰富,方言词汇被标准语词汇所取代使得语言在词汇层面上渐渐地统一和融合。现代汉语的标准语词汇是普通话的词汇系统,它们主要来自北方话的词汇系统。标准语词汇当然内部也有差异,因为我们几乎找不到哪一种语言的词汇系统是没有杂质的、纯粹的、单一的词汇系统。汉语北方话词汇也是历史发展的结果,南杂吴越,北染夷狄。越是使用范围广泛的语言,越是容易从方言词汇中吸收新的词汇形式。标准语都是在某一个具体方言的基础上成长起来的,例如汉语标准语是在北方官话的基础上成长起来的,意大利语的标准语是在佛罗伦萨(托斯卡纳)方言的基础上成长起来的,英语是在伦敦方言的基础上成长起来的,西班牙语是在卡斯蒂利亚方言的基础上成长起来的,不过在西班牙不同方言区的人并不承认有一个统一的西班牙语,加利西亚方言区、巴斯克方言区和加泰罗尼亚方言区会把自己的方言看作独立的语言,这里涉及语言认同的问题。

标准语词汇和方言词汇的差异表现在以下几个方面(以汉语为例):

1. **同义异形** (标准语)花菜~(方言)菜花,(标准语)公鸡~(方言)鸡公,(标准语)年轻人~(方言)后生家,(标准语)女儿~(方言)闺女,(标准语)孩子~(方言)娃娃,(标准语)聊天~(方言)唠嗑,(标准语)漂亮~(方言)客气

2. **同形异义** 面:(标准语)面粉~(方言)面条;青菜:(标准语)泛指一切绿色的蔬菜~(方言)专指某种蔬菜

3. 词形相同,适用范围和组合功能不同:

表 7—4

普通话	苏州话
吃饭	吃饭
*吃烟	吃烟
*吃酒	吃酒

又如"几岁"在普通话中只能用来问孩子,但是在上海话中可以问所有年

龄段的人。又比如"咱们"这个人称代词在北京话中包括听话人,而在上海话中则不包括听话人。

在方言比较复杂的语言里,方言词汇之间的差别可以非常之大。只有使用频率比较高、流行范围比较广的方言词汇才能进入标准语词典,在词典里,方言词汇往往会被标示出来。有些词典还会注明词汇的来源。

五、本土词汇和外来语词汇

任何一种语言都有本土词汇和外来语词汇,除非这种语言与世隔绝,与任何别的语言都没有接触。只要有语言之间的接触,就会有词汇的借用。例如日语的外来语词汇特别丰富,除了早期借自汉语的词汇之外,还有大量的借自英语、荷兰语、德语的词汇。英语的外来语词汇也很丰富,有的借自法语,如résumé, cliché;有的来自拉丁语,如 marble, ad hoc;有的借自汉语,如 tea(茶)、typhoon(台风)、点心(dim sum)、白菜(bok choy)、杂碎(chop suey)、人参(ginseng),等等。所谓本土词汇是指一种语言或方言中特有的本民族的词汇,外来语词汇就是借词(loan words)。我们以汉语为例来看看外来语的情况。

(一) 汉语借词的三种形式

1. 借音——这一部分外来语词汇采取直接音译的办法。如:

雷达(radar)、坦克(tank)、拷贝(copy)、比基尼(bikini)、抬头(title)、引得(index)、的士(taxi)、巴士(bus)、幽默(humor)、沙发(sofa)、麦克风(microphone)、俱乐部(club)、马拉松(marathon)、巧克力(chocolate)、汤浩斯(townhouse)、开米拉(camera)、开司米(cassimere)、可口可乐(Coca-Cola)、慕课(MOOC)。

2. 半音半意——在这一类外来语词汇中有一部分是音译的,还有一部分是意译的。例如:

啤酒(beer-)、迷你裙(mini-)、加农炮(cannon-)、卡车(car-)、因特网(internet-)、卡片(card-)、扑克牌(poker-)、拖拉机(tractor-)、冰激凌

(ice-)拿铁咖啡(latte-)、雪茄烟(cigar-)

3. 意译——在这一类外来语词汇中直接采取了意译的方式。例如：

热狗(hotdog)、灰狗(greyhound)、白领(white-collar)、民主(democracy)、电视机(television)、冷战(cold war)

（二）汉语外来语词汇的时间层次

汉语的外来语可以追溯到汉代，大部分借词来自西域，有的借自波斯语，有的借自阿拉伯语，还有的借自阿尔泰语系的语言。佛教传入中国之后。梵语词汇大量进入中土，主要是跟佛教有关系的词汇。这些词汇一直用到今天。

汉代：葡萄、苜蓿、琉璃、石榴、琵琶、狮子、单于、箜篌

六朝以后：佛、塔、菩萨、沙弥、刹那、罗汉、菩提、达摩、伽蓝、佛陀、袈裟、阎罗、比丘、比丘尼、禅那、僧、头陀、魔、曼陀罗

元朝蒙古语借词：成吉思汗、达鲁花赤、兀拉赤、站（驿站）、巴图鲁、喇嘛（参见 Shi Youwei,2021:32—56）

清朝满语借词：库伦、牛录、贝勒、贝子、格格、萨其马、乌拉、包衣、蝲蝲蛄、哈什蟆、妈虎儿、蚂螂、喇忽、福晋、嘎拉哈、哈拉巴

五四以后：尼龙、麦克风、沙龙、幽默、咖啡、海洛因、列巴、德律风

改革开放以后：卡拉 OK、艾滋病、BBS(公告板)、BP 机、CD(光碟/激光唱片)、CEO(首席执行官)、VIP(贵宾)、CIO(首席信息官)、CD-R(可录光盘)、IC 卡(集成电路卡)、DIY(自己动手做)、CPU(中央处理器)、IQ(智商)、EQ(情商)、PC(个人计算机)、Wi-Fi(Wireless-Fidelity 无线宽带)、猫(Modem)、TP-link(路由器)、P2P(点对点)、www(万维网)、WLAN(无线局域网)、Blog(博客,部落格)、PUA(精神控制)、Word(Microsoft 开发的一款文字录入软件)、PPT(Power point 演示文稿)

词汇的借用可以丰富本土词汇，弥补本土词汇的不足，使语言中词汇的选择机会增加。这是语言接触所带来的必然结果。有人对语言中外来语的入侵表示担忧，提出要纯洁本民族的语言，这种诉求可以理解，但是语言的发展是

不以人的意志为转移的,"天要下雨,娘要嫁人",这是自然规律,该变的总会变。进入网络时代以后,外来词借入的速度大大增加。有些外来词我们来不及翻译,直接采用字母词借用的方式,有些字母词如果弃而不用的话,还不是很能容易找到对应的中文词语,如 Word、PDF、PPT、Wi-Fi 等,已经成了我们日常语言中离不开的词语。

第三节　词义

一、词义的界定

(一) 词义的概念

　　语言中的词汇是由一个一个的词构成的,而一个一个的词包含了形式和意义两个部分。词的外部表现形式就是它的语音形式,词的内核就是它的意义。对于任何一个词来说,形式和意义是紧密地结合在一起的。词义就是词的形式所指涉的意义,指的是词所负载的信息,词所表达的内容。实词有实在的意义,虚词只有功能意义。例如"花、鸟、虫、鱼、猪、狗、牛、羊、天、地、山、河",每一个词都指涉一定的意义,而"了、着、的、来着、又、却、之、只、都"等则没有实在意义,只有语法意义。我们知道,语言中的词表现为一定的语音形式,这个语音形式代表一定的意义,这个意义是人们对现实世界中客观现象或概念的概括反映。而用什么样的语音形式来表达什么样的意思却是约定俗成的。

(二) 词义的来源

　　词义是人对客观事物的概括反映。这种概括是舍弃了许多非本质特征的,如:"牛",词义是"哺乳动物,身体大,趾端有长毛。是反刍类动物,力气大,供役使、乳用或乳肉两用,皮、毛、骨都有用处"。这里说得虽然很详细,但是舍弃了牛的性别、年龄、产地、类别、脾性等特征,所以说词义是对客观事物的概括反映。不同的语言对同一个客体会有不同的概括,例如"菠萝"在南方汉语中叫作"凤梨",在英语中叫作"松苹果"(pineapple);"茄子"在英语中叫作"蛋植物"(eggplant);中国人认为"海参"是参,英国人却认为是"海黄瓜"(sea cucumber);中国人把"海蜇"当作虫类软体生物,而英国人却把它当成鱼类,"海蜇"叫"啫哩鱼"(jellyfish)。这是因为不同的社会群体对同一个客观事物有不同的概括,不同的认识。不同的时代对同一个客体的概括也可能不同,例如汉语中的"马"(无性别),表示性别的词汇"骘"(公马)、"骒"(母马)在现代汉语里已经消失。在语言的发展过程中,词义会发生变化。这种变化包括词义的扩大、词义的缩小和词义的转移,也包括词性和基本意义的变化。例如现代汉语的"绝"是一个多义词,既可以用作动词,又可以用作形容词,还可以用作副词。其词义有一个历史演变的过程:

据《汉字源流字典》(谷衍奎,2008:975)的解释,"绝"是指事兼会意兼形声字,其甲骨文、金文、篆书字形如下:

图7—2

它的本意是"以刀断丝",甲骨文是指事字,到了金文就变成了会意字,篆文又加上了声符。《说文解字》释义:"绝,断丝也。"从"断丝"的意义通过意义泛化引申为其他范畴的"断",例如:绝于天,绝其命,绝于我,绝亲,绝祀。既然"绝"有断的意思,"以刀断丝"的意义泛化为截断、隔断、阻断、了断就很自然了,例如:~种,~缘,~嗣,~情,~迹,断~,杜~,灭~,空前~后。按照发展的规律,同义并列现象也会出现。断绝、尽绝、杜绝、灭绝、阻绝、穷绝、隔绝经常连用,"绝"于是产生了"断、尽、杜、灭、阻、穷、隔"的意义,这是语义感染的结果。根据北京大学CCL古代汉语语料库,我们看到"绝"的词义在组合中取得了不同的意义。当然这些意义彼此之间是有内在联系的,他们有一个共同的源头,就是"以刀断丝":

断绝	穷绝	尽绝	杜绝	灭绝	阻绝	隔绝
1185	21	171	270	187	244	591

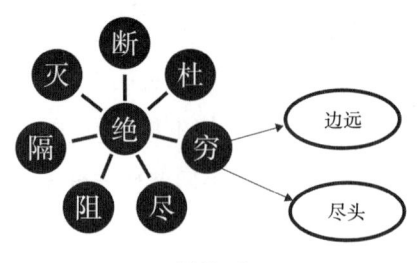

图 7-3

由断绝的意思通过联想又引申出穷处、尽头、边远、偏僻、道路不通之地。例如"绝塞""绝地""绝域""绝处""绝路""绝境"等意义。边远偏僻之地是空间的穷尽之处,所以再进一步引申为"尽头""顶端"。空间或者时间的尽头就是空间或时间的极点。所以"绝"又引申出"极""极端"的意义,这时候它就可以表达程度量级了。也就是说,当它后边修饰形容词的时候,就已经具备了程度量级意义。至此我们已经可以大致看出"绝"由动词语法化为程度副词的路径。

表 7-5

断丝→断→边鄙之地→尽头→极点→极端→程度高
V　　V　　N　　　N　　N　　A　　ADV

(三) 词义的构成

1. 理性意义

词的理性意义指词的规约意义(conventional meaning)。它是对词所指称的客观世界中的事物、现象和关系的概括认识和反映。例如汉语中"牛"的理性意义就是词典里所注释的"哺乳动物,身体大,趾端有长毛。是反刍类动物,力气大,供役使,乳用或乳肉两用,皮、毛、骨都有用处"。然而"牛"除了它的规约意义之外,还有其他的意义,如"固执和骄傲:牛脾气、牛气""股市持续上升的走势:牛市",这些意义都是从词汇的理性意义中衍生出来的。

2. 色彩意义

色彩意义指的是词的褒贬意义,它是词义所表现出的人们的某种感情倾向。例如:"机灵"的色彩意义是正面的,"狡猾"的色彩意义是负面的;"时尚"的色彩意义是正面的,"新潮"的色彩意义是中性的,"时髦"的色彩意义是负面的。我们在赞美一个女孩子的时候可以用到很多色彩意义丰富的词汇。例如：

图 7—4

词汇的色彩意义跟语言的使用者对客观事物的价值判断有关系，在汉语里，"能说会道""巧舌如簧""天花乱坠""甜言蜜语"都是贬义的，这说明在中国人的观念里，会说话不是一种值得称道的本事（当然"天花乱坠"原始意义是褒义的）。在一种语言的词汇系统里，通常会有两套色彩意义截然相反的词汇。例如"雄心"是褒义词，"野心"是贬义词，而它们的理性意义是一样的。色彩意义主要是由下面的元素构成的。

3. 语体意义

词汇意义的感情色彩有时表现在语体方面。例如：汉语的"妻子"是正式的语体，"太太"是半正式的语体，"媳妇"是非正式的语体，"老婆"是更加不正式的语体。它们的理性意义相同，感情色彩意义虽然没有褒贬之分，但是它们的使用场合不同，传达的信息不同，也可以说是语体意义的不同。语体意义也是一种色彩意义。

4. 比喻意义

词汇除了理性意义之外，色彩意义多半是经由比喻的途径造成的。在词汇的意义中比喻意义是不能忽视的。语言中的词汇，理性意义只能表达一般的概念，大部分词汇的意义都会通过引申产生比喻意义，这样就使得词汇的意义大大地扩大了。例如汉语"狗"的理性意义是"哺乳动物，种类很多，嗅觉和听觉都很灵敏,毛有黄、白、黑等颜色。是一种家畜,有的可以训练成警犬,有的用来帮助打猎、牧羊等"。在汉语词汇的意义系统中,"狗"除了这个理性意义之外还有"狗腿子""狗眼看人低""狗急跳墙""狗咬狗""狗仗人势"等用法,这里的"狗"用的都是它的比喻意义,在感情色彩上属于贬。随着社会的发展变化,把狗当作宠物来养的人和家庭越来越多,狗又开始取得了一些正面的比喻意义,如"忠诚、可爱、懂事"等,又如,单身的人可以自称"单身狗"。

5. 搭配意义

词的意义有时可以通过词的搭配特征反映出来。例如汉语的"(犬)吠""(鸡/虫)鸣""(虎)啸""(狼)嚎""(狮子)吼"可以在搭配中了解它的词语意义,英语的 cry,yell,shout,howl,wail,roar,moan 也可以在搭配中了解它们的词汇意义。由于搭配的选择性,使得一些原本没有任何色彩意义的词汇意义有了色彩意义。"嚎"由于与"狼"的搭配,在"大声叫喊"的理性意义之外附丽着"令人厌恶"这样的情感色彩,这是由于说汉语的人对"狼"没有好感,结果把"狼"的部分感情意义附加到与之搭配的词汇上面。

词汇的感情色彩会随着社会意识的变化而变化。例如现代汉语中的"猖狂"是贬义的,而它的原意是指没有目的、茫然,《庄子·在宥》"猖狂不知所往"用的就是本义。又如"卑鄙"原指地位低微而鄙俗,诸葛亮《出师表》:"先帝不以臣卑鄙,猥自枉屈,三顾臣于草庐之中"就是这个意思,"卑鄙"在现代汉语中指"品行低下",色彩意义发生了变化。

6. 联想意义

词的意义除了理性意义和感情色彩意义之外,还会产生联想意义。当我们想到一个词的时候,在我们的心理空间会产生若干个联想,这些联想虽然不是这个词本来的理性意义,但是它们与这个词的词义有各种各样的联系。这种联想意义是基于我们的认知系统的。我们检索汉语认知词库可以发现许多有意义的联想意义。例如我们上文提到的"牛",在我们的心理词库中有怎样的联想意义呢?我们根据"汉语认知属性库"[①]做一个检索:

---

① 根据南京师范大学李斌开发的 Chinese CogBank 1.0 版获得。特此致谢!

表 7-6

序号	Word 名词	CogPro 认知属性	Freq 频次	序号	Word 名词	CogPro 认知属性	Freq 频次
1	牛	大	32	35	牛	倔强	1
2	牛	强壮	31	36	牛	黑	1
3	牛	憨厚	23	37	牛	奔放	1
4	牛	任劳任怨	23	38	牛	厚	1
5	牛	棒	21	39	牛	健	1
6	牛	勤恳	16	40	牛	坚实	1
7	牛	健壮	14	41	牛	倔强	1
8	牛	勤奋	14	42	牛	健旺	1
9	牛	倔	12	43	牛	诚	1
10	牛	犟	10	44	牛	诚恳	1
11	牛	壮	10	45	牛	诚实	1
12	牛	慢	9	46	牛	壮健	1
13	牛	健康	9	47	牛	野蛮	1
14	牛	壮实	7	48	牛	执着	1
15	牛	重	7	49	牛	强硬	1
16	牛	忠诚	7	50	牛	美丽	1
17	牛	脚踏实地	7	51	牛	雄健	1
18	牛	勤勉	6	52	牛	强大	1
19	牛	老实	6	53	牛	死	1
20	牛	勤劳	6	54	牛	去	1
21	牛	肥壮	5	55	牛	温顺	1
22	牛	勤勤恳恳	5	56	牛	小心翼翼	1
23	牛	坚韧	5	57	牛	唯利是图	1
24	牛	温柔	4	58	牛	恭顺	1
25	牛	固执	3	59	牛	拗	1
26	牛	受人尊敬	3	60	牛	战斗	1
27	牛	踏实	3	61	牛	大声	1
28	牛	粗	3	62	牛	干	1
29	牛	结实	3	63	牛	高大	1
30	牛	冲	2	64	牛	默默	1
31	牛	笨	2	65	牛	听话	1
32	牛	坚韧不拔	2	66	牛	顽固	1
33	牛	坚毅	2	67	牛	深	1
34	牛	勇敢	2				

我们可以看到在我们的认知库里排在最前边的联想意义是"大""强壮""憨厚"和"任劳任怨"。我们可以制作一个词语云图,这样看起来更加直观:

图 7—5

二、词义的基本特征

词义是人们对客观事物的抽象与概括的反映,这句话的意思可以这样理解:词义与客观事物不一定是一一对应的。人们对客观事物的反应有时可能是歪曲的、不真实的,甚至是错误的。例如在汉语的词汇中有"鬼"这样一个词,它的理性意义是"人或其他生命死了以后的灵魂",在人们的意义系统里,鬼只能在黑夜里出来活动,鬼的形象是面色白如纸,来无影去无踪,没有体温。鬼又可以分成不同的种类,如"伥鬼"是传说中被老虎咬死的人变成的鬼,这个鬼不敢离开老虎,反而给老虎做帮凶。在汉语中,"鬼"这个词是存在的,它有自己的词汇意义,但是我们在客观世界里无法找到它所反映的那个实体。"鬼"的意义是说汉语的人对某种不可捉摸的事物的一种歪曲的反映。我们也可以从我们的心理词库中检索一下世人对"鬼"的联想意义的认识,我们对"鬼"这个词的词义的抽象与概括是建立在这样的基础上。

表 7—7

序号	名词	认知属性	频次	序号	名词	认知属性	频次
1	鬼	丑陋	23	20	鬼	流利	2
2	鬼	难以捉摸	13	21	鬼	难听	2
3	鬼	精明	11	22	鬼	悄然无声	2
4	鬼	机灵	10	23	鬼	若隐若现	2
5	鬼	黑	9	24	鬼	快	1
6	鬼	精	6	25	鬼	精神	1
7	鬼	恐怖	6	26	鬼	可怖	1
8	鬼	可怕	6	27	鬼	强	1
9	鬼	吓人	5	28	鬼	骨瘦如柴	1
10	鬼	迷人	4	29	鬼	无声无息	1
11	鬼	苍白	4	30	鬼	模糊	1
12	鬼	模糊不清	4	31	鬼	神秘	1
13	鬼	惨白	3	32	鬼	似	1
14	鬼	残酷	3	33	鬼	狰狞	1
15	鬼	尖	3	34	鬼	悠悠荡荡	1
16	鬼	凄厉	3	35	鬼	浮躁	1
17	鬼	难看	3	36	鬼	白	1
18	鬼	恶心	2	37	鬼	灵	1
19	鬼	透明	2	38	鬼	从	1

概括起来说,词义具有以下一些基本特征:

(一) 词义是概括的

人们对外部世界各种事物的概括只抽取了它们的本质特征,这就是抽象。尽管说汉语的人心中对"鬼"的印象千差万别,但是它们之间大约有一些共同的东西,这就是人们对"鬼"这个词意的概括。

(二) 词义是模糊的

人们对客观事物的认识有时是比较模糊的,因为客观事物本身不一定有清晰的边界。模糊性与明晰性（确定性）是相对的，它来源于所指事物的边界不清。例如"凌晨～清早""上午～中午""青年～中年"等概念本身就是一个连续统。词义的模糊性来源于语言所折射的真实世界的不确定性或不精确性：数量的不确定或不精确、范围的不确定或不精确、矢量的不确定或不精确、程度的不确定或不精确、标准的不确定或不精确都会造成词义的模糊性。"青"是一个颜色词，但是它的词义到底指称的是什么颜色？在"青天"中它指的是蓝色，在"青草"中它指的是绿色，在"青丝变白发"中它指的是黑色，在"瘀青"中它指的是青紫色，在"青春""青衣""青砖""青藤""青烟""青狼""青蛇""愣头青""鸭蛋青"中它到底是什么颜色？从这个意义上说，词义具有模糊性。

（三）词义具有系统性

任何词义都是在一个可以界定的系统里存在的，词义的系统构成词义的聚合。脱离词义的系统性来谈词义往往会左右碰壁，滞碍难行。例如汉语的"单身汉"一词，某词典中的解释是"没有妻子或者没有跟妻子一起生活的人"。应该说这个解释不是很准确，因为"没有妻子"的人除了包括"适婚年龄的未婚男性"以外还包括所有未婚男性（儿童、未成年的）、出家人、非婚同居者、男性丧偶者，我们在解释"单身汉"的词义时必须把所有未婚男性（儿童、未成年的）、出家人、非婚同居者、男性丧偶者排除在外，这就需要一个词义的系统，"单身汉"的词义在这个系统里可以找到合适的解释。跟"单身汉"有关系的还有"光棍儿""单身""鳏寡孤独""单身狗""母胎 solo""钻石王老五""独身主义者"等一系列的词，要把它们放在一起来考虑。

（四）词义具有社会性和民族性

词义是人们对客观世界中事物、现象和关系的概括认识和反映。在反映客观世界的过程中必然受到语言所处时代、社会、民族的影响，从而具有社会性和民族性。例如在汉语的词汇系统里，亲属词汇特别发达，亲属词汇的词义区分得很细致，这与中国社会和汉民族重视宗法关系的社会心理和民族特性是分不开的。我们以汉语和英语的亲属称谓词语为例：

表 7—8

		汉语	英语
一层亲属	配偶关系	丈夫～妻子	husband wife
	生育关系	父亲～儿子 母亲～女儿	father son mother daughter
	同胞关系	哥哥～弟弟 姐姐～妹妹	brother sister
二层亲属	直系亲属 （生育关系＋ 生育关系）	祖父　外祖父 祖母　外祖母 孙子　外孙 孙女　外孙女	grandfather grandmother grandson granddaughter
	旁系血亲亲属 （生育关系＋同 胞关系＋配偶 关系）	叔叔 伯父 舅舅 姑父 姨父 姑姑 姨 婶婶 伯母 舅妈 侄子 外甥 侄女 外甥女	uncle aunt nephew niece
	姻亲亲属：	岳父　公公 岳母　婆婆 女婿 儿媳妇 姐夫妹夫/大伯子小叔子/内兄内弟 嫂子弟妹/大姑子小姑子/大姨子小姨子	father-in-law mother-in-law son-in-law daughter-in-law brother-in-law sister-in-law
三层亲属		堂兄/堂弟/堂姐/堂妹 表哥/表弟/表姐/表妹	cousin

　　从这个比较中我们不难看出：与英语相比，汉语更重视内外、长幼、亲疏、男女。这就是词义的社会性和民族性的具体体现。

　　词义的抽象性和概括性是词义的本质特征，词义所反映的是一类事物或现象的共同的本质特征，舍弃了反映对象所具有的某些具体特征。比如"人"的词义是"能制造工具并使用工具进行劳动的高等动物"。这是一种高度抽象的概括，舍弃了性别、人种、民族、长幼、血统、肤色等。

三、词义的类聚

　　上文说过词义具有系统性，这句话的意思是说任何一个词的词义都不能仅仅从那个孤立的词中去寻求解释。任何一个词的词义都不是孤立地存在的,每一个词在意义上都与其他的词有某种联系,那么这个词就会因为有了这层联系而与其他的词在意义上建立起一个聚合体,这就是词义的类聚。词义的类聚可以分为同义聚合、反义聚合两种。

(一) 同义类聚

1. 同义类聚

理性意义相同或者相近的词聚合在一起构成同义类聚。在自然语言里,我们经常会遇到一些理性意义相同的词,它们属于不同的词汇形式,但是彼此又有意义上的联系,它们就构成了同义类聚。比如:

妻子～老婆～媳妇～太太　　领导～头儿～老板
星期一～礼拜一～周一　　　计算机～电脑～微机
高尚～高贵　　　　　　　　宽厚～宽容
朴实～质朴　　　　　　　　宽广～宽阔～宽敞
欣赏～观赏　　　　　　　　悲伤～悲痛

2. 同义词的类型

严格地说,没有意义完全相等的等义词。所谓等义词也只是理性意义相等,因此同一个同义聚合里的词在意义上是有分别的。同义类聚的产生主要有以下原因:新旧词汇并存、方言词汇交叉、外来语词汇渗透、词汇色彩意义的分化、词汇指称范围的分化等。同义词的类型有等义词和近义词。

等义词:理性意义相等。等义词的形成通常表现为同一个事物或概念有不同的称谓。如:"维他命"～"维生素"是一对等义词,这个词是英语 vetamin 的译名,"维他命"是音译,"维生素"是意译,两种译法都进入汉语的词汇系统就形成了等义词。"米"～"公尺"也属此类。另外的例子如"菠萝"～"凤梨""荸荠"～"马蹄""公鸡"～"鸡公""互相"～"相互""介绍"～"绍介"等等,基本上属于方言词汇共存造成的等义词。

近义词:理性意义基本相同,附加意义不同。语言的词汇系统中近义词比较多。如:"美丽"～"漂亮"是一对意义相近的词,它们的理性意义相同,都是"好看,使人看了以后产生美观的感觉",前者是书面语词汇,后者为口语词汇。"和蔼"～"和气""悲痛"～"悲伤""愤怒"～"气愤""拥护"～"拥戴""愿意"～"乐意"都是近义词。

3. 汉语教学与同义词辨析

在汉语教学中,同义词的辨析是一项基本功,因此学会在词义的类聚中去辨析同义词是非常重要的。同义词的辨析主要从以下几个方面入手:

(1) 词义对比

腐蚀～侵蚀 "腐蚀"的意义是"通过化学作用使物体逐渐消损破坏,也可以指人的思想品行在坏的因素影响下逐渐变质堕落";"侵蚀"的意义是"通过自然的力量逐渐侵害使物体变坏,也可以指逐渐地侵占他人财物"。

(2) 适用对象对比

怀念～思念 "怀念"的对象是过去的人或者事,如果是人的话,指的是故去的人;"思念"的对象只能是人或者人格化了的事物,如故乡、祖国等,而且是现在的人或人格化了的事物。

观赏～欣赏 "观赏"是视觉的享受,领略其中的趣味,对象为景物或表演等;"欣赏"是全身心的享受,领略其中的趣味,对象为一切美好的事物,包括景物、艺术品、人物、品位等等。

(3) 用法对比

忽然～突然 "忽然"用作状语,是副词;"突然"用作补语或定语,是形容词。"忽然"和"突然"在用法上的区别表现在组合条件上:"忽然"不能受"很～"修饰,"突然"可以受"很～"修饰。

(4) 感情色彩对比

顽固～顽强 "顽固"是贬义的,"顽强"是褒义的。"顽固"和"顽强"都有"坚持自己的立场,态度强硬,不易制服或改变"的理性意义,但是"顽固"用于贬抑,"顽强"用于褒扬。

在汉语教学领域,学习者的中介语中经常会有一些因为同义词用法不当造成的错误。例如学习者把"同屋"叫成"同房",把"茅屋"等同于"茅房",这是因为"房"和"屋"是一对近义词。这一对近义词是有区别的,但是往往不太容易说清楚(参看王新、崔希亮,2021)。

(二) 反义类聚

1. 反义类聚

理性意义相反或者相对的词聚合在一起构成反义类聚。反义类聚是由一对对词汇意义相反或者相对的词汇构成的,每一对意义相反或相对的词互为反义词。例如:

(汉语)明—暗;宽—窄;明亮—黑暗;宽阔—狭窄;乐观—悲观;厚—薄;高—低;美—丑;忙—闲;大—小;轻—重;舒服—难受;好—坏;新—旧

(英语)hard—easy;dark—bright;black—white;new—old;big—small;long—short;strong—weak;early—late;high—low;light—heavy;tight—loose

有的时候一个词有不止一个反义词,形成数量上不平衡的反义词的类聚。例如:

(汉语)瘦—肥/胖;窄—宽/阔;好—坏/差/次/孬/糟;漂亮—丑陋/难看/磕碜/丑

(英语)upset—glad/happy/pleased/delighted;bad—good/nice/great;easy—hard/difficult/tough;boring—funny/interesting

2. 反义类聚的情况

(1) 意义相反:概念意义相反或者相对。例如:美—丑(价值评价意义相反);香—臭(生理感知意义相反);多—少(数量评估意义相反);喜欢—讨厌(心理状态意义相反);高潮—低潮(过程阶段意义相对);

(2) 两极对立:在概念意义上只有两个极端,没有中间状态,没有过渡地带。例如:男—女(在概念上两极对立);睡—醒(在过程阶段上两极对立);进—出(运动方向意义两极对立);死—活(生命状态意义两极对立);天—地

(认知意义上两极对立);

（3）连续统的两端:客观世界除了意义相反或者相对、两极对立之外,还有一些事物界限不清楚,在意义上形成一个个连续统,处于连续统两端的词义也构成反义类聚。例如:热—冷(热→温→凉→冷,有中间过渡状态);黑—白(黑→灰→白,中间有过渡状态);阴—晴(阴→多云→晴,中间有过渡状态);大—小(大→中→小,中间有过渡状态)。

3. 汉语教学与反义类聚

有些看起来像是意义对立的反义类聚,其实不是。这在对外汉语教学中经常会出现。例如"开心"与"关心",因为"开"与"关"是反义词,所以"开心"与"关心"也常常被误认为是一对反义词。同样的道理,"善心"和"恶心"也不是一对反义词,"大人"和"小人"也不是一对反义词,"内人"和"外人"也不是一对反义词,"高人"和"矮人"也不是一对反义词,尽管"善—恶""大—小""内—外""高—矮"都是反义词。

词义的类聚从一个侧面反映了语言与外部世界的折射关系。人是外部世界的观察者,又是语言的使用者,人们对外部世界的观察结果反映在词义中,形成了词义的系统性。同义类聚和反义类聚都是人对外部世界主观认识的概括反映,因此有时会有一定的伸缩性。既然人们的认识是主观对客观的反映,所以词义的类聚不能完全脱离主观性判断。

四、语义场和义素分析

词义的分析涉及对词义的描写,而词义的描写离不开词义的类聚。也就是说,不能脱离开词语意义上的联系而孤立地分析词的意义。在这里我们引入语义场的概念,词义的分析在语义场中进行。

(一) 语义场

凡是具有相同的语义特征,在词义上处于相互联系、相互制约关系中的一群词聚合在一起形成一个语义聚合体,这就是语义场(semantic field)。

语言学中语义场的概念借用了物理学关于"场"的界定。场是物理世界物质存在的一种基本形态,具有质量、能量和动量,处于同一个场中的物质彼此互相联系、互相作用。比如磁场、电场、引力场、热力场等等。语言学把语义之间的关系也看成一个一个的场,处于同一个语义场中的词义互相联系、互相制约。词义的分析和描写也在语义场的基础上进行。语义场在词汇系统中的表现就是词义的类聚。凡是具有相同语义属性的词都可以构成一个语义聚合体。有了语义场的概念,词汇的意义就不再是孤立存在的了,每一个词都跟其他的词类聚在一起,构成一个大的语义场。语义场可以分为以下几种类型:

分类义场:猪—马—牛—羊—狗—驴—骆驼—兔子……

顺序义场:元帅—上将—中将—少将—上校—中校—少校……

关系义场:丈夫—妻子;教师—学生;医生—患者;父亲—儿子

反义义场:死—活;直—弯;来—去;迎—送(非此即彼)

两极义场:冷—热;穷—富;长—短;远—近(有过渡状态)

同义义场:父亲、爸爸、爹、大、爹地

有的语义场是封闭的,如顺序义场:春—夏—秋—冬(四季循环);学士—硕士—博士(学位系统);一九—二九—三九—四九—五九—六九—七九—八九—九九;立春—雨水—惊蛰—春分—清明—谷雨—立夏—小满—芒种—夏至—小暑—大暑—立秋—处暑—白露—秋分—寒露—霜降—立冬—小雪—大雪—冬至—小寒—大寒(中国农历的时序排列);助教—讲师—副教授—教授(职称序列);科长—处长—局长/司长—部长—总理(职务序列);班长—排长—连长—营长—团长—旅长—师长—军长(军队职务序列);少尉—中尉—上尉—大尉—少校—中校—上校—大校—少将—中将—上将—大将—元帅(军队军衔序列)等等;关系义场、反义义场、两极义场、同义义场也都是封闭的。有的语义场是开放的,如分类义场:杨树—松树—柳树—枫树—桦树—榆树—桃树—槐树……(树类语义场);鲫鱼—鲤鱼—草鱼—鲶鱼—鳜鱼—鲑鱼—鲥鱼—鳕鱼—黄鱼—鲟鱼……(鱼类语义场);麻雀—燕子—乌鸦—喜鹊—百灵—画眉—鹦鹉—布谷—鸸鹋—鹌鹑—黄鹂—白鹭—孔雀……(鸟类语义场)。

语义场具有层次性。比如亲属关系语义场首先可以根据有没有血缘关系

区分为姻亲和血亲两个层次,血亲又可以根据远近区分为直系血亲和旁系血亲,直系血亲又可以区分为父系(内亲)和母系(外亲):

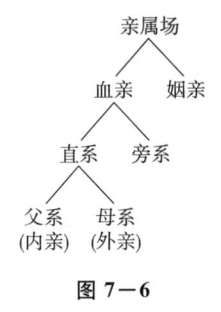

```
                亲属场
               /      \
             血亲      姻亲
            /    \
          直系    旁系
         /    \
       父系    母系
      (内亲)  (外亲)
```

图 7-6

语义场的层次性说明外部世界各种事物在人的大脑中的反映是有层次的,也就是说,语言中的语义是一个有层次的网络体系。语义场是我们对词义进行分析的基础。

(二) 义素

义素是最小的语义单位,是对词的义项进行分析后得到的语义特征(semantic features),是一个词区别于其他词的本质属性。义素用英文大写字母表示,加号表示肯定,减号表示否定。例如英文 wife 的义素表达如下:

  wife [＋ANIMATE;＋HUMAN;＋ADULT;－MALE;＋MARRIED]

  妻子[＋有生命的;＋人类;＋成年;－雄性;＋已婚]

(三) 义素分析

用语义特征来描写词义就是义素分析。义素分析是现代语义学所使用的一种深入词的内部、分析词的理性义构成的方法。它借鉴了音位学上确立音位和建立音位系统的方法。即通过对同一语义场内词的不同义位进行比较,找出它们所包含的共同义素和区别义素。

义素分析的程序如下:

(1) 确定对比词群;

(2) 确定共同特征和区别性特征；

(3) 义素描写；

(4) 检验，看已经列出的语义特征是不是最小的；看已经列出的语义特征是不是本质特征；看是否把同一词群中的全部词义都区分开了。如：

	man	woman	boy	girl
HUMAN	+	+	+	+
ADULT	+	+	−	−
MALE	+	−	+	−

义素分析可以为计算机信息处理提供特征集，但是对于汉语教学来说似乎没有太大的帮助。对外汉语教学最核心的任务是如何快速地提高学习者的词汇量，让学习者掌握词的理性意义、感情色彩和联想意义，准确地把握和区分同义词和近义词，掌握每一个词在自然语言中的用法，包括词的语体要求、语境要求和语用要求。

思考与练习

1. 词汇的概念是什么？
2. 什么是词汇学？
3. 词的结构类型有哪些？
4. 词汇与语言的关系是怎样的？
5. 词汇的构成可以从哪些角度分析？
6. 什么是基本词汇？什么是一般词汇？基本词汇和一般词汇之间是什么关系？
7. 什么是标准语词汇？什么是方言词汇？标准语词汇和方言词汇之间是什么关系？
8. 什么是本土词汇？什么是外来语词汇？
9. 可以从哪些方面来分析词汇的意义？
10. 什么是语义场？语义场有哪些类型？
11. 什么是义素？义素分析的程序是怎样的？
12. 掌握一个词的用法需要掌握哪些内容？

第八章 言语行为

第一节 语力

一、关于言语行为的理论

　　语言是一套符号系统,但是这套符号系统在运用中所表现出来的现象与静态的符号有所不同。因此语言学家除了要研究静态的语言符号之外,还要研究话语(discourse)和言语行为(speech acts)(参见 Searle J. R.,1969),研究会话结构(conversational structure)和互动过程(interactive process)。尤其是近年来在语言学界言语行为的理论受到了越来越多的重视。实际上不仅仅在语言学领域,很多学科都在关注言语行为的理论,心理学家、文艺批评家、人类学家、哲学家也都在关注言语行为的问题。心理学家试图通过言语行为来观察言语行为背后的语言习得问题;文艺批评家将言语行为理论视为对文本微妙之处的阐释,或者对文学体裁本质的认识;人类学家通过言语行为理论找到一些对人类特殊行为的解释,比方说魔法、咒语和各种仪式;哲学家看到了言语行为中的伦理规范;而语言学家要研究言语行为中的语力(force),研究言语行为中的言内之力和言外之力,研究间接言语行为所呈现出来的语力,研究言语行为中的具体表现,比方说请求和警告、感谢和道歉、承诺和声明、质疑和许可等等。这里也会涉及语用学中的礼貌原则和合作原则,涉及语用意义中的蕴含、预设、推断和话语的会话含义。但是在言语行为理论中有不同的视角和研究方法(参见 Levinson S. C.,1983)。关于蕴含、预设、推断和会话含义,我们在第六章已经谈到了,这里略过。

在语言学家看来,言语行为理论已经超出了传统的语音学、音系学、语法学、词汇学、语义学等静态范畴,而是把人类言语行为作为一种社会现象进行研究。这是语言研究的一片新天地。语言学界对言语行为的研究是经验主义的。在言语交际中,可以有多少种言外之意?每一种言外之意是用什么方式来表达的?同一个表达方式是否可以同时表达几种言外之意?例如"先生,你踩了我脚了"这样一个句子有几种言外之意?说话人首先在陈述一个事件,表达一种断言。但是在言语行为中说话人不仅仅是在陈述一个事件,或者声明一种事实,他还可以是表达一种请求:"先生,请你不要踩我的脚";或者是一种命令:"先生,请把你的脚移开";也可以是在向听话人表达一种态度:"先生,你踩了我的脚,我很不爽"。在言语行为的范畴里,同样一句话可以归属到不同的范畴中,哪一种言外之意才是更合理的解释呢?这需要根据经验和语境来判断。这是直接言语行为的例子,同一件事也还可以有其他的表达方式。例如:"先生,您不硌脚吗?"这是在用间接言语行为来表达同样的意思,但是它的语力不一样,这里有说话人更强烈的感情色彩。

言语行为理论的基本思想就是以言行事(参见 Daniel Fogal, Daniel W. Harris, and Mate Moss, 2018)。我们在运用语言进行交际的时候,实际上表达了说话人的意图。说话人说出了有意义的句子,听话人理解了这些句子,并按照说话人的意图去实现某个作为,这个过程就叫言语行为过程。语言中的句子是不可穷尽的,但是我们的意图是有限的,我们可以表达感谢、请求、建议、声明、道歉等交际意图,可以通过不同的言语形式来实现这样的交际意图。在言语行为中说话人说出一些语句,这些语句在不同的社会环境、文化环境和具体的上下文环境中可能具有不同的意义,听话人如何能够正确识解这些意义?很多交际失败的个案,不是因为听话人听不懂说话人发出的语句,而是没有理解说话人的意图,也就是说没有正确把握说话人发出这些语句的语力。因此我们在研究语句的时候,要区分两个不同的概念范畴:一个是语句的意义(sense),一个是语句的力量(force)。不同的句类所表达的语力是不同的,例如陈述句一般是在做命题性陈述,表达一个断言,它的语力比较弱,如:"今天是8月26号。"疑问句表达一个疑问或者质疑,它的语力就比较强,如:"你为什么不接我电话?"祈使句可以表达一种请求或者命令,它的语力就会更强,如:"你给我住嘴。"

事实上存在着各种各样的言语行为,我们如何对言语行为进行分类呢?Austin(1962)把言语行为分成三大类或者三个层次(参看 Levinson,1983:236):(1)以言表意行为(locutionary act)——用来表达确定的意义和指称。我们在说话的时候,本质上是在实施下列行为:传达信息、提出问题、发布警告、宣布声明、宣示主张、宣告裁定、表达意图、做出描写、提供保证、提出批评、提出申诉、宣布任命等,这些都属于以言表意的言语行为。这是言语行为的第一个层次。(2)以言行事行为(illocutionary act)——用来传达说话人的意图,并希望实现自己的意图,这种行为就是以言行事。这里边包含着语力的概念。提出问题也好,发布警告也好,宣布声明也好,宣示主张也好,提出批评也好,以言表意的言语行为在这一个层次都变成了用言语去做事,实现交际意图。说话者的句子对听话人来说是有影响力的。例如"请你把车挪一下""请出示证件""严禁所有人离开这个区域""主权问题不容谈判""小心点"等,都有很强的语力,这与纯粹的寒暄不一样。"今天天儿真不错哈",这纯粹是没话找话,如果说要以言行事的话,这就是搭讪,其语力不是很强。这是言语行为的第二个层次。(3)以言取效行为(perlocutionary act)——用来描述特定的场合由言语行为带来的言后效应。说话的人说了一些句子,并希望通过这些句子来实现自己的交际意图,但是说过之后,到底能否产生预期的效果是不一定的。说话人还要对言后的行为进行效果评估。这是言语行为的第三个层次。

Searle(1969、1979)是 Austin 的学生,他也认为说出一些句子就是在以言行事,因此言语行为就是以言行事的行为。他对 Austin 的言语行为分类进行了修正,把言语行为分成四大类:(1)发话行为(utterance act)——发出词、词组或句子,完成说话的行为。这是言语行为的第一阶段,也是言语行为不可或缺的一部分。(2)命题行为(propositional act)——通过指称和判断来完成某一交际任务。(3)以言行事行为(illocutionary act)——在一定的条件或语境下表达说话人的意图,并将这种意图变成语力影响听者。(4)以言取效行为

(perlocutionary act)——对命题或以言行事行为进行后效评估。

在以言行事中至少有五种范畴：说话人可以表达一种断言（Assertives）（参见 Searle,1979）①，告诉听话人事情是怎么样的；说话人也可以试图给听话人一些指示（Directives），让听话人去做某些事情；说话人还可以向听话人承诺自己应该做什么事情或者表白自己担负什么责任（Commissives）；说话人可以向听话人表达感情和态度、立场（Expressives）；说话人也可以通过话语（宣言或声明）让外部世界发生改变（Declarations）（Grice,1991）。这里边有很多值得研究的课题。我们要探究说话人的字面意义和话语意义之间的关系，还要通过说话人的字面意义或者言外之意去探求说话人的意图，还要探究我们是如何通过字面意义去理解它的隐喻意义的。

言语行为理论改变了人们对语言本质的看法。在这里语言学家不再把语言看成一套抽象的符号体系。当人们把语言看成是一种行为的时候，语言的功能就不仅仅是传达思想、传递信息、描述外部世界、对事件进行评判等，语言作为行为主要是为了行事，说话的人发出一些句子不仅仅是要"言有所谓"，还要"言有所为"，Austin 关于述义句（Constatives）和施为句（Performatives）的划分也是这个意思。言语行为参与了力的构建，并通过言内之力或言外之力来改变外部世界。"所言"只是告诉我们说话人说了什么，"所为"能够告诉我们说话的人想要做什么。言语行为理论在评价话语的真假标准之外引入了新的评价维度——是否合理、是否合适、是否精确、是否得体。因此在言语行为研究领域关于合作原则和礼貌原则的研究也越来越被看重。

也有人把言语行为理论应用到第二语言学习和教学的研究中（Lee,Cytnhia,2018）。她主要探讨言语交际能力中的语用能力，这里所说的语用能力就是得体运用语言的能力，与转换生成语法中所说的语言能力（competence）不是一个概念。在这里语言学家们又把语用能力区分为以言行事的能力和社会语言学能力，前者指的是言语行为中交际行为的知识运用能力，后者指的是言者在具体语境中得体实施交际行为的能力。在第二语言学习中，学习者如

---

① 说话人表达的语义类开头字母要大写。

何调用自己的语用知识和语言资源进行得体成功的交际是非常值得研究的命题。另外第一语言的语用能力和第二语言的语用能力有什么不同？如何看待中介语语用学(interlanguage pragmatics)？第一语言使用者和第二语言使用者言语行为能力的发展经历了怎样的阶段？这些问题的研究是对言语行为理论应用的最好例证。

二、间接言语行为

在言语行为中言者说某一句话或者某一些话，可能只是表达这些话的字面意义，言者试图通过这些话来实现自己的意图，他希望听者根据自己的知识和对语言规则的了解来辨识他的意图，从而产生交际效果。然而众所周知，并非所有的句子都是这么简单的，在真实的言语行为中还存在着暗示、影射、反讽、双关或隐喻等不能从字面上去识解的语句形式。例如：

你把空调打开。

言者的意图非常明确和清晰，他就是希望通过自己以言行事的行为方式，从而产生一个语力，让听话人去完成某一任务，目的是实现言者的意图。但是在下面的句子中，言者这个意图就没有这么明确和清晰。例如：

你带手机了吗？

从语句的表面形式上看，这是一个简单的问句，回答"带了"或者"没带"就可以了。但是从这个句子形式上看，听话人无法了解说话人的意图到底是什么。这可能是一个简单的疑问，但是也可能是一个请求"借我手机一用"或者"如果你带手机了，你去付款"或者"如果你带手机了，请帮我导航"，这要看言语行为发生时的语境；这也可能是一个提醒："现在登机之前必须要看你的健康宝和行程码，所以你一定不能忘了带手机"或者"手机非常重要，出门一定不要忘了带手机"。在这个例子中说话人在以言行事的言语行为中并没有直截了当地说出自己的意图，但是听话人可以根据自己的知识和对语境的理解来辨识出说话者的意图。这就是间接言语行为。说话人也可能通过陈述的办法来表达自己的请求，例如：

今天真热呀，如果能吃个西瓜就好了。

从字面上看说话人并没有请求的言语行为。但是说话人的意图是希望让听话人满足自己的愿望。这时候听话的人有几种选择：他可以表示附和，也可以表示反对，提出自己的看法，或者找个理由让说话人的意图落空：

  是啊，如果能吃个西瓜就好了。（对说话人的断言表示附和）
  我不觉得天热呀。（对说话人的断言表示反对）
  我今天肠胃不太好，不想吃西瓜。（理解了说话人的意图却不合作）
  是啊，如果能吃个西瓜就好了，可是我没有带钱。（同上）

这时候说话人可以对自己言语行为的效果进行评估，他发现并没有实现自己的意图。于是他可能把间接言语行为变成直接言语行为。

  今天真热呀，咱们买个西瓜吧。
  今天真热呀，你去买个西瓜。

说话人或者提出建议或者发出命令，让听话人去实现自己的意图。听话的人如何根据自己的知识和对语言规则的了解，以及对语境的了解来正确还原说话人的本来意图，这是一个问题。还原不成功的例子比比皆是。如：

  A：你知道邮局在哪儿吗？
  B：是的，我知道。（说完转身就走了）

A 说的句子是一个疑问句，从形式上来说，这是个是非问句，因此听话人只做是否回答也并没有错。但这是一个间接言语行为，说话人用疑问句的形式表达一个请求。说话人真正的意图是：

  如果你知道邮局在哪里，请你告诉我。

但是从礼貌程度上来说，前者显然比后者更加礼貌。当然说话人也可以说得更礼貌一些：

  如果你能告诉我邮局在哪里，我将非常感激。

事实上在真实的言语行为中，我们基本上不会这样说话。在间接言语行为中，说话人表面上说的是一件事，实际上可能指的是另外一件事，甚至是跟表面意义完全相反的事。例如：

  周斐没来由地碰了一鼻子灰，气鼓鼓地说道："好好好！我的大总理，<u>我谢谢你的宽宏大量</u>，从今开始，你的事情我一件也不问了，我既然没多吃那口闲饭,操的哪门子心呢?"说罢转身走进里屋。赵长春摘下眼镜,诧异地看着周斐的背影,摇头苦笑道:"这小子,我算是把他惯坏了!"(北京大学 CCL 语料库/当代/《汉风》)

"我谢谢你的宽宏大量"从字面上看是说话者对听话人表示感谢,但是从上下文看得出来这是周斐利用间接言语行为所说的一句反话。间接言语行为非常微妙,常常只可意会不可言传。在间接言语行为中,说话人可以选择不同的间接言语行为策略。常用的间接言语行为策略有以下几种:

第一种间接言语行为是说话人用此地无银的办法,欲擒故纵,使自己的用意欲盖弥彰:

"我今天讲的,也只限于这个范围,到此为止,大家不要当新闻去传播。一来,因为男女之间的事情,传出去对女方总是有影响的。二来,本人已经作了交代,我们还是本着治病救人的原则,宽大为怀吧!"(谌容《献上一束夜来香》)

说话人的交际意图隐藏在看似与交际意图相反的句子中,他在说"大家不要当新闻去传播"的时候,他心里非常清楚大家肯定是要把这件事当新闻去传播的,而这正中他的下怀。这段话的潜台词当事人和旁观者都很明白,但他说得冠冕堂皇,你又抓不住什么把柄。

第二种间接言语行为是转移话题,顾左右而言他。如:

A:陈佩斯的话听起来挺有道理的——

B:谢谢,谢谢。

A:不过仔细一琢磨都是歪理。

B:您渴不渴?

B 想转移话题,其潜台词就是:"咱别再谈这个话题了,放我一马吧!""您渴不渴"从表面上看,说话人提出一个疑问,但是他的交际意图不在此,因此这个间接言语行为的真正意图是请求,而非表面上的疑问。

第三种间接言语行为就是利用词语的多义性故意错会对方的意思,例如:

A:你和你媳妇的共同语言是什么?

B:你去刷碗!

"共同语言"有两种意思,A指的是共同感兴趣的话题,B指的是共同使用的句子。B利用间接言语行为真正想表达的是"我不想直接回答你的问题"。又如:

  A:说说你和你母亲的关系吧。
  B:呃……我是她儿子。(节目《没有出息的儿子》)

"关系"起码有两个义项,A指的是思想感情生活等方面的联系,B指的是血缘关系。B在这里利用间接言语行为偷换了概念。

  第四种间接言语行为是用不合作的态度表达一种交际意图,看起来好像是答非所问,实际上是一种跳跃性的回答。例如:

  顾客:这肉多少钱一斤?
  售货员:你眼睛呢?

售货员不是真正关心顾客的眼睛怎么样或者在哪里,从表面上看这是一个疑问句,表达的是一种疑问,但实际上这是一种挑衅。如果顾客也要表达某种间接言语行为意图,他可能说:"你吃枪药啦?"同样的道理,这也是用间接言语行为对挑衅进行回应。这样的对话是一种不合作的态度,在现实生活中很常见。

  第五种间接言语行为是用同义反复的手法表达某种特殊的交际效果,听起来全是废话,似乎没有任何信息内容,但仔细一琢磨却是另有深意,如:

  星星还是那颗星星,
  月亮还是那个月亮,
  山也还是那座山,
  梁也还是那道梁,
  碾子是碾子缸是缸,
  爹是爹来娘是娘。(电视剧《篱笆女人和狗》)

这段话语啰里啰唆,表面上看好像全是废话,可是我们隐隐约约地听出了它的潜台词:"什么都没有改变",我们也隐隐约约地感到它还有另一种暗示:"可能有什么东西就会发生变化",这是人们根据经验做出的推测。

  第六种间接言语行为是利用双关的修辞手法来表达言者的交际意图。例如:

一只猴子死了,见到阎王,要求下辈子变成个人。阎王说:"你既要做人,就得把身上的毛都拔掉。"说完,就叫小鬼们来拔毛。谁知刚拔一根,这猴就大声叫痛。阎王笑道:"你一毛不拔,怎么做得人?"(古代笑话,浮白主人撰)

从字面意义上看,阎王说的似乎就是拔毛这件事。但是在这里阎王是利用成语"一毛不拔"这样的双关形式来达到自己的交际目的。又如:

"何珏,烈性酒这么喝要伤人的。"

"老院长,我有海量。"(电视剧《你为谁辩护》)

"我有海量"表面上说的是喝酒,实际上说的是肚量。脱离了上下文,听话人不一定能正确理解说话人的意图。

第七种间接言语行为是利用句子意义的模糊性来传达自己的交际意图。在言语行为中有些话不方便直接说,说话人只能用暗示的方式,利用间接言语行为表面上说出一句话,而把自己的直接意图隐藏起来:

宋恩子:我出个很不高明的主意:干脆来个包月,每月一号,按阳历算,你把那点……

吴祥子:那点意思。

宋恩子:对,那点意思送到,你省事,我们也省事!

王利发:那点意思得多少呢?

吴祥子:多年的交情,你看着办!你聪明,还能把那点意思闹成不好意思吗?(老舍《茶馆》)

"那点意思"从意义上来看是很模糊的,听话人并不确切地知道是什么意思。但是在这样一个特殊的语境中,说话人和听话人对"那点意思"的言外之意是清楚的。说话人利用间接言语行为来表达自己以言行事的意图,这实际上是一种暗示。

第八种间接言语行为是利用隐喻的方式来间接地表达言者的交际意图。例如:

有人叫她"熟食铺子"(charcuterie),因为只有熟食店会把那许多颜色暖热的肉公开陈列;又有人叫她"真理",因为据说"真理是赤裸裸的"。

鲍小姐并未一丝不挂,所以他们修正为"局部的真理"。(钱钟书《围城》)这里的"熟食铺子"说的是鲍小姐,鲍小姐只穿了很少的衣服在船上晒太阳,像熟食铺子一样展示自己的肉体,作者用"真理""局部真理"这样的隐喻来形容她,表面上是在发表一个断言,实际上是表达一种挖苦,而且是相当刻薄的挖苦。

三、以言行事

在言语行为理论中,以言行事是这个理论的核心内容。在很多语言当中,以言行事的语句中最重要的信息常常表现在动词上。在以言行事的动词方面,Searle(1979:2—8)提出了以言行事行为中彼此之间相互区别的12种变化维度。

变化维度1:不同类型的行为要点和目的不同。例如命令行为的要点和目的是通过一些语句明确地表明意图,试图让听者做某些事情;而描述行为的要点和目的是对事物进行描写,这种描写是否准确并不重要;承诺行为的要点和目的是说话人允诺承担做某些事情或者担负某些义务。不同的言语行为语力不同。

变化维度2:语词与世界的契合方向不同。一些以言行事的言语行为会让语词与世界契合,而另外一些行为则是让世界与语词相匹配。断言性的行为属于前者,承诺和请求属于后者。在这里Searle引用了一个例子:假设一个男人带着妻子给他列的购物清单去超市买东西,上面写着"豆子,黄油,培根和面包"。当他推着购物车四处挑选这些商品的时候,一个侦探在跟踪他,记下他所拿的所有东西,当他们从商店出来的时候,购物者和侦探将拥有相同的购物清单,但这两个清单的功能是不同的。对于购物者来说,他拿着这个清单只是想让这些语词与外部世界契合。而对于侦探来说,他拿着这个清单是想让外部世界与这些语词匹配,二者的目的完全不同。当侦探回到家的时候,突然意识到这个购物者买的是猪排而不是培根,他只要把培根擦掉,改为猪排就可以了。但是这个购物者回到家时,他的妻子指出他买了猪排而没有买培根的时候,他就不能只把清单上的培根划掉改成猪排来纠正这个错误。换句话说,以语词来匹配世界和以世界来匹配语词是不同的行为方向。

变化维度 3：表达的心理状态不同。一个人的陈述、解释、断言或声称等行为是"P 表达了关于 P 的信念"；一个人的承诺、发誓、威胁或者保证等行为是"A 表达了想要做某事的意图"；一个人的指示、命令或者请求等行为是"A 表达了一个愿望(或希望)要 H 去做 A 想要 H 为 A 做的事"；一个人为自己的所作所为道歉，这个行为是"A 对自己的所作所为表示后悔"，等等。不同的行为表达了说话人不同的心理状态、不同的态度，不管说话人对他所表达的信念是否相信，他所表达的愿望是否真实，他所表达的歉意是否真诚。

变化维度 4：以言行事的语力或者力度不同。例如一个人说"我建议我们去看电影"，其语力的强度显然不如"我坚持我们去看电影"。同样的，"我发誓小王偷了这笔钱"比"我猜小王偷了这笔钱"所表达的语力更强。

变化维度 5：说话人或者受话人的地位和位置对语句以言行事的语力影响不同。如果一个将军让一个士兵打扫房间，那极有可能是一个命令或指令；如果一个士兵让一个将军打扫房间，那不可能是一个命令或指令，只能是一个建议、一个提议或者一个请求。

变化维度 6：不同的说话方式与说话者和听话者的利益相关。比方说，吹嘘和悲叹、恭喜和哀悼要采用不同的表达方式。

变化维度 7：与话语其他部分的关系不同。一些述谓性的表达，会将话语与话语的其他部分及上下文语境联系起来。例如"我回答""我推断""我得出结论""我反对"所关联的话语部分和语境是不同的。

变化维度 8：以言行事有不同的指示手段，它们决定了命题内容的不同。例如"报告"和"预测"之间的区别在于预测必须是关于未来的，而报告可以是关于过去的，也可以是关于现在的。这与命题内容的条件是相呼应的。

变化维度 9：有一些以言行事是必须表现为言语行为的，有一些不一定需要表现为言语行为。比如一个人可以通过"我把这个分类为 A，我把这个分类为 B"来给事物分类，但是我们也可以什么都不说，只是简单地把 A 放在 A 的盒子里，把 B 放在 B 的盒子里。你可以说"我估计""我判断""我得出结论"，你也可以什么都不说。

变化维度 10：有一些以言行事的言语行为必须有语言之外的机构或制度

参与,有些不用。有一些言语行为需要讲话人和听话人在机构中处于特殊地位才能实行。例如在教堂中给予信众以祝福,或者把某人逐出教会、给出生的孩子洗礼,又或者宣告某人有罪,等等,都需要有特定的地位,这些以言行事的语力必须有语言之外的机构或者制度支持。

变化维度11:一些以言行事的行为动词有施为用法,而另外一些则没有。例如"声明""承诺""命令"都是施为动词,我们可以说"我在这里声明""我在这里承诺""我在这里命令",但是"自夸"和"威胁"没有施为用法,我们不能说"我在这里自夸"或者"我在这里威胁"。

变化维度12:不同的言语行为以言行事的方式有所不同。"宣布"和"承诺"的区别不需要涉及以言行事要点或者命题内容之间的区别,因为以言行事的动词已经标记了不同的以言行事方式。

四、言语行为的图式化

在自然语言中,言语行为可以分为各种各样的具体类别。每一类具体的言语行为都有自己独特的图式化结构。说话人和听话人能够顺利地完成一个言语交际过程,有赖于他们对各种具体言语行为的图式化结构的了解。他们必须能够辨识什么是疑问,什么是警告,什么是威胁,什么是邀请,什么是质疑,什么是声明,什么是命令,什么是请求,等等。在以言行事的言语行为中,请求和警告都是非常常见的言语行为。例如下面一段对话既包含了请求(REQUEST[①])言语行为也包含了警告(WARNING)言语行为:

顾客:请问有41码的吗?(PRE-REQUEST 预备请求)

客服:有的,亲!(GOAHEAD 回答问题,回应预备请求)

顾客:我要一双白色的。($REQUEST_1$ 请求之一)

客服:好的,亲!(RESPONSE 对请求的回应)跟您说一下哈,我们的号码通常会小一些。(WARNING 警告)

顾客:那给我大一号吧。($REQUEST_2$ 请求之二)

[①] 在会话分析中,通常会用完全大写来表示具体的言语行为。

这是一个真实的言语交际行为。顾客的言语行为意图很清楚,他想买一双鞋。但是如何跟客服建立起言语行为的连接,选择什么样的语句方式,他是有不同的选择的。他可以选择直接言语行为的语句"我要买双鞋,41码的"。他也可以选择间接言语行为的语句,如上例"请问有41码的吗?"对于客服来说,她要正确理解请求发出者的意图,不管是通过直接途径表达的意图,还是通过推理表达的意图。因为间接言语行为所表达的请求意图,必须要通过推理才能辨识。在一个买方和卖方共同构成的会话结构中,会有一些约定俗成的语句方式,也就是说会有一些程式化的语句形式,他们共同构成一个图式化的言语行为模式。对于顾客和客服来说,大家都共同认可这样的语句方式。对于一个请求言语行为来说,有以下四个构成要素:

1. 请求者的需求(比如顾客提出需求);
2. 被请求者的能力(比如客服是否有能力满足顾客的需求);
3. 被请求者的意愿或义务(比如客服是否有意愿或义务满足顾客的需求);
4. 请求行为的构成成分(比如顾客要买一双41码的鞋,颜色为白色,在顾客的直接请求言语行为中并没有提到鞋的尺码,但是在他的问题,即预备请求中已经包含了这样的内容)。

所以在第二语言教学的任务教学法中,教师和教材会设置不同的交际场景,并在每一种交际场景中设计不同的言语行为。"问路""道歉""感谢""请求""邀请""订票""购物""谴责""提意见""说明""解释""辩论""争执"等是不同的言语行为任务。每一种言语行为任务都有固定的套路,这个固定的套路,就是图式化了的言语行为模式。例如问路应该如何开始话轮:

  劳驾!我问一下地铁站怎么走?
  对不起!我问一下地铁站怎么走?
  打搅一下。您知道地铁站怎么走吗?
  先生您好!我想问一下地铁站怎么走?
  嘿,哥们!去地铁站怎么走?

上面这些话语都是得体的话语形式。听话人一定不会误解问话人的意图。问路从本质上来说是一种请求言语行为。请求者的需求是明确的。在言语行为中,说话人的语句有时候会包含说话人的警告意图,它们可以表现为包含施为动词的警告句,例如"我警告你啊,再这样下去我要开除你",也可以表现为特殊的构式,例如"你最好不要乱说乱动"。当然,警告的言语行为还可以表现为其他不同的语言形式。下面一些句子都是警告言语行为:

  车!

  看车!

  小心车!

  看着点儿车!

  靠边走,看着点儿车。

有的时候某些言语行为从字面上我们看不出来这是否是一个警告。例如两个东北人的对话:

  (A 在看着 B)

  B:你看啥?

  A:看你咋地?

  B:你再看一眼试试。

  A:试试就试试。

B 的语句"你看啥"从形式上看是疑问句,但是我们都知道这不是一个表达疑问的言语行为,而是表达警告。A 的语句"看你咋地"从形式上看也是一个疑问句,但是我们也知道这不是一个真正的疑问言语行为,而是一种挑衅性言语行为。B 的"你再看一眼试试"并不是在邀请 A 做出某种尝试,而是一种威胁性的言语行为,A 的回应仍然是一种挑衅性言语行为。如何才能区分疑问和警告这两种不同的言语行为呢?除了对话语形式本身的理解之外,还需要对社会文化和语境进行甄别。

第二节　指示和距离

  在言语行为中,我们常常会需要一些指示语。比如"这是什么""那是什么""这里有一家医院""那里有一所学校""我叫张三""他们是白领"等,在这些语句中,指示代词和人称代词都是指示语(deixis)(参见 Yule G.,1996)。这是通过语言形式进行指称或者指别的言语行为。"这是我爸爸"中的"这"是指称性的,"这个是我爸爸"中的"这个"是指别性的。包含这些指示语的语句叫作指示性表达(deictic expressions)。指示语包括人称指示语(你、我、他)、空间指示语(这里、那里)、时间指示语(这时、那时或者这会儿、那会儿)。指示表达都跟说话人的语境相关,也跟距离相关。例如空间指示语"这里"指的是离说话人近的空间位置,"那里"指的是离说话人远的空间位置。"这时"指的是对说话的参照时间来说指示当下的某一时间,"那时"指的是对说话的参照时间来说指示过去的某一时间。"这里"和"那里"在语法中我们称为近指代词和远指代词。有的语言是二分的,比方说汉语普通话的"这里""那里",英语的"here""there"。有的语言是三分的,如日语:ここ(这里近指)、そこ(那里中指)、あそこ(那里远指)或者こちら(这边近指)、そちら(那边中指)、あちら(那边远指)。

一、人称指示语

人称指示语在言语行为中看起来非常简单,但是在实际运用当中却没有这么简单。在言语行为中说话人和听话人的角色是经常变换的,所以在这里"我"一会儿指示的是说话人,一会儿指示的是听话人。我们用第一人称来指示说话人看上去没什么问题。可是在真实的自然语言中,有的时候却用第二人称来指称说话人。例如:

小诸葛呀,小诸葛!你怎么这么糊涂啊?

在这个言语行为中,说话人自己责备自己,用第二人称"你"来指称说话人自己,而不是指称听话的人。这是自己在跟自己说话的例子。

这家伙真的是情商太低。昨天我不高兴了,一个人先睡了。你就说吧,你不高兴的时候他要是哄哄你不就啥事都没有了。

在这个言语行为中,前一部分用第一人称"我"来指称说话人,后一部分用第二人称"你"来指称说话人。在同一段表达当中,人称指示语已经发生了变化。在自然语言中,第二人称"你"有的时候是泛指的,并非指向听话人。例如:

  现在的网络广告啊,真是骗你没商量。

这里的第二人称"你"并非指向特定的听话人,它是泛指的。又如:

  你还真别说,这小子有点本事。

人称指示语并非"你、我、他、你们、我们、他们、咱、咱们"这么简单。在许多语言中,说话人、听话人的指示语会用到相对应的社会地位的标记来指示。例如说话人会用敬称来指称听话人或听话人一方,会用谦称来指称自己或自己一方。例如北京话的"您",用来指称社会地位比自己高的人或者陌生人。日语会用听话人的其他称谓形式来指称听话人。例如学生对老师说"老师有时间吗?"职员对社长说"社长的领带真好看。"妈妈对女儿说"由美酱今天真乖",一般不用第二人称代词来做指示语。有的时候也可以用其他称谓形式,如妻子对丈夫说"爸爸明天休息吗?",用儿子或女儿对父亲的称谓形式来指称丈夫,这叫作"借儿称"。在汉语的语境中,我们也可以对自己的孩子说"今天去看姥姥吧。"这里的"姥姥"也是借儿称。在言语行为中,人称指示语有的时候会具有社会语言学的价值。例如在越南语中,选择人称指示语是一件非常复杂的事情,说话人要根据对方的年龄、性别、跟自己的关系远近等因素来选择尊敬程度不同的第二人称指示语。在这里人称指示语变成了社会指示语(social deixis)。在很多语言当中,根据听话人与说话人是否熟悉会选择不同的第二人称指示语,例如德语的第二人称 du 和 Sie 的对立,前者用在熟悉的人之间,后者用在不熟悉的人之间。在特殊的言语行为场合,还会选择一些特殊的人称指示方式,例如汉语的"陛下""殿下""阁下",英语的"your majesty""your excellency""your highness""your honor"等等。

  人称指示语还可以区分为包含式和排除式两种。例如:

  同志们!我们要对我们的下一代负责。("我们"包括听话人,是包含式)

  经过上面的分析,我们可以对什么是教育进行说明了。("我们"不包括听话人,是排除式)

  排除式还可以分为两种,一种是排除听话人,一种是排除说话人。例如:

  学生:向您汇报一下,我们这几个人都是实习生。("我们"不包含听

话人)

　　校长:我们可都是二十二三岁的年龄,正是学习的时候。("我们"不包含说话人)

　　在汉语普通话中,"咱"也有包含式和排除式两种用法。例如:

　　咱不是哥们儿嘛!这点忙还是要帮的。("咱"包含听话人)

　　甭瞧不起哥们儿,咱可是真正的老北京。("咱"不包含听话人)

汉语的人称指示语还有一个"人家",既可以指示说话人,又可以指示第三方。不过"人家"作为第一人称指示语的时候有一点撒娇的感觉。如:

　　人家都累瘫了,你就体恤体恤吧。("人家"指示说话人)

　　把别人的东西还给人家。("人家"指示第三方)

二、空间指示语

　　在言语交际活动中,我们经常会用到空间指示语来指示说话人的空间方位。例如"到这儿来"和"到那儿去","这儿"指示说话人所在的空间方位,"那儿"指示离开说话人的空间方位。动词"来/去"也能够指示言语行为中的空间方位关系。

　　在现代汉语中,我们有两类指示空间方位关系的指示语,一类叫作处所指示语,一类叫作方位指示语。处所指示语指的是那些指涉空间处所的名词,例如"礼堂""操场""法庭""超市""电影院""邮局""理发馆""餐厅""游泳馆"等,在言语行为中它们都可以指示具体的空间位置。方位指示语是由名词后面加上方位词构成的,例如"桌子上""窗台下""屋子里""篱笆外""新闻中""心目中""星球间""汽车前""房子后"等,在言语行为中,它们可以指示具体的空间方位。

　　在言语行为中,从说话人的视角来看空间指示语既可以指示物理空间,也可以指示非物理空间。例如:

　　我们20年前就搬到这儿来了。("这儿"指示物理空间)

　　我们的根本分歧就在这儿。("这儿"指示非物理空间)

物理空间是可以直接观察的,非物理空间只能通过心理过程获得。空间指示

语有的时候并非只是指示空间,同时还可以指示时间。例如:

我们这里所说的成本包括时间成本。("这里"指示"此地",也指示"此时")

空间指示语里面的方位词使用频率非常高,因此一个方位词在表达空间指示的时候,可能涉及不同的概念范畴。例如汉语方位词"里"原初的意义是表示一个有边界的空间范围(space or scope),如"河里禁止捕鱼","河里"在这里指涉整个河的流域范围之内,后来扩大为表达方位(location),如"钥匙在抽屉里","抽屉里"是具体的空间方位;环境(environment),如"车在黑夜里行走","黑夜里"是事件发生的环境;氛围(atmosphere),如"在凄凉和欢喜里凝视着对方","凄凉和欢喜里"指示的是一种氛围;机构(institute),如"省里派来一个干部","省里"指示的是一个机构;时间(time),如"一个月里去了三次","一个月里"指示的是一段时间;内容(content),如"这个故事里没有女主角","故事里"指示的是内容;情感(emotion),如"喜欢里还带着一丝排斥","喜欢里"指示的是情感,等等。意义范围从具体到抽象,但是我们都可以用容器图式(container schema)来刻画它。与这个空间指示语相近的还有"中""内"。

三、时间指示语

在英语中有两个时间指示语"now"和"then",前者指示说话人正在说话的时间,这个时间也是听话人正在听话的时间,这个时间也可以叫作当前时间。后者既可以指示过去的时间,又可以指示未来的时间。例如:

a. November the 22nd 1963? I was in Scotland then.

b. Dinner at 8:30 on Saturday? Okay, I'll see you then.

句子 a 中的 then 表示的是过去时间,句中 b 中的 then 指示的是将来时间。在言语行为中,时间指示语可以用词汇手段来表达,在有些语言里,除了词汇手段还有语法手段,例如语法范畴里面的时(tense)体(aspect)范畴,我们在语法那一章里已经讲过了。下边一些时间指示语,在言语行为中可以指示说话时间,也可以指示以说话时间为参照点的其他时间。

以前 去年 上周 昨晚 现在 目前 当下 今天 明天 下个月 明年 以后

（言语行为说话的时间点）

在时间指示中，言语行为说话人正在说话的时间是非常重要的参照点，如果不知道这个参照点，我们就不知道具体的时间。例如一个办公室的门上贴了一张字条：

半小时之内回来。

我们没办法知道主人什么时候回来，因为这里并没有给出参照时间指示语。如果他这样留言，我们就知道准确的时间了：

10：30之前回来。

在言语行为中，时间指示语有的具体，如"1963年12月22号"；有的笼统，如"以前/以后"。有的指示一个时间点，如"今天下午3点"；有的指示一个时间段，如"上个星期"。时间指示语和空间指示语一样也具有心理基础。例如我们可以用"来/去"来隐喻时间的流动。

来年——说话人面向的未来的一年。

去年——说话人背向的过去的一年。

英语也有同样的时间指示方式，如：

The coming week.（未来的一周。）

The past week.（过去的一周。）

在汉语中我们有"来年，去年"。但是没有"*来月，*去月"，也没有"*来周，*去周"。英语可以说 the coming year, the past year, the coming month, the past month, the coming week, the past week。在汉语中我们用另外的空间指示语"上/下"来隐喻时间。我们可以说"上年，下年""上月，下月""上周，下周"，我们也可以用"前/后"来隐喻时间，如"前年，后年"，但是前年指的是去年的前一年，后年指的是明年的后一年。所以不同语言的时间指示语是有可能不一样的。

四、指称与推断

在具体的言语行为中，如果有具体的人名、地名、物品名，我们可以知道其指称是什么。例如：

张三是位律师。

上海大学在宝山区。

酸奶在冰箱里。

在上面的例子里，说话人和听话人都知道张三是谁，也知道上海大学是哪一所大学，也知道酸奶和冰箱的具体所指。但是有一些言语行为中的名词我们并不确切知道它的所指。例如：

彼岸花是红色的。

学书法笔墨纸砚是必需品。

人贵有自知之明。

在这三个例子里，说话人和听话人并不确切地知道彼岸花指的是什么，它只是一个名称，在这个句子里并没有具体的所指；同样地，笔墨纸砚在这里也没有具体的所指；人贵有自知之明中的人也并不指称具体的哪个人。在一些有冠词系统的语言中，可以通过定冠词和不定冠词来区分名词在话语中的指称性。在言语行为中，我们通常会用"这个""那个"来指称离我们比较近的或者比较远的事物。例如：

这个是圆珠笔，那个是毛笔。

当我们在使用这个那个来指称事物的时候，说话人和听话人必须是在言语行为现场的。因为词语跟实体之间没有直接的对应关系，所以在具体的言语行为中，说话人所用来指称的事物必须要让听话人成功识别才能够使交际成功。有的时候即使有具体的名称，我们也不见得能够保证听话人可以正确识别指称的角色。例如：

你的鲁迅借我看看。

陈道明的顾维钧非常棒。

我们知道这里的鲁迅指称的是鲁迅的作品，而不是鲁迅本人，顾维钧也不是指称顾维钧本人，而是指称陈道明所扮演的一个角色。说话人和听话人必须有共同的背景知识才能正确把握句子中的指称。

在言语行为理论中，我们会关注回指参照（anaphoric reference）的问题。

尤其是在一段比较长的话语中,里面会有一些回指现象。例如:

  在这个电影中,一个男人和一个女人正在给猫洗澡。男人抓着猫,女人往它身上浇水。他对她说了句什么,他们开始大笑。

在这个例子中,"一个男人""一个女人"都是前指成分(antecedent),"男人"与前面出现的"一个男人"指称同一个人,"女人"与"一个女人"指称同一个人,"他"与"男人"指称的也是同一个人,"她"与"女人"指称的也是同一个人,这就是回指参照。在具体的话语中,有的时候很难确定回指的是哪一个前指成分。例如:

  我追得他气喘吁吁,(Φ)咕咚一声倒在了地上。

在这个句子中,(Φ)是一个零回指(zero anaphora),它回指的对象是"我"还是"他"? 应该是可以有两种理解的。在这个言语行为中,两种可能都存在。有的时候听话人需要通过推论来确定指称对象。例如:

  我新买了一所房子,厨房特别大。

在这个句子中,"厨房"指称的是我新买的那所房子里的厨房,听话人完全可以通过推论得出这个结论,虽然说话人并没有说哪所房子的厨房特别大。

第三节　话语分析

  在语言应用当中,会话是非常基础的言语行为。因此对话语的结构、会话的结构进行语言分析,就是言语行为理论当中非常重要的部分。我们不难理解,人们会把会话自然当成是一种语用现象,因为会话是语言应用的原型。一个人最早使用的语言形式就是会话,第二语言习得也是如此。我们总是先学会说话,然后再去学习阅读和写作。我们在讨论语用意义的时候,其中的预设、会话含义都是在会话这种言语行为中发生的。目前我们对会话结构的研究都是经验主义的。

  话语分析有狭义和广义之分。狭义的话语分析指的是静态的语篇分析。广义的话语分析包括静态的语篇分析,也包括动态的会话分析。

一、话语分析与会话分析

对会话的分析有两种取向,一种取向叫作话语分析,一种取向叫作会话分析。这两种取向的分析都重点关注说出或理解的话语当中的关联和组织结构。但是二者之间还是有一些区别的。

话语分析所使用的方法论和理论原则以及一些原始概念都是更加倾向于语言学的。它本质上就是语言学家将语言学中非常成功的分析技巧扩展到句子单位之外。其主要的步骤如下:(1)在话语中界定出一些基本的范畴或者单位。(2)制定一套针对这些范畴的关联规则,明确界定这些范畴的界限,区分好的话语(内部关联得非常好的话语)和坏的话语(内部关联得不好的话语)。在这里还要确定好的话语和不好的话语各有什么样的特征。当然这些分析都是在言语行为的基础上进行的。离开了言语行为,我们孤立地去做话语分析是很困难的。话语分析会特别关注话语当中的省略、照应、衔接与连贯、话语结构、会话原则、语境、话语题材、话语主题与社会文化之间的联系等。

会话分析主要是从真实的语料出发,没有任何理论假设,发现什么就是什么。语言学的研究除了观察真实的自然语言之外,总会总结一些规则或者原则,而且要对发现的规律进行解释。而会话分析是更加经验主义的,所以会话分析更加重视原生态的语料,越真实越好,语料当中的多模态成分如果也能够一起观察就更完美。例如手势、身体语言、表情、眼神、语音语调、停顿、打喷嚏、结巴、咳嗽等副语言现象。在互动语言学的研究范式中,会话分析占有非常重要的位置。会话分析的基本单位是话轮、语对和语列。简言之,话轮指的是说话人和听话人在会话过程中彼此角色的变换,语对指的是会话当中相互毗邻的话语形式,语列指的是会话中句子的排列方式。

二、话语及其相关因素

我们区分话语分析和会话分析,主要是因为这两者的工作取向不一样。话语分析研究的重点是静态的言语作品,观察和分析言语作品的组织结构,所以我们说话语分析的工作方法是更倾向于语言学的。而会话分析则是研究言语行为本身,其工作方法更加多样。话语是说出来的话或者是写出来的话,所以话语分析也属于语篇研究。而会话分析是要研究会话过程,这里面包含的内容就更加丰富。严格地说这已经超出了传统语言学的范围。

我们说过言语行为的核心是以言行事,会话过程就是在以言行事。我们在说话或者写文章的时候会涉及不同的概念范畴,这些概念范畴都与话语分析有关。我们以一次学术委员会会议为例来看一看以言行事的过程:

1. 物质世界方方面面的意义和价值——我进入一个朴素的、方形的房间,以某种方式说话和行动,就像一个将要开会的人那样,我坐的地方就变成了房间的一部分,一般来说会在前排重要的位置。如果我是一个学术委员会的主席,我就会有固定的座位。那个座位有特殊的意义和价值。

2. 活动——我们会以某种方式进行交谈和行动,因为马上要开始学术委员会的会议。通常在会议开始之前大家会进行闲谈。

3. 身份角色——在某一时刻,我会以某一种方式说话和行动,我会以学术委员会主席的身份说话和行动。但是在下一个时刻我可能就会以不同的身份说话和行动了。我在会上和会下的身份是不同的。

4. 政治和关系——在会议上大家可能会争吵。比如一个愤怒的男士和一个歇斯底里的女士,各自坚持自己的原则。

5. 立场与策略——我作为会议的主持人,应该站在一个中立的立场上来主持会议,但是我作为会议的主席说话的时候是要讲究策略的。

6. 关联——我此时此刻怎么说、怎么行动,还要考虑到我上个星期所说的话,我上个月所说的话,看看以前说过的话,在内容上是否和今天的会议上所说的话有一致性或者关联性。

7. 符号意义(参见 Gee P. J.,1999)——不同的符号和不同的形式是不一样的,在学术委员会的会议上讨论问题的时候,我们会有特定的知识和语言形式,我们讨论的话题都是与学术相关的,所以大家要用学术的话语形式来评价学术活动中的每一个环节。它们与日常会话不同。

语言有一个神奇的属性,就是当我们在交际中说话或者写作的时候,必须要得体,要与场景或语境合拍。与此同时,我们在说话或者写作的过程中,实际上也在创造某种场景和语境(就好比是学术委员会这个机构和学术委员会会议的关系,我们知道在委员会开会的时候应该怎么说话或者互动)。从另外一个角度看,我们也在利用说出来的或者写出来的话语来构建一个活动的世界。由于历史和文化的原因,我们知道在什么场合应该怎么说话。我们总是在不断地、积极地构建我们周围的世界,不仅仅是通过语言,而且还通过行动、互动、非语言符号系统、客体、工具、技术以及独特的思考、评价、感受和信仰来构建世界。在这个过程中,语言始终都不会缺席。言语行为本身不仅仅是在传达信息、交换信息,更重要的是以言行事。

在以言行事过程中有几个要素必须考虑:

一是情景身份,即我们在不同的环境中形成且被承认的不同的身份和社会地位。必须考虑是谁在说话,包括我们的自我认同和他者认同。同样一件事,不同的人说会有不同的分量。比方说证监会主席的某句话可能会导致股市的波动,而普通人就没有这么大的影响力。在什么样的情景条件下说也有不同的影响力,正式场合与非正式场合是不一样的。

二是社交语言,即我们会用不同的语言风格在不同的环境中形成和识别不同的身份,不同的社交语言使我们以不同的方式构建不同类型的社交活动。比如说在正式的酒会上和家庭聚会的餐桌上,我们会使用不同的社交语言。

三是话语,即人类将语言和事物相结合的不同方式。例如不同的思维方式、行为方式、互动方式、评价方式、感受方式、信仰方式,以及对符号和工具的正确使用方式,使用的时间、地点和场合都会赋予外部世界某种意义。从这个意义上来说,话语是有力量的,这也就是我们上文所讲到的语力。

四是会话,即在很长一段时间里,成为各种不同文本和互动焦点的重要主题,我们会用到不同的社交语言或者话语。什么样的话题决定了我们会用什么样的社交语言或话语形式。例如我们在讨论国家的三胎政策这个话题的时候,所使用的社交语言与我们所讨论的女排比赛是不一样的。

第四节 礼貌与互动

在语言交际的过程当中,社会角色和关系是非常重要的。我们用什么样的方式说话?用什么样的口气说话?用什么样的话语形式说话?这取决于我们的社会角色认同。任何一个社会都是由各种各样的人和规则构成的。不同的社会群体会按照各自的行为方式和行事规则说话和做事。不同交际意图的言语行为,也会采用不同的说话方式和行事方式。不同的社会距离也会影响到说话的方式,关系亲密的人和疏远的人说话方式不同。另外性别、年龄、权势、信仰、性格等因素也决定了人们采用不同的话语形式说话。语言交际过程就是一个互动的过程。互动方式不同也会影响我们的说话方式:粗鲁的还是温婉的。我们会通过礼貌(politeness)视角来考察各种各样的影响因素。

一、礼貌

什么是礼貌?这个概念的内涵并不稳定。在不同的社会文化环境中,对礼貌的期待值是不一样的。不同的社会群体,在长期的历史发展中构建了一套礼貌体系,这套礼貌体系对所有的社会成员来说具有同等的约束力。礼貌体系也会发生演变,不同时代有不同时代的礼貌规则。不同的社会文化为语言交际规定了一些一般的原则,并把这些原则作为礼貌的原则。例如包括对他人"面子"的尊重,最极端的例子就是"士可杀不可辱",这已经把面子提升到了极致。除此之外还包括自我谦虚(卑己尊人)、对他人的同情(共情)和慷慨,在社会交往中让别人感到舒服。在互动中礼貌不仅仅表现在话语方式方面,有的时候还会伴随着身体语言。比如日本人在社会交往的过程中,鞠躬的角度、幅度、保持时间的长短都跟礼貌程度有关。(参见 Leech, G., 2014; Brown、Levinson, 1987)

二、体面

体面指的是一个人的公众形象,它涉及每个人的自我情感和社会意义,以及其他人对自己的认可。一个体面的人在公共场合是不会说出非常粗鲁的话语的,因为这样会有损于他的个人形象,同时也破坏了社会交往中的礼貌原则。从这个意义上说,礼貌原则也就是在说话和行事的过程中,要随时照顾到对方的体面。所以礼貌是相互的。在话语互动中体面是需要维护的,假如我们在社会交往中不顾及自己的体面,也不顾及别人的体面,就会威胁到礼貌原则。

礼貌存在于一个多维空间中,其中大多数变量都是不容易测定的。所以在话语分析中涉及礼貌的问题并不简单。我们甚至认为它其实是一个哲学问题。比如说礼貌的本质是什么?它属于社会学的?语言学的?社会心理学的?文化史的?还是人类学的?或者不同学科兼而有之?

Leech G.(2014:4—9)指出礼貌有八个特性。这个概括是相当精到的。

1. 礼貌不是必须的。人们在言语行为中可以使用礼貌语言,也可以不遵守礼貌原则。在一个文明社会里,大家一般会认为礼貌是好的,可是总有一些人认为粗鲁更有男子气。

2. 礼貌或者不礼貌都是有等级之分的。不同的环境和场合要求的礼貌程度、等级也不同。例如感谢言语行为可以有不同的程度等级:

Thanks(谢谢)→ *Thanks a lot*(多谢)→ *Thank you very much*(非常感谢)→ *Thank you very much indeed*(真的非常感谢)

3. 在一个社会中,社会成员都有一个意识,知道什么样的礼貌形式是正常的。

4. 言语行为中是否使用礼貌形式,使用什么程度的礼貌形式,这取决于言语行为发生的场合。

5. 在言语行为的双方之间存在着礼貌利益的不对称。会话双方 A 和 B 在如何评价对方的行为是否礼貌时会存在落差。

6. 礼貌行为有一个更加奇怪的情形，就是邀请和拒绝反复进行，这已经被仪式化了。例如在演奏会上演奏者对观众的鼓掌表示感谢，然后在掌声渐渐平息的时候迅速离场，这时候观众不能停止鼓掌，要继续鼓掌，等到演奏者再次上场致谢退场，然后继续鼓掌，掌声越来越热烈，这个时候演奏者会再一次上场为大家加演。在中国的饭局上，大家为了谁付款争来争去的行为与此类似。

7. 礼貌的核心在于说话者和对方之间的某种价值交换的传递。例如在感谢言语行为中，我们为了"某事"感谢某人。在请求言语行为中，我们对"某事"提出请求。在给予或邀请时我们会向受惠者提及"某事"。这里的"某事"指的是有价值的东西，包括物质的或者抽象的，应该在言语行为中根据礼貌原则，从一个人传递给另外的人。赞美、祝贺、慰问、道歉、提议、建议等言语行为都会涉及言语行为的原因和某种价值的传递。

8. 礼貌的本质是在对话双方之间建立价值平衡。感谢和道歉这两种言语行为尤其明显。感谢和道歉都可以用"欠债"隐喻来说明。感谢是欠了别人的人情，抱歉是因为冒犯了别人。这两种欠债的方式都可以通过礼貌语言来进行弥补。

礼貌语言从某种意义上来说也是调节人与人之间距离的一种手段。《礼记·曲礼》云："夫礼者，自卑而尊人。"在人际交往中使用谦敬语是保持社交距离的手段。在语言交际活动中，有很多场合必须使用敬称，例如面对帝王和地位尊贵的王公贵族、达官贵人，直接称呼其名是不礼貌的，所以要用变通的方式来称呼对方。例如陛下、殿下、阁下、麾下、足下、座下等。日语和朝鲜语都有专门的敬体来表达礼貌言语行为。美称也是可以表达礼貌的话语形式。如令尊、令堂、令爱、令兄、令妹、令郎等。

礼貌语言又可以分成积极礼貌（positive politeness）和消极礼貌（negative politeness）两种。积极礼貌是言语行为中的另外一种，比方说赞美、祝贺都是积极礼貌。消极礼貌是言语行为中更加重要的一种类型，它的作用是减轻或者减少可能的冒犯。我们还必须知道不同的语言有不同的礼貌策略。例如在英语环境下，如果有人夸你漂亮，你肯定是应该表示感谢的。而在汉语环境

下,如果有人夸你漂亮,正确的反应应该是谦虚。试比较:

  英语:A:你今天真漂亮! B:哦,谢谢!

  汉语:A:你今天真漂亮! B:哪里,哪里!

这是在用否定的策略来表达礼貌。在汉语的语境里面,我们可以用反驳的策略来表达自我谦虚。例如:

  A:你今天真漂亮!

  B:不不不不,一点也不漂亮。

这种用否定的策略和反驳的策略来表达礼貌的模式,不是在所有的语言里都能用的。在汉语的语境里这不能算作不礼貌,只能说是一种消极的礼貌策略;但是在英语的语境里,如果用否定或者反驳的策略来表达礼貌,听的人会觉得受到了冒犯,这种礼貌策略在英语的语境中就变成了不礼貌。所以在第二语言教学当中,我们要分清不同文化背景、不同语言背景的学习者所使用的礼貌策略,并让学习者正确习得目的语的礼貌策略。

  奥运会上获得金牌的运动员,在接受记者采访的时候,不同文化背景的人会有不同的礼貌策略。对于中国运动员来说,标准的礼貌模式是这样的:

  感谢领导给了我参加比赛的机会,感谢教练的栽培,感谢球队这个光荣的集体。最后要感谢我的父母对我的支持。

这种礼貌性的表达方式已经成为固定的模式。尽管我们对这种礼貌策略多有非议,但时至今日,我们在电视中还能经常看到这样的礼貌模式。我们知道言语行为是在社会中进行的,因此礼貌也必定会打上社会的烙印。

三、互动

  所谓互动指的是言语行为的交际双方通过语言或者多模态的形式(手势、表情、语音语调等)来进行信息沟通、情感表达和立场确认的交际活动。言语行为从本质上来说就是一种语言交际活动,在语言交际活动中互动是非常重要的一个部分。对于交际者来说,话轮的轮换和掌控、说话人与听话人的呼应、听话人对说话人态度和立场的理解、交际双方对彼此背景的了解、互动的方式和策略等等都是言语行为中不可或缺的环节。要控制好互动的每一个环节,交际才能成功。不同的言语行为类型有不同的互动方式。例如道歉有道歉的互动模式,请求有请求的互动模式,承诺有承诺的互动模式,建议有建议的互动模式:

　　道歉的互动模式

　　A:真抱歉,路上堵车,迟到了。(启动道歉模式)

　　B:没关系,我们也在闲聊,还没有开始吃饭。(接受道歉并安慰)

　　A:让大家久等了。一会儿我自罚一杯。(进一步实施道歉互动)

　　B:馋酒了吧?每一次都是你迟到。(开玩笑并轻微责备)

在道歉这个言语行为的互动模式中,首先要确定说话人和听话人的关系。是陌生关系还是亲密关系?不同的关系决定了道歉的互动模式会有所不同。上面的这一段道歉的互动形式,显然是朋友之间发生的。道歉总是要有事由的,这一段对话,道歉的事由是"迟到了",说话者还为迟到找了一个合理的解释,那就是"路上堵车"。听话人可以选择接受道歉也可以选择不接受道歉。在这段互动中听话人接受了道歉,并对说话人进行安慰。道歉者为了表达自己的诚意,希望有进一步的实际行动来表达歉意。听话人以开玩笑的方式对说话人进行轻微的责备。

　　请求的互动模式

　　A:劳驾!请问地铁站怎么走?(请求的具体内容)

　　B:从这条路一直向前走,大约400米就到了。(对请求的回应)

　　A:谢谢,谢谢。(请求之后的致谢)

一个请求的言语行为总是有具体的请求内容的。说话人就具体的请求内容发出话语,听话人可以给出肯定的回应,也可以给出否定的回应。这要看听话人对请求的态度。请求者和被请求者一般都会遵守合作原则和礼貌原则。

　　承诺的互动模式

　　A:我保证今天下午3:00会还给你。(具体的承诺)

　　B:好的,我下午3:00准时等你。(对承诺的回应)

在言语行为中,承诺也是非常常见的互动模式。一方对另一方许下承诺,另一方对于这个承诺进行回应。从理论上来说,我们无法预期这种回应是哪一种。

建议的互动模式

A：中午时间短，做饭来不及，吃一碗方便面吧。（建议的内容和理由）

B：不太好吧，方便面不健康。（对建议的否定回应）

A：那就叫个外卖吧。（提出新的建议）

B：好的，我来！（对新建议的回应）

建议言语行为的互动模式是先提出建议的具体内容，与此同时可能会对这个建议辅之以论证，给出这样建议的理由。听话的人可以否定这个建议，可以肯定这个建议，也可以提出疑问，或者提出新的建议，也可以由说话人再提出新的建议。这样的互动方式有的时候可以进行很长时间，不同的言语行为可以交替进行。例如：

A：老板！来壶茶。（发出指令）

B：您要什么茶？（对指令进行回应并发出疑问）

A：都有什么好茶？（提出疑问）

B：有龙井，安吉白茶，冻顶乌龙，大红袍，政和白茶，金骏眉，还有冰岛和滇红。（对疑问的回应）

A：这么多茶，哪个好喝？（发出感慨和疑问）

B：看您喜欢什么茶。您喜欢绿茶，红茶，黑茶还是青茶？（回应和疑问）

A：我喜欢老白茶。（对疑问的回应）

B：那我给您推荐政和白茶，这是北苑御茶。（提出建议）

A：好吧。那就来一泡吧。（对建议的肯定回应）

B：有新茶，有三年的茶，还有七年的茶，您要哪一种？（推荐并疑问）

A：有什么讲究吗？（对推荐的回应并提出疑问）

B：一年茶，三年药，七年宝。（对疑问的回应）

A：那就尝尝七年的宝贝吧。（用一句结论性的话结束活动）

B：好嘞！（用情态表达结束活动）

在互动的过程中交际双方一般都会遵守合作原则和礼貌原则。当然有的时候也会故意破坏合作原则和礼貌原则,这主要取决于交际意图。在茶馆点茶的交际活动包含了顾客和店员之间的互动,双方肯定是会遵守合作原则和礼貌原则的。顾客想喝到好茶,店员想推荐自己的产品,各有各的交际意图。掌握好礼貌的等级,知道在什么场合应该使用什么样的礼貌策略,这也是互动的一部分。例如一般来说在外交场合所使用的话语形式都是礼貌等级比较高的。外交官通常不会选择不礼貌的话语形式。而在特定的场合,说话人有的时候会故意选择不礼貌的话语策略来表达比较强烈的情绪。选择什么样的互动模式要服从交际者的交际意图。

第五节 语境

语言中词和句子的意义并不稳定,它们往往会受到语境(context)因素的影响。同样一个词或者一个句子,在不同的语境中往往会被理解为不同的意义。言语行为都是在具体的语境中发生的,所以研究言语行为不能脱离语境。什么是语境?语言学界的认识并不统一。有人认为语境包括语言的外在环境和内在环境,并把它们称为外部语境和内部语境。外部语境指语言之外的各种因素,如社会文化背景、历史背景、宗教背景、交际者彼此之间的关系等;内部语境指与目标词或者目标句子相毗邻的语音、语法和词汇因素。

语境又可以分为宏观语境和微观语境。宏观语境指言语行为所依存的文化背景,所以又叫文化语境(context of culture)。微观语境指言语行为的上下文,所以又叫上下文语境或者情景语境(context of situation)。语境理论是从语言使用者的角度建构起来的,它不仅仅是就语言而研究语言和为语言而研究语言。

语境研究在语言学领域是一个颇受争议的话题,因为大家对语境的认知不一样。有人把语境严格地限制在语言范围之内,也就是只关注言内语境。有人就把语境放在更加广阔的背景中去考察,关注言外语境。近年来国内学者在语言学领域对语境问题的关注和研究集中在以下几个方面:(1)静态语境和动态语境;(2)自足语境和非自足语境;(3)认知语境和客观语境;(4)语境条件和语境意义;(5)语境和语境应用。(参见王建华、周明强、盛爱萍,2002)这里不一一展开,只粗略地把语境分为宏观语境和微观语境,也就是社会文化语境和情景语境两种,有人形象地称之为大语境和小语境。

一、社会文化语境

我们通常会假定一个言语行为的交际双方是处在共同的社会文化语境中的,他们对文化背景有共同的认知。通常的情形是这样的。但是在跨文化交际的语境当中,我们经常会发现不同的文化语境给交际者带来的影响。例如:

A:教授,您妻子真漂亮。

B:(尴尬地)哪里,哪里!

A:(迟疑地)嗯……眼睛、鼻子、嘴都漂亮。

在这个例子里,A是一个来华留学生。他到老师家做客,有一个交际意图,是想恭维一下老师的夫人,按照他的文化认知,夸奖老师的夫人长得漂亮,老师肯定会特别高兴地接受并表示感谢。但是在中国文化的语境中,当面夸奖别人妻子长得漂亮是不常见的,也是不礼貌的。所以老师很尴尬地说"哪里哪里",这本来是一个客气的言语行为,在中国文化的语境中非常容易理解。但是这位来华留学生没有理解这句话的意思。他把老师的回答当成是一个疑问的言语行为。他也没有想到老师会问他哪里漂亮。于是就很迟疑地回答"眼睛、鼻子、嘴都漂亮"。在英语的语境中,大概的交际模式应该是这样的:

A:Professor, your wife is so beautiful.

B:Oh, really? Thank you.

老师听到学生对妻子的赞扬,正常的反应是表示感谢。这是在英语文化语境中的言语行为模式。还有一个例子,也可以说明不同文化语境给交际带来的影响。

老师请几个留学生到家里吃饭,为了表现中国人的热情好客,师母做了一大桌子菜。

老师：来来来，我们开饭了。没什么好吃的，简单吃点儿！

学生：老师，好吃的太多了。您怎么能说没什么好吃的？这样说对师母不够尊重啊。

吃完饭回去的路上，几个学生一直在议论这一顿晚餐。有的同学说："太浪费了，好多都没有吃完。"有的同学说："老师说没什么好吃的，是不是有点儿不真诚？"有的同学说："老师可能有点吹牛，这么多好吃的，还说是简单吃点儿。那如果不简单的话会什么样呢？"有一个华裔同学就跟大家说："你们都误会了，这只是中国人表达客气和谦虚的方式。"

这个案例说明在跨文化交际的过程中，文化语境的不同会影响交际的效果。因此我们要入国问俗，入境问禁，入门问讳。另外在言语行为中要尊重不同文化背景的不同习俗，不能用自己的标准和原则来要求他人。下面的案例是一场外事宴请中的言语交际活动：

主人：中国人喝酒有个规矩。要酒过三巡才能吃菜。

（翻译把主人的话翻译给客人听）

客人：（只好客随主便，喝了三杯）我感觉胸腔里着火了。

主人：感情深，一口闷，感情浅，舔一舔。

（翻译把主人的话翻译给客人听）

客人：（面有不悦之色）这是什么道理？

（随后宴会的气氛始终笼罩在一片阴霾之中，最终不欢而散）

这个案例是把中国文化中酒桌上的规矩拿来要求外国客人共同遵守，最后导致交际失败。这里边也涉及大家对礼貌的不同理解。

在言语交际活动中，文化语境表现为社会的风俗习惯、历史文化、典章制度、价值体系、宗教信仰等。"凿壁偷光"是一个成语故事，这个故事在中国文化语境下并不会产生误解。

匡衡勤学而无烛，邻舍有烛而不逮，衡乃穿壁引其光，以书映光而读之。邑人大姓文不识，家富多书，衡乃与其佣作，而不求偿。主人怪，问衡，衡曰："愿得主人书遍读之。"主人感叹，资给以书，遂成大学。

匡衡勤奋好学，但是家中没有蜡烛，邻居家有蜡烛，但是光亮照不到他家，于是匡衡就在墙壁上凿了个洞，引来邻家的光亮，让光亮照在他的书上读书。县里有个大户人家的主人不怎么识字，但是家里很富有，有很多书。于是匡衡就到这一家去做工，不要报酬。主人感到很奇怪，问他为什么。他说"我希望读遍主人家的书"。主人听了深为感慨，就把书借给匡衡，于是匡衡成了一代大学问家。在中国文化语境中，家长和老师经常用这个故事来对孩子们进行教育，教育孩子勤奋读书。在课堂讨论的时候，美国孩子认为匡衡没有道德，为了自己读书，把邻居家的墙壁凿穿。而且这是破坏私人财物，是违法的行为。文化语境不同，大家对同一件事情的评价就不一样[1]。

在跨文化交际的言语行为中，说话人如果有语法错误，大家可以容忍并且很容易辨认，这是学习者对目的语的语言掌握得不好造成的。但是如果一个学习者因为文化语境的不同而造成一些语用上的不得体，则会给交际双方带来不愉快。我们在讨论语言交际能力的时候，通常会观察他的词汇数量有多少、发音是否标准、语法是否正确，而很少会注意到在言语行为中所面临的文化语境的困扰。这种文化语境的困扰，我们把它叫作语用失误。在跨文化交际中如何传达信息、表达感情、组织论点、采用礼貌策略等等都属于语用问题。我们用两个例子来说明：

　　小张请一位美国朋友 Alicia 来家里做客。下面是他们的对话[2]：

　　小张：欢迎欢迎！Alicia，快请进，快请进。

　　Alicia：谢谢你的邀请。这真是一个可爱又温暖的房间。

　　小张：哪里哪里！房间太小，没怎么收拾，有点乱七八糟的。请坐，喝杯茶，走了那么长的路，一定累了吧？

　　Alicia：你好奇怪呀，明明你的房间很整洁干净，为什么说乱七八糟的？难道我说假话了吗？至于说走了这么长的路，你看，我很健康的。走路是锻炼身体的好办法，不是吗？

这位美国朋友不能理解，她夸奖小张的房间可爱又温暖，小张得体的回应应该

---

[1] 这个案例取自加利福尼亚州立大学戴维斯分校储诚志教授的课堂实录。特此致谢！
[2] 这个案例原本是一个英语的案例，改编自姚丽萍（2007）。

是接受夸奖并表示感谢和认可,而不是对她的否定。在英语文化语境中回应夸奖这一类言语行为的会话模式应该是这样的:

  a. 对主人的房间进行夸奖。

  b. 接受夸奖并表示感谢。

但是在汉语文化语境中往往不是这样。汉语的会话模式是这样的:

  a. 对主人的房间进行夸奖。

  b. 自我贬损表示客气,以谦虚表达礼貌。

主人往往会过度谦虚,并认为这是一种礼貌。主人对客人说"走了那么远的路,一定累了吧",这只是主人表达对客人关心的一种方式,在汉语文化语境中也是可以接受的并且是很得体的方式。但是在 Alicia 看来,这样的关心令人不快。因为在美国文化语境当中,如果这样说的话,意味着她身体很柔弱或者已经老了。这在美国人的文化语境当中是非常敏感的话题。

  另一个案例涉及称谓的问题。在校园里,一位老师和他的学生遇到了,这位学生是来自新西兰的 Helen。下边是他们的对话:

  老师:Helen,出去啊?

  Helen:嗨!亚君。早上好!这位是你的夫人?

  老师:对,介绍一下,这是我妻子秀娟。

  Helen:(跟秀娟握手)很高兴认识你。亚君再见!(离开)

  秀娟:慢走!

  Helen:(惊愕地)为什么?

  秀娟:没事没事。(转向丈夫)她为什么叫你亚君?!

这一段对话也是跨文化交际当中常见的案例。在中国文化语境中见面的时候,问候语常常是一些没有意义的话,例如"出去啊""吃了吗""回来啦",在英语文化语境的人看来,这些都是废话,没有任何信息量。来自新西兰的学生直呼老师的名字,这在英语文化语境当中是对老师表示亲近。这是符合英语文化语境的礼貌策略的,但是老师的妻子对此很敏感。学生对老师是不能称呼名字的,这是中国文化语境中的交际模式。从这个案例中,我们可以明显地看出两种文化语境的差别。

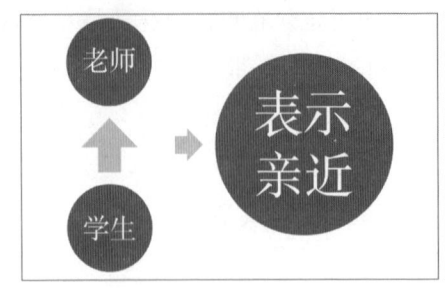

英语文化语境的交际模式 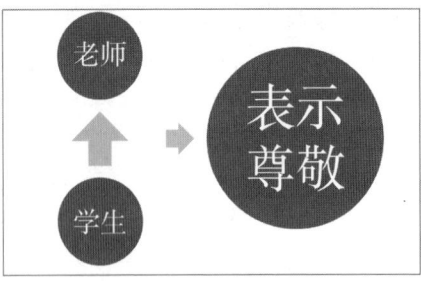　　　　汉语文化语境的交际模式

图 8—1

在英语文化语境的交际模式当中,老师和学生之间的距离比较近。在汉语文化语境的交际模式当中,老师跟学生要保持适当的距离。在使用汉语进行交际的场合,如果直接把英语文化语境中的礼貌原则移植过来的话,会造成交际上的困扰。在中国文化语境中送别的时候请客人"慢走",这是很得体的礼貌方式。但是对于来自新西兰英语文化语境中的 Helen 来说,她不能理解为什么要她慢走。

二、情景语境

情景语境就是我们通常所说的微观语境,言语交际活动离不开具体的交际情境,因此,情景语境是言语活动展开的整个环境。一个词的意义,一个句子的意义,必然会受到交际情景的影响。在语言交际活动中由情景语境导致的歧义现象也屡见不鲜。我们在语境歧义的那一部分举了很多例子(第六章第五节)。可以这样说,在言语行为当中离开语境我们就无法真正理解语言交际的本质。

情景语境主要涉及交际的时间、地点、场合、话题、事件性质、有没有第三者在场等等因素。例如:

A:你看,他连棉衣都不穿。

B:是啊,南方人不怕冷。

A:为什么南方人不怕冷？不是应该北方人不怕冷吗？

B:北方冬天有暖气,如果外出会穿得很厚。所以北方人对冷的耐受能力不如南方人。

　　A:原来如此。

这一段对话没有交代言语行为发生的时间,但是我们通过这段对话会知道,应该是在寒冷的季节。如果这段话的交际场景是夏天,那么 A 说"你看,他连棉衣都不穿"就比较费解。也不是说这段对话绝对不能发生在夏天,假如 A 和 B 同时在看电视,电视剧的时间是冬天,言语行为发生的时间是夏天,这段话也是可以接受的。因为这就不纯粹是时间的问题了,还涉及了地点和场合。

　　在语言交际中听话人对话语的理解依赖于对话题的了解。我们在听别人会话的时候,如果知道他们讨论的话题是什么,就比较容易了解到他们谈话的内容。假如不知道他们的话题是什么,有的时候就听不懂他们说的话,尽管他们和我们说的是同一种语言。例如:

　　A:生了没?

　　B:生了。

　　A:唉! 又生了。

如果我们突然听到这么几句话,不知道他们在说什么话题,听话人会一头雾水。因为这里省略了很多必要信息。他们可能是在讨论生孩子的问题,也可能在讨论蒸馒头的问题,如果他们是牧人或者养殖场的饲养员,可能是讨论动物生育的问题。可见话题是情景语境中特别重要的因素。再举一个例子:

　　A:今天下午彩排要穿衣服吗?

　　B:不用穿。

在旁人听来,这是非常奇怪的对话。彩排不用穿衣服? 听起来很吓人。但是交际双方都知道这里所说的穿衣服指的是穿演出的服装。说话人和听话人都知道这里所说的衣服是有专门的指称的,这是情景语境决定的。

　　又如"不咸不淡",如果交际双方在描写一道菜或者一碗汤,我们知道应该是对这一道菜或者这一碗汤的褒扬;如果交际者在描写一个人说的话,我们知道这应该是对这个人的贬抑。

　　情景语境有的时候跟事件的主体有关。例如:

　　中国队谁也打不过。

如果交际双方讨论的事件主体是中国乒乓球队,那么这句话的意思是"任何人都打不过中国队",如果交际双方讨论的事件主体是其他球队,那么这句话的意思可能是"中国队打不过任何人"。

思考与练习

1. 为什么要研究言语行为?
2. 什么叫作语力?
3. 什么是间接言语行为?
4. 话语分析(DA)和会话分析(CA)有什么区别?
5. 语用学的礼貌原则在言语行为中有什么表现?
6. 体面(面子)这个概念在言语行为中为什么很重要?
7. 什么是社会文化语境?什么是情景语境?

第九章 文字

第一节 文字的性质、功能和构成要素

一、文字的性质

什么是文字？文字是记录语言的符号系统。语言是一套符号系统，文字也是一套符号系统，但它们是两种性质不同而又关系紧密的符号系统。尽管世界上的语言在使用不同类型的文字，有些语言至今还没有文字，但是就已有的文字类型来说，文字的性质是一样的，都是用来记录语言的符号。我们从以下两个方面来看一看文字的性质。

（一）文字是记录语言的符号，这种符号是成系统的

语言是一套符号系统，但是语言是看不见摸不着的心理符号，语言符号需要有一定的外化形式，我们才能直接观察，语音是语言符号的外化形式之一，语音让我们可以通过听觉感知到语言符号的存在，文字是语言符号外化的另外一种形式，文字让我们可以通过视觉感知到语言符号的存在。尽管语言这个符号系统和文字这个符号系统有密切的关系，但是从本质上说这是两种性质不同的符号系统。有不少人认为文字就是语言，这是概念上的错误认识。文字是记录语言的符号系统，但是文字本身并不是语言。语言是第一性的，文字是第二性的。先有语言，后有文字。即使没有文字这样一套符号系统，语言还是照样存在，并依然充当一个社会的交际工具。用什么样的文字系统来记

录语言是有选择性的。例如越南语，最早曾经借用汉字作为记录语言的符号，后来又改为西里尔字母(Cyrillic)，现在使用的是拉丁字母。又如蒙古语，中国的内蒙古使用的是传统的回鹘蒙文，蒙古国使用的是西里尔字母。一种语言选择什么样的文字系统有语言本身的原因，也有社会原因。目前世界上使用范围比较广的文字系统有拉丁字母（罗马字母）、西里尔字母、希腊字母、梵文字母、希伯来字母、阿拉伯字母等。使用拉丁字母的语言比较多，例如西欧、美洲、大洋洲、非洲（除北非和埃塞俄比亚）诸语言和东欧的波兰语、捷克语、斯洛文尼亚语、罗马尼亚语以及亚洲的越南语、马来语、印尼语和土耳其语均采用拉丁字母书写，中国的汉语拼音方案也是以拉丁字母为基础的。用西里尔字母记录的语言大部分是印欧语系斯拉夫语族的语言，包括俄语、乌克兰语、卢森尼亚语、白俄罗斯语、保加利亚语、塞尔维亚语、马其顿语等。希腊字母主要用于记录希腊语和用于数学领域，梵文字母主要用来记录梵语，希伯来字母主要用来记录希伯来语，阿拉伯字母主要用来记录阿拉伯语。日语本来采用汉字作为记录他们语言的符号，后来他们在汉字之外又创造了假名，用平假名来记录本土语言形式，用片假名来记录外来语。朝鲜语（韩国语）本来也是用汉字作为记录他们语言的文字系统，后来他们自己创造了独特的文字体系（谚文）。采用字母文字的语言在拼写上采用拼音的办法，所以也叫拼音文字。

　　拼音文字记录的是语言中的语音，所以拼音文字在阅读者的大脑中激活的是声音印象；汉字比较复杂，有的汉字激活的可能是客观事物的表象（象形字），例如"鱼""羊""人""山""伞""田"等；有的汉字激活的可能是词汇的意义（表意字），例如"苗""甜""从""鲜"等；有的汉字激活的可能是声音印象（形声字），例如"枝""诚""饭""管"等。因为汉字在造字的时候有所谓的"六书"，也就是象形、指事、会意、形声、假借、转注，这六种不同的造字法在我们的认知系统中地位是不一样的。

（二）文字是有形的书写系统（视觉符号或触觉符号）

　　从文字的基本属性上来说，除了盲文是用触觉器官感知的以外，文字是写出来给人看的。不管是触觉符号还是视觉符号，文字都是一套有形的书写系统。文字的书写是有规则的。文字的书写有书写方向的问题、书写顺序的问题、书写规范的问题。阿拉伯文是自右向左横行书写；拉丁文是自左向右横行书写；日文是从上到下竖行书写，先从右边开始，到左边结束；汉字本来也是自上而下竖行书写，后来改为从左到右横行书写。文字在书写的时候有不同字体的差别，每一种字体有每一种字体的规范，如果不按规范书写，读的人就可能会有阅读困难，不利于交际的正常进行。

二、文字的功能

语言是十分古老的，自从有了人类社会就有了语言，人们在交际的时候可以使用语言。但是语言是看不见摸不着的东西，也是转瞬即逝的。远古社会没有现代的交通工具和通信手段，人们的交际局限于当时当地，对于远在异地的人和不同时间的人则无法利用语言来完成交际任务。你在这里说话，不在现场的人就不可能知道你说了什么。为了使语言交际超越时间和空间的限制，于是人们发明了记录语言的符号，使语言符号有了一个可以通过视觉感知的工具，并且使语言能够传于异地，存于异时。语言的物质外壳是声音，声音是听觉可以感知的符号，听觉信号只能凭记忆保存，然后再转述给他人。对于原始的人类社会这已经足够了。但是人总是不满足于已有的交际工具，人们还需要把一些事情记录下来，以备他日查阅或者为后世留下一些线索。这是文字发明的主要动因。文字是视觉符号，它可以避免记忆的不准确以及转述时信息的变形。有了文字，我们可以知道三千年前的古代先哲们在说什么，我们也可以把我们想说的话写下来，让不同时代和不同地域的人都能了解我们的思想。文字的发明使人类文明的脚步大大加快，文字的发明给文化的形成和传播提供了契机，文字的发明为我们了解历史和创造新的文明打下了坚实的基础。我们可以想象一下，如果没有文字，我们的学校教育就不会是今天这个样子，没有书可读，所有的知识和经验都必须通过口耳相传的方式传授给下一代。在一些原始民族和原始部落中就是这么做的。能够把语言用书写符号记录下来是一件了不起的发明。所以说，文字使人们的交际跨越了时间和空间的限制。这是文字最主要的功用。人类的进化经过了漫长的岁月，人类语言的发展是人类进化到一定阶段的产物,而文字的发明就更晚了,我们所知道的古老的文字最多不超过六千年。但是文字的出现却使人类文明的发展进入一个新的阶段,因为文字的出现大大地扩展了语言作为交际工具的功用。有了文字,人类文明的所有知识、经验、思想、信仰都可以保存下来,并流传下去;有了文字,信息的积累和传播有了新的载体,大大地拓展了语言交际的空间。文字的发明是人类文明进程中的一个奇迹。

三、文字的构成要素

文字有形、音、义三个要素。文字就是用一定的形式来记录一定的声音从而表达一定的意义的符号体系。什么样的单位才算是一个完整的文字形式呢?不同的文字系统情况不太一样。就汉字而言,一个完整的文字形式是形音义俱全的,它有独立的字形、有独立的读音(一个汉字就是一个音节,除了极个别情况,如"浬"也读作"海里")、有独立的意义。但是根据形音义俱全的标准,拼音文字的字母不能算是完整的文字形式,只有字母和字母拼合之后才能找到完整的文字形式。例如英语的 bird(鸟),b-i-r-d 四个字母有它们各自的读音,但是哪一个读音都不是"鸟"的意义。因此在英语的文字系统中,bird 才算是一个有意义的文字形式,字母是最小的文字形式,但是字母本身没有意义。

(一) 文字的形是文字的外在表现形式

文字是一种视觉符号系统,它是有形的。例如拼音文字的字母和汉字的字都是文字的形。字母已经是拼音文字最小的形式,不能继续分析。汉字却可以分析为独体字和合体字两种,所谓独体字就是最小的汉字形式,例如"人""一""口""匕""刀""斤""言"等,它们如果继续分析下去就已经不再是汉字了;所谓合体字就是由至少两个独体字组合而成的汉字,例如"新"(亲+斤)、"信"(人+言)、"从"(人+人)、"叨"(口+刀)、"语"(言+吾)、"岳"(丘+山)等。

(二) 文字的音是文字的读音形式

拼音文字的字母有字母音,但是孤立的字母其读音与其在组合中的读音不是一回事。例如英语的字母 s 读如[es],而在拼合中它却可能有不同的读音,在 study 中 s 读如[s],在 bugs 中读如[z];又如字母 g 读如[dʒi],在 good 中 g 读如[k],而在有些拼合中 g 是不发音的,如 light 这个组合中的 g 就不发音。英语的文字系统是记录音位的,一个字母记录的就是一个音位,当然在语言和文字的发展变化中,文字和语音不一一对应的情况越来越多,这就需要不断地对文字进行规范或改革。英语中有些字母在词中是不发音的,比如 fight 中的-gh-、psychology 中的 p-、receipt 中的-p-在现代英语里都是不发音的。文字的读音会发生变化,这一点也不稀奇。汉字的读音也会发生变化,比如"复"和"刚愎自用"的"愎"本来是同音的,它们的声符是一样的,但是在现代汉语中一个读音为 fù,一个读音为 bì。这是因为现代汉语普通话中的唇齿音[f]是由双唇音[p]变化而来(即清代学者钱大昕所谓的"古无轻唇音")。这种字音上的变化是成系统的:

　　唇齿音[f]:丰沣奉峰蜂逢烽俸凡番福复甫

　　双唇音[p]:帮蚌棒捧蓬琫漨奉芃蕃(吐蕃)逼愎捕

　　汉字也有直接记录语音形式的例子。比如汉字记录的一些音译词:石榴、玻璃、琉璃、的士、抬头、英特纳雄耐尔、奥林匹克、拉姆斯菲尔德等。

(三) 文字的义是文字所代表的意义

　　拼音文字只有拼合之后才能看出它的意义,也就是说,字母拼合以后记录的语素和词才有意义,单个的字母没有什么意义(字母词和缩略语例外)。汉字不同。汉字可以通过声音来表达意义,汉字也可以直接表意。汉字的偏旁和部首都是有意义的。因为汉字保留了造字时的一些信息,因此我们往往可以通过汉字字形找到它的原始意义。例如"采",上边是一个手形的简化(爪),下边是一棵树(木),它的意思很明显:用手在树上采摘果实。又比如"安",上边是一个屋顶,下边是一个女字,意思是一个女子在屋子里,可以领会为"安全"的"安"。当然在文字的发展变化中,有些字形已经改变,读音也发生了变化,要想找到它的原始形式比较困难。比如字母的演化不容易一一看出来。汉字的情况要好得多,一是因为汉字还保留了许多远古的形式特征,二是因为汉字有比较古老的出土样本，我们可以根据几千年以前的文字形式来追溯每一个汉字的原始意义。例如"冣"的本义与帽子和首级有关，这可以从它本来的字形上看得出来。

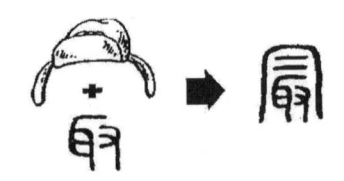

图 9—1

"极"的本义也与人的身体有关，指的是一个人顶天立地的样子，这从它的字形演化过程中可以看得出来，尤其是甲骨文和金文：

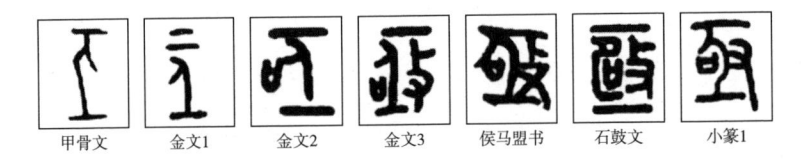

甲骨文　金文1　金文2　金文3　侯马盟书　石鼓文　小篆1

图 9—2

汉字造字理据中的会意本身就是一种语义联想的过程，比如"甚"由两部分构成：一把盛满美味的勺子和一张大嘴。如图所示：

金文　战国文字　篆文　隶书　楷书

图 9—3

这样具体的意象用来作为记录语言的符号是很有典型意义的，这让我们知道了"甚"这个字的最初意义。由"享受美味"联想到"过分安乐"，再由"过分安乐"联想到"过分"，语义域扩大了，不再局限于口腹之欲的过分享乐，"过分"的意义由此产生。汉语的语言研究离不开汉字，我们要想追踪一个词的本来意义就要从汉字的字形和字音入手。

第二节　文字与语言的关系

一、语言类型影响文字的选择

　　语言的结构特点和语音特点对选择文字系统有影响。我们知道世界上不同的语言有不同的结构类型，选择哪一种文字体系来记录自己的语言，要根据语言的结构类型来决定。如汉语是孤立语，在结构上没有多少形态变化，一个音节基本上就是一个语素，语素组合成词、词组合成短语、短语组合成句子都是直接连接，不需要改变任何词的词形，每一个词都是独立形式。因此汉语选择一个一个孤立的方块字符号是可行的。汉字的特点是一个汉字基本上只记录一个音节，一个音节只用一个汉字来记录。从语音上看，汉语是有声调的语言，在某些方言里声调的变化还比较复杂，因此采用孤立的汉字一个一个地记录可以避免拼音文字拼写声调时的困难。另外，汉语方言分歧比较大，尤其在语音上，不同方言区有很大的区别，所以采用拼音文字就比较困难。如果我们的文字系统要采用字母文字（国语罗马化运动就是这么主张的），首先要统一全国各地的方言。这是一个短时期内无法完成的任务。在方言分歧如此巨大的国度里，要统一使用字母文字，必定会造成不同方言区的人彼此之间的交际困难。又比如英语是屈折语类型，在构词层面上有大量的词形变化，语法结构上也存在着大量表达语法意义的形式变化，这些形式变化如-ed、-ing、-s 等用汉字这样的文字体系来记录就不是很方便。从语音上看，英语在音节这个单位上没有声调，音节结构一般为元辅音交替出现，有辅音串（例如 str-、scr-、spr-、pl-、sl-）。如果用汉字这样的文字系统来记录英语这样的语言，语音之间的关系很难反映出来。再比如，日语是黏着语，有词形变化，所以创造出假名文字，用来记录语法形式的变化。例如：

　　　　見る（动词"看"的原型形式）

　　　　見ます（动词"看"的敬体形式）

　　　　見ました（动词"看"的过去形式）

　　　　見っている（动词"看"的进行体形式）
　　　　見ましゅう（动词"看"的将来时形式）
试想如果没有假名来标记动词词尾的变化，动词的这些语法意义就无法表现出来。又因为日语中有很多格助词，它们都是用来表达语法关系的，用汉字来表达不如用假名表达方便。朝鲜语（韩国语）的情况与此类似，他们本来采用汉字作为他们的文字符号系统，后来世宗大王创制了自己的文字系统，把朝鲜语（韩国语）的文字系统变成了拼音文字。

二、文字形成系统以后作用于语言系统

（一）文字可以促进民族共同语的形成和发展

　　一种语言能不能成为一个社会群体共同的交际工具，在很大程度上取决于这种语言的使用范围，而某一种语言的使用范围取决于该语言内部的一致性程度。如果一种语言内部分歧很大，它就不利于人与人之间的交流。我们知道，口头语言在地域上和社会阶层上的分别是比较大的，口头语言在不同历史阶段上的分别就更加明显。但是如果用文字记录下来的话，地域之间的差别、阶层之间的差别和时间跨度上的差别就会减小。因为文字是受过教育的人才能掌握的交际工具，受教育的过程就是学习和使用文字的过程。在学习和使用文字的过程中，人们学会了规范。既然文字使语言的交际范围得以扩大，所以我们可以说是文字在一定程度上促进了语言的统一和规范化。就汉字而言，春秋战国时期诸侯争霸，不同诸侯国之间的语言和文字都有很大的区别。秦统一六国后，实行"书同文，车同轨"，文字的统一使得中国境内的语言朝着统一的目标迈进。应该说在中国统一的进程中，文字所发挥的作用是不可忽视的。

（二）文字的出现使语言拓宽了使用范围

　　文字在刚刚诞生的时候是作为一种记事符号出现的，人们把需要记录的事情用利器刻在木头上或者甲骨上。那时候的文字还只是一种备忘录的形

式,由于受到书写工具的局限,文字还不能原原本本地记录语言。即使记录的是语言的原本形式,也可能是电报式的语言。当书写方式得到改善以后,文字的功用迅速扩大;尤其是在发明了印刷技术以后,文字记录的内容就更加广泛,文字作为人类社会传达信息、表达感情的工具越来越受到重视。因为文字使得我们的语言可以留于异时,传于异地,文字使我们的交际超越了时空的限制。

(三) 文字促成书面语和口语的分离

口语是人们口头表达时的语言形式,由于口头表达的特点,口语在很多方面与用文字记录下来的语言形式是有区别的。由于书面语是受教育者的语言,因此书面语比较多地保留了文绉绉的词汇,省略了一些口语中常见的口头禅和重复(这恰恰是庄雅语体的特点)。说的话和写的话有差别这是很正常的,因为说的话是给人听的,写的话是给人看的。如果一个人说"事事应视世事适时实施",没有人能够听得懂,但是如果写出来我们可以慢慢地看,如果用口头语言来表达,这句话应该说"每一件事情在实施的时候都应该根据当时的情况来实施"。不是说出来的都是口语,写出来的都是书面语,也可以在口头表达的时候使用书面语,在书写的时候使用口语。但是文字的出现给书面语和口语的分家创造了条件。

第三节 文字的起源和发展

一、文字的起源

在文字发明以前,人们要记录生产和生活中的一些大事、战争中的一些大事或者部族内部人口和财产情况,或者记录自然界一些不同寻常的事件,或者要传递一些无法用语言直接传递的信息,人们会采用一些记事的方法,如结绳记事、讯木记事、图画记事。《易经》上说:"上古结绳而治,后世圣人易之以书契。"上古时代人们用结绳的办法来记录生活生产中的一些必须记录的事情,这种记事方法一直沿用至今。秘鲁 16 世纪结绳记事仍然盛行，我国西南某些少数民族至今仍然有结绳记事的传统，这种记录方式与刀耕火种的生产力水平是一致的。结绳记事远不如文字方便，但是在文字出现之前也是一种聊胜于无的记录方式。除了结绳记事之外，还有一种记事的方式，在木棒上刻上一些标志或者记号用来帮助记忆或者传递信息，这就是讯木记事。《北史·魏本纪》说到魏先世："涉猎为业……不为文字，刻木结绳而已。"《唐会要·吐蕃》记录吐蕃人："无文书，刻木结绳以为约。"《五代会要》上也说："契丹本无文记，唯刻木为信。"可见鲜卑人、藏人和契丹人原本都没有文字。讯木记事比结绳记事有所进步，因为在木棒上刻记号可以有比较多的变化，可以表达比结绳记事更多的信息。比讯木记事更进一步的记录方式是图画记事。图画是文字的雏形。中国的象形文字脱胎于图画。很多汉字至今仍然能看出它们的图画原型：牛、羊、鱼、目、山、川、舟、人……今天仍在使用的东巴文其图画的特质一目了然。

在中国，关于文字的起源有很多传说。仓颉造字是流传最广的一种传说。仓颉是黄帝的史官，据说是仓颉看到鸟兽虫鱼的纹样和自然界的一些图像，受到启发而创造了文字。这种说法只是一种传说。比较可信的是文字的创造不是一人所为，而是人们在长期的实践过程中逐渐积累，积累到一定程度后再由像仓颉这样的人系统地进行整理和规范。不管是仓颉造字也好，人民群众造字也好，文字成为系统地记录语言的符号一定是经过加工的，总要有人对文字的体系进行整理和规范，并在一定的范围内推广使用。仓颉作为黄帝的史官有条件对文字进行系统化的整理。

文字起源于图画，社会发展变化使人类社会产生了记录语言、记录生产生活讯息的需求，这就是文字产生的动因。我们可以看到几千年以前的文字形式，比如中国河南安阳小屯村出土的甲骨文，记录的是殷商时代中国社会生活的很多方面。这些刻在龟甲和兽骨上的符号就是汉字的雏形。

二、文字的嬗变

文字最初脱胎于图画，在发展变化过程中逐渐脱离具体的形迹，变成纯粹抽象的符号。由具体到抽象是所有文字发展演变的大趋势。例如汉字的"人",原本是画出一个人的形状 ?,后来渐渐地变成一个符号,再变为一个汉字的偏旁:单立人(亻),一切与人有关系的字皆从人旁:

什、仁、仆、仇、介、从、仔、仕、他、仗、付、仙、代、伫、仪、们、仰、仲、件、任、仿、伉、伊、伍、伐、侠、伥、伦……

又比如"水"字本来是一个描摹流水形状的象形字 ?,后来渐渐演化为汉字的另一个偏旁:三点水(氵),一切从水的字皆由这个符号与其他符号组合而成。例如:

汈、氾、氿、汀、汁、汃、汄、汅、汇、汋、汉、汊、沩、训、汏、汛、汰、汐、汜、汇、浮、汔、汕、汗、汘、汙、污、汛、汜、汝、江、池、汤、波、洴、汨、汪、洪、汭、沟、汱、汲、汳、泠、汶、泮、汽、汾、汿、沁、沂、沃……

文字脱胎于图画这一结论在一些自然现象或者动植物物象上表现得最为明显。例如:

⛰山 ☉月 木木 麦麦 鱼鱼 马马 鹿鹿 隼隼

字母文字也是由具体的象形字渐渐演化而成的。文字发展变化的第一条规律就是由具体到抽象。文字发展变化的第二条规律是由表意到表音。表意是用文字符号直接表示意义,例如汉字的指事字和会意字都是表意文字。形声字、假借字、音转转注字已经由表意渐渐地走向表音。拼音文字是文字发展到表音文字的最高阶段。拼音文字从原理上说比表意文字要简单得多,学会了字母和正字法之后可以无师自通。方块汉字要一个一个地学,而拼音文字对于学习者来说则省力得多。

汉字是记录汉语的文字系统,已有几千年的历史,是现存最古老的文字系统之一。现在能看到并可辨识的成系统的文字是3600多年前殷商时代的甲骨文和稍后的金文。现在用的汉字是从甲骨文和金文演变而来的,在形体上由图形变为笔画,象形变为象征,复杂变为简单。汉隶是汉字字形走向统一的基础,后来的真书(正楷)与隶定后的汉字是一脉相承的。汉字形体的演化是一个历时的过程，这个过程是一个求简求便的过程。从商代的甲骨文到秦汉篆隶，汉字外在形体的变化是很明显的。但是在这个演进的过程当中，一定会有过渡状态。这个过渡状态，我们可以认为是一种形体融合和替代的过程。黄德宽(1994)指出汉字字形演化的动因与书写工具和书写载体的变化有关。从商周甲骨文到小篆，再到西汉的隶书，最后定型于隋唐时代的楷体，从字体上来看经历了非常大的变化，这是具有文字学意义的变化(黄德宽，2019)。这里没有提到金文和草书。

图 9—4

也有人认为某些字体的演进具有同步性(高淑燕，2015)，如果是这样的话，那就更容易解释为什么会有过渡状态。草书是在书写的过程当中为了追求书写速度自然形成的一种字体。然而草书最大的缺点是不容易辨识，因此在文字字形演化的过程中，草书并没有被纳入文字学的研究范围。实际上草书也是有书写规范的，但是草书的书写规范主要局限在书法范畴内，在文字学领域，它们只是一种字形的变体。

汉字总数在 6 万个左右，加上异体字大约 8 万个，《康熙字典》收字 4 万个左右。没有一个人能够认识所有的汉字。现在的电脑常用字库的汉字是 6763 个。一般来说，掌握 3000 个汉字就足够应付日常书写和阅读的需要了，但是要真正掌握这些汉字需要花费数年之功。汉字对中华文明及周边国家的影响是相当巨大的。日本的假名也是一种表音文字，从形式上说，它们来源于

汉字。例如平假名的あ、い、お、か、ふ、ほ是汉字"安、以、于、加、不、后"草书的变形或者省写。片假名的ア、イ、エ、カ、ク、シ、ス、ホ、マ、ム、ヤ也是在汉字偏旁的基础上创造的。西夏文、汉语的注音符号、中国湘西大瑶山发现的女书也都是在汉字的基础上创造的。目前在台湾地区还在使用的注音符号也脱胎于汉字的部件。例如：

ㄅb ㄆp ㄇm ㄈf ㄉd ㄊt ㄋn ㄌl ㄍg ㄎk ㄏh ㄐj ㄑq ㄒx ㄓzh ㄔch ㄕsh ㄖr ㄗz ㄘc ㄙs ㄚa ㄛo ㄜe ㄝie ㄞai ㄟei ㄠao ㄡou ㄢan ㄣen ㄤang ㄥeng ㄧi ㄨu ㄩü

不过可以清楚地看出注音字母明显地受日语假名文字的启发。

前人分析汉字造字法得出的6种造字方法称为六书，即象形、指事、会意、形声、转注、假借。六书其实反映了汉字的发展变化。

象形：描摹实物形状的造字法。

龟　鸟　蛇(它)　斤　禾　贝

指事：用象征性符号来表达意义的造字法。

上　下　本　末　刃

会意：用两个以上的字组合起来构成一个合体字，可以通过意会，根据组成成分的意义推出整体意义。

析：以斧砍树　　明：日月为明　　甜：舌甘为甜　　众：三人为众

从：二人相从　　鲜：鱼羊为鲜　　坐：二人坐于土上

形声：由意义符号和声音符号组合在一起，意符表意，声符表音。

悲：心为意符，非为声符

愁：心为意符，秋为声符

秧：禾为意符，央为声符

闻：耳为意符，门为声符

燈：火为意符，登为声符

城：土为意符，成为声符

转注：有音转、形转、义转三种说法。《说文序》："转注者，建类一首，同意相受,考老是也。"转注是六书中说得不是很清楚的一种造字法,大意是指意义相同或相近的字应归于同一部首之下。后来各家解释不同,或指字形上属于同一部首的字在意义上可以互训,如"考"和"老";或指在词源上或者声韵上属于一类的字在意义上可以互训,"考"和"老"音韵相类,意义相通。

假借:用同音字代替。《说文序》:"假借者,本无其字,依声托事。"

麦(来);祖(且);北(背);汤(荡);莫(暮)

"来"本来没有这个字,于是就借用与它同音(古音相同)的"麦"字来代替;"且"本义是祖宗的"祖",后来虚词的"且"就借用这个字,"祖"和"且"古音相同;"北"从词形上来看是二人相向而坐,"向背"的"背",后来借以表示方位;"浩浩汤汤,横无际涯"的"汤"借用为"荡";"莫"是"暮"的本字,借为"普天之下,莫非王土"中的不定代词"莫"、"莫使金樽空对月"中的否定副词"莫"。

三、文字改革

文字是记录语言的符号,而语言是不断变化的,因此记录语言的符号系统也会随之而变化。这种改变包括对现有的文字系统进行改进和放弃现有的文字系统,改用或者新创造另外一种文字系统。我们以汉字变革为例来说明文字改革的一些问题。

汉字是一种古老的文字系统,对于汉语这样的语言来说,无论从音系结构上看还是从语法结构上看,用汉字这样一种文字系统都是合适的。几千年来汉字也一直很好地肩负着记录汉语的任务,对中华文明和中国文化的形成和发展做出了重要贡献。汉字之所以能够一直保存到今天和汉语的特点是分不开的。但是不能否认,和拼音文字相比,汉字难学、难认、难记、难写,这对于中国的儿童学习科学文化是一个障碍,对于外国人学习汉语也是一个障碍。汉字的难学、难认、难记、难写已经成为我国大众教育和对外传播中国文化的障碍。因此,在五四运动前后,有不少仁人志士、不少学者都认为中国基础教育落后的根源在于汉字的不容易掌握,于是有人提出要废除汉字,走拼音化的道路。有许多学者为了实现文字的拼音化花费了一生的心血。1950年代,中国政府成立了文字改革委员会,主要任务是推广普通话、简化汉字、制定拼音方案。因为要实行拼音化的一个前提条件是语言首先得统一,因此文字改革的前提是推广普通话。文字改革委员会在推广普通话和汉语拼音辅助教学方面做了许多工作,取得了许多成就。但是在汉字简化方面却有很多不足的地方。文字改革委员会后来改称国家语言文字工作委员会,工作重心也有所变化。越来越多的人意识到,改革汉字、推行拼音文字不是一件简单的事。在当前的形势下,汉字还不能废止,汉语拼音不能取代汉字来作为记录汉语的文字。理由如下:

第一,汉字经过几千年的发展已经成为一个比较成熟和完善的文字体系,目前在记录汉语、传达信息、计算机文字处理、教育、出版、文学创作、艺术、通信、法律等方面完全能够完成任务,而且在某些方面还有拼音文字所没有的优点。

第二,中国有五千年的文明史,有浩如烟海的历史文化典籍,它们都是用汉字记录的。如或改用拼音文字,将来很少有人能直接阅读古书,这对于我们继承中华文化的精华和中国的优良传统是十分不利的,对于我们了解中国历史也是十分不利的。

第三,中国幅员辽阔、方言分歧复杂,加上基础教育的条件制约,因此推广普通话的困难很大。从技术上说,要在一个方言分歧很大的国家实行拼音文字其难度是相当大的。

第四,汉字是联系中华民族各地区、各族群的纽带,尽管各个地方方言分歧很大,有些地方彼此之间口头交际存在很大困难,甚至不能通话,比如广东人和上海人,彼此听不懂对方的方言,但是大家有共同的文字系统,书面语交流没有障碍。这有利于国家的统一。海外华人华侨,不管生活在什么地方,只要认识汉字,彼此很容易沟通。

第五,汉字保存了大量的古代文化的信息,后世学者可以根据汉字来进行语言考古,因此汉字对于历史学、考古学、语言学、人类学、中国哲学来说是一笔宝贵的财富。例如我们可以根据汉字之间的音韵关系和意义联系来构建古代汉语的词族,我们可以通过对甲骨文、金文的考释来认识中国历史,我们可以通过对汉字造字理据的研究来认识中国的哲学观念,等等。

第六,汉字为中国文化在世界上的传播做出过巨大的贡献,历史上曾经形成过汉字文化圈,今天的日本仍然在使用汉字。尽管日本自创了假名文字,但是仍然无法完全废止汉字,因为在日语中有大量的汉语借词,在记录日语时如果不借助汉字会造成一些不便。汉字的区别度比拼音文字好。

第四节　文字的类型

前面说过,文字的产生和发展受到它所记录的语言的影响,文字的类型也与语言的类型有一定的联系。例如孤立语适合用孤立的方块字,屈折语适合用字母文字。某种语言的语音特点和结构特点对文字类型的选择有制约作用。文字从诞生之日起发展到今天,经历了一个相当复杂的发展变化过程。纵观整个文字发展的历史和世界上正在使用的文字的特点,我们可以把文字大致归纳为四种类型:象形文字、表意文字、意音文字和字母文字(拼音文字)。其中象形文字、表意文字和意音文字,又可以和字母文字对立,称为非字母文字。非字母文字的产生早于字母文字,最早的文字至今已有 5000—6000 年的历史,如古埃及的圣书字和古巴比伦的楔形文字。而如今使用最广的字母文字,历史只有两千多年。

一、象形文字

象形文字是用图形来描摹物象的外部特征,它脱胎于图画,因此还留有图画的痕迹。但就性质而言,它与图画已经完全不同。象形文字记录的是语言,有一定的读音,也与一定的意义相联系。甲骨文是古中国殷商时代刻写在龟甲兽骨上的文字,它们有很多都属于象形文字。象形文字直接描摹物象的轮廓特征,所以很直接、很形象。但语言中的词汇是无穷尽的,象形文字不可能创造这么多的形体——记录语言中的词汇。另外,语言中的词汇也不都是表达物象的,一些表达行为动作、性质属性、状态关系的词语就很难直接描摹了,于是就产生了合体的象形字,或指事或会意。这就是表意文字。

图 9—5

二、表意文字

表意文字是用文字符号直接表示意义，通常是把两个或多个符号组合在一起来表达意义，它的基础是象形文字。比如会意字"休"（休），画一个人靠在树旁，表示休息之意；又比如会意字"步"（步），画一前一后两个脚趾表示行走之意。我们今天能够看到的古埃及的文字和古苏美尔人的文字都是具有象形字的特征的。例如古埃及的象形文字：

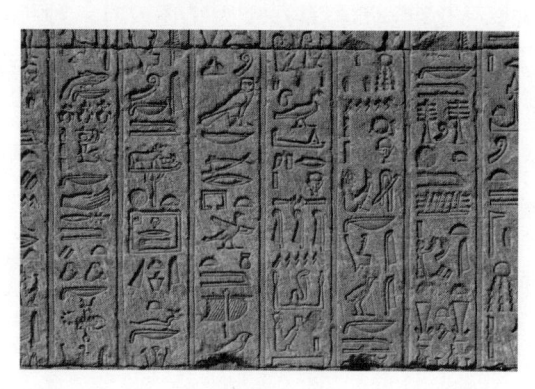

图 9—6

还有一种表意字,是通过用象征性符号或在象形字上加一个提示符来表示某个词,这就是指事字,比如在"刀"上加一点,表示这是刀"刃"所在。在"木"下部加一短横,表示这是树的根(本)。在"木"上部加一短横,表示这是树梢(末)。

象形文字非常有限,指事字又必须在象形文字的基础上添加一些象形符或提示符,这就更加受限制。当这两种造字法都山穷水尽时,人们开始把目光投向了字音。一种方法是假借字音,即语言中有了某个词,可还没有相应的字来表示,于是就在已有的字中找一个同音字来代替。比如,"北"(背)本来是二人相背 ,人们把它借来指示空间方位"东南西北"的"北"。所谓假借,是指用同音字来代替没有造出的字。

三、意音文字

意音文字中最重要的是形声字,即通过表音符号和表意符号的组合来记录语言。这种造字法的能产性很强,比如:枝,从木支声,"木"是形旁,表示该字和树有关,"支"是它的发音。形旁和声旁又分别可形成一系列别的字,从"木"的字有松、杨、枪、杖、杉、材、林、柜、权、杆、枫等,这些字左边为义符,右边为声符。

以上这些非字母文字都有一个共同点,可以见形知义,但不一定能见字读音。20世纪初,有许多人认为只有字母文字才是最经济、最实用的,非字母文字有很大的局限性。所以,拼音化是文字发展的必由之路。也有不少学者致力于汉字的"国语罗马化"运动,但是迄今为止还没有一种拼音文字可以取代汉字。和字母文字相比,表意文字的确难记、难写、难认,其实表意文字也有许多拼音文字不能企及的优点,比如表意文字相对稳固,历经几千年仍可认可读。表意文字可以提高阅读速度,一目十行;对于很多有阅读障碍的患者来说,表意文字的阅读反而没有障碍。

四、字母文字

字母文字是通过字母与字母的拼合来记录语言的文字系统。公元前3000多年生活在中亚的苏美尔人就发明了楔形文字。这些楔形文字是刻在石板或者泥板上的。如图所示：

图 9—7

公元前 1000 多年，居住在美索布达米亚地区的闪米特人，在古埃及圣书字和古巴比伦楔形文字的基础上，创造了一种后代运用极广的文字，这就是世界上最早的字母文字——拼音文字。拼音文字把不同的字母拼合在一起来记录语音、表达意义。下图是古巴比伦楔形文字的图片。

图 9—8

字母文字又可以分为三类：音节字母文字、辅音字母文字和音位字母文字。

音节字母文字适用于音节结构简单，音节数量少的语言。这种文字一个字母就表示一个音节。日语的假名属于典型的音节字母文字。

辅音字母文字的字母只代表辅音，不能代表元音，也不能代表音节。元音用一些附加符号来表示，或者干脆不用任何符号，只看辅音就能推知元音是什么。古代闪米特文字和现在的阿拉伯文都属于这种类型。

音位字母文字是出现比较晚、发展比较充分、比较科学的一种文字。它的每个字母代表一个音位，语言中的音位有限，字母也就有限，只有二三十个。这种文字只要掌握了字母和拼写的规则，就可以随听随记，随看随念。例如拉丁字母、斯拉夫字母，都是通行比较广泛的字母文字。

字母文字最大的优点是易记、易读、易认，尤其在计算机处理上有很大的优越性。目前世界上有很多语言采用的都是字母文字。

前面谈到了文字的几种类型，它们既是历时的，又是共时的。从这些类型中，可以看到文字发展的漫长而复杂的过程。

第五节　汉字与汉语国际教育

一、汉字是最独特的文字系统

汉字是迄今为止世界上保存最完好且仍在使用中的古老的文字系统。说它古老是因为从汉字出现开始一直到现在这个系统的基本原则都没有改变，六书造字法在造字的理据方面依然有迹可循。从甲骨文到金文，从小篆到隶书，从隶书到楷书，汉字各种书体嬗变，虽然在形体上发生了很大的变化，但是作为一个文字系统，这些发展变化只是对它的丰富和完善，并没有改变它的基本格局。

随着中国综合国力的提升和大国地位的确立，全世界学汉语的人越来越多，汉语国际教育事业蓬勃发展。但是我们应该看到，在汉语国际教育过程当中，汉字是不可回避的拦路虎。根据联合国教科文组织的统计，世界上有7000多种语言，而有文字的语言，它们所采用的文字系统几乎都是拼音文字或者字母文字。像汉字这样,既能表形又能表意的文字已经很少见。我们必须承认,汉字是这个世界上最独特的记录语言的符号系统。对于这个系统,我们中国人已经习焉不察,而对那些从小使用拼音文字或字母文字的人来说,学习汉字确实是非常困难的。

二、汉字认读和认知

我们首先要区分两种不同的学习环境,第一是汉字背景的学习环境,比方说中国和日本,小学生从小就开始接触汉字,对于汉字的认读和认知有独特之处。第二是拼音文字或字母文字的学习环境,对于这些背景的学习者来说,刚刚接触汉字的时候,觉得很神奇,进一步学习就会发现有很多的困难,一些人会望而却步,再进一步学习,又会发现汉字是一个有机的整体,也是有规律可循的。

在汉字认读和认知的研究方面有不同的理念和做法,我们只讨论对外汉字教学的相关问题。石定果和万业馨(1998)曾经对汉字教学做过调查,这个调查最有价值的结论是"留学生多数希望采取先整字然后归纳分析的教学步骤,与我们惯常主张的由独体到合体、由部件到整字的程序相悖"。究竟先教部件还是先教整字?万业馨(2001)的研究结论值得重视。她认为"由于充当意符的字比较常用,故可先行给出。声旁字则需分别对待:与形声字同音且常用程度高的声旁字可先行讲授;与形声字不同音或常用程度不如形声字的声旁字,则应采用由整字到部件的做法"。有人把汉字分成不同的家族,按照汉字的意义归纳为不同的范畴进行教学,有人通过联想的方法,把有意义联系的汉字穿成一串儿进行教学(李润生,2019),等等。他们各有所长,也有人通过俗文字学的方法,把汉字结构分解为不同的意义组合,有利于学生的记忆,但是也会带来一些负面作用。比如说"和平"的"和"字,有人解释说,有吃的,可以自由说话就会变得和谐。这显然是望文生义。在第二语言教学领域,汉字的教学是一门独立的学问。怎样又快又好地教会学习者认读和书写汉字,是这门学问的关键所在(潘先军,2018;施正宇,2018)。到目前为止,除了日本学习者之外,其他国家的学习者,在书写汉字的时候,总会面临各种各样的困难。

即使是日本学习者,有的时候对汉字的学习也会产生误解。例如日本学生,曾经把"丫头"的"丫"当作了拉丁字母 Y,并对什么是"Y 头"表示不解。

三、汉字与汉语国际教育

大家都说汉语难学,实际上,汉语并不是那么难学的语言,真正困难的是汉字,如果我们有办法解决汉字难学的问题也就抓住了汉语难学的牛鼻子。目前世界上存在的,并且还在使用的汉字系统,有三种,一是繁体字系统,二是简化字系统,三是日本汉字系统。这三个系统,既有区别又有联系,对于汉语国际教育的学习者来说,这三个系统都有可能被他们接触到。如何对待这三种汉字系统是我们应该研究的课题,在中国大陆以及我们在全世界所建设的孔子学院和孔子课堂中,我们教授的汉字系统是简化字系统,或者叫简体字系统,这套系统已经使用了多年,对于扫盲和提高学习效率起到了非常重要的作用。这几年总是有人提出要恢复繁体字,我们认为这是不可行的。有很多理由,汉语国际教育是其中的一个理由,对于学习者来说,简化字显然比繁体字要容易认读和习得,这一点也已经有很多研究者发表了相关的研究成果。目前我们提出写简识繁,这是一种折中的办法,也是切实可行的办法。

关于第二语言学习中的汉字教学研究,已经有很多学者进行了研究,这些研究包括汉字教学总体设计(万业馨,2009、2018),汉字教学大纲在汉语教学中的应用(梁彦民,2018),汉字教学的原则(马燕华,2019),汉字与认知的关系(万业馨,2003),汉字与符号体系,从汉字研究到汉字教学(万业馨,2007)。我们有以下一些想法提出来讨论:

1. 从教师的视角出发,怎么教汉字更有效率。无论是整字教学还是部件教学,都有其局限性。汉字是一个家族,家族成员之间通过偏旁部首,建立起各种各样的联系,构成一个网络体系。这个网络体系彼此之间的联系是非常有趣的。如何把这种联系变成教学能用的工具,是我们应该思考的问题。例如"雨"字头的字构成一个家族:

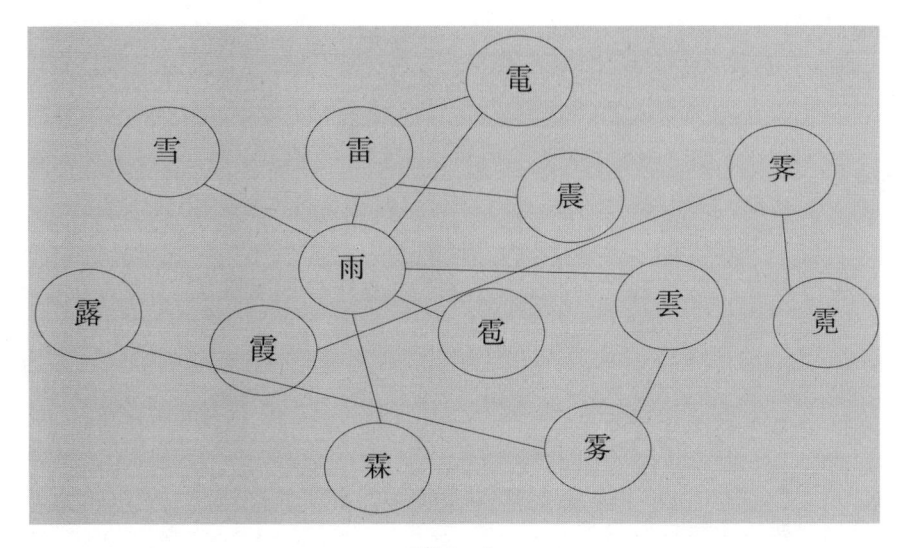

图 9—9

这个家族成员之间是有联系的,这可以揭示汉字教学的系统性。当然这个家族可以很大,但是在教学中要有所选择:

雷、霜、霞、零、雪、雾、霄、震、雹、需、霎、霉、霸、雱、霹、霖、霍、霾、霓、霏、霭、霆、霁、雩、雱、霪、靐、鍵、霣、靁、霰、靏、靍、黔、霢、霈、霸、雯、靡、䨷、雫、雲、靈、霈、雺、鑽、霅、霈、霂、雱、雰、𩃢、庯、霢、𩂹、霙、䨪、霰、霊、霤、霯、飍、靇、靉、䨺、霈……

2. 从学习者的视角出发,用实验的办法来研究,学习者在学习汉字的过程中,会有什么样的困难,如何克服这些困难。

3. 从认知的角度对汉字的概念系统进行研究。汉字有义符,这是我们研究汉字概念系统的抓手。在汉字的概念整合方面可以研究以下一些问题:

概念整合(conceptual blending)

概念化(conceptualization)

概念结构(concept structure)

概念网络(concept network)

概念隐喻(concept metaphor)

4. 文字学的研究领域有很多可以借鉴的成果。文字学研究关于语言与汉字的关系,关于语音与汉字的关系,关于字形与意义之间的关系,这些研究成果都可以作为汉字教学和汉字认知的参考。

思考与练习

1. 语言和文字的区别是什么?
2. 选择使用什么类型的文字系统主要应该考虑哪些因素?
3. 文字的基本功能是什么?
4. 汉字能不能在短期内为拼音文字所取代?为什么?
5. 世界上的文字有哪几种类型?
6. 文字是怎么起源的?
7. 简述文字演化的历史。
8. 在汉语国际教育领域应该关注汉字的哪些问题?

第十章 语言的产生和发展

第一节 语言的产生与演变

一、有关语言起源的一些假说

语言的产生是指人类语言是如何发生或起源的。语言的起源问题和人类的起源问题一样一直是一个谜。语言学家、人类学家、历史学家都试图通过自己的研究找到答案,但由于客观条件限制,目前还未能找到人类语言产生的实际证据,因此,语言起源问题的研究和探讨尚处于理论假设阶段。

语言的产生不仅是学术界感兴趣的课题,也是普通人感兴趣的课题。关于语言的起源,世界各民族有各种各样的传说。比如《圣经》记载:上帝耶和华创造了宇宙中的一切物质,并将大地上的飞禽走兽都带到亚当面前,让亚当起名字,亚当怎样称呼这些飞禽走兽,这些称呼就成了它们的名字,亚当给一切牲畜,包括空中飞鸟、野地走兽都起了名字。于是,上帝称光为昼,称暗为夜,称空气为天,称旱地为陆,称水的聚集处为海,这些就成了山河湖海、日月星辰的名字。当然这是基督教创世的传说,世界上许多民族都有关于开天辟地的传说,可惜都不足为凭。在语言学家看来,语言起源的问题大致可归纳为如下几种假说:

(一) 拟声说

这种假说认为人类语言产生于人类对客观世界各种声音的模拟,比如德国哲学家赫德尔(J. G. Herder)就认为,人类的语言产生于打动人类心灵的各种感觉,如羊"咩咩"的叫声最能使人产生感觉,于是羊的叫声就成了羊的名称。德语的羊是 das Schaf(不知道这和羊的叫声是否有关系)。老子《道德经》开篇就说:"道可道,非常道;名可名,非常名。无名,天地之始;有名,万物之母。"开天辟地的时候万物是没有名字的,是谁给万物命名的呢?中国清代学者龚自珍在其《壬癸之际胎观第一》中认为:"名字之始,各以其人之声。声为天而天名立,声为地而地名立,声为人而人名立。""其人"又是何许人呢?用现在的话说就是"人们"。为万物立名不是哪一个人的事,是众人约定俗成的结果。《荀子·正名》:"名无固宜,约之以命,约定俗成谓之宜,异于约,则谓之不宜。"荀子那个时候就知道事物的名称是由人们约定俗成而成的。拟声说可以解释一些事物名称的理据性,但是问题是语言中不是只有名词。羊的名称可以说来自羊的叫声,猫的名称也可以说来自猫的叫声,那么走路的走,好坏的好呢?是如何拟声的?语言是一个复杂的系统,显然拟声说无法解释语言起源的问题。

(二) 情感宣泄说

这种假说认为人类语言产生于人类情感的表达与宣泄。18 世纪法国启蒙思想家孔狄亚克(Condillac,1715—1780)认为语言源自人类感情冲动引发的各种叫喊,这一观点和中国宋代改革家王安石的"物生而有情,情发而为声"的说法不谋而合。不仅如此,丹麦语言学家叶斯柏森(Otto Jespersen,1860—1943)还进一步认为,人类最初是通过"唱"而不是通过"说"来宣泄情感的。叶斯柏森将当时已有的各种语言起源假说归纳为四种,并分别用绰号来指称:第一个是"汪汪"说(The "bow-wow" theory),认为词的来源是模仿各种音响,特别是动物的叫声(汪汪即狗叫声);第二个是"噗噗"说(The "pooh-pooh" theory),认为语言起源于情感激发时的感叹声,正如不高兴时发出"噗噗"的语音;第三个是"叮咚"说(The "ding-dong" theory),认为人类从外界得到感受,自然发出相应的语音,这是对外界环境的自然反应,正如钟一敲就发出"叮咚"声一样;第四个是"唷嗨嗬"说(The "yo-he-ho" theory),认为语言来源于人们一起劳动时共同发出的有节奏的号子声。此外,叶氏又补充提出"啦啦"说(The "la-la" theory),认为语言源于相爱、游玩、诗兴、唱歌等有关的声音。

(三) 劳动起源说

这种假说内部又分为两种观点,一种认为人类语言直接产生于劳动,因为人类在狩猎和劳动时为了互相协作会发出各种呼喊声。另一种则认为人类语言产生的必要前提和条件是劳动,但语言的产生应该同时伴随着其他条件,比如人类语言器官的不断完善、人类思维系统的不断发展等等,持这一观点的是恩格斯。

就拟声说和情感宣泄说来看,今天世界上大多数语言系统都存在拟声词、感叹词,但它们在语言系统中数量极少,如果主张语言起源于拟声,就很难解释为什么同一种动物的叫声在不同语言中的名称却并不相同或相近。我们可以推断说语言中一些拟声词和一些与其叫声相当的动物名称如汉语的"猫""蛙""鸭""鹧鸪""布谷"等应该是源于对外界事物声音的模拟,但不能反过来说语言的产生直接源于拟声。事实上,认为语言起源于拟声或者起源于人类情感的宣泄都不同程度地削弱甚至否定了语言的本质属性——社会性,削弱了语言的最重要的功能——交际性。

就劳动说来看,恩格斯的理论最具说服力,他在《劳动在从猿到人转变过程中的作用》中说:"随着手的发展、随着劳动而开始的人对自然的统治,在每一个新的进展中扩大了人的眼界。他们在自然对象中不断地发现新的、以往所不知道的属性。另一方面劳动的发展必然促使社会成员更紧密地相互结合起来,因为它使互相帮助和共同协作的场合增多了,并且使每个人都清楚地意识到这种共同协作的好处。一句话,这些正在形成的人,已经到了彼此间有些什么非说不可的地步了。"首先,恩格斯将语言的产生放在了人类交际的层面上,明确指出了语言的产生和其所具有的社会属性密切相关;其次,恩格斯没有将语言的产生简单地归为单一原因,而是认为语言产生的前提和条件是复杂的;最后,恩格斯没有将劳动和语言的产生直接画等号,而只认为劳动是语言产生的必要前提和条件。因此,可以说恩格斯的观点为我们探讨语言的产生提供了科学、客观的理论依据。

二、语言是人类劳动过程中的产物

语言是人类在劳动过程中、在相互协作过程中"到了彼此间有些什么非说不可的地步"时应运而生的。人类在完成了由猿到人的转变后,首要任务就是要学会如何运用自己的智慧、依靠自身的力量适应环境并在恶劣的环境中生存和发展,而在战胜自然的过程中,劳动成了人类生存的基本保障,但是依靠个体力量毕竟有很大局限性。当一个个体遇到强有力的动物攻击时,往往是无能为力的,只有依靠群体力量才能战无不胜。

战胜自然的愿望使人类单个个体走到了一起,彼此间相互帮助、共同协作也使人类感受到了集体协作带来的安全、保障、快乐等种种好处。所以,直立行走、由个体孤军奋战到群体同甘共苦是人类由猿到人发展过程中的革命性进步,一方面手得到了解放,劳动变得更加自如,彼此的合作更加协调;另一方面扩大了人类的视野,同时使人类的发音器官、听觉器官和思维器官得到了空前的发展。相对于人类社会来说,今天的动物世界的生存和发展由于没有经历这样一个过程,所以仍处于无序无组织状态中,更可以证明这一点。

协作是一种互动行为,需要交流,对人类来说,用手势、身体姿态等工具交流具有很大局限性,语言交流变得更加重要,于是,在客观条件已经具备、主观要求又非常强烈的合力作用下,有声语言最终产生了,而语言的产生不仅又进一步促进了人类思维的发展和完善,而且为人类社会不断进步、不断向文明迈进奠定了坚实的基础。

因此,可以说:劳动是语言产生的前提条件或推动力。人类语言器官和大脑的不断完善是语言产生的客观基础,人类渴望交往、交流的愿望是语言产生的主观因素。

语言起源问题是一个无法证实也无法证伪的问题,因此很多语言学家不愿意在这个"玄而又玄"的问题上浪费时间,有的语言学家组织干脆声明不再讨论语言起源问题,并把这一条作为入会的条件写入章程。

第二节 语言符号系统的演变

辩证唯物主义认为,任何事物都不是静止不动的,都处于发展变化之中。静止是相对的,而变化则是绝对的。作为人类重要交际工具和思维工具的语言也如此。语言是伴随着人类社会的产生而产生的,因此,和人类社会一样,它不会是一成不变的,它也会随着社会的发展变化而变化,随着人类社会的消亡而最终消亡。但是,虽然语言的发展变化和人类社会密切相关,其发展变化的动因、路径、过程、特点等等却并非完全由社会来决定。语言的发展变化也有其自身的因素。语言符号系统演变的动因有内因和外因两种。

一、语言发展变化的原因

语言发展变化的原因可以归结为内因和外因两个方面,内因是指语言系统内部各要素(如语音、词汇、语义、语法)彼此之间的相互影响、相互作用引起的语言系统内部的变化,外因则是由社会的发展变化带来的语言结构或系统的变化。在演变的过程中,内因和外因也会相互作用。以下我们分别讨论。

语言系统内部各要素的相互影响和作用是导致语言发展变化的内部因素。语言是一个组织严密的系统,系统内部各个子系统彼此之间相互制约,相互影响,如果其中的一个子系统发生变化,势必会影响到其他的子系统。这其实也是一个自组织的过程,符合自组织理论的基本原理。自组织理论指的是在没有外部指令条件下,系统内部各子系统之间能自行按照某种规则形成一定的结构秩序。系统的演化就是由无序到有序的过程。语言演化也必须具备几个基本条件:(1)产生自组织的系统必须是一个开放系统,系统只有通过与外界进行物质、能量和信息的交换,才有产生和维持稳定有序结构的可能。语言符号是一个开放的系统。(2)系统从无序向有序发展,非平衡是演化的起点,换言之,所有的演化都是由系统的不平衡造成的。(3)系统内部各子系统间存在着非线性的相互作用。这种相互作用使得各子系统之间能够产生协同动作，从而可以使系统由杂乱无章变成井然有序。由于语言在一个共时平面上是一个相对平衡的系统，但是语言是在社会中运用的，因此与系统外部会进行信息的交换，从而打破系统内部的平衡。如果系统内某一个要素发生变异就会引起连锁反应，导致整个系统失衡。语言系统的发展变化总是由平衡到不平衡再调整到平衡，过一段时间又会出现新的不平衡这样一个循环过程，其间各要素内部的变化总会引起其他要素的变化，使语言系统本身发生变化。

不平衡——平衡——不平衡——平衡——不平衡……

这是一个循环往复的过程。从语言诞生的第一天起，这种演变就开始了。我们用具体的例子来说明。比如汉语词汇最初是以单音节为主的，但后来随着发生浊音清化、声母合流、韵母合流、入声韵尾消失、元音合并等语音系统的变化，同音现象逐渐增加，词语区别意义的作用就会减弱，单音节词已经无法满足人们交际的需要，于是语音的变化打破了语言系统的平衡，带来词汇长度上的调整，最终导致双音节词大量产生。语音系统的简化必须在词汇系统里得到补偿，增加词的长度就是一种补偿办法。双音节的产生就是通过增加词长的办法来补偿由于语音系统的简化而带来的不平衡。又例如藏语或者越南语声调的产生也是语音系统内部变化的结果：浊音清化、复辅音消失、辅音韵尾脱落使得藏语或者越南语原有的区别性变得越来越弱，声调的产生可以说是一种补偿。当清浊的对立消失的时候，原来不同音的词汇变成同音词汇了，怎么办呢？用声调的变化来区别。当辅音韵尾脱落的时候，原来韵尾不同的音节变成相同的音节了，怎么办呢？用声调的变化来区别。可以说，古代藏语和越南语声调的产生就是语言系统内部变化的结果。

社会的发展变化是语言发展变化的根本原因。人类社会形态的改变会直接导致语言的变化，社会形态由低级阶段向高级阶段的发展过程是由人类自身完成的，这一过程是曲折的、复杂的、反复多变的，而语言总是要不断调整自己去适应这些发展变化。社会的分化会引起语言的分化，社会的统一会带来语言的统一，不同社会文化的接触、冲突、较量、融合，也会给语言带来各种变化或影响。新事物的产生、旧事物的变化消失会带来词汇的新旧交替，人们认识水平的变化会导致词义的变化，随着人们认知水平的不断发展，对客观世界的认知和内心思想感情的表达也有了更高层次的需要,所以在语法层面上就会产生一些新的语法范畴来满足这种需求。例如关于事件的内部时间和外部时间表达的问题,语言中会出现体和时这样的语法手段;在语言交际过程中言者要充分表达自己的态度和立场,于是情态的语法手段就越来越发达。如此等等。社会的发展变化在语言内部造成的变化首先体现在词汇层面。比如,中国社会经历过奴隶社会、封建社会和社会主义社会不同的发展阶段,不同的社会形态带来的政治体制也是不一样的,语言必然要适应这种变化,因此,我们说"皇帝、宰相、尚书、郡守、县令"等称呼是封建政体的产物,今天早已消失,而代之以"主席、总理、省长、市长、县长"等称呼,当然它适应的是今天的政治行政体制。社会经济文化发展的不同阶段,也有自己独特的词汇形式。当白银作为通用货币流行的时候,我们会说"你挣多少银子?";当科举考试作为整个社会选拔人才的手段时,"状元、榜眼、探花"这样的词汇就是必不可少的。词汇的发展变化也具有传承性,柴薪和水已经不是生活物资的代表了,但是"薪水"这个词还留在我们的词汇系统里。不同社会群体之间的接触使当今世界上的语言变得不再单纯。语言接触会产生不同的结果:会产生借词,或者一种语言取代另外一种语言,或者两种语言混合在一起。比如现今世界上许多语言都有借词,有些语言还存在着另一些语言留下的"底层",例如英语中有许多法语词汇,因为11世纪英国曾经被诺曼贵族征服,所以在英语中所谓dinner-table(餐桌)上的东西都来自法语,诸如beef(牛肉)、pork(猪肉)、mutton(羊肉)等等,而动物的名称则保留盎格鲁-撒克逊语原来的词汇,如ox(牛)、pig(猪)、sheep(羊)等。又比如日语中有大量的汉语借词,这也是语言接触和文化接触的直接结果。日语中的很多汉源词又被汉语借用,结果是汉语中的很多词汇是辗转借自日语中的汉字词语,如"电话""电波""电气""写真""便当"等,当然有些汉字词语意思与汉语不同,如"手纸"(书信)、"元气"(健康)、"大丈夫"(没问题,不要紧)、"汽车"(火车)、"新闻"(报纸)等。有些词汉语中没有,但是仍然可以知道是什么意思,如"株式会社""主催"等,有些词我们就莫名其妙了,如"怪我"(过错)、"散散"(厉害,程度高)、"面白"(有趣)等。有的词本来是有汉字的,但是汉语借用日语的读音,例如"可爱",在日语中读音是卡哇伊,已经进入汉语词汇系统,而且使用频率还比较高①,这大概跟日本动漫的流行有关,是文化交流带来语言成分的借用。语言在相互接触的过程中除了会发生词汇的借用之外,还可能发生融合,强势语言在融合中会吃掉弱势语言,留下的只有一些词汇底层。例如汉语在融合鲜卑语、满语的过程中留下很多鲜卑语、满语的词汇底层。例如一些地名,如吉林(吉林乌拉的简称)、图们、哈尔滨、齐齐哈尔、佳木斯、伊通、哈德门,又如一些事物的名称,如嘎拉哈(猪拐或者羊拐)、哈喇子(口水)、萨其马(一种甜点)、托帕(一种野生浆果)、哈拉巴(锁骨)等。中国南部的各方言如闽方言、吴方言、粤方言、赣方言、客家方言、湘方言都可以找到古代"百越"民族的词汇底层,这些词汇底层往往保留在基本词汇中。

二、语言发展变化的特点

语言是为人类服务的,是人类最重要的交际工具,和文化一样,它具有传承性特点,因此其功能特点决定了语言的发展变化速度不会像生物基因那样发生突变,而是缓慢地、逐渐地、一刻不停地变化,我们把这种现象称为语言发展的渐变性。同时,语言的发展变化也不会是系统内各个要素齐头并进的,也不会在所有地区一起进行的,而往往只是某一要素或要素中的某一方面发生了变化,这些变化可能会对其他要素产生影响,也可能不会产生影响,这些变化可能只在标准语中发生,也可能只在地域方言中发生,我们把语言发展变化在各要素和地域上表现出来的不一致性、参差性称为不平衡性。语言演变是有规律的,也是成系统的,任何变化都不是孤立进行的,其中一个要素的变化可能会波及其他的语言要素,从而导致整个系统发生变化,所以语言演变具有规律性和系统性。渐变性、不平衡性、规律性和系统性是语言发展变化过程中的几大特点。

语言是渐变的。语言的社会功能决定了语言发展变化的渐变性,现代英国人能够读懂莎士比亚的作品,当代中国人能够读懂"蒹葭苍苍,白露为霜。

---

① 在BCC语料库多领域语料中出现了2299次。

所谓伊人,在水一方"等古诗,也证明语言的发展变化是缓慢进行的。比如,汉语语音的声母系统在古代存在着清/浊对立,清声母系统自古至今是稳定不变的,浊声母则经历了"浊音清化"的过程,而这一过程却不是一朝一夕完成的,至今在汉语有些方言(如现代吴语)中仍维持着清/浊对立。就语言系统看,语音的变化往往比较容易感知到,比如我们去听20世纪50年代的电影配音,你会发现我们现在的语音系统与那个时候已经有所不同。而词汇中的基本词汇和语法的发展变化都是非常缓慢的,其变化过程我们往往感觉不到,经过一定的积累后才能看到。这就好像坐在旋转餐厅中喝咖啡,我们往往感觉不到旋转餐厅的移动,但是通过参照物位置的变化我们确实知道旋转餐厅是在运动中。

语言演变是不平衡的。语言演变的不平衡性表现在两个方面:一是语言各个要素的演变速度是不一样的,语音系统的变化比较显著,语义系统的变化也比较显著,但是语法系统的变化相对要慢得多。以汉语为例,我们看隋代的语音系统(《切韵》音系)、唐代的语音系统(《唐韵》音系)、宋代的语音系统(《广韵》音系)变化很大,与现代汉语语音系统的差别也非常之大[①];而现代汉语的语法系统与古代汉语的语法系统相比,虽然也产生了一些新的语法手段,但是大的格局并没有发生太多的变化。语言变得不平衡的第二个表现是在地域上的不平衡。以汉语为例,笼统地说,南方地区保留古代的语言面貌更多一些,而北方地区则变化比较大。闽方言、粤方言、吴方言保留古汉语的面貌更多一些,无论是在语音层面还是在词汇层面都是如此。

语言的演变是有规律的、成系统的。语言的变化就仿佛狂飙起于青萍之末,如果我们仅就一个语言现象来观察它的变异的话,我们看到的只是个别的变化;如果我们来比较不同时期的语言面貌,我们就会发现语言的变化是有规律的、成系统的。比如说汉语的舌根音 [k] [kʰ] [x] 在与齐齿呼和撮口呼相拼的时候变成了舌面音 [tɕ] [tɕʰ] [ɕ]。这种变化是系统地推开的,"街""解"由 [k~] 变成了 [tɕ~],"鞋""蟹""下"由 [x~] 变成了 [ɕ~],这种变化在北方方言体系内也是不平衡的。东北-华北次方言、江淮次方言已经完成了这种演

[①] 当然这也有可能是不同地域的语音系统。

变，但是在西南官话和晋陕次方言中仍然保留舌根音的读音，"大街"读如"大该"、"解开"读如"改开"、"鞋"读如"孩"、"蟹"读如"哈^{51}"、"下"读如"哈^{51}"。又比如古代汉语的浊辅音在现代汉语北方话中已经变成了清辅音，[b]变成了[p]，与此相应的，[d]变成了[t]，[g]变成了[k]。我们可以比较一下中古汉语的声母系统(以《切韵》为例)与现代汉语北方话(以北京话为例)的声母系统，从中可以一目了然地看出汉语辅音系统有规律的变化。

《切韵》系统　　　　　　　　　　　　　　　　　　　　北京话系统

帮[p] 滂[pʰ] 并[b] 明[m] ——————————— [p] [pʰ] [m] [f]
端[t] 透[tʰ] 定[d] 泥[n]　　　　　　　　　　　　　　[t] [tʰ] [n]
知[ṭ] 彻[ṭʰ] 澄[ḍ] 娘[ṇ]
精[ts] 清[tsʰ] 从[dz] 心[s] 邪[z]　　　　　　　　[ts] [tsʰ] [s]
庄[tʂ] 初[tʂʰ] 崇[dʐ] 生[ʂ] 俟[ʐ]　　　　　　　　[tʂ] [tʂʰ] [ʂ]
章[tɕ] 昌[tɕʰ] 船[dʑ] 书[ɕ] 常[ʑ]
见[k] 溪[kʰ] 群[g] 疑[ŋ]　　　　　　　　　　　　　[k] [kʰ] [x]
影[ʔ] 晓[x] 匣[ɣ]　　　　　　　　　　　　　　　　　[tɕ] [tɕʰ] [ɕ]
喻[j] ——————————————————————————— [ø]
来[l] ——————————————————————————— [l]
日[r] ——————————————————————————— [ʐ]

我们可以看到浊音声母的消失不是个别现象，而是成系统消失的。在现代汉语北京话的语音系统中，浊音声母除了鼻音和边音之外，还保留着一个[ʐ]，这使得整个系统显得不整齐、不平衡：

　　　　[tɕ] [tɕʰ] [ɕ]
　　　　[ts] [tsʰ] [s]
　　　　[tʂ] [tʂʰ] [ʂ] [ʐ]

这种不整齐、不平衡就会导致新的变异，使系统趋于平衡。例如现代汉语北方话的东北次方言，在某些区域里浊声母[ʐ]已经消失，"日"读如"易"，"热"读如"夜"，"然"读如"言"，"人"读如"银"，"肉"读如"又"，浊擦音声母[ʐ]变成了零声母。

三、语言演化的证据

既然语言的变化是渐变的,那么我们如何能够知道语言的变化呢?如果是有文字记载的语言,我们可以通过书面语言的变化来观察到语言的变化。这对于使用拼音文字的语言来说尤其显而易见。对于汉语这样的使用汉字的语言,我们可以利用汉字的表音特性来拟测古代的语音面貌。例如我们可以根据韵书和诗人用韵去拟测古代语音面貌,或者利用形声字、参照异文、声训、假借字、跟亲属语言对比、利用同源词来拟测古代的语音面貌等。例如清代学者钱大昕发现"古无轻唇音",我们今天可以通过形声字来确认:

奉[f~](轻唇):棒[p~](重唇)

复[f~](轻唇):愎[p~](重唇)

反[f~](轻唇):板[p~](重唇)

甫[f~](轻唇):哺[p~](重唇)

凡[f~](轻唇):芃[p~](重唇)

发[f~](轻唇):拨[p~](重唇)

左边的字都是读唇齿音的,它们作为声符参与右边的造字,构成形声字,但是在现代汉语普通话中,左边的字读轻唇音[f~],右边的字读重唇音[p~]。这是语音变化的直接证据。我们也可以从朝鲜语借音、越南语借音、日语借音中证明这一点。例如在普通话中已经变为轻唇音的字在朝鲜语中仍读重唇音。韩国的"釜山"在普通话中读如 Fushan,在朝鲜语中读如 Pusan。

再比如我们说古代汉语的语音系统有复辅音声母,有什么现实的可以直接观察的证据吗?我们可以参考同族词:

黑 x_k	墨 m_k → *mx_k	(黑、墨同族)
麦 m_	来 l_ → *ml_	(麦、来同族)
命 mieng	令 lieng → *ml_	(命、令同族)
勉 mian	励 liat → *ml_	(勉、励同族)
贪 thom	婪 lom → *thl_	(贪、婪同族)
堕 duai	落 lak → *dl_	(堕、落同族)

异文的例子如:"角落"在北京话中写作"旮旯",它们都来自"角",古复辅音 *kl_消失后分化为两个音节:k_l;同类的例子还有"滚"变为"骨碌"、"蛤"变为"蛤蜊",都是 *kl_变为双音节 k_l_的例子。

亲属语言和方言之间的语音对应关系也可以作为语言变化的有力证据。例如英语的唇齿音在德语里对应的是双唇音,这也是轻重唇的问题。如英语的 love 在德语里对应的是 Liebe;英语的 seven 在德语里对应的是 Sieben;英语的 over 在德语里对应的是 über;英语的 v 对应的是德语的 b。方言的差异可以看作是语言历史演变在共时平面上的表现。不同地域之间的语言差异是语言历史发展在共时平面上的投射。以汉语方言为例,闽方言、粤方言保留古代语音面貌和词汇面貌比较多,比如闽南话"知"系字读舌头音("茶"音[tɛ];"猪"音[ty]),粤方言保留入声韵(三个辅音韵尾-p、-t、-k);再比如广州话保留双唇鼻音韵尾("金"音[kam])。吴方言也保留了一些古代汉语的语音面貌,如浊塞音[b][d][g],浊擦音[z],但是入声韵已经开始合并为喉塞音韵尾[-ʔ]。湘赣方言保留的古音面貌和词汇面貌就更少一些。可以说汉语方言从南到北的分布就是汉语历史发展从古到今的映射。越往北,语音系统越简单,词汇面貌和语法手段距离古代汉语也就越远。

第三节 语言要素的演变

前面我们谈到语言系统内部诸要素语音、语义、语法的发展演变具有渐变性、不平衡性、规律性和系统性的特点,这是就系统总体发展变化的特点而言的,具体到每个要素,其演变又具有自身的特点和规律。

一、语音的演变

19 世纪西方语言学家曾提出语音演变规律无例外的理论,亦即任何语音的变化都是规律性的变化,即便那些表面看来是孤立的、个体的变化也都能找到相应的规律,这一理论显示了语音变化的根本特点。

语音演变的规律性会表现在音位的变化、音值的变化,甚至整个系统的简化等各个方面,例如《切韵》音系显示中古汉语有36个声母,但随着汉语语音系统的演变,普通话及大部分汉语方言声母系统都发生了简化,简化是从浊音声母逐渐清音化开始的。清/浊对立是中古汉语声母发音方法上的一对重要区别性特征,由于浊音清化使得汉语语音的辅音系统清浊的对立不再是重要的区别性特征,在北方方言中[b][d][g][dz][tʐ][z][ʐ]等浊音声母按照"平声归送气、仄声归不送气"的规律全部归到了同部位的清音中去了,例如:

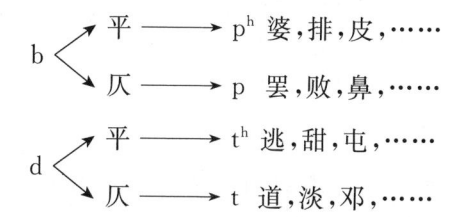

b ⟨ 平 ⟶ pʰ 婆,排,皮,……
　　 仄 ⟶ p 罢,败,鼻,……

d ⟨ 平 ⟶ tʰ 逃,甜,屯,……
　　 仄 ⟶ t 道,淡,邓,……

这样一来,由于"浊音清化"使得汉语声母系统的辅音音位数量大大减少,汉语的声母系统由36个最终简化为22个(包括零声母)。

语音的变化是由多种原因造成的。社会的分裂或者融合、人口的流动会带来语音的变化,以汉语社会为例,春秋战国时期,诸侯割据,秦、楚、燕、韩、赵、魏、齐分地而治,最终导致方言间的语音分歧不断加大,形成不同的方言区;秦统一六国以后,书同文,车同轨,交通便利了,语音也开始趋同,最后形成南北融通的北方方言区。在历史上,秦国和晋国关系比较近,有所谓的秦晋之好,所以今天的山西话和陕西话还比较接近,两地的方言融合成一个语言社区。山西晋北地区和内蒙古南部由于人口的流动和迁徙,使得这两个地区的汉语形成融合局面。另外,发音上省力的原因也会带来语音的变化,历史上法语曾出现的复合元音单元音化的现象,被认为是发音省力的结果,日语中的"音便"现象也是为了使发音更省力。语言系统内部各要素间的相互联系和制约,也会带来语音的变化,汉语入声的变化涉及韵母和声调两个方面,在入声调类消失的同时,韵母中的闭口韵也随之消失。所以在汉语普通话中已经不存在闭口韵。

那么我们是如何知道语音发展变化的呢?古代文献资料、文字、方言、亲属语言等等都是我们了解语音发展变化的重要途径。以亲属语言的对比为例:英语的[t]在现代高地德语中对应的辅音是[tsʰ]。例如:

英语	德语
tide	Zeit
twenty	zwanzig
ten	zehn
tap	Zapfen
to	zu

我们通过比较分析后知道现代高地德语语音发生过由塞音[t](拼写字母为 t)到塞擦音[tsʰ](拼写字母为 z)的演变过程。

方言也是我们研究语音演变过程的活的语言材料。比如,中古汉语入声调的格局在今粤语绝大部分地区仍完好地保存着,既有-p、-t、-k 塞音韵尾,又有独立的入声调;在有些方言里入声调的调类还保存着,但是入声的塞音韵尾则开始缺损,一部分地区为两组以喉塞音收尾的韵尾-p、-k,一部分地区为一组以喉塞音收尾的韵尾-ʔ;而在北京官话、东北官话中入声字则已经被归并到平声、上声和去声中去了。通过对这些方言入声字的比较,我们可以看到汉语入声演变的大致轨迹:

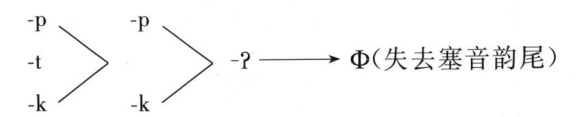

$$\begin{matrix} \text{-p} \\ \text{-t} \\ \text{-k} \end{matrix} \rangle \begin{matrix} \text{-p} \\ \text{-k} \end{matrix} \rangle \text{-ʔ} \longrightarrow \Phi(\text{失去塞音韵尾})$$

古代诗歌用韵情况也可以作为研究语音变化的材料。例如先秦时期《诗经·蒹葭》的用韵:

jiānjiācāngcāng　báilùwéishuāng
蒹葭 苍 苍,白露为 霜。(shuang)

suǒwèiyīrén　zàishuǐyìfāng
所谓伊人, 在水一方。(fang)

sùhuícóngzhī　dàozǔqiěcháng
溯洄从之, 道阻且长。(chang)

<pre>
sùyóucóngzhī   wǎnzàishuǐzhōngyāng
溯游从之，   宛在水中央。（yang）
jiānjiāqīqī   báilùwèixī
蒹葭萋萋，   白露未晞。（xi）
suǒwèiyīrén   zàishuǐzhīméi
所谓伊人，   在水之湄。（mei）
sùhuícóngzhī   dàozǔqiějī
溯洄从之，   道阻且跻。（ji）
sùyóucóngzhī   wǎnzàishuǐzhōngdǐ
溯游从之，   宛在水中坻。（di）
jiānjiācǎicǎi   báilùwèiyǐ
蒹葭采采，   白露未已。（yi）
suǒwèiyīrén   zàishuǐzhīsì
所谓伊人，   在水之涘。（si）
sùhuícóngzhī   dàozǔqiěyòu
溯洄从之，   道阻且右。（you）
sùyóucóngzhī   wǎnzàishuǐzhōngzhǐ
溯游从之，   宛在水中沚。（zhi）
</pre>

这首诗第一段的韵脚是"苍，霜，方，长，央"，我们用现代汉语的语音来读也还押韵。但是第二段的韵脚"晞，湄，跻，坻"我们用现代汉语普通话来读的话，其中的"湄"是不押韵的。这说明先秦时期的读音与我们今天不同。今人用普通话去朗诵唐代诗词时也常常感到有的地方不押韵，例如：

少小离家老大回，乡音无改鬓毛衰。

儿童相见不相识，笑问客从何处来。（贺知章·《回乡偶书》）

贺知章的《回乡偶书》是"回""衰""来"押韵，今天的普通话"回"已经归入"灰堆韵"，"衰"和"来"还在"怀来韵"。又如：

寒蝉凄切。对长亭晚，骤雨初歇。都门帐饮无绪，留恋处、兰舟催发。执手相看泪眼，竟无语凝噎。念去去、千里烟波，暮霭沉沉楚天阔。

多情自古伤离别。更那堪冷落清秋节。今宵酒醒何处，杨柳岸、晓风残月。此去经年,应是良辰、好景虚设。便纵有千种风情,更与何人说。

(柳永·《雨霖铃》)

柳永的《雨霖铃》前半阕韵脚是"切""歇""发""噎""阔",后半阕韵脚是"别""节""月""设""说",它们都是入声字,用现代北方话来读有些字是不押韵的,而用有入声的方言来朗读则是押韵的,这说明汉语韵母和声调都发生了很大的变化。

不同时代的借词对我们研究语音演变情况也能提供可靠的证据,比如中国古代唐宋时期周边一些国家日本、越南、朝鲜等等都曾大量借入过汉语词汇,这些词汇还大致保留着古代汉语的语音特质,因此比较分析这些借词,对我们了解唐宋时期的汉语语音特点具有重要的参考价值。例如汉语的入声字借入日本以后,其音读仍保留塞音韵尾(促音)或者变成两个音节:

节 せつ[setsɯ]　　　服 ふく[ɸɯkɯ]

我们可以根据日语中汉语借词的音读了解中古汉语的语音面貌。当然,日语借词分为不同的历史层次,有汉音、吴音、唐音之分,分析时应加以甄别。

二、词汇语义的演变

词汇语义的演变主要表现在新词产生、旧词消失、词语替换以及词义的变化等方面。

(一) 词汇语义的演变

词汇是语义的载体,词汇语义的演变可以从一个侧面反映出语义演变的特点和规律。词汇的发展变化与社会的发展变化密切相关,首先,社会变革、新事物的出现都会产生新词语,例如,从 20 世纪 80 年代开始,随着中国社会改革开放的不断深入,大量的汉语新词语伴随着新事物的出现而不断产生,比如"改革开放""联产承包""个体户""特区""万元户""迪斯科""大腕""大款""电脑""呼机""手机""扶贫""健美""打工妹""网吧""氧吧";进入到 21 世纪又有一些新词诞生,如"基友""月光族""房奴""知本家""王炸""咖喱人""佛系""实锤"等等,这些新词语反映了中国社会二十多年来从经济生活到政治生活乃至精神生活等各方面发生的翻天覆地的变化。我们甚至可以通过历史语料库的检索观察到每一个新词在若干年内演变的轨迹。例如BCC语料库关于"扶贫"一词的历时检索：

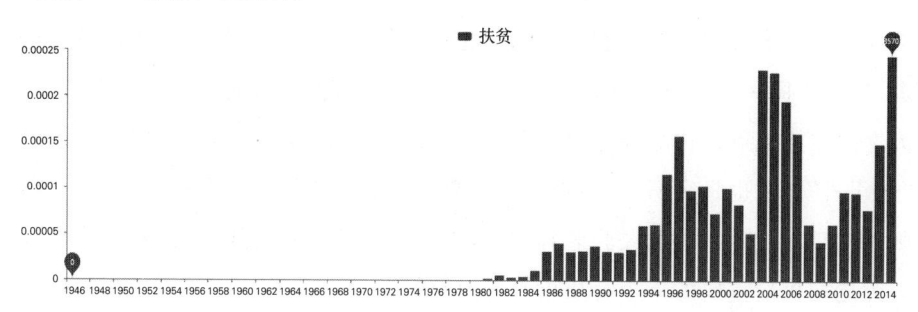

图10—1

"扶贫"一词从1946年到1979年都没有出现，1980年开始出现，到2015年达到高峰。"扶贫"一词有特定的含义：是指政府和社会保障贫困人口的合法权益，取消贫困家庭的负担，通过帮助贫困地区加大人才开发、完善农民工人才市场、提高临时工基本待遇、建立发展工农业企业、促进生产等办法，对贫困地区实施规划，旨在帮扶改善贫困人口生活生存条件，改变穷困面貌。与此相应地还有一个新词"脱贫"，就是摆脱贫困。

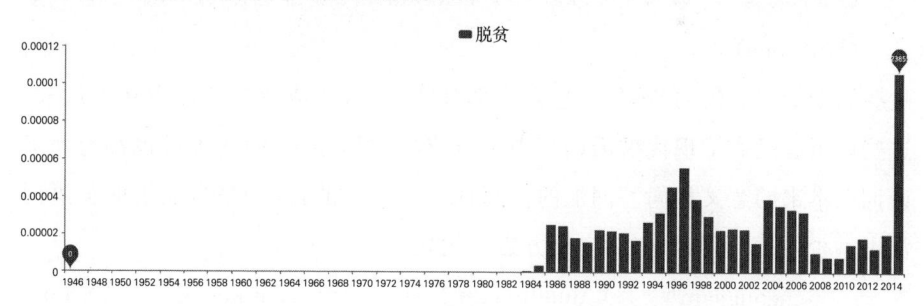

图10—2

新词的产生一般通过自我创造、改造或由外输入等途径实现，自我创造、改造主要是指直接利用本民族语言材料或对本民族语言材料重新改造而创造出来的新词，如"希望工程""万元户""小康""下岗""健美""扶贫""脱贫"等等属于自我创造性的新词，"革命"（语出《易经》"汤武革命，顺乎天而应乎人"）、"政治"（语出《墨子》"如是则政治而国安也"，"政治"在这里是主谓结构)、"文化"①(语出《太平经》"治者,当象天以文化")、"同志"(语出《国语》"同姓则同德,同德则同心,同心则同志")等等则属于改造后被赋予了新意义的词语。"革命""政治""同志"来源于旧词,但是被赋予了新的含义。一个词的意义在历史发展过程中可能有不同的变化,如"同志"一词本来指的是志同道合者,后来指同一党派有共同信仰的人,彼此称同志,再后来成了一个通称,陌生人之间彼此也可以称呼同志,再后来又取得了新的含义,特指男同性恋。又如"老司机"本来也是个旧词,但被赋予了新的含义,意为某行业老手,对各种规则、内容以及技术、玩法经验老到的人,也可以理解成对行业规则"轻车熟路",因为老司机最重要的一个特质就是对道路情况十分熟悉。"老司机"在某些特定语境下意义有一点暧昧。而由外输入则是指共同语从外语或地域方言中借入的情况,例如:

迪斯科(disco)、卡拉OK(Karaoke)、纳米(nanometer)、的士(taxi)、克隆(clone)、伽马(gamma)、呼啦圈(hula hoop)、高尔夫(Golf)、木乃伊(mummy)、马拉松(marathon)、尼古丁(nicotine)、声呐(sonar)、柠檬(lemon)、脱口秀(talk show)、嘉年华(carnival)、马赛克(mosaic)、博客(Blog)、黑客/骇客(hacker)、桑拿(sauna)、咖啡因(caffeine)、荷尔蒙(hormone)

这些属于借用外语的新词语,它们大部分来自英语,或者从英语中转借过来。这些词语已经成了现代汉语词汇中不可或缺的部分,它们的意义也都与外来语词汇本来的意义相同。词汇的借用往往是双向的,例如来自汉语的英语词汇也不少,它们大部分来自汉语方言。例如:

cheongsam(长衫)、dudou(肚兜)、silk(丝绸)、nankeen(紫花布)、bokchoy/petsai(白菜)、dim sum(点心)、spring rolls(春卷)、chow fan(炒饭)、chowmein(炒面)、jiaozi(饺子)、wonton(馄饨)、chop suey(杂碎)、kaoliang(高粱/高粱酒)、MOUTAI(茅台酒)、tea(茶)、oolong(乌龙茶)、souchong(小种茶)、ketchup(番茄酱)、longan(龙眼)、lychee/litche(荔

---

① 有些词汇的古语改造是日本人做的,然后再传回中国。

枝)、gingko(银杏)、ginseng(人参)

有些借用的外来语词汇进入另一种语言的词汇系统之后,产生了新的意义,例如:"沙发"(sofa)本来指的是一种家具,但是在网络语言中可以有"抢沙发"一说,"沙发"的意义已经发生了变化;"巧克力"(chocolate)本来是一种食品,后来用来指称皮肤是巧克力色的人;banana 本来是一种水果,后来指称皮儿黄心白的人群。还有一些借自日语的词汇,其词根都是汉语词汇,如"化学""物理""经济""文化""社会""电话""教育"等,我们已经不觉得它们是外来语词汇,还有一些"和制汉语",也已经进入汉语词汇系统,例如"写真""大根""会社""量贩式""企划""瘦身""人气""物语""宅""过劳死"等等,有些还能看出它们本来不是汉语。普通话中的一些新词语来源于地域方言,如"侃""搞定"(搞掂)、"尴尬""垃圾""煞有介事""洒洒水""炒鱿鱼""打烊""水货""买单"(埋单)、"打赏"等,对通用语来说它们也是新词。新词的特点是"新",因此新词语刚出现的时候一般不是很稳定,有些新词产生不久即会消失,有些新词则由于广为流传最终稳定下来进入词汇系统,成为词汇系统中的一员,比如"电话""银行""文明棍"从最初的借词"德律风""版克""斯迪克"经过本土化后,其流传的时间越来越久、使用的范围也越来越广,所以我们今天都不再认为这些词还是新词,而把它们看成是本民族词汇的一部分了。

词汇演变过程中会出现词语替换现象。造成这一现象的原因主要有以下两方面:一是由社会的发展变化引起的,比如中国古代皇帝自称"朕"或者"寡人",普通百姓自称则用"小人""小民""奴才""鄙人"等称呼,而随着新中国人与人之间平等关系的建立,"我"代替了上述种种不平等的称呼。二是由语言系统的发展变化引起的,比如随着语音系统的不断简化,汉语中的同音现象不断增多,单音节词汇已经对交际产生影响,于是双音词开始大量出现,"嘴唇"代替了"唇"、"牙齿"代替了"齿"、"复习""练习"代替了"习"、"面孔"代替了"面"、"身躯"代替了"身"、"眼睛"代替了"目"、"道路"代替了"路"、"头颅"代替了"头",依此类推,不一而足。我们看到这种代替都是双音词代替了单音词。在从单音词到双音词的演变过程中,有一些词义发生了转移。如"首脑"或"元首"代替了"首",但是产生了隐喻意义,特指一个国家或政党的最高领导人。

(二) 词义的演变

语言随着社会的发展变化而发展变化,词义也会随着社会的演变而演变。词义演变的原因我们大致归纳为以下两点:

社会的变化,客观现实的变化,人们对客观现实认识水平的变化,都会引起词义的变化。比如,汉语的"书"本意为"书写",是动词,后来引申为写成的字,如"书法""书信",再后来引申为有文字的读物,如"书籍"。原始社会时期,人们只能把一些符号刻在兽骨龟甲或者木头上,"书"与"契"意义相通,人们还没有学会用笔进行书写;后来人们发明了可以用来书写的工具——笔,发明了可以书写的材料——羊皮、丝帛和纸,于是出现了写出来的作品;再后来人们把写出来的作品集中起来,雕版印行,于是就出现了书籍。"书"的意义随着社会的发展变化而变化。

动词书写──→名词书法──→名词书信──→名词书籍

社会是在不断发展变化的,所以有些词的意义经历了很长的一段发展变化的历程。例如"开""关"这两个词,通过历时考察,我们可以把它们语义演变的路径拟测出来(参见崔希亮,2009)。

"开"的语义演变路径拟测:

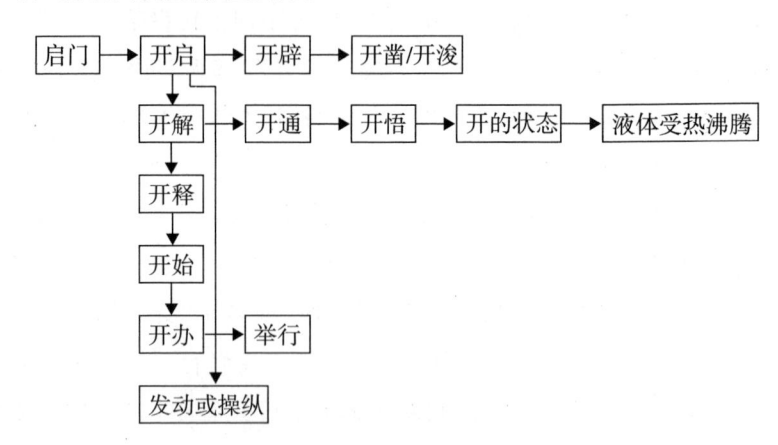

启门 → 开启 → 开辟   开凿/开浚
       ↓
      开解 → 开通 → 开悟 → 开的状态 → 液体受热沸腾
       ↓
      开释
       ↓
      开始
       ↓
      开办 → 举行
       ↓
      发动或操纵

图 10-3

"关"的语义演变路径拟测：

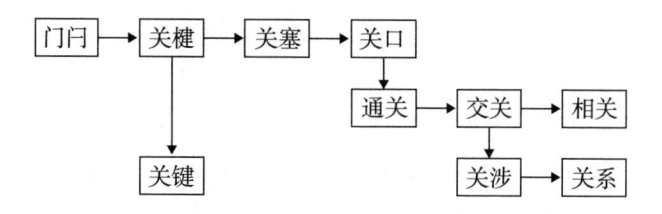

```
门闩 → 关键 → 关塞 → 关口
                      ↓
              通关 → 交关 → 相关
        ↓              ↓
       关键            关涉 → 关系
```

图 10—4

"开"(開)和"关"(關)本义都与门有关系，这在繁体字里边看得很清楚，"开"的本义是"启门"，"关"的本意是"门闩"，它们的词汇意义都经历了很复杂的发展变化过程。

词义在演变过程中，会发生词义的转移、词义的扩大或者词义的缩小。例如"汤"本义为"温泉"或"热水"，《孟子》有"冬日则饮汤"，成语有"赴汤蹈火"，这里的"汤"均是热水义，但后来又产生了与"汤"意义相同的词"热水""开水"，于是"汤"的意义发生了变化，现在缩小为专门指称食物煮熟后所得的汁水。词义一般分为本义（即最初产生时的意义）和转义（即后来出现的意义），转义的形成主要通过引申、隐喻等途径或方式实现，这也是词义演变的途径或方式。由词义引申产生的新义一般都是在原有词义所概括的内容的某一点上进行引申的结果，如汉语的"甲"本义是"种子萌发"，因为种子萌发是植物生长的最初阶段，由此引申为"第一"，成为天干之首。"兵"的本义是"兵器"（例如"短兵相接"），由于兵器是由人使用的，由此引申出"拿兵器的人，军人"（例如"当兵"）。通过比喻产生的新义一般是将原有词义的特点进一步联想、形象化后实现的，比如汉语的"包袱"本义是"用布包起来的包儿"，包袱最初一般是背在身上的，由人背在背上身体负重的意义进而产生精神上的负担这样一个新义，这一新义就是通过比喻实现的；又如"黑锅"本义指称的是"黑色的锅"，现在只用它的比喻意义，就是"背黑锅"，意为代人受过，或者受别人冤枉；由"背黑锅"又发展出"甩锅"，意为把责任推给别人。有些词的意义引申之后可以再进一步发展变化。如"黑马"本义就是"黑色的马"，转义指的是一匹不被人注意却在比赛中意外夺冠的马，后来词义发生了扩大，借指在比赛或选举等活动中出人意料获胜的竞争者。"纲"本义为"提网的总绳",后来通过比喻又产生了"事物最主要的部分"这一新义,如"大纲""提纲""纲要"。

　　由上面的例子我们看到词义演变的结果有三种,一是通过演变使一些词的词义概念外延扩大了,一般说来,词义的扩大常常是从具体意义演变到一般意义。汉语的"江"和"河"古代专指"长江""黄河",后来词义发生变化,引申为一般的江(如"江水滔滔""江轮")和河(如"护城河""河流")。二是通过演变使一些词的词义概念外延缩小了,和第一种结果正好相反,词义的缩小常常是从一般意义演变到具体意义。比如汉语的"丈人"本义是老年人的通称,《论语·微子》中有"子路从而后,遇丈人,以杖荷蓧"语句,"丈人"即"老人"。唐朝以后,"丈人"渐渐变成了"岳父"的专有名称。"臭"古代指各种各样的气味(如"其臭如兰"),后来"臭"的词义缩小为专指难闻的气味,读音也随之发生了变化。三是通过演变词义由一种意义转移为另一种意义,词的转移往往是词义的内涵发生了变化。例如汉语的"闻"本义是听见、听到(如"言者无罪,闻者足戒"),后来演变为用鼻子嗅(如"闻味"),由听觉感知系统转移到了嗅觉感知系统。再比如"足",本来是人或动物身体的一部分,后来演变为"足够""满足"的意思,如"丰衣足食"。

三、语法的演变

　　与语音系统和词汇系统相比,语法是相对稳定的,也就是说,语法的变化比较慢,但是也不是说语法就不会发生变化。我们考察语言发展的历史轨迹就会发现语法的演变主要表现在以下几个方面:语法手段的增加、语法规则的变化、语法范畴的变化等。语法的演变也是有动因的,有语言外部的原因,例如语言的接触,一种语言的语法由于受到其他语言的影响而导致语法的演变;也有语言内部的原因,例如语用因素导致语法的演变,语言交际过程就是一个信息传递的过程,而信息传递必须遵守量的准则和质的准则,在语用学上统称为合作原则。信息传递还要遵循以下四个原则:一是清晰性原则;二是连贯性原则;三是顺畅性原则;四是稳定性原则。信息传递的语用原则,会要求我们在语法表现上有更加精细的手段,从而也就促进了语法系统的演变。语法的演变有以下一些现象：

（一）语法手段的增加

语言也像其他客观现象一样，它会随着时间的推移而发展；语言也像其他社会现象一样，它会随着社会的变化而变化。语法是语言的三个要素之一，它是语言的组织结构规则，但是不同的语言发展出了不同的语法范畴和表达这些语法范畴的语法手段。可见语法系统的发展与社会形态的发展以及某个人类群体思维方式的发展有密切关系。比如说印欧语系的语言名词都有性、数、格的语法范畴，动词都有时、体、态的语法范畴，以及表达这些语法范畴的语法手段，就是通过词尾和冠词等手段来表达这些语法范畴。例如德语名词在指称性上有冠词系统，每个名词都会通过冠词来标明它的性。又如英语通过定冠词和不定冠词来指明一个名词性成分的有定性。汉语相比之下没有这些语法手段，但是汉语在发展过程中发展出一整套量词，这在印欧语系的语言里是很少见的。汉语的量词从本质上来说可以称作类词，因为它们涉及了我们对名词的分类。一个来自印欧语系语言背景的学习者，很难理解为什么我们说一匹马、一头驴、一只羊，正如同我们也同样很难理解为什么在德语中太阳是阴性的、月亮是阳性的、小女孩是中性的。汉语缺乏印欧语那样丰富的形态变化，但是在我们的语法中虚词和语序所起的作用非常重要。虚词包括介词、助词、语气词、连词。从现有的证据上看，汉语的介词大部分都是由动词经过语法化的过程虚化而来，以介词"把"为例：

　　两岸芦花一江水，依前且把钓鱼丝。（唐诗）
　　明年此会知谁健？醉把茱萸仔细看。（唐诗）
　　予家药鼎分明在，好把仙方次第传。（唐诗）
　　洞庭云水潇湘雨，好把寒更一一知。（唐诗）

"把"本来是一个动词，有实在的词汇意义，意为"用手抓住或把持"，如"依前且把钓鱼丝"和"醉把茱萸仔细看"的"把"字，都还是动词的意义；后来，动词的意义慢慢虚化，"好把仙方次第传"的"把"还可以看作是跟手的动作有关的动词，而"好把寒更一一知"就几乎看不出跟手的动作有什么关系了。现代汉语中

"把"使用的频率越来越高,意义也更加虚化,慢慢地变成一个语法标记,表达一个致使事件。例如:

一场雨把我淋得浑身湿透	你把裙子都弄湿了
我把他拉上来	想把我抓回去
她把针在头皮上刮了一下	你把神经调整一下
她把这些过程又演了一遍	回身把平儿先打了两下
他把我领到第一道走廊	她把水递到我面前
把眼睛移向别处	他把手指插在背心口袋里
任微风把我吹到任何地方	她把饭端到餐桌上
我把被头向下一拽	她把日记本往我怀里一塞
你把衣裳换换	你把桌布洗一洗

"把"字句成了一种特殊的语法手段,它的作用是提前受事宾语,指涉"致使"事件并凸显事件的结果。"被"的语法化过程与"把"大致相同,不同的是,"被"最早是名词,《说文解字》:"被,寝衣也,长一身有半。从衣,皮声。"作动词的时候意为"盖,遮覆",音"披",这显然是从"被"的名词意义演化而来的。在先秦文献中,动词的用法很多①。例如:

帝尧曰放勋,钦明文思安安,允恭克让,光<u>被</u>四表,格于上下。(周/《今文尚书》)

吾先君阖庐不贳不忍,<u>被</u>甲带剑,挺铍擖铎,以与楚昭王毒逐于中原柏举。(春秋/《国语》)

若此则能顺其天,意气得游乎寂寞之宇矣,形性得安乎自然之所矣。全乎万物而不宰,泽<u>被</u>天下而莫知其所自姓,虽不备五者,其好之者是也。(战国/《吕氏春秋》)

思天下之民匹夫匹妇有不<u>被</u>尧舜之泽者,若己推而内之沟中。(春秋/《孟子》)

"被"由动词慢慢虚化为表示被动意义的介词是从"遭受"意义的动词开始

---

① 先秦文献的例子采自北京大学中国语言学研究中心的 CCL 语料库。特此致谢!

的。例如：

圣王在上，明好恶以示之，经诽誉以导之，亲贤而进之，贱不肖而退之，无被创流血之苦，而有高世尊显之名，民孰不从？（西汉/《淮南子》）

今以中人之才，蒙愚惑之智，被污辱之行，无本业所修，方术所务，焉得无有睥面掩鼻之容哉？（西汉/《淮南子》）

乃者民被水灾，颇匮于食，朕虚仓廪，使使者振困乏。（东汉/《全汉文》）

然此非独行者之罪也，父兄之教不先，子弟之率不谨，寡廉鲜耻，而俗不长厚也。其被刑戮，不亦宜乎！（东汉/《全汉文》）

到西汉和东汉时代，我们看到"被"还是动词，但是其意义已经由"覆盖"的意义演变为"遭受"的意义，后边所带的宾语都是"创""旱""劾""殃""灾""谤""寇""刑戮""污辱""水灾"等。到了六朝时期，"被"后边出现了动词，如"被诛灭""被驱使"，虽然还能看出其"遭受"的意义，但是语法关系应该重新分析了。"被"开始向介词演变：

南城令鲍法度，后军典签冯次民，永新令应生，新建令军延宝，上饶令黄难等，违逆识顺，同被诛灭。（六朝/《全刘宋文》）

吴喜出自卑寒，少被驱使，利口任诈，轻狡万端。（六朝/《全刘宋文》）

在六朝的佛经和小说当中，"被"已经完全变为介词。下面例子中的"任用""召作太子洗马"二例已经看不出"遭受"的意义，而其他的例子还可以看出"遭受"的意义。例如：

但有一身，及被任用，皆募部曲，而扬、徐之人，逼以众役，多投其募，利其货财。（六朝/《全梁文》）

每有陈奏，恒被抑遏。（六朝/《全梁文》）

若言眼中定有火者。眼则被烧。眼若被烧。云何能见。（六朝/《北凉译经》）

臣松之以本传虽略载太子此书，美辞多被删落。（六朝/《三国志》）

桓南郡被召作太子洗马，船泊荻渚，王大服散后已小醉，往看桓。（六朝/《世说新语》）

> 隋侯出行，见大蛇<u>被伤</u>，中断，疑其灵异，使人以药封之，蛇乃能走，因号其处断蛇邱。(六朝/《搜神记》)

在六朝小说《百喻经》和《唐文拾遗》中已经出现"被＋施事＋VP"的形式：

> 比丘亦尔，不能具修信戒闻慧，但整威仪，以招利养，如彼愚人，<u>被他打头</u>，不知避去，乃至伤破，反谓他痴。(六朝/《百喻经》)
>
> 所债甚少，所失极多。果<u>被众人之所怪笑</u>。(六朝/《百喻经》)
>
> 至十七日，遂<u>被贼将伪仆射林言枭斩黄巢首级</u>。(唐/《唐文拾遗》)
>
> 近日人户税田地，多<u>被军人百姓作空闲田地</u>。(唐/《唐文拾遗》)

除了"把"字句、"被动句"以外，比较句、"连"字句、连动句、兼语句、双宾语句也开始出现并发展变化。除了句式的变化，还有一些其他发展变化。例如汉语语法手段在发展过程中还产生了"—子""—儿""—头""—巴"等词缀，它们成了汉语名词的显性标记：

> 棍子、鬼子、车子、柜子、碟子、盘子、帽子、鞋子、轮子
>
> 棍儿、鬼儿、车儿、柜儿、碟儿、盘儿、帽儿、眼儿、门儿
>
> 榔头、石头、斧头、锄头、舌头、念头、奔头、盼头、甜头
>
> 泥巴、盐巴、嘴巴、尾巴、下巴、锅巴、结巴、肋巴、哑巴

"—巴"还可以作为动词的词尾，如：

> 揉巴、扯巴、撕巴、剪巴、搓巴、捏巴、团巴

进一步发展，"—巴"尾还可以加在动词或者形容词后边，把动词变为形容词，或成为形容词的词尾标记，虽然这种现象还非常少，但可以认为它是这种变化的萌芽。我们也可以认为这是一种改变词性的语法手段，这种语法手段是语法发展演化的结果。

> 拧巴、皱巴、抽巴；干巴、凶巴、假巴、苦巴、紧巴

汉语的复数形式"—们"也渐趋成熟，尽管与屈折语相比"—们"的使用范围要小得多，我们可以说"你们""我们""孩子们"，但是不能指称除了人以外的普通名词，我们不能说"＊石头们""＊书们""＊房子们"；补语的发展也是一种重要的变化，V-N-令-R(击之令碎)演变为 V-N-R(击之碎)，再演变为 V-R-N(击碎它)，如：

杀之死(《册府元龟》)——→杀死他

击之死(《宋史》)——→打死他

食此乳糜讫后(《大藏经》)——→吃完这个乳糜之后

此外,重叠手段、重动式(动词拷贝)、趋向动词的虚化、方位词的产生和发展、量词的出现等等都是语法手段上的重要变化。例如:

动词重叠:尝→尝尝、说→说说、了解→了解了解、观察→观察观察

形容词重叠:慢→慢慢、大→大大、大方→大大方方、热闹→热热闹闹

重动式:吃面条吃多了、看书看累了、花钱花超了、过年过烦了

趋向动词虚化:爬上去(上去是实义动词)、看上去差不多(上去已经虚化)

方位词产生:卧于几→在桌子上卧着、宴集于南→在南边宴集

量词出现:马十牛十驼一→十匹马十头牛一峰骆驼、罚羊百马二→罚一百只羊两匹马

(二) 语法规则的变化

除了语法手段的增加以外,语法规则的变化也是语法发展变化的一个重要方面。还是以汉语语法为例:从语序改变可以看出汉语语法规则的改变。所谓改变语序就是指句子成分在线性排列顺序上的改变。先看下面的例子:

子曰:"不患人之不己知,患不知人也。"(春秋/《论语》)

吾谁欺?欺天乎?(春秋/《论语》)

这两例都是 SOV 语序,在现代汉语里,这种语序已经改变为 SVO,在现代汉语中我们会说:"不担心别人不了解自己,担心我不了解别人。""我骗谁?骗天吗?"再来看空间方位的表达:

杀三苗于三危。(战国/《孟子》)

现代汉语中"于"几乎被"在"取代了,语序也发生了变化,同样的意思在现代汉语里我们会说"在三危杀了三苗"。语序的变化可以有很多动因,汉语西北方言语序由 SVO 变成 SOV 是受到了周边一些语言的影响,这是语言接触的结果。比如新疆、青海、宁夏,就是受到周边阿尔泰语系突厥语族的语言或者蒙古语族的语言影响,比如维吾尔语、哈萨克语、蒙古语,受事与动词之间会有

"哈"或者"啊"这样的语法标记(石毓智,2015:958)。例如:

　　我开水哈喝了。(青海话)——我喝了开水。

　　我你哈没见。(青海话)——我没看见你。

　　丰收的种子哈撒下。(甘肃临夏话)——撒下丰收的种子。

　　雪白的羊毛哈擀成毡。(甘肃临夏话)——把雪白的羊毛擀成毡。

现代汉语是 SVO 型语言,但是并不十分严格。我们也经常会看到 SOV 或者 OSV 型的句子,例如:

　　我车票买了/老张帽子丢了/他房子卖了

　　车票我买了/帽子老张丢了/房子他卖了

当然有人会说它们是主谓谓语句,在结构上应该分析为"大主语＋小主语＋V",这没错,"车票""帽子""房子"是话题主语,但是我们得承认,在意念上"车票"是"买"的受事,"帽子"是"丢"的受事,"房子"是"卖"的受事。在汉语语法的历史演变中出现了一个特殊的句式——把字句。上边的例句都可以变成把字句,把受事提前:

　　我把车票买了/老张把帽子丢了/他把房子卖了

这些句式就变成了"S＋把＋O＋V",受事宾语顺理成章地移到了动词的前面来。所以有人说汉语既有 SVO 型语言的特征,也有 SOV 型语言的特征(Li and Thompson,1989:26)。也有人猜测说汉语把字句的产生是受到了周边阿尔泰语系语言的影响,但是缺乏足够的证据。母语是蒙古语、母语是哈萨克语、母语是土耳其语的学习者,在学习汉语把字句的时候同样有很多困难。

　　比较句的变化也与语序有关。古代汉语"重于泰山,轻于鸿毛"在现代汉语里是"比泰山重,比鸿毛轻"。语序的变化是很明显的。介词结构在古代汉语中通常位于动词的后边做补语,在现代汉语中,它们的位置会移到动词的前边做状语。例如:

　　导淮自桐柏,东会于泗、沂。(周/《今文尚书》)——从桐柏引淮水在东边跟泗水和沂水会合。

　　入自北门。(周/《今文尚书》)——从北门进入。

　　自是观之,两臂重于天下也。(春秋/《庄子》)——这样看来两臂比天下还重要。

生于忧患,死于安乐。(战国/《孟子》)——在忧患中生,在安乐中死。

月出于东山之上,徘徊于斗牛之间。(北宋/苏轼·《前赤壁赋》)——月亮从东山上边出来,在斗牛之间徘徊。

(三) 语法范畴的变化

现代汉语的"～了""～着""～过"原本都是动词,语法化以后变成了动态助词,在现代汉语中表达与事件的内部时间概念有关的语法意义"体貌"。这是汉语语法体系的一大发展。与此相应的,汉语语法中还发展出一系列与"体貌"范畴有关的语法范畴:如"V+起来"表示"开始并持续","～呢"或者"在～呢"表示"进行",等等。例如:

言了于耳,则事味于心。(东汉/王充·《论衡》)("了"为动词)

我弃此一婢,亦有何难,只要明白了这桩事迹。(元/《元代话本选集》)("了"为助词)

尝见乐家言,是有杀伐之意,故祭不用。然也恐是无商调,不是无商音。他那奏起来,五音依旧皆在。(北宋/《朱子语类》)

如思量作文,思量了,又写未得,遂只管展转思量起来。(北宋/《朱子语类》)

大伯焦躁起来,道:"打杀这厮,你是甚意思"(南宋/《话本选集》)

忽听监门口有人叫:"贾头儿,贾头儿,快来哟!"贾牢头道:"是了。我这里说话呢。"(清/《七侠五义》)

我伯父也正在吃饭呢。(清/《二十年目睹之怪现状》)

还有一类语法范畴是很值得关注的:汉语有成系统的语气词用来表达"言者态度",这是与情态范畴有关的语法范畴,在汉语里也能找到发展变化的历史轨迹。古代汉语的"之、乎、者、也、矣、焉、哉"变成了现代汉语普通话的"啊、吧、呢、吗、啦、嘞、咯、喽、嘛"等。

表达情态的语法手段也有一个历史演变的过程。例如"算了","算"最早是用来计算的算筹,是名词,后来变成表示动作行为的计算义。但是在"干脆辞职算了"中,它是一个语气。"算了"什么时候变成了语气词?变化的动因是什么?"算了"在现代汉语中使用频率很高。《现代汉语词典》(2012年第六版第1244页)对"算了"的解释有两个:1.作罢,不再计较。例如:他不愿意就算了吧/他不甘心,难道就这样算了不成? 2.用在句末表示祈使、终止等语气。例如:别等了,早点去算了/今天干不完就干到这里算了。通过对历史文献的考察,我们发现"算"这个动词是有一个很复杂的演变路径的:

```
OBJECT(数/筹) ──→ BEHAVIOR(计算) ──→ BEHAVIOR(谋划/算计)
                        │                      │
                        ↓                      ↓
                   ACTION(推算)            ACTION(暗算)
                        │
                        ↓
                   RECOGNIZE(算作) ──→ BE VALID(作数)
```

1. 数目

(1) 辟踊,哀之至也,有算。一本作"筭"。郑玄注:"算,数也。"(《礼记·檀弓下》)

(2) 国家居广漠之地,民畜无算。(《北史·崔浩传》)

"算"与"数"是同源词,所以可以考虑同源词的词义滞留问题。"算"作为"数"的意义在现代汉语中已经很少使用。

2. 计算

(3) 承流而枝附者,不可胜算。(南朝梁/刘勰·《文心雕龙·诸子》)

这个用法今天仍然是"算"的核心意义,例如鲁迅《呐喊·孔乙己》:掌柜也不再问,仍然慢慢的算他的账。

3. 指计算在数内

(4) 斗筲之人,何足算也。(春秋/《论语·子路》)

4. 谋划

(5) 夫未战而庙算胜者,得算多也。未战而庙算不胜者,得算少也。(春秋/《孙子兵法·计》)

(6) 机关算尽太聪明,反算了卿卿性命。(清/《红楼梦》)

5. 推测;料想

(7) 杜郎俊赏,算而今、重到须惊。(南宋/姜夔·《扬州慢》)

6. 指暗算,谋害

(8) 我孩儿因做买卖去,利增百倍;有铁幡竿白正图了他财,又算他性命。(元/无名氏·《朱砂担》第三折)

7. 作数,承认其有效力

(9) 谁敢撵他们?屯子里说了算的人。(周立波·《暴风骤雨》第二部)

8. 归;属于

(10) 兄弟啊,这个功劳算你的。(明/《西游记》第二十回)

那么"算了"又是怎么来的呢?"算了"作罢的意义来自"了"的了结、终了、罢了。言者态度是从这里发展出来的。"算了罢"应该是"算+了罢",经过重新分析之后变成"算了+罢"。我们可以找到例证:

(11) 就是这一头二百两银子算了事了?我还拿得动,何况离家不远儿呢。(清/《七侠五义》下)

(12) 如不回家,我在我兄长面前一死,此生此世就算了结。(清/《三侠剑》中)

(13) 做个势子,输赢命里派定要丢当,丢一丢当就算了罢。(清/《续济公传》中)

(14) 雨墨此时见剩了许多东西全然不动,明日走路又拿不得,瞅着又是心疼,他哪里吃得下去,喝了两杯闷酒算了。(清/《七侠五义》上)

《老乞大》是元代的汉语教科书。"算了"后边还会有"著"(着),这说明"算了"还是动结式,"了"仍有了结的意思。例如:

(15) 牙税钱该五两四钱三分。牙税钱都算了。我这马契多站要税了来。(元/《老乞大新释》)

(16) 你是牙家。你算了著。该多少。(元/《老乞大谚解》)

这个意义很明显,意念上的宾语到了前面,"算了"到了句末,重新分析已经完成。在明代小说中,"了"仍然有完结的意义:

(17) 三个人又吃了一会酒,陆虞候算了酒钱。三人出酒肆来,各自

分手。(明/《水浒全传》上)

而《红楼梦》中已经有表示"作罢"意义的"算了"：

(18) 你不过是挨一会是一会罢了,难道就算了不成!依我说快走罢。(清/《红楼梦》)

"算+了+宾语""算+了结""算+了罢"重新分析后变成"算了+宾语""算了+罢",最后只留下"算了",这就是"算了"语法化的过程。还有一个旁证：在古代汉语语料中,"算了罢"远多于"算了吧",CCL 古代汉语语料库"算了罢"74例,"算了吧"33例;BCC 古汉语语料库"算了罢"172例,"算了吧"42例。这说明在早期的例子中,"了罢"的意义还很明显。这与现代汉语语料库的情形完全相反。CCL 现代汉语语料库"算了罢"30例,"算了吧"597例;BCC 多领域语料库"算了罢"77例,"算了吧"4731例。这说明在现代汉语中"算了"的"了"终了、了结的意义已经很弱了(崔希亮,2022)。

(四) 语法中个别成分的演变

语法中个别成分的演变也是历史语言学家关注的问题。例如汉语量词的演变就是一个很有意思的题目。量词的发展是从具体到抽象,从个别到一般。例如"个",本来是个具体量词,现在发展成了通用型的量词。个体量词"条""根""头""口""道""只"的发展演变都有一个范畴化过程。动词"来""去"的语法化过程也是一个有意思的题目。我们可以列出许多个别的语法现象,寻找它们在发展过程中的演变轨迹并寻求其中的动因,这样就可以为语法的演变绘出一张地图。

语法的演变有时跟词义的变化相伴相生。比如汉语的"由",本意指的是树木新生的嫩芽"由蘖",通过隐喻,产生"路由""由头""事由""理由""缘由"等词汇,后来渐变为动词,可以指示位移事件的起点(空间起点、时间起点、范围起点)(谁能出不由户？何莫由斯道也？《论语》)、行为事件的责任承担者(汝寒温不节,虚实失度,病由饥饱色欲。《列子》)、活动事件的缘由(夫礼,禁乱之所由生。《礼记》)。在现代汉语中"由"构成的词汇有"由于""经由""因由"等,"由"的意义都不相同。在现代汉语中,"由"主要用为介词,标引不同的语义角

色(参看本书第三章第一节图3—2):

1. **标引起点、经过点、路径、介质**
   a. 医生由<u>北京</u>动身前往伦敦。　　　　　　［起点］
   b. 月光由屋顶的<u>玻璃窗</u>透进来。　　　　　　［经过点］
   c. 战略物资由<u>滇缅公路</u>运来。　　　　　　　［路径］
   d. 病毒由<u>空气</u>传播。　　　　　　　　　　　［介质］

2. **源头、质料、构件**
   a. 现代汉语由<u>原始汉藏语</u>发展而来。　　　　［源头］
   b. 由<u>纯金</u>打造成这尊佛像。　　　　　　　　［质料］
   c. 由<u>牛奶、果料和食物添加剂</u>制成奶昔。　　［构件］

3. **责任承担者**
   a. 网站由<u>中华慈善总会</u>主办。　　　　［责任承担者:机构］
   b. 这次事故由<u>小王</u>负责处理。　　　　［责任承担者:人］

4. **使因**
   北京的沙尘天气是由<u>高温少雨</u>引起的。　　　［使因］

5. **依据**
   由<u>现在的发展态势上</u>看这项投资很有前途。　［依据］

6. **方式**
   所有的卡片都由<u>手工</u>制作。　　　　　　　　［方式］

可以说每一个语言成分都有一个演化的历史轨迹。尤其是一些使用频率非常高的语言成分演化的历史就更加复杂,例如"有""是""也""都""连"和一些句式,如比较句、被动句。在被动句中又有"被""叫""让""给"等形式:

比丘亦尔,不能具修信戒闻慧,但整威仪,以招利养,如彼愚人,<u>被</u>他<u>打</u>头,不知避去,乃至伤破,反谓他痴。(六朝/《百喻经》)

若是别一个,我还不恼,若<u>叫</u>这些小娼妇捉弄了,还成个什么!(清/《红楼梦》)

尾巴早<u>让</u>群众揪住了。(马季相声)

冰箱里的东西全<u>给</u>吃干净了。(姜昆相声)

在现代汉语中被动句的表达除了有标记的"被、叫、让、给"等形式之外，还有无标记的受事主语句。例如：

　　杯子老王打碎了。——老王杯子打碎了。
　　汽车老王修好了。——老王汽车修好了。

在上面的四个句子中，"杯子"和"汽车"都是受事，它们在大主语或者小主语的位置上都是受动者。

第四节　语言的分化和统一

一、语言的分化和统一

语言的分化和统一是语言发展过程中的两种状态，它们与社会的分化和统一直接相关，一般说来，社会的分化会导致语言的分化，社会的统一则会促进语言的统一。因为语言是社会的交际工具，社会分裂了，人也就被分成了不同的群落，这必然就会导致语言的分化；社会统一，不同的人群会融合为一个群落，人们的交流会越来越频繁密切，这必然就会带来语言的统一。

（一）语言的分化

语言的分化是指由于社会的分化使得语言在发展过程中由一种语言或方言逐渐分化为几种语言或方言的现象。

历史上，公元6世纪到9世纪期间，伴随着古罗马帝国的灭亡和古典拉丁语的消亡，罗马的民间拉丁语也开始发生分化，最终形成了法语、意大利语、西班牙语、葡萄牙语、罗马尼亚语等独立的语言，因此，今天的法语、意大利语、西班牙语、葡萄牙语、罗马尼亚语等是古罗马民间拉丁语分化的结果。今天的西班牙语分为5个大的方言，这也是社会分化的结果。这5个大的方言是：卡斯蒂利亚方言、加利西亚方言、巴斯克方言、加斯科尼方言、加泰罗尼亚方言。现在通行于拉丁美洲的西班牙语实际上是卡斯蒂利亚方言，包括墨西哥、古巴、智利、阿根廷、玻利维亚、哥斯达黎加等国家。拉丁美洲国家除了巴西和海地之外，都通用西班牙语。但是在西班牙本土各方言之间的竞争还是比较激烈的。尤其是加泰罗尼亚大区，一直在谋求独立。可以想见一旦加泰罗尼亚宣布独立，现在的西班牙就会分裂成不同的社会，那么加泰罗尼亚方言就会变成加泰罗尼亚语。

一个社会如果长期处于分化状态，那么，其语言或方言的分化也会越来越大，汉语社会内部历史上特别是汉末到隋初曾长期处于分裂状态，天灾人祸导致的人口迁徙，交通不便带来的交际阻隔，使得汉语内部方言异常丰富，方言间的分歧越来越大，有些方言区之间的差别甚至大到了彼此间无法通话的程度，例如闽方言、粤方言、吴方言，彼此之间几乎很难沟通。甚至闽方言内部的闽南话（厦门话）和闽东话（福州话）彼此都无法沟通，闽南话、闽东话和闽北话（建瓯话）也无法沟通。以至于西方一些学者认为汉语方言是不同的语言。周王朝末期，礼崩乐坏，各诸侯国纷纷称霸。战国七雄就是当时最强的七个诸侯国，秦、楚、燕、韩、赵、魏、齐，每一个诸侯国都有自己的地盘和地域方言。

语言的分化会产生地域方言、社会方言，甚至另一种语言。

1. 地域方言

关于地域方言我们在本书第二章曾做过详细描写，指出地域方言是同一语言分化的结果，是同一民族语言在不同地域上的变体。地域方言是语言的下位概念。一种语言可以分化成若干种方言，一种方言可以再分化成若干个次方言，次方言还可以继续分化成方言群或者土话，等等。

2. 社会方言

社会方言是由交际者年龄、性别、职业、阶层等社会因素影响而形成的语言变异。社会方言不同于地域方言，二者的区别主要表现在：(1)社会方言主要表现在语言的社会或交际身份的变异，如交际者之间因为年龄、性别、职业等方面的差异而产生的变异，而地域方言则主要表现为语言的地域或空间差异。(2)社会方言的数量是无定的，地域方言的数量是有定的。地域方言有使用区域、范围的基本边界，所以一个社会存在多少种地域方言一般在数量上是确定的；而社会方言的变量很多，很多社会因素都会导致社会方言的差异。社会方言和地域方言又是相互影响、相互渗透的,社会方言的变异往往是通过一定地域的言语社团表现出来的,而地域方言的差异表现之一就是年龄、世代上的差异。社会方言往往表现为不同的交际圈。我们从新媒体语言中可以大致看出社会方言的分化。通过对社会方言的研究,我们可以在社会学意义上了解我们这个社会,了解语言使用的人群。虚拟世界存在着诸多的"圈子",新媒体语言在不同的圈子里有不同的潮流,这些潮流有的时候可以反映出一个社会群体的集体焦虑、集体无意识、集体愤怒,也可以反映出不同社会群体的价值取向、社会心理。每个圈子都有自己的标签和自己的圈子文化,圈内人在这里可以找到知己,获得认同感。这些圈子大大小小有很多,粗略地看有以下一些(有些圈子里还可以细分成不同的更小的圈子):

微信圈
微博圈　　　网游圈
弹幕圈　　　追剧圈
二次元圈　　论坛圈

图 10－5

各个圈子彼此之间也有交叉,并不是泾渭分明的。有交集的地方所创造出来的语言形式往往可以成为社会通用语的一部分。不同社交媒体的圈子,如果长期分化就会成为社会方言。

3. 亲属语言

亲属语言是语言分化的结果,它是指几种或更多的独立的语言,其最初的来源是相同的,这些从同一种语言分化出来的语言彼此间具有亲属关系,因为它们有共同的祖先。比如,汉语与泰语、傣语、老挝语、侗语、苗语、藏语、彝语、景颇语、缅甸语等具有亲属关系,因为这些语言属于一个共同的祖先——原始汉藏语。英语、德语、荷兰语、挪威语、瑞典语、法语、西班牙语、意大利语、葡萄牙语、罗马尼亚语、俄语、保加利亚语、乌克兰语、波兰语、印地语、乌尔都语、希腊语等语言之间具有亲属关系,这些语言有一个共同的祖先——原始印欧语。

欧洲国家的芬兰语、爱沙尼亚语、摩尔多瓦语和匈牙利语不属于印欧语系的语言,它们与印欧语系的语言之间没有亲属关系。

我们是怎么知道语言之间是否有亲属关系的呢?亲属语言的认定是历史比较语言学的主要成就,历史比较语言学家通过语音对应规律的研究首先确认了印欧语诸语言具有共同的来源,进而将世界上百余种语言通过历史比较的方法、按亲属关系进行了初步的分类,这种分类也叫"语言的谱系分类""语言的基因分类"或"语言的发生学分类"。

(二) 语言的统一

1. 什么是语言的统一?

语言的统一是指由于社会的统一使得语言在发展过程中逐渐走向统一的现象,语言统一的最大标志就是出现全社会通用的共同语。例如汉语社会尽管历史上出现过较长时期的社会分化局面,方言间的分歧也很大,但由于汉语有统一的文字,统一的历史文献,统一的民族认同,所以,一旦社会走向统一,汉语社会的共同语——"雅语""通语""官话""普通话"就会很快成为不同社会成员间的共同交际工具。在一个资讯发达、人员交往频繁、贸易往来密切的社会里,社会成员需要一个共同的交际工具。这是促进语言统一的基本力量。当然语言走向统一,还有可能取决于很多外部力量的推动,或者是多种力量的共同作用。但是不同的语言走向统一,却可能有不同的外部力量。

下面我们举例来说。为什么说语言的统一是政治力量、经济力量、文化力量、宗教力量、军事力量等各种动力共同促进的结果?例如汉语在西周时期方言间的分歧已经很大,为便于交际,一种经过加工了的主要通行于王公贵族或文人士大夫阶层用于官方或外交场合的共同语——雅言同时产生了。秦灭六国后,秦王朝实行的统一文字的政策,保证了汉语书面语的基本统一,因此,尽管中国社会历经分分合合,但一旦社会走向统一、安定,依靠政治力量推行和促动语言统一的势头就不会减弱。到了新中国,中国政府更是采取了一系列措施开始在全国范围内开展推广普通话运动。普通话的推广,改变了方言间无法交际通话的状况,有利于中国社会语言的统一。现在,普通话与方言并存于中国社会,随着社会经济、文化的不断发展,汉语有些方言已经开始出现后继无人的局面,语言文字管理部门开始实施语言保护工程,抢救和保护那些濒危语言或方言,建立语言数据库。但由于中国地域广大、人口众多、经济发展速度存在地区间的不平衡等因素,汉语方言与普通话共存的局面还将长期维持下去。北京话的语音系统之所以成为普通话的语音标准,那是因为北京从金代开始逐渐成为中国政治经济和文化的中心,从而带动北方方言成为汉民族共同使用的方言,在地域上覆盖了东北、华北、华中、江淮、西北和西南的大片地区。汉语普通话的推广靠的是政治力量。英语伦敦方言成为英语的标准方言那是因为经济的力量,英国工业革命以后,经济发展迅速,伦敦迅速成为经济首都并对其他地区产生影响。英国殖民者又把英语带到了澳大利亚、新西兰、南非、印度、东南亚和北美洲等地。意大利语佛罗伦萨方言成为意大利语的标准方言那是文化的力量,因为佛罗伦萨所在的托斯卡纳地区是欧洲文艺复兴的策源地,佛罗伦萨方言依靠文化的力量统一了意大利诸方言。拉丁语曾经是罗马帝国的通用语,目前仍然是罗马天主教廷的宗教语言,在梵蒂冈有官方语言的地位。阿拉伯语内部分歧也很大,但是由于伊斯兰教的传播,阿拉伯语也有走向统一的趋势。这是宗教力量推动的结果。当然阿拉伯国家联盟成立之后,22个成员国之间的政治、社会、经济、文化、宗教交流会越来越多,越来越密切,阿拉伯语会逐渐走向统一。英语在英联邦国家取得官方语言的地位,这是由于历史上英国的殖民政策,而殖民地的开拓从某种意义上来说,依靠的是当时英国的军事实力。大航海时代,西班牙、葡萄牙、荷兰等欧洲国家成为海上列强,地理大发现使得西班牙语、葡萄牙语、荷兰语成为一些国家和地区的官方语言。这里依靠的是综合国力,包括经济力量、军事力量和科学技术的力量。

2. 共同语和共同语的规范化

共同语是在社会走向统一的过程中出现的一种超越地域的、具有一定政治经济价值的、作为全社会共同交际工具的语言形式,它常常是与方言相对而言的,并在一个统一的社会内部作为全社会的标准性语言进行推广。

总体来说,共同语的形成基础是地域方言,具体地说,共同语的词汇、语法往往以基础方言为基础,而语音则以基础方言中的某一地点方言为基础,哪一种方言能成为该社会共同语的基础方言,一般会受社会政治、经济、文化等多方面因素影响。

现代汉语的共同语是普通话,普通话是"以北京语音为标准音,以北方话为基础方言,以典范的现代白话文著作为语法规范"的民族共同语,可见,北京语音和北方话一起构成了普通话的基础方言。而普通话之所以以北方方言为基础方言,就是因为北京在唐代即为北方军事重镇,金元以后渐成中国政治、军事、经济、文化中心,其地位越来越重要,影响力越来越大。

语言规范化的对象主要为书面语,因为书面语是以口语为基础、对口语进行加工后的语言形式,它通过书写形式传播开去,对整个社会的影响力更强。所以,任何一个社会都会对本社会的共同语进行规范,引导其向更完善的方向发展,更好地为社会服务。语言规范化问题是一个十分重要且十分复杂的问题。20世纪50年代,中国语言学界就语言文字规范化的问题进行了一场声势和规模都相当大的讨论,取得了许多共识,在我国语言学界以及全民的语言社会生活中产生了深远的影响,这种影响在以下几个领域表现得尤为突出:

一是在汉语工具书的编纂领域。字典或者词典,本身就应该作为规范的典范。"典"在现代汉语里的第一个义项就是"标准;法则"。字典词典的注音和释义不能没有规范。工具书的编纂是普通话走向规范的重要一步。

二是大众传媒领域。大众传媒是语言文字的使用者和传播者,广播、电视、报纸、杂志、出版社对引导语言的社会生活负有重要责任,因此要求大众传媒的从业人员要有规范的意识。广播电台的播音员、电视台的节目主持人、报纸杂志和出版社的记者编辑在使用语言文字的时候不能失范。

三是中文信息处理领域。中文信息处理涉及语言数据库的建设、知识库的建设、语言片段的自动切分与标注、自动分类与识别、语言自动翻译、文本的自动分析、古籍整理、计算机辅助教学、网络搜索和分类等等,这些工作都需要规范和标准。

四是国际中文教育领域。国际中文教育包括汉语作为第二语言的教学和世界范围内的华语文教学,其课堂教学、教材编写、语言测试、教师培训、教学工具书的编写都需要语言规范。

　　五是中小学语文教育领域。语文教育是语言社会生活的重要组成部分,在语文教育过程中,方言的干扰、网络语言不规范现象的干扰导致中小学语文教育中出现一些不规范的现象。这种影响已经不仅仅局限于国内,它已经对世界华语文生活产生了影响。这是应该极力避免的。

　　六是语文现代化建设领域。汉语已经走向世界,已经成为区域性影响力比较大的语言。在中国大陆、中国香港和澳门特别行政区、中国台湾、新加坡、马来西亚,汉语的使用还存在着一些分歧。在社会走向统一的过程中,需要对不同区域的语言进行规范。另外,不同地区的汉字在信息化时代需要兼容,不同编码方式的输入也需要兼容,中国的语文必须适应现代化的需要。

　　七是翻译领域。例如翻译中的人名和地名已经有了固定的规范。但是我们仍然发现在世界不同地区,在使用汉语翻译外国人名地名的时候,依然有不同的选择。例如美国加利福尼亚的 San Francisco 就有"旧金山""圣弗兰西斯科""三番市"的不同译法,澳大利亚的 Sydney 就有"悉尼""雪梨"的不同译法,美国前总统 Trump 就有"特朗普""川普"的不同译法。

　　但是在进行语言规范化时应特别注意以下几个方面:(1)语言规范化的对象主要是书面语,对于未进入书面语还只用于口语的一些不规范现象只能适当引导,不应强制规范。(2)语言规范化既要尊重语言发展的规律,也应遵守约定俗成的原则,对一些似乎不符合语言结构规则但已经在全社会约定俗成的现象不应强制干涉。(3)语言规范化要将语言使用的空间适应性和语言的稳定性、继承性和渐变性等历时因素综合起来考虑。(4)语言规范化要考虑社会全体成员的接受性。只有为全体社会成员所接受的规范化才是成功的规范化。

　　谈到语言规范化的问题,不能不顺便谈谈口语和书面语的问题。口语主要是通过交际者听觉系统进行交际的口头语言形式。由于交际环境和条件的限制,口语常常是未经仔细推敲就脱口而出,因此表达形式显得灵活多样,语言结构简单,用词用语简短,词汇量有限,还会有很多重复,甚至有很多不规范的语言形式。我们平时的日常交际就是一种口耳交际,比如下面采访对象的语言就是典型的口语形式：

> 我父亲是十四岁到北京，可是山东人，口音就是，也，在我记事儿的时候有口音的。死了，五八年死的。山东话，M，会不多，啊，很少。说不正，发音不正。往往山东话说得要是不正的话，就如同那个天津话似的。咱们又很少，又接触人，从小长大的北京人，所以不学习那个，也没有接触那些老人那个。妈妈是北京人儿，原籍山东，都是山东来的。山东流入北京，一个是辽宁三省。那山东比较苦不是，没办法就奔东三省，奔北京来谋生，就这样人儿比较多，哎，大部分山东特别多。南方人往北方特别少，就是山东人往这几个大，大城市比较多，天津啊，辽宁这一带，沈阳这一带。下关吧，下关东啦，找谋生去，找饭辙儿去啦。我父亲是到北京，到北京拉洋车，拉着洋车就是，后来就是，跟人家别的同行业搞，当伙计吧，后来自个儿就开，就开业。哎，弄个小营业。就是铺陈市啊，比较贫穷的地方。铺陈市，就是珠市口往西来一点儿，永安茶叶庄后身儿那儿。铺陈市，那地方那就是小店儿。铺陈，那那名字叫铺陈市，那里头全是卖破铺陈儿的，哎，就仿效现在的废品公司，哎，就是废品，破布尖儿，破布。他连收带外卖，就这么营业。那地方原来那地方就是小店儿比较多，就是干这行儿比较多，后来都并到废品公司去了，就是属于废品一类。哎，好比，比方说，这个，哦，一样产品来了，分出三类来，可能高，那个好一点儿的质量好点儿的，就卖高档一点儿，反正质次点儿也不赔钱，也得赚钱。哎，一毛钱得赚三成，赚三分钱，看三成利。哎，过去那个做法，我记事我了解这个情况，就搞那个工作。后来一并到废品公司呢，等他有病呢，就我们就上班了。那会儿我刚十八岁，就到工厂上班去了。我没有上那儿去，我就上，那不是五八年招人招得特别多吗？而且还手续很简单，有私人介绍就可以上班。就到工厂，到电线二厂，一直干到现在，现在二十五年了吧。厂子在东铁匠营，东铁匠营，就是永定门外，永定门外东铁匠营。不远，解咱们家骑车的话，一刻钟。要顺风的话，还还得快。（北京大学CCL语料库，1982年北京口语调查资料）

书面语是通过书写形式但是不局限于书写形式固定下来的语言表达形

式。书面语一般是规范化了的语言,主要用于庄重、严肃、正式的场合,因此使用时需要仔细斟酌。

口语和书面语是两个既相互联系又有区别的语言形式,主要表现在:

第一,口语和书面语都是共同语的重要表达形式。从书面语的来源上说,口语是书面语的基础,书面语是对口语的再加工,因此,口语是第一性的,书面语是第二性的。

第二,口语主要用于日常交际比较随便、非正式的场合,书面语主要用于比较庄重、正式的场合,但在某些情况下口语和书面语会交替出现,比如,在文学作品里,作家为贴近生活、更好地塑造人物形象,其笔下人物之间的对话往往就使用日常生活中的口语形式。因此并非用文字写下来的都是书面语。

第三,口语和书面语使用的物质形式不同,口语主要通过口耳形式交际,而书面语则主要通过文字书写形式进行交际。

第四,口语和书面语的语言交际形式不同,口语因为是交际者之间直接进行现场现时的互动式交际,话语常常无法仔细斟酌,而是边说边想边组织,甚至会未加思索脱口说出,因此,其语言结构不复杂,词语运用简单,常伴有冗余信息甚至无意义的废话,交际中还往往借助手势、身势、面部表情等辅助工具;书面语则与此相反,交际者之间不是直接进行现场现时交际,所以用词造句可以仔细推敲,语言形式显得更完整、规范、严密。

第五,口语一发即逝,相对于口语来说,书面语更具有保守性,由于这种情况易造成口语与书面语脱节现象,因此对书面语的规范就越发显得重要。

二、语言分合的波浪扩散理论和中心向心力理论

(一) 波浪扩散理论

扩散(diffusion)是语言演变的一种传播方式。谱系树理论注意的是语言在时间向度上的变化,波浪扩散理论注意的则是语言在空间向度上的变化。语言在时间向度上的变化表现在亲属语言之间的遗传关系上,我们可以根据不同语言之间的亲疏远近关系画出一张语言谱系图来,而这个语言谱系图画

出来就像是倒着长的一棵树,所以我们又可以把它叫作语言谱系树。而语言在空间向度上的扩散则表现在地缘关系上,相邻的地区会成为一个语言共同体,如下图:

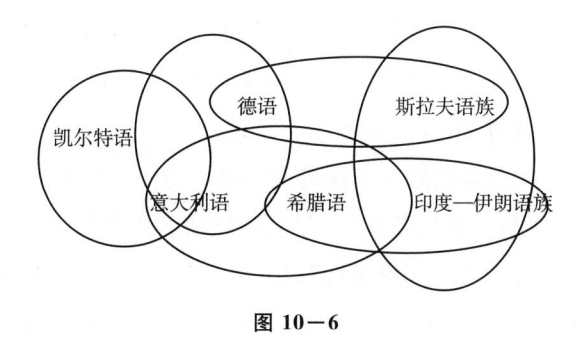

图 10—6

同一个波浪圈里的语言基因关系更近。凯尔特语和德语不在一个波浪圈,但是二者有交集,凯尔特语与意大利语在一个波浪圈里,意大利语与德语又在一个波浪圈里,意大利语与希腊语在一个波浪圈里,希腊语与印度-伊朗语族的语言又在一个波浪圈里,而印度-伊朗语族的语言又与斯拉夫语族的语言在一个波浪圈里。印欧语系的语言就是这样在地域的维度上扩散的。

(二) 中心向心力理论

中心向心力理论与波浪扩散理论不太一样。中心向心力指的是一些在政治、经济、文化等方面处于中心地位的城市会成为能量较大的语言,吸引周边地区的语言向自己靠拢。这种假说也可以找到事实的根据。比如汉语吴方言的代表方言是苏州话,吴语区的人以苏州话为标准吴语,因为苏州从战国时代起就是吴越地区的政治和文化中心。近百年来,随着作为经济中心的上海的迅速崛起,吴方言的中心慢慢地转移到了上海。又如粤方言的代表方言是标准的广府话(广州话),但是随着香港政治经济的吸引力不断扩大,香港与广州之间渐渐地有了差距,香港粤语的吸引力越来越大。

北京话的形成过程也很有代表性。北京话的覆盖面有点像一个彗星。它的辐射范围是以北京为彗核,包括河北部分地区、内蒙古部分地区、东北大部分地区的一个扇面。

北京话的形成也与历史上的人口流动有关,现代汉语北京话系统主要来自东北。河北的涿州、固安、大厂、承德、丰宁,天津的武清等都在北京话的覆盖范围内,而西北部的延庆话,有一部分跟内蒙古、山西方言相近,东北部的平谷话跟河北的唐山、保定方言相近。一个共同的经济圈或者文化圈在语言的发展变化中会朝共同的方向整合。例如山西、陕西、内蒙古河套地区是一个经济圈,在这个经济圈内,语言是相近的,因为山西和陕西既有地缘的关系,又是历史上的亲密联盟(秦晋之好),人民的经济往来也非常频繁;内蒙古河套地区是赶牲灵和走西口的地方,在地理位置上和经济关系上与山西和陕西是一个共同体。胶东和辽东构成的"胶辽话"也是一个以烟台为中心的语言共同体,因为辽东人口主要来自胶东,移民造成的共同体使得这两个地方的语言有很高的一致性。

三、语言的接触与融合

(一)语言接触

不同的社会群体彼此之间的接触会给语言的接触提供机会。这种接触可以是经济贸易往来,如汉语通过丝绸之路与古波斯语的接触、与古阿拉伯语的接触、与古突厥语的接触;也可以是宗教和文化交往,如汉语与古梵语的接触;还可以是军事占领、殖民造成的语言接触,如法语与越南语的接触、诺曼语族的语言与盎格鲁-撒克逊语言的接触;还可以是移民、人民杂居带来的接触,如中国新疆维吾尔语与哈萨克语的接触,等等。接触的方式可以有很多,因而语言接触的结果也不一样。一般来说语言之间的接触会带来以下几种可能:

第一,语言成分的借用、结构规则的借用:借词是语言接触中最常见的现象。我们在前边的章节里曾经提到过,汉语中的"石榴""狮子""玻璃""苜蓿""骆驼""琥珀""葡萄"等词汇借自西域,是汉语与古波斯语或古突厥语接触的结果;汉语中的"菩提""比丘""刹那""舍利""罗汉""菩萨""佛""塔"等词汇借自印度,是汉语与古梵语接触的结果;汉语中的"保龄球"(bowling)、"维他命"

(vitamin)、"抬头"(title)、"黑客"(hacker)等词汇借自英语,是汉语与英语接触的结果。结构规则的借用指的是语言接触给句法结构方面带来的变化,例如现代汉语中有很多欧化的句子,这些句子就是汉语与印欧语系的语言接触的结果。比方说,汉语的句式一般都比较短,没有特别长的定语或者状语。我们现在已经习惯了比较长而复杂的修饰语,这在《红楼梦》的语言里是没有的。外来的结构借用在翻译文本中最为活跃,例如"两国首脑于1941年8月在大西洋北部纽芬兰阿金夏海湾内的美国的重巡洋舰奥古斯塔号上举行大西洋会议""取消了他的约见""他并不排斥会导致裁军的谈判解决"之类的结构形式已经成为现代汉语新闻语言的常态。"我不认为"这样的句式也带有很强的欧化色彩:

> 我不同意这个观点。没错,女性杂志为读者提供了休闲,但我不认为这一定就意味着它们的信息量不大。(CCL语料库当代\口语\对话\卓越媒体的成功之道:对话美国顶尖杂志总编)

第二,一种语言同化了另外一种语言。以汉语和满语的接触为例:满清入关以后统治中国三百余年,统治者的语言是属于阿尔泰语系满-通古斯语族的满语。汉文化和汉语不仅具有强大的同化力量,而且在汉文化和满族文化之间存在着一个巨大的落差,汉文化属于比较先进的农耕文明,满文化属于相对落后的游牧文明,在两种文明接触的时候,代表农业文明的语言对代表游牧文明的语言有强大的吸引力,满人开始学习和吸收汉文化,最终也完全放弃了本民族的语言。从人口比例来看,汉族人口远远多于满族人口,到清中叶后期,满语慢慢地淹没在汉语的汪洋大海中。今天已经很难找到活着的满语社团,只有少数老人还能说满语,它们主要分布在黑龙江边远地区。而满语的近亲锡伯语却在新疆维吾尔自治区伊犁哈萨克自治州察布查尔锡伯自治县存活下来。

第三,两种或几种语言并存,形成双语社会或多语社会。锡伯语与哈萨克语、维吾尔语、汉语并存,在锡伯自治县就形成了一个多语社会,各种语言尽管有接触,但是各自保持着自己的独立地位。这些语言属于不同的语族或语系,锡伯语属于阿尔泰语系满-通古斯语族,维吾尔语属于阿尔泰语系突厥语族,汉语属于汉藏语系汉语族,大家和平共处。又比如在比利时的法语和佛兰芒语,处于同一个社会,但保持着彼此的独立,比利时成为双语社会。在新加坡,汉语(华语)、英语、马来语、淡米尔语都是法定的语言,都有自己的学校、使用群体、出版物和媒体,新加坡的四种语言彼此有接触,词汇上互相借用,但是仍保持着各自的独立,新加坡也是一个多语社会。

(二) 语言融合

1. 语言融合的各种因素

我们说过,语言的接触会带来语言的融合,具体分析有以下一些因素会导致语言的融合:人民杂居、经济往来、战争征服、文化交流、文化落差、通商通婚等。不同语言背景的人民杂居在同一个社区、同一个城市或者同一个国家,势必要进行语言交流,语言会在与别的语言的接触中发生变异,而变异的结果有可能导致语言的融合。满清刚刚入关的时候,满族的达官贵人和八旗子弟都住在北京城内,那时候是不允许汉人住在城内的,因此在一段时间内满语并未融入汉语。但是八旗子弟是不会务农的,北京周边地区居住着许多汉人,他们为北京城内的满人提供衣食住行的保障,这样就慢慢地放宽了对汉人的限制,到清代后期,满清政府打开了关东大门,从关内大量移民,原来的柳条边隔离措施也慢慢废弛,满汉杂居的局面在东北地区和北京城内都成事实,满语与汉语的融合已经不可避免。在中国的云南有许多少数民族,有聚居地区,也有杂居地区。人民之间的经济往来、文化交流和通婚现象都很普遍,比如白族与纳西族之间、彝族与白族之间,为了经济交往的需要,或者为了融入另一个社群,有的人放弃了本民族的语言而改用另一个民族的语言,他们的第二代、第三代根本就不再会说本民族的语言。散居在其他民族地区的外族人不得不与一个在经济上、人口数量上,甚至文化上占优势地位的社群融合。移民海外的华人有一部分住在唐人街或华人社区,还能保持自己的语言不被完全同化,但是散居着的华人后代多半很难抗拒融合。住在海外的华人华侨,他们的语言状况很不一样。在新加坡的华人只在生活中使用华语,在政治生活、经济生活、文化教育领域,更多的是在使用英语。在马来西亚有专门的华人学校,从初等教育一直到高等教育，所以华人子女可以保存自己祖先的语言，但是泰国和印度尼西亚的情况则完全不同。泰国的华人华侨、印度尼西亚的华人华侨要想融入当地的主流社会不得不放弃自己祖先的语言。华语就慢慢地融进当地的泰语和印度尼西亚语中了。

2. 自愿融合和被迫融合

语言融合有两种情形：一种是自愿融合，一种是被迫融合。中国的北方地区由于长期胡汉杂居，为了学习汉文化，有些北方的少数民族最后放弃了本族语言，学习和使用汉语。例如北魏孝文帝拓跋宏入主中原之后就曾制定政策禁止鲜卑人说鲜卑语，提倡说汉语、着汉服。这是自愿融合的例子。魏晋南北朝时期是中国民族语言融合的重要时期，这一时期的融合都是自愿融合。唐以后，契丹、女真在建立政权后拒绝融合，为了防止汉化，统治者曾经制定了严格的措施，例如金人（直至后来的满人）修建了柳条边，搞种族隔离。但是语言融合是不以人的意志为转移的。所有的英国殖民地都发生过语言融合的现象，几乎都是以英语作为胜利者而告终。因为英国殖民者制定了有利于推行英语的政策，殖民地的人民只得被迫放弃自己的语言。美国、加拿大、澳大利亚、马耳他、塞浦路斯、特立尼达和多巴哥、圭亚那、巴巴多斯、斯里兰卡、新加坡、马来西亚、加纳、乌干达等国家英语占统治地位，当地的土著语言退居到次要地位，或者完全融合到英语当中。另外，印度、巴基斯坦、南非都曾是英语殖民国家，在这些国家和地区，英语融合了当地的语言，形成殖民地特色的语言社群。

3. 融合的过程

语言融合的过程可以归纳为以下一些环节：双语—竞争—排挤—替代。开始的时候是双语并存，例如加拿大的英语和法语，比利时的法语和佛兰芒语，中国延边的朝鲜语和汉语，历史上的蒙古语和汉语、满语和汉语，刚刚开始接触时保持着双语并存的局面，两种语言彼此竞争，如果其中的一种语言处于劣势，在竞争中失败，这种语言就会处于被排挤的地位，慢慢地被另一种语言取代。满语融入汉语的过程就是这样一个过程。加拿大的英语和法语都是官方语言，因此从理论上说加拿大是一个双语社会，但是法语的地盘显然没有英语大,只有魁北克、蒙特利尔是法语社群占优势。蒙古语与汉语的大面积接触是在元代,统治者的语言是蒙古语,但是蒙古语与汉语的这种大面积接触时间不长,还没有导致语言的融合。尽管如此,我们看元杂剧的时候还是能够发现蒙古语的影子,在现代汉语中也还有一些蒙古语词汇的残留。

(三)语言接触的特殊形式

语言接触除了会导致语言的融合之外,还有可能产生一些特殊的语言融合形式。洋泾浜和混合语就是这样的融合形式。

1. 洋泾浜

洋泾浜是旧上海外滩的一部分,也是洋泾浜和黄浦江的汇合处。鸦片战争以后,那里是外国人和中国人做生意的地方,中国人与外国人在商贸往来时说的是一种变形了的语言,那就是 Pidgin language,即 business language(商务语言)的讹变。这种变了形的语言就叫作洋泾浜,它的语音经过了当地人的改造,词汇基本上是英语的,语法规则大大简化。今天北京的秀水街也有类似的洋泾浜英语。试举几例:

  room-loom(房间)
  all right-all light(好的)
  make-makee(做;弄)
  much-muchee(多少)
  two books-two piecee book(两本书)
  above-topside(在……上边)
  below-bottomside(在……下边)
  unable-no can(不能)
  won't-no wanchee(不想)
  haven't seen you for a long time-long time no see(好久不见)
  die-lo(死喽)
  say-lo(说喽)
  pay-lo(付款喽)

gone away-wailo(away)（走喽）

现在还存活着的洋泾浜是新几内亚的 Tok Pisin,已经定型,有自己的文字,有自己的文学、广播、报纸。主体是英语,词汇只有 1500 个左右,80% 是英语词汇。表达上有一些变化,例如:

grass belong face　胡子(属于脸的草)

him belly alla time burn　口渴(他肚子燃烧)

jump inside　吃惊(里边跳)

inside tell him　思考(里边告诉他)

inside bad　伤心(里边悲伤)

took daytime a long time　失眠(白日长长)

2. 混合语

混合语也是由于语言接触造成的一种特殊的语言形态,又称克里奥尔语或者克里奥尔化的语言(Creolized languages)。混合语其实也是一种洋泾浜语言,但是克里奥尔化以后就形成一种独立的语言,有一定数量的使用人口,有正式出版物,有电台、电视台,等等。如果在一个语言共同体中,某一种洋泾浜成了整个社会群体主要的交际工具,那么这种洋泾浜语言慢慢地就会演变为一种混合语。例如夏威夷皮钦语,就是以英语为基础,受汉语、日语、夏威夷语、葡萄牙语以及菲律宾语影响的混合语,有 50 万使用者;又比如加勒比克里奥尔语,主要分布在中美洲,是以英语为基础的混合语,有很多变体,其中最大的一支为牙买加克里奥尔语,大约有 200 万使用者。世界上的混合语有 100 多个,主要分布在前殖民地国家和地区,是由不同语言长期混用产生的语言,从某种意义上说,有些已经取得了独立的地位。如毛里求斯语(是法语、毛里求斯土语和英语的混合语)不久以前才取得独立地位,使用者主要分布在毛里求斯、马达加斯加和科摩罗岛。此外一些比较大的混合语还有:海地混合语,是以法语为基础的混合语;塔基-塔基语,是英语与荷兰语的混合语;法那卡罗语,是祖鲁语、英语和阿非利卡语的混合语(使用者为南非矿工);喀麦隆皮钦英语,是英语、荷兰语和法语的混合语;法属圭亚那克里奥尔语,是法语和葡萄牙语的混合语;新马来西亚语(托克皮辛语),分布在巴布亚新几内亚,是英语和巴布亚语的混合语；澳门克里奥尔语，是葡萄牙语和汉语的混合语。

3. 人造国际辅助语——世界语

Esperanto，是波兰医生柴门霍夫（Zamenhof L. L.）在1887年创造的人造语言，它的词汇以拉丁语族的语言为基础，也有一小部分取自日耳曼语族的语言和希腊语，语法规则16条，没有不规则变化。文字用拉丁字母。多音节词重音一律在倒数第二个音节上，这一点与拉丁语族的语言一致。词根可以自由复合。名词词尾的标记为-o，动词的词尾标记为-i，形容词的词尾标记为-a，副词的词尾标记为-e，复数的词尾标记为-j，宾语的格标记为-n，冠词为la，现在时是在动词后加上-as，过去时是在动词后加上-is，将来时是在动词后加上-os，中缀-in-是阴性标记。

世界语不仅仅是一种人造的国际辅助语，它更是一种把不同肤色、不同种族、不同宗教、不同政治信念的人们联系在一起的纽带。所以世界语运动实际上是一种全球的语言统一运动。世界语不是哪一个国家的语言，也没有自己特有的以世界语为第一语言的使用人群，但是它有自己的组织、自己的出版物、自己的媒体。学习世界语的人，无论走到世界的任何地方都会找到同伴，受到世界语相关组织的热情接待。

思考与练习

1. 语言是怎么产生的？
2. 语言发展变化的内因和外因是什么？
3. 举例说明语言发展变化的特点。
4. 语言分化的结果是什么？
5. 语言统一的动力是什么？
6. 语言接触的结果是什么？
7. 为什么说社会的发展变化是语言发展变化的根本动力？
8. 洋泾浜和克里奥尔语有什么区别和联系？
9. 世界语是一种什么样的语言？

第十一章　语言的类型和谱系

第一节　世界语言概况

我们无法确切地说出世界上究竟有多少种语言，一是因为有些语言我们无法判定它是不是独立的语言，例如汉语的粤方言、闽方言，有人认为它们是独立的语言，而中国的语言学家则认为它们不过是汉语的两个方言；二是因为有些濒危语言正在消失，我们无法确切地统计这些濒危语言到底还有多少人在使用它们；三是语言与方言的划分标准存在争议，不同的语言学家会有不同的观点。世界上的语言大约有 6000 种，到目前为止，有一些语言还没有得到很好的研究，我们对这些语言的认识还很肤浅，因此它们与其他语言的亲属关系很难确定。目前学术界认识得比较清楚的各种语言，按照其亲属关系大致可以分为以下几大语系：汉藏语系、印欧语系、高加索语系、乌拉尔语系、阿尔泰语系、达罗毗荼语系、南亚语系、南岛语系、闪-含语系、尼日尔-科尔多瓦语系、尼罗-撒哈拉语系、科依桑语系以及其他一些语群和语言。这种划分没有把世界上的所有语言都包括进来，但是大致把世界上有影响的语言都包括进来了。

这些语系中使用人数最多的是汉藏语系和印欧语系的语言。汉藏语系的各种语言主要分布在亚洲的东南部，东起我国东部边界，西至克什米尔。汉藏语系中的汉语是世界上使用人数最多的语言之一，其人口占世界人口的五分之一。印欧语系的语言是分布最广的，遍及亚洲、欧洲、美洲和澳洲，东起印度、伊朗和我国的新疆,西至欧洲北部的斯堪的纳维亚半岛。在印欧语系的语言中使用英语和西班牙语的人数又是人口最多、分布最广的。尤其是英语,使用人口超过 20 亿,是世界上最重要的语言之一。

  从研究情况来看,到目前为止,印欧语系语言的研究是最深入、最充分的。历史比较语言学诞生于欧洲,发端于对原始印欧语的研究。当人们最初发现印度的语言与欧洲古老的语言有渊源关系时所表现出来的惊讶是可想而知的,而历史比较语言学所构拟出来的语言谱系树也在学界产生了广泛的影响。

  中国是一个多民族的国家,历史悠久、地域辽阔,因此境内各族人民使用的语言差别很大,分属几大不同的语系。据统计,中国境内仍然活着的语言大约在 120 种,有些语言已经属于濒危语言,使用人口很少①。中国境内的语言大致可以归属为五大语系:汉藏语系(例如汉语、藏语、壮语、傣语)、阿尔泰语系(例如满语、锡伯语、蒙古语、维吾尔语、哈萨克语、乌兹别克语)、南亚语系(例如佤语、布朗语)、马来-玻利尼西亚语系(南岛语系)(例如高山族的亚美语)和印欧语系(例如俄语、塔吉克语)。此外,朝鲜语和京语的系属不明。

  中国的语言属于汉藏语系的语言最多,有二十多种。除汉语外,属藏缅语族的有藏语、彝语、傈僳语、纳西语、拉祜语、哈尼语、景颇语、土家语等;属侗傣(壮侗)语族的有壮语、布依语、傣语、侗语、水语、仫佬语、毛难语、黎语等;属苗瑶语族的有苗语、瑶语、勉语等。其中汉语分布在全国各地,藏缅语族中的藏语支分布在西藏自治区和青海、四川、甘肃、云南等省的部分地区,藏语支内部方言的分歧也比较大;彝语支主要在四川、贵州、云南等地;景颇语支主要在云南省德宏傣族景颇族自治州。侗傣(壮侗)语族的壮傣语支分布在广西、云南、贵州等地;侗水语支分布在贵州、广西、云南等地;黎语支主要在海南岛。苗瑶语族主要分布在我国西南和中南少数民族地区。

  属于阿尔泰语系的语言有十七种:维吾尔语、哈萨克语、乌兹别克语、塔塔尔语、柯尔克孜语、撒拉语、裕固语、蒙古语、达斡尔语、东乡语、保安语、土族

---

① 从民族鉴别的角度看,中国境内汉族以外的民族数量为 55 个;从语言鉴别的角度看,中国境内的语言大概有 120 种。我们无法提供一个准确的数据是因为语言鉴别本身也会存在争议。语言和方言之间的鉴别也没有完全一致的标准。参看孙宏开、胡增益、黄行主编(2007)。

语、鄂温克语、鄂伦春语、满语、锡伯语、赫哲语等。主要分布在西北地区、东北地区和内蒙古,使用人口有六百多万人。

属于南亚语系的语言有三种:佤语、布朗语和崩龙语。主要分布在云南,使用人口有二十多万人。

属于南岛语系的语言主要是台湾的高山语(山地原住民又分为十几个族群),约有二十万人使用。侗傣(壮侗)语族中某些语言在系属上有争议,有人认为可能属于南岛语系。

属于印欧语系的语言有两种,即塔吉克语和俄语。主要分布在新疆,使用者两万多人。

系属不明的语言有两种,朝鲜语和京语。朝鲜语主要分布在吉林延边朝鲜族自治州,辽宁和黑龙江的部分地区,使用者一百二十多万人。京语分布在广西靠近越南的沿海地区,使用者四千多人。

第二节 语言的类型分类

我们居住的这个星球上有那么多的语言,每一种语言都有自己的特点,它们彼此在语音系统、语法结构、词汇结构上有相当大的差异。即便如此,语言作为一种符号系统,不同的语言之间还是会具有某些相同或相似的结构特征。语言的类型分类就是根据各种语言所展示出来的结构特征对语言所做的划分和归类,把结构特征不同的语言分成不同的类别,把结构特征相同的语言归为相同的类,从而发现语言构造方面的普遍性和特殊性。对世界上的语言进行分类,可以帮助我们了解世界语言的总体状况,概括不同语言之间的共性特征,从类型学的角度把握各种语言的个性特征,从而更全面、更深入细致地对世界上的语言进行研究,建立起基于类型学的语言学理论。从语言学习和教学的角度看,对语言进行类型分类可以发现不同语言之间的相似性和差异性,帮助学习者掌握不同语言的结构规律。世界上的语言虽多,但是每一种语言都不是孤立存在的,一种语言总是与另外的语言有关系:或者有发生学的关系

（我们把它们称作亲属语言，例如德语和波斯语），或者有类型学的关系（我们把它们称作类型相同或相近的语言，例如朝鲜语和土耳其语）。

传统的语言类型分类是根据语言是不是有形态变化以及形态变化所表现出的差异进行的，我们把人类语言粗略地概括为四大类：孤立语、黏着语、屈折语和复综语。

孤立语是指那些形态不发达的语言。孤立语在构词方面的表现是大多数词都是由词根直接构成的，缺乏词缀和词尾，很少利用词的内部屈折变化进行构词，也不会利用词尾变化来表达不同的语法意义。因此，从形态的角度来看，孤立语的形态特征比较少。例如汉语在发展过程中只产生了极少量的附加成分用来构词："第一""初十""老鼠""鞋子""小孩儿""石头"等词中的"第""初""老""子""儿""头"是词缀，它们属于构词成分。这些词缀在汉语中是可以列举出来的，是有限的。它们的涵盖面也不广，不像屈折语有极强的系统性。汉语是典型的孤立语，汉语语法在构词法上没有太多的特殊性，构词法和句法几乎是一样的，所以汉语语法学中几乎没有形态学的内容（在印欧语系的语言中构词法又叫形态学）。

孤立语在句法方面的表现与形态发达的语言非常不一样。动词缺少时、体、态的变化，动词词尾的变化跟人称也没有关系，无论是第一人称还是第二人称、第三人称，动词都不需要相应的变化。名词缺少性、数、格的变化，形容词缺乏比较级的变化，可以说汉语根本就没有同样的语法范畴，即便有一些类似的语法范畴一般也不用词形变化这种语法手段来表达这些语法范畴，而往往是通过孤立的词汇手段来表现。句子成分之间也不存在语法上的一致关系，例如主语、宾语对谓语动词没有任何限定作用，谓语动词不需要根据主语或者宾语的变化而改变词形。在句子结构上，孤立语的词可以不需要任何附加成分而直接成句。如汉语的"他"（ta）、"去"（qu）、"教室"（jiaoshi）、"了"（le）这四个词形在所组成的任何句子中都以相同的形式出现：

  他去教室了。——Ta qu jiaoshi le.
  他去了教室。——Ta qu le jiaoshi.
  教室他去了。——Jiaoshi ta qu le.

他教室去了。——Ta jiaoshi qu le.

　　因为没有形态标记,所以对于孤立语来说,词序就是重要的语法手段,不同的词序表达不同的意义,例如上面的四个句子表达了不同的意义。孤立语在句法上的特点是缺乏形态变化,例如动词在句子中不会因时、体、态的变化而发生词形上的变化,名词也不会因性、数、格的改变而发生词形上的变化。如:"他昨天说"(过去时)、"他现在说"(现在时)、"他明天说"(将来时),这三个句子所指涉的事件是在不同的时间里发生的(时不同),但用的是同一个动词"说";"他开始说"(开始并持续的事件)、"他说完了"(完成的事件)、"他说着呢"(正在进行的事件),这三个句子所指涉的事件内部时间不同(体不同),所使用的动词本身也还是没有变化,而是通过其他的词汇成分来表达事件在进程中处于不同阶段这样的语法意义,如"开始""了""着呢"。句子成分之间的关系没有显性的语法标记,无法只根据词尾或者其他语法标记来判断它所充当的句法成分。孤立语的词形本身大部分只有词汇意义,而不表示语法意义,因此词序和虚词是句子构建的主要语法手段。如果句子的词序或虚词不同,那么句子的意义就会不同。例如:"客人来了"和"来客人了"两句中的组成成分完全相同,但因为词序不同,语义上的施受关系就不一样。"我和书""我的书"则因为虚词不同,含义也完全不同。也正因为孤立语的大部分词都由词根直接组成,而且缺乏形态变化,所以又叫"词根语""非形态语"。汉藏语系的语言都属于孤立语。

　　黏着语是一种有形态但是语法关系不完全依赖形态的语言。它的一个重要特点是表达一定语法意义的附加成分黏附在词根或词干上形成语法形式的派生词。但附加成分与词根或词干的结合并不紧密,各自都有很大的独立性。附加成分好像只是词根或词干的一个组件,可以黏上取下,词根或词干可以脱离附加成分而单独存在。其次,黏着语在句法上的表现为词根或词干不变,附加成分会发生一些形式上的变化,这种形式变化是表达特定语法意义的手段。黏着语附加成分和所代表的语法意义之间的对应关系比较固定,一个附加成分代表一种语法意义,一种语法意义也只有一种附加成分表示。所以如果要表达不止一种语法意义,就要添加附加成分,一次要表示多少种语法意义,就要在词根或词干后添加多少个附加成分，像一个一个黏在一起一样。这也是黏着语得名的缘由。例如土耳其语是一种典型的黏着语，它的动词词根 sev- 的意思是"爱"，附加成分 -dir 表示第三人称，-ler 表示复数，-mis-表示过去时，-erek-表示将来时。所以，sev-mis-dir-ler 就是"他们从前爱"，sev-erek-dir-ler 就是"他们将来爱"。日语也是黏着语，例如ない(nai)表示否定，だろう(darō)表示推量，が(ga)是主格标记。试比较下面的几个句子：

(1) あめがふる

ame ga furu

雨—格助词—降

（下雨）

(2) あめがふっている

ame ga fuc te ilu

雨—格助词—降—格助词—正在进行时

（正在下雨）

(3) あめがふらない

ame ga fura nai

雨—格助词—降—不

（不下雨）

(4) あめがふらないだろう

ame ga fura nai darō

雨—格助词—降—不会—推量式

（不会下雨吧）

在上面所举的日语的例子中，ふる(furu)是动词原形，ふっている(fuc te ilu)是在动词原形的基础上进行的词尾变化，动词原形的词尾因为要在后边附加其他的词汇变化，因此在读音上发生了变化。ふらない(fura nai)、ふらないだろう(fura nai darō)的变化也是同样的道理。阿尔泰语系的语言（如满-通古斯语族的满语、锡伯语；蒙古语族的蒙古语、达斡尔语；突厥语族的土耳其语、维吾尔语）、芬兰-乌戈尔语系的语言、班图语系的语言、日语、朝鲜语等都属于黏着语。

　　屈折语是形态变化丰富的语言，因此在形态学(morphology)的层次上有很多手段。屈折语的构词法比孤立语和黏着语都复杂。屈折语的词由词根和附加成分组成，词根表示词汇意义，附加成分表示语法意义。与黏着语不同的是，屈折语的词根与附加成分结合得非常紧密，有些词根若没有附加成分的结合，就不能单独存在。附加成分和所代表的语法意义也不一定是一一对应的，一种附加成分可以同时表示几种语法意义，同一个语法意义也可以用不同的附加成分表示。例如俄语 книга 中的"a"同时表示阴性、单数、主格等语法意义；俄语名词的复数主格也可以用词尾"-и""-ы""-а""-я"等表示。屈折语依靠词的内部屈折和外部屈折来构词。内部屈折是指在一个词的词根内部进行语音形式的交替，由此表达不同的语法意义。例如英语 woman(女人)是单数，women 是它的复数形式，这是通过 a—e 的元音交替来表达复数概念；又如 write(写)是一般现在时的形式，wrote 是它的过去式，通过 i—o 的元音交替来表达时的语法意义。外部屈折指通过一个词的词尾变化来表达不同的语法意义，例如英语的 book 是"书"的单数形式，它的复数形式是在词形后边加上-s，变成 books。英语名词的数和动词的时、体意义大部分是通过词的外部屈折形式来表现的，例如在动词词形后边加上-ed 表达过去时的语法意义，在动词词形后边加上-ing 表达现在进行的语法意义；英语还可以通过词形变化改变词的语法属性，例如 deep(深的)是形容词，它的动词形式就是加上词尾-en 变成 deepen(加深)，这是通过附加成分来改变词性，write(写)是动词原形，在后边加上-ing 除了可以表达现在进行时这个语法意义以外，在构词上还可以构成新词 writing(文字或写出来的作品)。在句法层面，屈折语通过句法成分之间的一致关系(agreement)来造句，体现为性、数、格、时、体、态、人称等语法范畴在形式上的一致性，这种一致关系通过附加成分来表达，句子各部分之间的关系往往有形式标记指明彼此的关系。例如英语第三人称单数的动词形式有特殊的标记，这就是一种主语与动词之间的一致关系。

　　I say.（我说。）

　　You say.（你说。）

　　　　He says.（他说。）

又如德语的第一人称、第二人称、第三人称单数在动词形式上都有变化：

　　　　Ich sage.（我说。）

　　　　Du sagst.（你说。）

　　　　Er sagt.（他说。）

印欧语系的语言（如拉丁语族的法语、意大利语、西班牙语、葡萄牙语、罗马尼亚语；日耳曼语族的德语、荷兰语、佛兰芒语；斯拉夫语族的俄语、塞尔维亚语等；印度-伊朗语族的梵语、波斯语、乌尔都语、普什图语等）、闪-含语系的语言（如阿拉伯语、希伯来语）等都属于屈折语。

　　复综语又叫"合体语""编插语"，这是一种很特别的语言类型，表示词语意义和表示语法意义的成分交织在一起构成一个类似于词的语言形式，但因为不同的成分代表不同的意义，它们组合在一起，其实又是一个句子，一个句子和一个词没有明确的界限。比如美诺米尼语：

akuapiinam　（他从水里拿出来）是一个词，包含以下成分：

akua-　　　-epii-　　　-en-　　　-am

挪开　　　液体　　　用手　　　第三人称施事

它既可以说是一个词，也可以说是一个句子。美洲印第安人的很多语言（例如因纽特语、爱斯基摩语、易洛魁语、奇布查语等）都属于复综语。

　　需要说明的是，对世界各种语言的类型分类不是绝对的，并不是说属于孤立语的语言就只有孤立语的所有特点，没有别的语言类型的任何特征。这种分类是基于家族相似性的，即某一类型中有些语言具有该类型的特点更多，典型性更强，是该类型的典型成员，有些语言则具有的类型特点少一点，属于该类型的边缘成员。世界上没有一种语言纯属于某种结构类型。例如，俄语是一种典型的屈折语，但也用词序和虚词表示词与词之间的关系；汉语是典型的孤立语，但也有少量屈折的成分，例如用词的内部曲折（声母、韵母或者声调的变化）来构成新词。语言类型学的研究发展到今天，这种按照典型成员的类型特征进行分类的做法已经不能贯彻到底，现代类型学更重视语言之间的普遍特征和参数变化。就某一个参数来讲，甲语言跟乙语言有共同的结构特征，而从另外一个参数来讲,甲语言可能又跟丙语言有共同的结构特征。例如汉语和英语都有介词,介词结构的位置可以在句子的开头也可以在句子的结尾;汉语和日语都有句末语气词,句末语气词都可以表达情态范畴。汉语和英语属于不同类型的语言,汉语和日语也属于不同的类型,但是它们之间有共同的参数。属于同一类型的语言不一定所有的参数都一样,例如汉语和泰语都属孤立语,但是在修饰语与中心语的位置这个参数上两者是不同的:汉语修饰语在前,泰语修饰语在后。

第三节 语言的谱系分类

一、两种基本假设

关于语言谱系分类有两种基本假设:第一种假设是语言分化假设。这种假设认为,随着社会的发展,原来统一的一个社会集团有可能分化成几个独立的社会集团;社会集团分化的时间久了,它们的语言也就会随之分化。首先分化为不同的方言,方言在历史长河中逐渐发展为独立的语言,这样一来,原来统一的一种语言就分化成了几种不同的语言。分化出来的语言有着共同的来源,它们彼此之间具有亲属关系,这种亲属关系也叫发生学的关系。像这样有共同来源的几种彼此独立的语言就是亲属语言。比如汉语和藏语都是从原始汉藏语分化出来的,今天的汉语是原始汉藏语历史演变的结果,今天的藏语也是原始汉藏语历史演变的结果,它们拥有共同的祖先,它们是同一种语言在不同地区的分化,它们就是亲属语言。英语、德语、荷兰语、丹麦语、瑞典语等语言是原始日耳曼语在不同地区的分化,俄语、波兰语、捷克语、保加利亚语等语言是原始斯拉夫语在不同地区的分化,法语、意大利语、西班牙语、罗马尼亚语等语言是罗曼语(拉丁语)在不同地区的分化,它们都是亲属语言。而日耳曼语族、斯拉夫语族、罗曼语族,再加上印度-伊朗语族,都源于原始印欧语。第二种假设则与此相反,认为语言发展变化的轨迹不一定是一种原始母语分化出来几种不同的语言,而是不同的几种语言之间彼此融合,形成语言联盟,最终形成一种比较大的语言联盟,所谓原始母语(或祖语)很有可能就是语言接触和融合的结果。世界上的语言不一定都能够找到它们的原始祖语,也不一定都有姊妹语言。从现有的历史比较语言学和语言类型学的研究成果来看,语言分化和融合两条路径都是存在的。在地缘上相邻的语言彼此之间或者有亲属关系,或者有类型相似性。比如汉语和藏语、侗傣语、苗瑶语,又比如满语和蒙古语、突厥语,由于地理位置的相邻,在遗传学特征上可以找到很多共同点,因此我们确定它们彼此有亲属关系。另外,汉语和越南语、日语和朝鲜语,虽然找不到是亲属语言的证据,但是汉语和越南语在类型上有相似性,日语和朝鲜语在类型上也有相似性。

语言的谱系分类与类型学分类不同,它是一种基于亲属关系的分类,也叫遗传学分类或者发生学分类(genetic classifications)。谱系分类的结果可以画出一个谱系树(genealogical tree)。我们可以根据语言亲属关系的远近建立一个谱系树,用它来说明亲属语言彼此之间的源流关系。

面对世界上如此纷繁复杂的各种语言,怎么确定它们的亲属关系呢?

既然我们假定亲属语言来自同一原始共同语,它们必定会保留一些原始共同语的共同特点,在语音、语法、基本词汇等方面会留有一些共同的成分,而这些共同成分必定具有明显的对应关系。我们就是根据这些明显的、成系统对应的特点来确定语言的亲属关系的。

例如西班牙语、法语、意大利语都是从拉丁语分化出来的亲属语言,下面一些词就体现了它们在语音、词汇上的对应关系:

	梨	帐幕	视	羽毛
西班牙语	pera	tela	vero	pelo
古法语	peire	teile	veir	peil
现代法语	poire	toile	voir	poil
意大利语	pera	tela	vero	pelo

西班牙语、法语和意大利语在语法上也有很多共同点:名词都分为阴性、阳性,有性这一语法范畴。如"酒"法语为 le vin,西班牙语为 el vino,意大利语为 il vino,它们都源于拉丁语的 vinum。这几种语言表示性这个语法范畴的定冠

词都与拉丁语有系统的对应关系。如定冠词：

	阳性	阴性
法语	le	la
西班牙语	el	la
意大利语	il	la

我们可以看出这种对应关系是很整齐的。历史比较语言学的基本任务就是比较不同语言之间的基本词汇、语法范畴、语法手段，寻找它们之间的对应关系，从而确定它们彼此之间是否有亲属关系，最后画出各种语言的亲疏远近关系图。有亲属关系的语言画在一起，从原始共同语开始一直画到现代各个分支，形如一棵倒着长的大树，这就是语言的谱系树。每一棵谱系树就是一个语言大家族，我们把它称为一个语系，一个语系又可分成不同的语族，一个语族又可再分为不同的语支或者语群。就如同人类的家族关系一样，亲属语言彼此间的亲疏关系并不等同，语族间的亲属关系最疏，越往下，亲属关系越近。例如日耳曼语族与拉丁语族关系比较疏远，但是在一个语族之内各个语支之间的关系就要近得多。不同的语系间没有亲属关系，是非亲属语言。同一棵树上的各种语言有一个共同的原始祖语，所有的枝叶都肇始于一个共同的根。如：

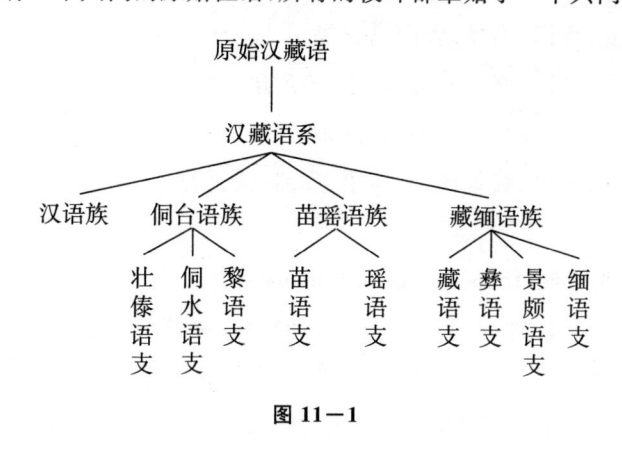

```
              原始汉藏语
                 │
              汉藏语系
    ┌─────┬─────┼─────┬─────┐
  汉语族  侗台语族  苗瑶语族   藏缅语族
        ┌──┬──┐  ┌──┐  ┌──┬──┬──┐
        壮 侗 黎  苗 瑶  藏 彝 景 缅
        傣 水 语  语 语  语 语 颇 语
        语 语 支  支 支  支 支 语 支
        支 支              支
```

图 11—1

二、世界语言的谱系分类

世界上的语言一直处于变化过程中,有的语言濒危乃至消亡了,有的语言正从其他语言中分化出来,有的语言则刚刚取得了独立的地位,所以全世界的语言状况一直处于动态变化中,因此要对它们进行全面系统的归类是不太可能的。我们现在归纳出来的几大语系只是世界语言的一小部分,但是这几大语系在世界语言大家族中有重要的影响。

(一) 汉藏语系(Sino-Tibetan Languages)

1. 汉语族,下面不分语支,但是可以分为七大方言:北方方言、吴方言、湘方言、赣方言、客家方言、闽方言、粤方言。

2. 侗台语族(也叫壮侗语族或黔台语族),下分三个语支:

壮傣语支:壮语、布依语、傣语、老挝语、掸语、台语、侬语、土语等。

侗水语支:侗语、水语、毛南语、拉珈语、仫佬语等。

黎语支:黎语等。

3. 苗瑶语族,下分两个语支:

苗语支:苗语、布努语等。

瑶语支:勉语等。

4. 藏缅语族,下分四个语支:

藏语支:藏语、嘉戎语、门巴语等。

彝语支:彝语、傈僳语、纳西语、哈尼语、拉祜语等。

景颇语支:景颇语、那加语、博多语等。

缅语支:缅语、载佤语、阿昌语、库启-钦语等。

(二) 印欧语系(Indo-European Languages)

1. 印度语族:印地语、乌尔都语、孟加拉语、阿萨姆语、信德语、旁遮普语、尼泊尔语、僧伽罗语、克什米尔语、茨冈语、古代梵语等。

2. 伊朗语族:普什图语、沃舍梯语;波斯语、塔吉克语、库尔德语等。

3. 斯拉夫语族,分为三个语支:

东支:俄语、乌克兰语、白俄罗斯语等。

南支:保加利亚语、马其顿语、塞尔维亚语、斯洛文尼亚语等。

西支：波兰语、捷克语、斯洛伐克语等。
4. 波罗的海语族，分为两个语支：
东支：立陶宛语、拉脱维亚语等。
西支：古代普鲁士语（已消亡）。
5. 日耳曼语族，分为三个语支：
东支：峨特语（已消亡）。
西支：英语、德语、荷兰语、佛兰芒语、伊狄士语、卢森堡语、弗里西亚语等。
北支：瑞典语、丹麦语、挪威语、冰岛语等。
6. 凯尔特语族，分为三个语支：
高卢语支：高卢语（已消亡）。
不列颠语支：布列塔尼语、威尔士语等。
盖尔语支：爱尔兰语、苏格兰语等。
7. 拉丁语族（罗曼语族），分为两个语支：
西支：拉丁语、法语、意大利语、西班牙语、葡萄牙语、卡塔兰语、萨丁语、勒多-罗曼语等。
东支：罗马尼亚语、摩尔达维亚语等。

除此之外，印欧语系的语言还有一些比较独立的语言无法归入其他语族或者语支，例如阿尔巴尼亚语、希腊语、阿尔明尼亚语、吐火罗语（已消亡）。

（三）乌拉尔语系（Ural Languages）

1. 芬兰-乌戈尔语族：芬兰语、爱沙尼亚语、匈牙利语、拉普语、恰克语、沃古尔语等。
2. 萨莫狄语族：涅涅茨语、亚那桑语等。

（四）阿尔泰语系（Altaic Languages）

1. 突厥语族，分为五个语支：
布尔加尔语支：楚瓦什语等。
奥古兹语支：土耳其语、土库曼语、特鲁赫曼语、阿塞拜疆语、嘎嘎乌兹语等。

　　克普恰克语支：哈萨克语、塔塔尔语、巴什基尔语、吉尔吉斯语等。
　　葛罗禄语支：维吾尔语、乌兹别克语等。
　　回鹘语支：西裕固语、雅库特语、图瓦语、绍尔语、哈卡斯语等。
　2. 蒙古语族：蒙古语、布里亚特蒙古语、莫戈勒语、达斡尔语、土族语、东乡语、保安语等。
　3. 满-通古斯语族，分为两个语支：
　　满语支：满语、赫哲语、锡伯语等。
　　通古斯语支：埃文尼语、鄂温克语、鄂伦春语、涅基达尔语等。

（五）闪-含语系（Semito-Hamitic Languages）

　1. 闪语族，分为三个语支：
　　东支：阿卡德语（古巴比伦语，已消亡）。
　　北支：古迦南语、腓尼基语、古希伯来语（均已消亡）。
　　南支：阿拉伯语、阿姆哈尔语等。
　2. 含语族，分为四个语支：
　　埃及语支：古埃及语、科普特语（均已消亡）。
　　柏尔柏尔语支：北非和撒哈拉沙漠诸语言。
　　库希特语支：索马里语、加拉语等。
　　乍得语支：豪萨语等。

（六）伊比里亚-高加索语系（Caucasian Languages）

　1. 卡里特维里语族：格鲁吉亚语、赞语、斯万语等。
　2. 达吉斯坦语族：阿瓦尔语、达尔金语、拉克语、塔巴萨兰语等。
　3. 巴兹比-基斯丁语族：车臣语、印古什语等。
　4. 阿布哈兹-阿地盖语族：阿布哈兹语、阿地盖语、卡巴尔达语、乌柏哈语等。

（七）马来-波利尼西亚语系（南岛语系）（Malayo-Polynesian Languages）

　1. 印尼语族：爪哇语、马来语、印尼语、他加禄语、高山语、巽他语、马都拉语、比萨扬语(又称米沙鄢语)、马达加斯加语、布金语等。

2. 美拉尼西亚语族：斐济语等。

3. 密克罗尼西亚语族：马绍尔语、特鲁克语、查莫罗语等。

4. 波利尼西亚语族：毛利语、夏威夷语、萨摩亚语、汤加语、塔希提语等。

（八）南亚语系（South-Asian Languages）

1. 扪达语族：扪达语、桑塔利语、库尔库语、喀利亚语等。

2. 孟-高棉语族：越南语、克木语、孟语、高棉（柬埔寨）语、佤语、布朗语、得昂语（原称崩龙语）、帕科语、奇劳语、比尔语等。

3. 马六甲语族：塞芒语、萨凯语、雅昆语等。

4. 尼科巴语族：包括近十种语言，但使用的人数很少。如卡尔语、乔拉语、特雷萨语等。

（九）尼日尔-刚果语系（Niger-Congo Languages）

1. 科尔多凡语族：苏丹努巴山区几种使用人数很少的语言。

2. 尼日尔-刚果语族，分为六个语支：

贝努埃-刚果语支：斯瓦希里语、卢旺达语、隆迪语、索托语、卢巴语、科萨语、绍纳语、祖鲁语、刚果语、乌干达语、林加拉语、吉库犹语、芳语、别萨巴语、茨瓦纳语、斯威士语、尼昂加语等。

曼迪语支：班巴拉语、马林凯语、门得语、克培列语等。

古尔语支（又称沃尔特语支）：莫西语、古尔马语、达戈姆巴语等。

西大西洋语支：弗拉尼语、沃洛夫语、泰姆纳语等。

阿达马瓦-东部语支：桑戈语等。

库阿语支：约鲁巴语、依博语、特威语、埃维语、丰语、比尼语等。

（十）尼罗-撒哈拉语系（Nilo-Saharan Languages）

1. 沙里-尼罗语族：卢奥语、努埃尔语、马萨伊语、萨拉语、努比亚语等。

2. 撒哈拉语族：卡努里语等。

3. 马巴语族：马巴语以及一些使用人数很少的语言。

4. 科马语族：包括一些使用人数很少的语言。

5. 富尔语族：富尔语等。

6. 桑海语族：桑海语等。

（十一）科依桑语系（Khoisan languages）

属于这一语系的语言分布于非洲南部，主要有霍屯督语（纳米比亚）、布须曼语（博茨瓦纳、南非、纳米比亚）、散达维语（坦桑尼亚）、哈察语（坦桑尼亚）等。

（十二）北美印第安诸语言（North American Indian Languages）

1. 爱斯基摩-阿留申语：包括爱斯基摩诸方言、阿留申语等。

2. 阿尔冈基亚语：分布于美国和加拿大的奥杰布瓦语、布莱克福特语、米克马克语等。

3. 阿塔帕斯卡语：美国的那伐鹤语、阿帕什语和加拿大的奇皮尤扬语等。

4. 易洛魁语：分布于美国的切罗基语、塞内卡语、奥奈达语等。

5. 乌托-阿兹特克语：有分布于墨西哥的尤蒂-阿茨蒂克语和美国的波普阿戈语、皮马语、河皮语等。

6. 奥托-曼克亚语：分布于墨西哥的扎波特语、米克斯特语、奥托米语、马扎华语等。

（十三）澳大利亚原住民诸语言（Australian Aboriginal Languages）

澳大利亚原住民的语言共有28个语族，它们被认为是彼此有亲属关系的。比较大的语言有提维语、瓦尔马提亚利语、瓦尔皮丽语、阿朗达语、马不雅各语、帕麻农干语等。

（十四）一些无法确定系属的语言

有一些语言从类型学上可以看出它们与其他一些语言有相似的关系，但是我们无法从基因上确定它们的族属。例如日语、朝鲜语（韩国语）、越南语、它们不太可能是独立发生的,但是没有历史比较语言学的证据我们无法给它们定性。朝鲜语(韩国语)和阿尔泰语系的语言从类型上来说非常相似,它们都是黏着语。从地理上说朝鲜语(韩国语)与阿尔泰语系的语言相邻,在历史上一定会有接触,因此有人推断朝鲜语与阿尔泰语系的语言有亲属关系。

以上只是对世界上的部分语言从家族谱系的角度做出的大致的分类,这个分类并不是所有的人都认可的,这个概括也没有把所有的语言都包括在内,有很多语言根本不在研究者的视野之内,还有一些语言迄今为止还无法确切地知道它们的系属关系。从流行区域和使用人口上看,语言和语言之间的差异是很大的,例如汉语有十几亿人口在使用,流行范围除了中国大部分地区以外还有东南亚、北美洲、澳洲、欧洲等地,而锡伯语只流行于中国新疆伊犁哈萨克自治州察布查尔锡伯自治县,使用人口也少得多。有的语言甚至只有几十个使用者,属于濒危语言。我们在这里列出的语言是世界上影响比较大的、流行区域比较广和使用人口比较多的语言。到目前为止,还没有哪个权威机构可以对全世界的语言状况做出完整的报告,因为那将是十分浩大的工程。

思考与练习

1. 什么是语言的类型分类?
2. 什么是语言的谱系分类?
3. 孤立语、黏着语、屈折语、复综语各有什么特征?
4. 对语言进行类型学的分类和遗传学的分类有什么意义?
5. 下面一些语言属于哪个语系?哪个语族?

   阿拉伯语、维吾尔语、蒙古语、泰语、英语、法语、俄语、芬兰语、满语、汉语、藏语、苗语、瑶语、斯瓦希里语、荷兰语、塞尔维亚语、库尔德语、乌尔都语、印地语、西班牙语、葡萄牙语、挪威语

增订本后记

这本《语言学概论》完成于 2007 年，2009 年由商务印书馆正式出版，出版之后得到了很多鼓励和指正。转眼之间十几个年头过去了，语言学在世界范围内正在快速发展，取得了很多新的研究成果。2020 年这本书的修订版在北京语言大学出版社作为系列教材之一出版，在内容上做了一些修订。这本来是商务印书馆策划的对外汉语专业本科系列教材，一共 22 本，如果我把这本书拿走了，那么商务印书馆的系列教材就不完整了。商务印书馆的周洪波先生、余桂林先生和戴军明先生都希望我在原来的基础上对这本教材进行增订。我接受了这个任务，虽然这对我来说是一个很大的挑战。从 2020 年开始，动手对这本书进行增订，一直到 2021 年的 8 月下旬才完成。

全书的基本框架并没有太大的改变，但是增加了"言语行为"一章，同时在其他章节的内容细节上增加了很多说明性陈述和实例。为了让读者更顺利地进入语言学领域，书中的很多问题在阐述上做了一些修改，增加了一些例子，这样读者会更加容易理解一些基本概念和基本观点。第 1 版在很多内容上都只是点到为止，没有展开讨论，所以在增订版中我们对很多问题进行了比较深入细致的探讨。在第一章的"语言学与其他学科的关系"一节中，我们增加了文化语言学、语言风格学和修辞学的内容。在语言与认知、语言与社会、语言与文化方面增加了比较多的例子。在"语义"这一章增加了"歧义"一节。在"语法"这一部分更加重视命题意义之外的情态意义。为了让读者对语言学的发展有进一步的了解，本书新增加了许多参考文献。

近 10 年来，由于语料库技术的发展，以前通过手工劳动不容易做到的事情，我们可以通过语料库来完成。本书的很多例句和数据都来自北京大学 CCL 语料库、北京语言大学 BCC 语料库和全球中介语语料库（QQK）。与第 1 版相比，增订版更新了约 1/3 的内容。

  感谢本书的责任编辑卢娟女士，除夕夜和正月初一她还在看稿子，并提出问题，她的敬业和专业水准给我留下了深刻的印象。感谢上海大学阚怀未老师通读了全稿并提出了许多宝贵意见。感谢商务印书馆允许我把修订版交由北京语言大学出版社出版，以成全我同事组织编写的系列教材；感谢商务印书馆同意我增订本书并给予大力支持。

崔希亮
2023 年 2 月 8 日
于晴耕雨读斋

参 考 文 献

Austin J. R. (1962) *How to Do Things with Words*, Oxford: Clarendon Press.

Bhat, D. N. S. (1999) *The Prominence of Tense, Aspect and Mood*, Amsterdam/Philadelphia: John Benjamins Publishing Company.

Brown and Levinson (1987) *Politeness, Some Universities in Language Usage*, Cambridge University Press.

Chomsky N. (1988) *Language and Problem of Knowledge: The Managua Lectures*, Cambridge, MA: The MIT Press.

Comrie, Bernard (1976) *Aspect*, Cambridge University Press.

Croft, William (1990) *Typology and Universals*, Cambridge University Press.

Crystal, David (1997) *The Cambridge Encyclopedia of Language*, Cambridge University Press.

Daniel Fogal, Daniel W. Harris, and Matt Moss (eds.) (2018) *New Works on Speech Acts*, Oxford University Press.

Ellis, Rod (1994) *The Study of Second Language Acquisition*, Oxford University Press.

Fauconnier, Gilles (1985) *Mental Spaces*. Cambridge, Mass.: The MIT Press.

Fillmore, Charles (1968) *The Case for Case*, in Bach. E and R. Harmseds.

Universals in Linguistics Theroy. New York: Holt Rinehart and Winston. C.J.菲尔墨(2002)《"格"辨》,胡明扬译,商务印书馆。

Foss, Donald, J. and Hakes, David T. (1978) *Psycholinguistics: An Introduction to the Psychology of Language*, Prentice-Hall, Inc; Englewood Cliffs, New Jersey.

Fromkin, Victoria, et al. (2004) *An Introduction to Language*(第七版),北京大学出版社。

Gee P. J. (1999) *An Introduction to Discuss Analysis — Theory and Method*, Routledge.

Goddard, Cliff (2002) On and On: Verbal Explications for a Polysemic Network. *Cognitive Linguistics* 13-3, Walter de Gruyter.

Grice, Paul (1981) Presupposition and Conversational Implicature, in P. Cole(ed.), *Radical Pragmatics*, New York: Academic Press.

Grice, P. (1991) *Studies in the Way of Words*, Harvard University Press.

Heine, Bernd (1997) *Cognitive Foundations of Grammar*, Oxford University Press.

Jackendoff, Ray (1983) *Semantics and Cognition*, Cambridge, Massachusetts: The MIT Press.

Kempson, R. (1975) *Presupposition and Delimitation of Semantics*, Cambridge University Press.

Lakoff, George (1987) *Women, Fire and Dangerous Things: What Categories Reveal about the Mind*, The University of Chicago Press.

Lakoff, George & Mark Johnson (1980) *Metaphors We Live By*, The University of Chicago Press.

Lakoff, George & Mark Johnson (1999) *Philosophy in the Flesh — The Embodied Mind and Its Challenge to Western Thought*, New York: Basic Books. 乔治·莱考夫、马克·约翰逊(2018)《肉身哲学——亲身心智及其向西方思想的挑战(全二册)》,李葆嘉等译,世界图书出版公司。

Langacker, Ronald. W. (1987) *Foundations of Cognitive Grammar*, Standford: Standford University Press.

Lee, Cytnhia (2018) *Researching and Teaching Second Language Speech Acts in the Chinese Context*, Springer.

Leech, G. (2014) *The Pragmatics of Politeness*, Oxford University Press.

Leech, Geoffrey (1983) *Principles of Pragmatics*, London and New York: Longman.

Leech, Geoffrey N. (1983) *Semantics* (second edition) Armondsworth: Penguin.

Levinson S. C. (1983) *Pragmatics*, Cambridge: Cambridge University Press.

Li, Charles N. and Sandra A. Thompson (1989) *Mandarin Chinese — A Functional Reference Grammar*, University of California Press.

Löbner, Sebastian (2013) *Understanding Semantics* (second edition) Routledge.

Lyons, J. (1977) *Semantics*, Cambridge University Press.

McNeill (1966) Developmental Pscholingnistics, in F. S. G. A. Miller (Ed), *The Genesis of Language, a Pscholinguistic Approach*, Cambridge, MA: The MIT Press.

Michael Garman (2002) *Psycholinguistics*, 北京大学出版社、剑桥大学出版社。

Michael Noonan (1999) Non-structuralist Syntax [Functionalist Syntax Position Paper], in Michael Darnell *et al.* (eds): *Functionalism and Formalism in Linguistics*, Vol I: General Papers, Amsterdam/Philadelphia: John Benjamins Publishing Company.

Neil, Smith (1999) *Chomsky, Ideas and Ideals*, Cambridge University Press.

Palmer, Frank (2001) *Mood and Modality* (second edition) Cambridge University Press.

Pinker, Steven (1994) *The Language Instinct: How the Mind Creates Language?* New York: Harper-Collins Publishers Inc.

Quirk Randolph *et al.* (1985) *A Comprehensive Grammar of the English Language*, London and New York: Longman.

Reich (1986) *Language Development*, Prince-Hall.

Rescher, N. (1968) *Topics in Philosophical Logic*, Dortrecht: Reidel.

Saeed, John I. (2016) *Semantics* (fourth edition), Blackwell Publishing Ltd.

Scovel, Thomas (1998) *Psycholinguistics*, Oxford University Press.

Searle J. R. (1969) *Speech Acts*, Cambridge University Press.

Searle J. R. (1979) *Expression and Meaning*, Cambridge University Press.

Shi Youwei (2021) *Loanwords in the Chinese Language*, London and New York: Routledge.

Talmy, Leonard (2000a) *Toward a Cognitive Semantics*, Volume I: Concept Structuring System, Cambridge, Massachusetts: The MIT Press.

Talmy, Leonard (2000b) *Toward a Cognitive Semantics*, Volume II: Typology and Process in Concept Structuring, Cambridge, Massachusetts: The MIT Press.

Vendler, Zeno (1967) *Linguistics and Philosophy*, Ithaca: Cornell University Press.

Warren, Paul (2013) *Introducing Psycholinguistics*, Cambridge University Press.

Wierzbicka, Anna (1996) Why Do We Say IN April, ON Thursday, AT 10 o'clock? In Search of an Explanation? *Studies in Language* 17(2).

Willam Dwight Whitney (2017) *The Life and Growth of Language — An Outline of Linguistic Science*, NewYork, Appleton.

Yule, G. (1996) *Pragmatics*, Oxford University Press.

布龙菲尔德(1933/1980)《语言论》,袁家骅、赵世开、甘世福译,钱晋华校,商务印书馆。

陈保亚(1999)《20世纪中国语言学方法论(1898—1998)》,山东教育出版社。

陈　平(1987)释与汉语名词性成分相关的四组概念,《中国语文》第2期。

崔希亮(1992)人称代词修饰名词时"的"字隐现问题,《世界汉语教学》第3期。

崔希亮(1993)"连"字句的语用分析,《中国语文》第2期。

崔希亮(2001)《语言理解与认知》,北京语言大学出版社。

崔希亮(2003)事件的情态和汉语的表态系统,见中国语文杂志社编《语法研究与探索(十二)》,商务印书馆。

崔希亮(2005)欧美学生汉语介词习得的特点及偏误分析,《世界汉语教学》第3期。

崔希亮(2009)说"开心"与"关心",《中国语文》第5期。

崔希亮(2019)基于语料库的新媒体语言透视,《当代修辞学》第5期。

崔希亮(2020)正式语体和非正式语体的分野,《汉语学报》第2期。

崔希亮(2022)汉语"算了"的情态意义及语法化动因,《中国语文》第6期。

戴浩一(1987)以认知为基础的汉语功能语法,见戴浩一、薛凤生主编《功能主义与汉语语法》,北京语言学院出版社。

费尔迪南·德·索绪尔(1916/1980)《普通语言学教程》,沙·巴利、阿·薛施蔼、阿·里德林格合作编印,高名凯译,岑麒祥、叶蜚声校注,商务印书馆。

傅东华(1957)关于北京音异读字的初步探讨,《拼音》第5期。

高淑燕(2015)论今文字正体、草体演进的同步性,《中国书法》第7期。

谷衍奎(2008)《汉字源流字典》,语文出版社。

黄德宽(1994)汉字构形方式:一个历时态演进的系统,《安徽大学学报》第3期。

黄德宽(2019)汉字在历史上的三次突破,《决策探索(上)》第1期。

孔令达、丁凌云(2002)儿童语言中体词性宾语语义成分的发展和相关问题的讨论,《语言文字应用》第4期。

李润生(2019)汉字教学中运用"联想识字法"的基本原则,《汉语学习》第4期。

梁彦民(2018)论汉字教学大纲与字表及其在国际汉语教学中的应用,《国际汉语教育(中英文)》第 3 期。

梁章钜撰(1996)《称谓录》,中华书局。

梁振仕(1961)关于普通话异读词的声音原则,《中国语文》第 5 期。

林　焘、王理嘉(1992)《语音学教程》,北京大学出版社。

刘丹青(2002)汉语中的框式介词,《当代语言学》第 4 期。

刘丹青(2003)《语序类型学与介词理论》,商务印书馆。

刘月华、潘文娱、故　铧(1983)《实用现代汉语语法》,外语教学与研究出版社。

陆俭明(1993)《八十年代中国语法研究》,商务印书馆。

陆俭明(2003)《现代汉语语法研究教程》,北京大学出版社。

吕叔湘(1979)《汉语语法分析问题》,商务印书馆。

吕叔湘(1982)《中国文法要略》,商务印书馆。

吕文华(1999)《对外汉语教学语法体系研究》,北京语言文化大学出版社。

马庆株、项开喜(1998)20 世纪的中国现代语法学,见刘坚主编《20 世纪的中国语言学》,北京大学出版社。

马燕华(2019)论面向非汉字文化圈外国成年人的汉字教学原则,《国际汉语教学研究》第 2 期。

潘先军(2018)汉字与国际汉字教学,《汉字文化》第 24 期。

彭利贞(2005)现代汉语情态研究,复旦大学博士学位论文。

萨丕尔(1985)《语言论》,陆卓元译,陆志韦校订,商务印书馆。

沈家煊(1999)《不对称和标记论》,江西教育出版社。

施春宏(2005)《语言在交际中规范》,中国经济出版社。

施家炜(1998)外国留学生 22 类现代汉语句式的习得顺序研究,《世界汉语教学》第 4 期。

施正宇(2018)关于对外汉字教学一些问题的思考,《国际汉语教育(中英文)》第 3 期。

石安石(1993)《语义论》,商务印书馆。

石定果、万业馨(1998)关于对外汉字教学的调查报告,《语言教学与研究》第 1 期。

石毓智(2003)《现代汉语语法系统的建立——动补结构的产生及其影响》,北京语言大学出版社。

石毓智(2015)《汉语语法演化史》,江西教育出版社。

孙宏开、胡增益、黄　行主编(2007)《中国的语言》,商务印书馆。

太田辰夫(1957)《中国语历史文法》,北京大学出版社 1987(中译本),蒋绍愚、徐昌华译。

万业馨(2001)文字学视野中的部件教学,《语言教学与研究》第 1 期。

万业馨(2003)从汉字识别谈汉字与汉字认知的综合研究,《语言教学与研究》第 2 期。

万业馨(2007)从汉字研究到汉字教学——认识汉字符号体系过程中的几个问题,《世界汉语教学》第 1 期。

万业馨(2009)略论汉字教学的总体设计,《语言教学与研究》第 5 期。

万业馨(2018)略论字词关系与对外汉字教学的总体设计,《国际汉语教育(中英文)》第 3 期。

王红旗(2004)功能语法指称分类之我见,《世界汉语教学》第 2 期。

王建华、周明强、盛爱萍(2002)《现代汉语语境研究》,浙江大学出版社。

王理嘉、贺宁基(1985)北京话儿化韵的听辨试验和声学分析,见林焘、王理嘉等《北京语音实验录》,北京大学出版社。

王　力(1965)论审音原则,《中国语文》第 6 期。

王　新、崔希亮(2021)"房"和"屋"组词不对称研究,《语文研究》第 3 期。

徐烈炯(1990)《语义学》,语文出版社。

徐通锵(1998)《语言论——语义型语言的结构原理和研究方法》,东北师范大学出版社。

徐通锵(2001)《基础语言学教程》,北京大学出版社。

荀恩东、饶高琦、谢佳莉、黄志娥(2015)现代汉语词汇历时检索系统的建设与应用,《中文信息学报》第 3 期。

杨成凯(1996)《汉语语法理论研究》,辽宁教育出版社。

姚丽萍(2007)跨文化交际中的语用失误及其防范策略,《南京理工大学学报

（社会科学版）》第 3 期。

叶蜚声、徐通锵(1997)《语言学纲要》,北京大学出版社。

袁庭栋(1994)《古人称谓》,四川教育出版社。

袁毓林(1995)词类范畴的家族相似性,《中国社会科学》第 1 期。

袁毓林(1998)《汉语动词的配价研究》,江西教育出版社。

詹卫东(2000)《面向中文信息处理的现代汉语短语结构规则研究》,清华大学出版社、广西科学技术出版社。

张伯江(1997)汉语名词怎样表现无指成分,见中国语文编辑部编《庆祝中国社会科学院语言研究所建所 45 周年学术论文集》,商务印书馆。

张伯江、方　梅(1996)《汉语功能语法研究》,江西教育出版社。

张　赪(2002)《汉语介词词组词序的历史演变》,北京语言文化大学出版社。

张　敏(1998)《认知语言学与汉语名词短语》,中国社会科学出版社。

张清常(1956)北京话里面的一些异读问题,《南开大学学报》第 2 期。

赵金铭、崔希亮主编(1997)《新视角汉语语法研究》,北京语言文化大学出版社。

赵艳芳(2001)《认知语言学概论》,上海外语教育出版社。

赵元任(1979)《汉语口语语法》,商务印书馆。

赵元任(1980)《语言问题》,商务印书馆。

朱德熙(1982)《语法讲义》,商务印书馆。